U0927917

图书在版编目（CIP）数据

廊坊民盟志 / 中国民主同盟廊坊市委员会编 . -- 北京 : 中国文联出版社 , 2024.03
ISBN 978-7-5190-5363-5

Ⅰ . ①廊… Ⅱ . ①中… Ⅲ . ①中国民主同盟 - 史料 - 廊坊 Ⅳ . ① D665.2

中国国家版本馆 CIP 数据核字 (2023) 第 227666 号

著　　者　中国民主同盟廊坊市委员会
责任编辑　曹艺凡　王九玲
责任校对　秀点校对
装帧设计　贾闪闪

出版发行　中国文联出版社有限公司
社　　址　北京市朝阳区农展馆南里 10 号　　邮编　100125
电　　话　010-85923025（发行部）　　010-85923091（总编室）
经　　销　全国新华书店等
印　　刷　廊坊佰利得印刷有限公司

开　　本　710 毫米 × 1000 毫米　　1/16
印　　张　35.25
字　　数　485 千字
版　　次　2024 年 3 月第 1 版第 1 次印刷
定　　价　168.00 元

以党为师，永跟党走，努力做中国共产党的好参谋、好帮手、好同事。

張福成

2023年10月10日

中国民主同盟河北省第十二届委员会主任委员张福成为《廊坊民盟志》（第二卷）题词

中国民主同盟廊坊市第五、六、七届委员会主任委员张纬东为《廊坊民盟志》（第二卷）题词

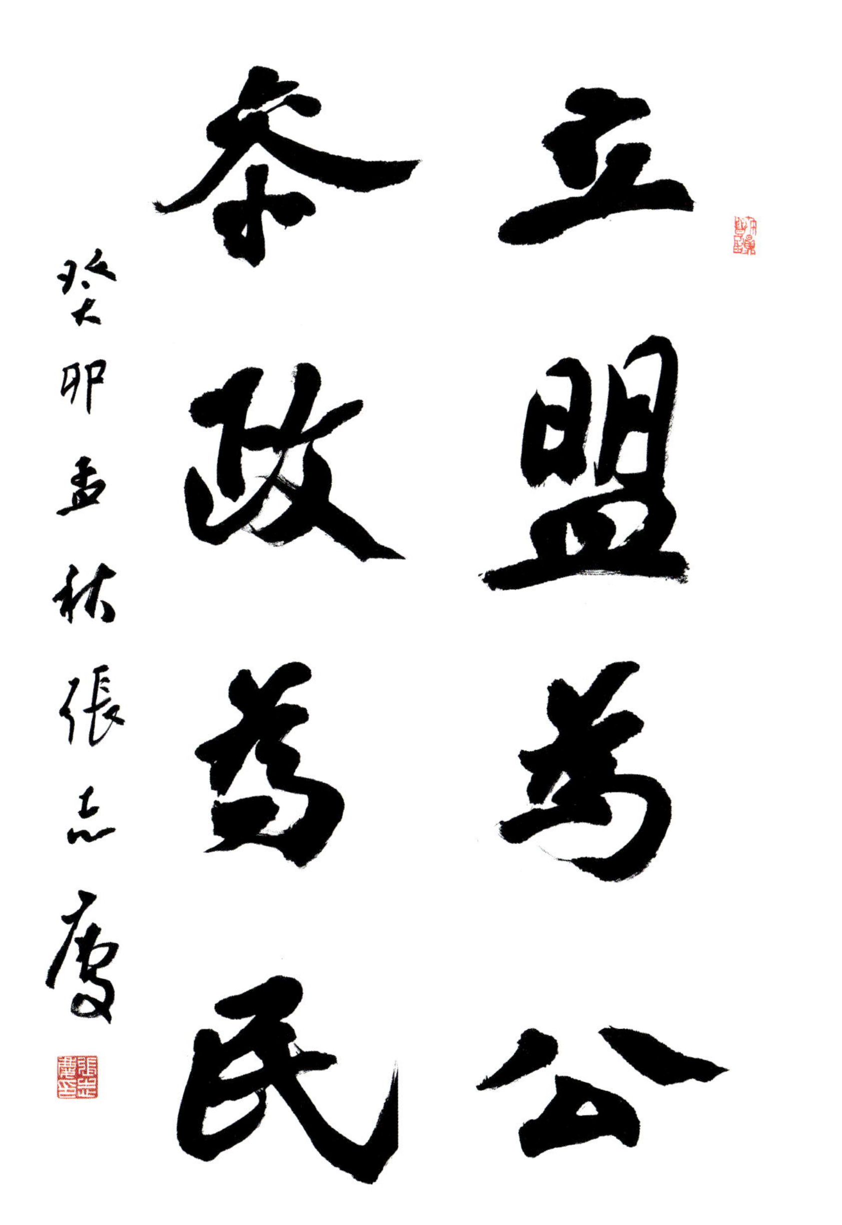

中国民主同盟廊坊市第八届委员会主任委员张志庆为《廊坊民盟志》（第二卷）题词

本志编修机构、人员

编纂委员会

主　任：张志庆

副主任：李景玉　王荣芳　马双杰　李海滨

顾　问：张纬东　孙大军　郭淑凤　王景硕　周旭光

委　员：牛力华　尹立红　尹江亭　田永全　朱文瑶　刘　敬

刘在今　李　丹　李京梅　李洪帅　李媛媛　杨九利

杨建中　杨晓东　吴国民　吴树华　张　莉　张旭东

张宏杰　张明曦　常笑尘　张晓东　张增禄　武金玲

单　耀　孟艳红　赵立平　柏　婧　殷玉华　黄靖凯

曹传熠　靳兰芳　路　博　窦景涛　魏国栋

编辑部

主　编：李海滨

编　辑：王晓峰　冯　蕾

序 言

很荣幸，在我精力最充沛的15年里担任民盟廊坊市委主委。我也很幸运，遇到了一批最好的同事，最好的盟员，支持、帮助我为民盟事业做出了一点成绩。我们大家一起用真情与才干，为廊坊民盟的事业增光添彩、添砖加瓦。在这些日子里，大家相识、相知、相勉、相助，一起合作共事，一起担当责任，一起分享喜悦，风雨同舟，甘苦与共。共同经历了廊坊民盟的发展，一道见证了廊坊民盟的壮大。

欣闻《廊坊民盟志》第二卷即将出版，邀我作序，就把多年从事民主党派工作的经验，与全体盟员共勉。一是传承。要把民盟长期以来形成的优良传统、与中国共产党同心同德的坚定立场、求真务实的专业精神做好接续。坚持中国共产党的领导，是历史的选择、人民的选择，也是各民主党派的选择。我们只有毫不动摇地坚持中国共产党的领导，多党合作才能沿着正确的方向不断完善和发展。二是发展。我们要加强参政党的建设，以党为师，在发展中增进共识，在发展中彰显价值，只有在自身建设中相互学习、共同提高，才能不断地提升多党合作的质量和水平。三是团结。团结就是力量，是深刻积淀于我们的精神血脉与历史传承中的文化基因，具有丰富的历史、价值和实践内涵。人才荟萃、智力密集一直是民盟的客观有利条件，所以我们要团结全体盟员，心往一处想、劲往一处使，进一步发挥主观能动性，自觉把履职思路和重点聚焦到中共二十大确定的目标任务上来。四是价值。有为才能有位，我们要体现出党派的价值，要整合盟内外资源，吸收专业性强的意见建议，增强协商建言的针对性和可行性，以更高质量和水平的意见建议助推党和政府科学决策、民主决策。

“人事有代谢，往来成古今。”我们顺利完成了政治交接。然而，政治交接不是一劳永逸的，而是一个长期的持续过程，任重道远。新时代新征程为统一战线广大成员施展才能、发挥作用创造了更好机遇、提供了更大舞台。民盟作为新时代中国特色社会主义参政党，要在中国共产党的领导下履行参政党职能，不断加强自身建设，筑牢多党合作制度的根和魂。

希望全市盟组织和全体盟员以更饱满的精神状态、更扎实的工作作风，坚定不移走中国特色社会主义政治发展道路，更加紧密地团结在以习近平同志为核心的中共中央周围，围绕中共二十大绘制的宏伟蓝图、确立的奋斗目标和作出的战略部署，坚定信心、同心同德，踔厉奋发、勇毅前行，传续薪火、开创未来，奋力在全面建设社会主义现代化国家新征程上，展现参政党新担当、新作为，推进新时代民盟工作展现新气象、取得新成绩。为实现第二个百年奋斗目标、实现中华民族伟大复兴的中国梦贡献智慧与力量。

是为序。

張綉東

中国民主同盟廊坊市第五、六、七届委员会主委

凡 例

一、本志主要采用述、记、志、传、图、表、录等体裁，以志为主体。志前设序言、凡例，志末设编后记，全书编制索引。本志分为上、下两篇。上篇主要介绍民盟廊坊市级组织和基层组织发展概况，由概述、大事记和“市级组织”“基层组织”“参政议政”“社会服务”4章组成，以章为主，横排门类，纵述史实。下篇主要记盟员，由市级组织领导、盟员风采、盟员成就和各类盟员信息组成。附录收入民盟廊坊市委调研文章和廊坊市情。

二、时间跨度主要从2006年第五届委员会成立开始到2021年5月民盟廊坊市第八届委员会成立止。

三、文中，中国共产党廊坊市委员会简称“中共廊坊市委”，中国民主同盟廊坊市委员会简称“民盟廊坊市委”，中国民主同盟简称“民盟”，主任委员简称“主委”。

四、第二章“基层组织”，排名以基层委员会成立时间为序。

五、第五章“市级组织领导”以任职先后为序。

六、第六章“盟员风采”，主要收录市级以上媒体期刊发表的讲述盟员事迹的文章。

七、第七章“盟员成就”主要收录盟员获得的县级以上单位授予的荣誉，发表在市级以上报刊媒体的文章、论文，公开出版的著述等。

民盟廊坊市委简介

中国民主同盟（简称民盟）是主要由文化教育以及相关的科学技术领域高、中级知识分子组成的，具有政治联盟特点的，接受中国共产党领导、同中国共产党通力合作，进步性与广泛性相统一的中国特色社会主义参政党。中国民主同盟廊坊市委员会（简称民盟廊坊市委）是中国民主同盟的地方组织。

1983 年，河北省廊坊地区所辖安次县撤县改建廊坊市（县级市），为建立民盟组织创造了条件。1983 年，由外地迁入廊坊市（县级市）的 20 世纪 50 年代入盟的老盟员沈阳市人民体育场原副场长卢文韶、唐山市开滦一中原教师戴倬章、石油管道学院教师陈玉江，3 位民盟盟员受全国改革开放政治经济形势的鼓舞，积极发挥民主党派成员的进步作用，找到中共廊坊市（县级市）委统战部，要求帮助联系组织活动，并给民盟河北省委写信联系活动事宜。民盟河北省委组织部部长刘希哲亲自到廊坊，安排 3 位盟员的组织活动。后来，3 位盟员在中共廊坊市（县级市）委统战部的帮助下，联系到了 50 年代入盟的管道局工程师张起家、二区测赵淑静、市教师进修学校教师白若愚。1983 年 6 月，中国民主同盟河北省廊坊市（县级市）直属小组成立。组长戴倬章，副组长卢文韶，时有盟员 6 人。

此后，民盟组织在廊坊市蓬勃发展。1984 年 5 月，经民盟河北省委批准，中国民主同盟廊坊市筹备委员会成立。主委栾心昌，副主委沙致川，盟员发展到 32 人，划分为 4 个小组。1985 年 7 月，民盟廊坊市（县级市）委员会正式成立，主委栾心昌，副主委叶培钧、沙致川。盟员人数达到 72 人，建立 3 个支部。1988 年 9 月，召开中国民主同盟廊坊市（县级市）第二次代表大会，周云峰当选主委，关乃孚、沙致川当选副主委，下辖 10 个支部（小组），盟员 128 人。1989 年，经国务院批准“撤地建市”，廊坊地区改为廊坊市（地级市），原县级廊坊市改为廊坊市安次区。根据“民主党派应建在市上”的精神，中国民主同盟廊坊市委员会在中共廊坊市委的领导下进行了换届改组，并不再延续前两届的届别，而确立为第一届委员会。1989 年 5 月，中国民主同盟廊坊市委员会成立，选举周云峰为主委，沙致川、赵平民、纪子厚为副主委。1992 年 5 月，民盟廊坊市第二次代表大会召开，选举周云峰为主委，沙致川、纪子厚为副主委。下设 11 个支部，1 个直属小组，盟员 115 人。1996 年 11 月，民盟廊坊市第三次代表大会召开，选举袁绍祥为主委，纪子厚、马春玲为副主委。基层支部 13 个，盟员 122 人。2002 年 1 月，民盟廊坊市第四次代表大会召开，选举袁绍祥为主委，马春玲、张纬东为副主委。下辖 10 个基层支部，165 名盟员。

2006 年 11 月，民盟廊坊市第五次代表大会召开，选举张纬东为主委，孙大军、郭淑凤为副主委，届中增补王景硕为副主委。下辖 12 个基层支部，盟员人数达到 221 人。2011 年 12 月，民盟廊坊市第六次代表大会召开，选举张纬东为主委，孙大军、郭淑凤、王景硕为副主委，届中增补周旭光为副主委。下辖 2 个总支，16 个支部，307 名盟员。2016 年 10 月，民盟廊坊市第七次代表大会召开，选举张纬东为主委，郭淑凤、王景硕、周旭光、李景玉为副主委。下辖 8 个基层委员会，25 个支部，1 个小组，501 名盟员。2021 年 5 月，民盟廊坊市第八次代表大会召开，选举张志庆为主委，李景玉、王荣芳、马双杰、李海滨为副主委。

截止到 2023 年 6 月有盟员 700 人，下设 11 个基层委员会，28 个支部。中高级职称占比 64.2%，在职人员占比 81% ，平均年龄 51.1 岁。政治安排有省政协委员 2 人；省人大代表 3 人；廊坊市政协委员 21 人，其中常委 2 人；市人大代表 5 人，其中常委 2 人；县市区政协委员、人大代表 52 人，其中，县人大副主任 1 人，县级政协副主席 2 人，县级人大常委 1 人，县级政协常委 15 人。

目 录

下　篇

廊坊民盟十五年概述
(2006—2021)

十五年踔厉奋发，十五年守正创新，十五年勇毅前行。

回顾民盟廊坊市第五届委员会以来的十五年，是参与、实践、见证我国取得非凡成就的十五年。特别是党的十八大以来，民盟廊坊市委坚持以习近平新时代中国特色社会主义思想为指导，深入学习贯彻习近平总书记关于做好新时代党的统一战线工作的重要思想，扎实开展中共党史学习教育，广泛开展“不忘合作初心 继续携手前进”“矢志不渝跟党走、携手奋进新时代”等主题教育活动，从中国共产党百年奋斗史、多党合作光辉历程中汲取智慧和力量，不断巩固同中国共产党团结奋斗的共同思想政治基础。民盟廊坊市委准确把握中国特色社会主义参政党的性质定位，做中共廊坊市委的好参谋、好帮手、好同事，始终同中共廊坊市委想在一起、站在一起、干在一起。思想共识实现新提高，建言资政展现新作为，组织建设呈现新面貌，社会服务取得新成绩，参政党建设迈上新台阶。

一、强基固本、凝心铸魂，思想共识实现新提高

统一思想、凝聚力量，是民盟开展好各项工作的根本保障。党的十八大以来，民盟廊坊市委始终坚持把学习贯彻习近平新时代中国特色社会主义思想作为首要政治任务，着力引导盟员深刻领悟“两个确立”的决定性意义，不断增强“四个意识”、坚定“四个自信”、做到“两个维护”。民盟廊坊市委先后4次荣获民盟中央思想宣传工作先进集体、坚持和发展中国特色社会主义学习实践活动先进集体、思想政治建设和宣传工作先进集体称号。2014年以来，连续8年被民盟中央评为《群言》杂志发行工作优秀单位称号。

民盟廊坊市委扎实开展各项主题教育活动，比如第五届委员会开展的政

治交接主题学习教育活动、树立和践行社会主义核心价值体系活动，第六届委员会开展的坚持和发展中国特色社会主义学习实践活动，“重温历史、坚定信念、奋发有为”学习教育活动，第七届委员会开展的坚持和发展中国特色社会主义学习实践活动、中共党史学习教育活动、“弘扬爱国奋斗精神、建功立业新时代”活动、“矢志不渝跟党走、携手奋进新时代”“不忘合作初心继续携手前进”等主题教育活动。弘扬民盟先贤以党为师、与党同心的优良传统，旗帜鲜明讲政治，坚定信念跟党走，团结引领全市盟员不断增进对中国共产党和中国特色社会主义的政治认同、思想认同、理论认同和情感认同。

民盟廊坊市委抓住重大时间节点，比如中共中央召开的重大会议、发布的重要文件、习近平总书记发表的重要讲话等，第一时间跟进学习。同时以举办重大节日、纪念日庆祝活动为契机，赴民盟传统教育基地现场教学，重温多党合作光辉历史，进一步凝聚思想共识，盟员的思想政治水平得到全面提升。先后围绕中共中央“五一口号”发布60、70周年，中华人民共和国成立60、70周年，中国共产党成立90、100周年，民盟成立70、80周年，改革开放40周年等重大事件，举办了系列活动，为民盟的思想政治建设添砖加瓦。2011年3月，民盟廊坊市委隆重召开纪念中国民主同盟成立70周年大会，廊坊市四套班子主要领导同时出席会议。还有2009年在廊坊师院美术展厅举办“庆祝新中国成立60周年盟员书画摄影作品展”。2011年在霸州益津书院举办“廊坊民盟纪念中国共产党建党90周年、纪念中国民主同盟成立70周年盟员书画展”，2011年6月在市明珠影剧院举办“同心颂——庆祝中国共产党成立90周年”文艺晚会。2019年，承办“庆祝中华人民共和国成立70周年——中国民主同盟华北五省区市书画联展”河北站，举办“壮丽70年 奋进新时代”文艺演出，民盟中央副主席程红出席活动。2021年，举办庆祝中国共产党成立100周年、中国民主同盟成立80周年“九城同心沐党恩”书画展和“同心颂”文艺演出，民盟中央副主席龙庄伟出席活动。

民盟廊坊市委领导班子发挥“关键少数”的示范带动作用，带头自学、领学促学，同时扩大学习覆盖面，将学习教育覆盖到全体盟员。引导全体盟员在学习中求共识、在领会中求共鸣，不断凝聚全市盟员的思想共识。采取理论学习中心组、宣讲会、理论调研、读书会等多种形式开展政治理论学习。同时，通过辅导报告、座谈研讨等方式，加强形势教育，引导盟员进一步认清世界形势，增强必胜信念，牢记“国之大者”，投身伟大实践。民盟各基层组织以习近平新时代中国特色社会主义思想为指引，认真学习多党合作的历史与现状，学习中共党史、共和国史、民盟历史以及中国近代史，深刻理解中国特色社会主义制度、多党合作制度、新型政党制度的由来与发展及其不可替代的优势，使广大盟员更好地认清道路和方向。广阳区支部被民盟中央评为民盟思想政治建设和宣传工作先进集体。

盟员之家已经逐步成为广大盟员统一思想、提高认识、情感联谊、共同进步的平台，成为民盟基层履行参政党职能、发挥参政党作用、展现参政党形象的平台。民盟廊坊市委先后建成 11 个盟员之家，盟员之家对内的组织凝聚力以及对外的社会影响力不断加强。联合二支部、三河支部“盟员之家”被民盟中央评为优秀“盟员之家”。

民盟廊坊市委高度重视理论研究工作，参政党只有理论上清醒，才能做到政治上坚定。《民盟履行政治协商职能的实践与探索》荣获民盟中央理论研究课题二等奖。《建设学习型民盟组织研究》被民盟中央评为优秀奖。《推进基层统战工作实现弹性维稳的思考》《毛泽东在延安时期民主思想的特点研究》《加强民主党派在高校建设中的作用研究》分别被民盟河北省委评为一等奖、二等奖。多次荣获民盟河北省委理论研究工作先进单位，市委统战部理论政策研究工作优秀组织奖，统战政策理论研究创新成果二等奖、三等奖。

民盟廊坊市委立足宣传平台，筑牢宣传主阵地。《廊坊民盟志》第一卷在 2009 年 9 月印刷出版，全书 45 万字，详述了廊坊市建立民盟组织到 2006 年第五届委员会成立前 20 多年的发展历程，图文并茂，印制精良，时任全国人大常委会副委员长、民盟中央主席蒋树声为志书题词。2007 年夏季创刊内部刊物《廊坊民盟》，为对开四版、彩色印刷的季报。2007 年 10 月开通廊坊民盟网站。2015 年 1 月开通廊坊民盟微信公众号。利用各种宣传平台积极报道重点工作、履职成果和优秀盟员。

民盟廊坊市委充分发挥文艺界盟员的作用。作为以文化教育为主界别的参政党，民盟廊坊市委拥有众多的国家级、省市级文艺家协会会员，比如河北省书法家协会副主席、廊坊市音乐家协会主席、曲艺家协会主席等等。2014 年 6 月，廊坊民盟美术院成立，民盟中央宣传部部长吴志实、民盟河北省委主委边发吉为廊坊民盟美术院揭牌。先后承办、主办、参与书画展览 20 余次。2018 年 1 月廊坊民盟艺术团成立，先后在第什里风筝小镇、廊坊师范学院音乐厅、廊坊市壹佰剧院、固安县荆垡营东村等地主办 6 场大型文艺演出。

二、围绕中心、履职尽责，建言资政展现新作为

让每一名盟员都有机会成为政府决策的参与者，这是新时代参政党履行职能的价值体现和魅力所在。为全面提升盟员参政议政的意识和水平，民盟廊坊市委充分发扬“奔走国是、关注民生”的光荣传统，不断加强和完善参政议政的制度建设、平台建设和队伍建设，加强对调研工作“事前”“事中”“事后”的全过程管理和指导，不断开辟和拓宽参政履职的平台和渠道，广泛汇聚民智，为参政履职架起高效畅通的民意桥梁。在全体盟员的共同努力下，民盟廊坊市委参政议政工作呈现出务实高效的良好局面，为推动廊坊经济社会发展做出了积极贡献。2010 年 4 月，民盟河北省参政议政工作会议在廊坊召开，民盟中央副主席索丽生出席会议。

积极参加政治协商，助力廊坊高质量发展。民盟廊坊市委领导和盟内专家学者积极参加中共廊坊市委、市政府和有关部门召开的各种协商会、座谈会、通报会、征求意见会等，先后就《政府工作报告》、重要人事安排、廊坊市“十三五”“十四五”规划等重大问题提出了真知灼见及切实可行的意见、建议。盟员中的各部门特邀行风监督员、特邀监察员、市政府信息公开监督员等，积极参加有关部门组织的行风评议、听证会、视察调研等活动，知情出力，为推动廊坊市政风、行风建设，党风廉政建设和民主法制建设，起到了积极的作用。

重视政协平台作用，彰显履职担当。十五年来，民盟廊坊市委在市政协全会期间提交大会口头、书面发言 44 件，集体提案 115 件，个人提案 400 余件。《以文化为先导引领全市经济社会全面发展的战略思考》《推进教育均衡发展 全力打造教育廊坊》《突出城市书法元素 着力打造中国书法名城》等大会发言受到市委、市政府主要领导的批示。《挖掘发展优势文化项目，

树立廊坊品牌》《关于健全廊坊市公交体系的建议》等20余件集体提案被作为市政协主席重点督办提案。在河北省政协全会上,《关于推动林下产业快速发展的建议》被确定为省政府重点督办提案,《关于建立被征地农民基本生活保障制度的建议》《京津冀协同发展视角下的区域高校重构》被评为"河北省政协优秀提案"。2011年,在省政协常委会上作题为《构建多渠道投融资平台大力发展农田水利基础设施建设》的发言。

民盟廊坊市委注重以培训带动反映社情民意信息工作的开展,6次邀请民盟中央参政议政部及民盟河北省委参政议政部负责人为盟员讲解信息的写作要领。十五年来,民盟廊坊市委共向民盟河北省委、市政协提交各类社情民意信息600余件,其中《城市规划建设管理工作亟待加强》《应规范我国卫星电视管理体系》等被全国政协、民盟中央、省政协、省委统战部采用。《关于合理利用新世纪步行街发展廊坊夜市文化的建议》《关于加快廊坊市体育产业发展》得到市委、市政府主要领导批示。2007年,民盟廊坊市委《关于市区"三角地"旧城区改造的调研》被市委统战部《参政议政快报》转发,中共廊坊市委、市政府5位领导作出重要批示,其中所提建议被列入市政府2008年工作规划,对"三角地区域"的改造起到了积极的推动作用。《关于加强不可移动文物保护的建议》被中央统战部《零讯》采用。信息工作多次被民盟河北省委评为信息工作先进单位。2008年,被中共河北省委深入学习实践科学发展观活动领导小组评为"河北省四个征集活动科学发展群众意愿三等奖"。

上下联动,大兴调查研究之风。在持续关注教育、科技、文化、民生、区域等传统领域的基础上,不断扩展新视野。调研选题坚持问题导向、长短结合,既注重长期性、战略性问题,深耕细作、久久为功,也关注热点性问题,如抗击新冠疫情等,提出务实建议。同时,不断完善领导班子成员率队重点调研机制,与省盟和各地市民盟组织、基层组织"上下联动、左右互动",以此提升调研成果水平。每年承担民盟河北省委重点调研课题,《京津冀协同发展背景下的高校整合》等被民盟河北省委作为集体提案。《关于提高城市文化品位的几点思考》代表民盟河北省委参加了民盟中央在南宁举办的民盟2010中国城市文化论坛。2014年,民盟廊坊市委承办民盟河北省委京津冀协同发展论坛，向论坛提交调研报告 6 篇，《京津冀一体化中廊坊市承接产业转移的对策研究》被选为大会口头发言。每年向中共廊坊市委、市政府报送 1—2 篇调研报告。《京津冀协同发展中廊坊市产业定位机遇与挑战》经中共市委常委会通过后转发有关部门落实。《区域融资担保圈存在的风险》《优化社会发展环境 促进廊坊高端发展》《加快建设河系联通工程彻底改善廊坊水生态环境》等受到市委、市政府领导重要批示。

三、人才强盟、增进活力，组织建设呈现新面貌

组织建设是民盟自身建设的基础，也是民盟履行参政党职能的重要保证。十五年来，民盟廊坊市委认真贯彻“人才强盟”战略，着力加强领导班子建设，全面推进后备干部队伍、代表人士队伍和基层组织建设，为更好地履行参政党职能提供强大的智力支撑和组织保障，组织建设整体运行平稳、健康有序、势头良好，确保民盟事业薪火相传、后继有人。

以领导班子建设为重点。民盟廊坊市委注重加强领导班子制度建设，主委会议、市委会议进一步制度化、规范化、程序化。每年年底都要进行领导班子及成员述职和民主评议。召开领导班子民主生活会，领导班子成员结合自身思想、作风和履职情况对照检查，认真开展批评与自我批评，领导班子认真贯彻民主集中制，按照“集体领导、民主集中、个别酝酿、会议决定”的工作程序议事决策，成员之间相互理解、相互支持、相互帮助，形成了团结合作、求真务实的良好风气，提高了领导班子的凝聚力。

组织发展是组织建设的重要内容，是民盟工作中一项基础性、战略性任务。民盟廊坊市委认真贯彻落实“三个文件”精神，每年制定组织发展规划，明确组织发展的总体要求，规定了发展盟员的标准和范围，规范了发展盟员的程序，进一步增强组织发展工作的规范性。重视重点分工领域盟员发展工作，努力保持界别特色，不断加大代表人士发展力度，提高总体发展质量。在 2013 年 10 月召开的民盟组织工作会议上，民盟廊坊市委被评为全国组织发展工作先进集体。15 年累计发展盟员 447 人，截至 2021 年换届有盟员 657 人。基层组织也从 13 个支部发展到 11 个基层委员会、28 个基层支部。

人才是最宝贵的资源，人才的培养与保护是组织工作持续兴盛的保证。为提升盟员整体素质和履职能力，民盟廊坊市委分级分类搞培训，提高培训

的针对性。举办市委委员培训班，赴四川、重庆、上海、江苏、浙江等地追寻民盟先辈足迹。每年举办基层组织负责人和新盟员培训班，特别是 2019 年组织各基层支部 300 余名盟员分批次赴西柏坡、狼牙山、李大钊故居纪念馆、涉县一二九师司令部旧址等地参观学习。组织盟员参加民盟河北省委、市委统战部组织的各类培训，通过培训进一步提升盟员整体素质。民盟廊坊市委坚持在履职实践中发现人才、选拔人才、培养人才，建立了后备干部培养梯队，在每一次的基层组织换届调整中，注重充实年轻力量，确保民盟事业后继有人。

开展评先选优，激发盟员干事创业激情。民盟廊坊市委结合民盟河北省委的表彰活动开展“评先选优”，民盟廊坊联合支部等 9 个基层组织被评为民盟河北省先进基层组织，93 人次被评为河北省优秀盟员，196 人次被评为廊坊市优秀盟员。各基层组织和盟员多次荣获民盟中央奖项，2011 年，民盟廊坊市联合支部被授予全国先进集体称号，周旭光、程济源被评为全国先进个人。2014 年，民盟廊坊师院总支荣获“中国民主同盟基层组织建设先进基层组织”荣誉称号。2020 年，三河支部被评为民盟中央“盟务工作先进基层组织”。常笑尘被评为民盟中央高校基层组织盟务工作先进个人。2021 年，张纬东被评选为纪念中国民主同盟成立 80 周年优秀盟员。通过评先选优，充分发挥先进典型的示范带领作用，基层组织活力明显提升，自身建设切实加强，进一步动员和激励各基层组织和广大盟员在新的历史条件下，在各项盟务工作中争创佳绩。

机关建设是自身建设的重要环节。民盟廊坊市委机关坚持服务大局、规范管理的工作思路，以提升工作效率和服务水平为目标，努力把民盟机关打造成学习型、效率型、服务型、和谐型机关，为机关科学高效、正常有序运转提供坚实保障。民盟廊坊市委多次荣获民盟河北省机关建设先进单位称号。着力建章立制，构建规范、高效的制度体系和工作机制，先后修订和完善了 27 项盟务工作制度，真正形成用制度规范行为、靠制度管理人员的工作机制。加强综合协调能力，上传下达，左右互联，密切与民盟中央、省委，各地市民盟组织的联系。2009 年，邀请民盟中央机关总支第一支部到三河燕郊考察，民盟中央秘书长高拴平、民盟中央组织部部长陈幼平参加活动。2010

年，邀请中央社会主义学院第 23 期民主党派干部进修班的盟员到三河燕郊考察。2012 年，邀请民盟中央副秘书长、组织部部长陈幼平，社会服务部部长郭勇参观霸州文化建设。同年，民盟国家体育总局支部到廊坊参观考察。民盟廊坊市委多次承办民盟河北省委参政议政工作会议、常委会议、美术院院长会议、京津冀协同发展论坛等会议和活动，通过承办会议，进一步提升机关干部综合素质能力和水平。

四、发挥优势、持之以恒，社会服务取得新成绩

社会服务工作是履行参政党职能的延伸和拓展，也是察民意、知民情、惠民生的重要途径。民盟廊坊市委坚持突出重点、量力而行、讲求实效、持之以恒的方针，注重发挥民盟人才和智力资源优势，助力乡村振兴，做实做好教育帮扶、医疗帮扶、社区服务等品牌项目，积极服务地方经济社会发展，不断扩大民盟影响。李京梅、李海滨先后被民盟中央评为社会服务工作先进个人。

医疗帮扶。每年利用“民族团结进步宣传月”等时机，深入各地农村开展义诊活动，累计诊治患者 7000 人次，免费发放药品价值 60000 余元。

教育帮扶。以烛光行动为品牌，提升廊坊市教育质量。选派小学英语教师参加民盟中央“烛光行动·骨干教师新东方进修班”。以北京四中网校为平台，与廊坊市多所学校合作，在廊坊市基础教育信息化改革方面进行了积极探索和实践。邀请北京四中教育专家开展“民盟名师大讲堂百场公益巡讲”活动，先后为廊坊一中、廊坊八中等 16 所学校开展家庭教育讲座 300 余场次，免费为学校培训家长 10 万余人次。为学校免费培训教师 150 余场、1500 余人次；邀请北京四中教育专家开展中高考远程教研培训 3000 余课次；开展免费学习方法讲座及学习方法指导 320 余场、12 万余人次。先后为廊坊一中、廊坊八中等 12 所学校捐赠北京四中优质教育教学资源 576 万元；为廊坊一中、廊坊八中捐赠诊学练测自主学习平台 300 套价值 28 万余元；为廊坊九中捐赠书籍 200 套。2016 年暑期，举办民盟“烛光行动·千校计划”魅力名师首期特训营，为廊坊一中、廊坊八中等 50 多位骨干教师进行培训。为邢台市广宗县东贺固小学捐赠学习用品价值近 2 万元。为“农村教育 烛光行动”实践基地葫芦中学捐赠北京四中在线教学平台和北京四中优质教育资

源价值 69 万元。向广宗两所小学捐赠了价值 10 万元的多媒体教学设备。向毕节市七星关区魏家屯小学捐赠价值 2 万元的音乐器材。

投身疫情防控。新冠疫情发生以后，民盟廊坊市委第一时间发布致全市盟员的一封信，号召全市盟员积极投身疫情防控阻击战的各项斗争。晁怀宇三次进驻确诊病人定点医院，始终站在抗击疫情的最前线。在发热门诊等危险地方、基层社区防控也都有我们盟员的身影。民盟机关干部下沉社区参与疫情防控，组织核酸检测，参与值班值守，南尖塔镇丹枫社区送来“深入基层战新冠 同尽忠心为民安”锦旗。据不完全统计，盟员共计捐款捐物 230 多万元。民盟廊坊市委在微信群举办爱心义卖活动，盟员捐赠 32 件自己创作的书画作品和珍藏的珠宝用于拍卖，共募集善款 185800 元，分别捐赠湖北黄石第二人民医院和廊坊市第三人民医院。盟员积极创作文艺作品为疫情防控加油鼓劲，歌曲《江城安好》入选中共中央宣传部学习强国平台全国优秀“战疫”公益歌曲展播。3 名盟员被评为民盟河北省疫情防控宣传工作先进个人，6 名盟员被评为民盟河北省疫情防控工作优秀盟员，11 名盟员被评为民盟河北省疫情防控反映社情民意工作先进个人。

关注弱势群体，捐款捐物奉献爱心。2008 年汶川特大地震和 2010 年青海玉树大地震发生后，廊坊市广大盟员第一时间通过单位或其他渠道捐款 30 余万元。之后，全体盟员响应民盟中央的倡议，两次总计交纳“爱心盟费”23924 元，由民盟中央专款专用，支援灾区重建。四川雅安地震发生后，民盟廊坊市委发动盟员捐款 10050 元。云南鲁甸地震发生后，民盟廊坊市委举行书法义卖活动，募得善款 4000 元。助力消费扶贫，购买贫困地区农产品金额近 2 万元。侯振国和他的爱心团队累计向社会捐款 1470 万余元，救助贫困家庭 1780 个，救助贫困学生 1666 个，让 425 个辍学儿童重返校园，救助大病患者 97 名，其中 72 名大病患者得以康复。

突出文化引领。廊坊民盟美术院开办“东方书法课堂”，义务向盟员及书法美术爱好者授课。每年春节前夕开展书春送福活动，为群众书写春联 1 万余件。开展书法、美术、文化进校园活动，为廊坊一中、廊坊二中等地学生讲授书法、国画艺术。廊坊民盟艺术团深入农村主办大型文艺演出，深受群众欢迎。在固安县荆垡营东村挂牌廊坊民盟美术院和艺术团创作基地。

盟员中的农业、法律、金融等专家学者，也深入农村、社区、企事业单位等地，开展讲座、健康教育宣传、法律、金融、农业技术咨询等活动。

山高水长，初心不忘；任重道远，扬帆起航。民盟廊坊市新一届委员会要团结带领广大盟员深入学习贯彻中共二十大精神以及中央统战工作会议精神，认真贯彻习近平总书记关于做好新时代党的统一战线工作的重要思想，团结和引导广大成员坚守合作初心、传承优良传统，深刻领悟“两个确立”的决定性意义，增强“四个意识”、坚定“四个自信”、做到“两个维护”，进一步巩固同中国共产党团结奋斗的共同思想政治基础；充分发挥教育文化科技界别特色优势，聚焦教育优先发展、科技自立自强、文化自信自强、推动高质量发展等重要问题积极建言献策；全面加强自身建设，以思想政治建设为核心、组织建设为基础、履职能力建设为支撑、作风建设为抓手、制度建设为保障，建设政治坚定、组织坚实、履职有力、作风优良、制度健全的中国特色社会主义参政党，为全面建成社会主义现代化强国、实现第二个百年奋斗目标，以中国式现代化全面推进中华民族伟大复兴贡献更多智慧和力量。

2006 年 11 月，民盟廊坊市第四届委员会主委袁绍祥（左）与第五届委员会主委张纬东（右）在民盟廊坊市第五次代表大会上合影

2007 年 10 月，民盟廊坊市委召开五届六次市委（扩大）会议，深入学习贯彻中共十七大精神，部署政治交接学习教育活动

2008 年 1 月，廊坊民盟 2008 年新春联谊会成功举办

2009 年 10 月，《廊坊民盟志》首发式在三河举行

2010年4月，民盟河北省参政议政工作会议在廊坊召开，民盟中央副主席索丽生，河北省副省长、民盟河北省委主委龙庄伟出席会议

2011年6月，民盟廊坊市委“同心颂——庆祝中国共产党成立90周年”文艺晚会成功举办

2012 年 4 月，中国民主同盟河北省第十次代表大会召开。廊坊市代表与民盟河北省委主委龙庄伟（中）合影

2013 年 12 月，民盟河北省委主委边发吉（中）专程赴霸州看望盟员侯振国及其创建的“侯振国爱心团队”

2014 年 6 月，“丹青颂辉煌”书画展暨廊坊民盟美术院揭牌仪式系列活动举办，民盟中央宣传部部长吴志实、民盟河北省委主委边发吉为廊坊民盟美术院揭牌

2015 年 12 月，中共廊坊市委书记王晓东（右一）到民盟廊坊市委机关走访调研

2016 年 10 月，中共廊坊市委书记冯韶慧（左一）走访民盟廊坊市委机关

2017 年 9 月，民盟廊坊市第七届委员会委员赴四川南充中国民主同盟历史陈列馆参观学习

2018 年 9 月，北京国际设计周暨“非遗与设计汇”在河北省廊坊市广阳区南汉村举行启动仪式。民盟北京市委副主委宋慰祖（右三）、民盟河北省委副主委张纬东（左三）、张朝军（右二）出席启动仪式

2019 年 5 月，民盟河北省委副主委张福成带领调研组在廊坊就政务网络安全进行调研

2019 年 9 月，庆祝新中国成立 70 周年——中国民主同盟华北五省市区书画联展（河北站）在廊坊举办，民盟中央副主席程红出席开幕式

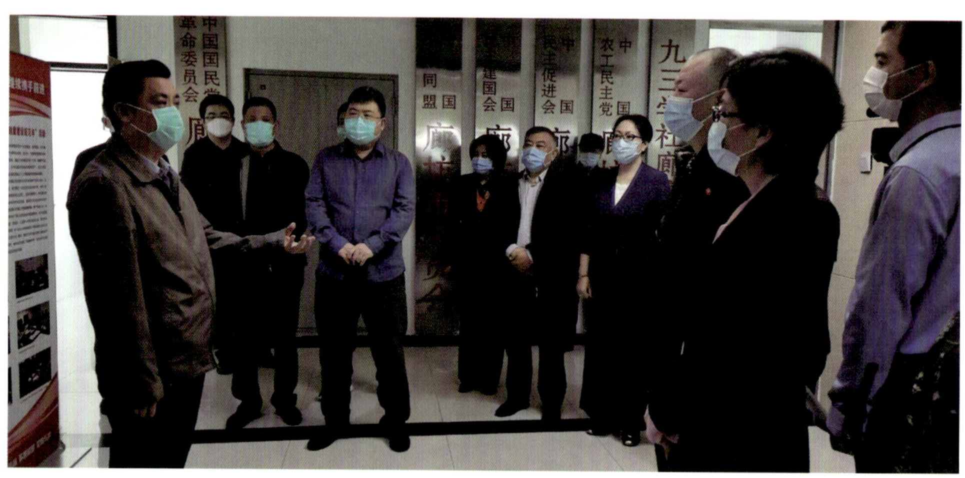

2020 年 4 月，中共河北省委常委、统战部部长冉万祥（左一）在廊坊市民主党派机关调研

2021 年 6 月，“九城同心沐党恩”书画展全体来宾合影

2021 年 5 月，民盟廊坊市第七届委员会主委张纬东（右）与民盟廊坊市第八届委员会主委张志庆（左）在民盟廊坊市第八次代表大会上合影

上　篇

大　事　记

（2006-2021）

2006 年

11 月 19 日，中国民主同盟廊坊市第五次代表大会在市招会议中心隆重召开。民盟河北省委副主委黄国强，中共廊坊市委、市人大、市政府、市政协及有关方面领导同志栗建华、范国发、王会勇、孙殿高、王世强、荣士通等到会祝贺。民盟河北省委副主委黄国强代表民盟河北省委致贺词。市委副书记、纪委书记栗建华代表中共廊坊市委在会上致贺词。市政协副主席、民进市委主委王世强代表全市各民主党派、工商联致辞祝贺。会议选举产生了民盟廊坊市第五届委员会，王东风、刘丽梅、刘佳宁、孙大军、张纬东、杨九利、汪广敬、阿迎萍、周旭光、徐景礼、郭淑凤、程济源当选为委员。在民盟廊坊市第五届委员会第一次会议上，选举张纬东同志为主任委员，孙大军、郭淑凤为副主任委员。大会还选举了廊坊市出席民盟河北省第九次代表大会的代表。

12 月 1 日，民盟廊坊市委召开五届二次市委会议，研究确定委员分工，讨论 2007 年民盟廊坊市委工作计划。民盟廊坊市委主委张纬东主持会议，副主委孙大军、郭淑凤等参加会议。

12 月 14 日，主委张纬东，副主委孙大军、郭淑凤参加中共廊坊市委召开的民主党派新一届领导班子座谈会。主委张纬东代表民盟市委发言。

12 月 26 日，主委张纬东出席廊坊市政协召开的民主党派工作座谈会。

2007 年

1 月 12 日，民盟廊坊市委召开五届三次市委会议，研究工作，制定了若干规章制度，批准新盟员。会议由主委张纬东主持，副主委孙大军、郭淑凤参加会议。

1 月 27 日，廊坊民盟 2007 新春联谊会隆重举行，市委统战部、民盟各对口联系单位以及民盟支部所在单位的领导也应邀出席了联谊会。

2 月 4 日，民盟廊坊市委主委张纬东，副主委孙大军、郭淑凤等，走访慰问了盟市委老领导袁绍祥、周云峰、马春玲、纪子厚，80 岁以上老盟员刘润兰、吴珉、陈玉江以及原民盟驻会副主委沙志川的遗属并致以节日的祝福。

2 月 5 日，主委张纬东参加《政府工作报告》征求意见会。

2 月 26 日至 3 月 2 日，廊坊市人大四届五次会议、市政协四届五次会议召开，民盟廊坊市委在市政协全会上提交大会发言 1 件，题目是《促进廊坊奶业发展的调查与建议》，集体提案 10 件，个人提案 19 件。

2 月 9 日，主委张纬东参加中共廊坊市委召开的人事安排协调会。

4 月 5 日，民盟廊坊市委召开五届四次市委会议，学习贯彻全国“两会”精神，通报推荐民盟河北省委九届委员、民盟中央十大代表情况。会议由主委张纬东主持，副主委孙大军、郭淑凤参加会议。

4 月，民盟廊坊市委决定启动《廊坊民盟志》编纂工作，成立《廊坊民盟志》编纂委员会，下设办公室负责工作。

4 月 24 日，民盟廊坊市委一行 20 人到葛渔城镇北街村就林业发展问题开展调研活动。市政协副主席袁绍祥，民盟廊坊市委主委、三河市副市长张纬东参加调研。

4 月 29 日，民盟三河燕郊支部召开成立会议，这也是廊坊市民盟的第十三个支部。民盟廊坊市委主委、三河市副市长张纬东出席会议。中共廊坊市委统战部党派科科长张永泉，中共三河市委统战部负责同志莅临会议指导。

5月29日，民盟廊坊市委组织民盟廊坊市委委员、支部委员，到香河考察香河现代产业园建设情况。主委张纬东、副主委郭淑凤参加考察活动。

5月30日，中共河北省委常委、统战部部长刘永瑞在廊坊调研时，深入民主党派机关调研，听取了各民主党派对省委统战部的意见和建议，并提出了希望和要求。中共廊坊市委书记王增力，廊坊市政协副主席、统战部部长孙殿高陪同调研。主委张纬东简要介绍了廊坊民盟的基本情况，并就加强新一届民主党派领导班子的培训工作提出了意见。

6月3日至4日，中国民主同盟河北省第九次代表大会在石家庄隆重召开。民盟廊坊市委主委张纬东，副主委孙大军、郭淑凤等8位代表，代表廊坊市227名盟员参加了大会。张纬东当选为民盟河北省委常委。

7月13日，民盟廊坊市委召开五届五次会议，会议审批新盟员，通报了二季度工作，传达了民盟河北省第九次代表大会精神。

7月23日至25日，民盟廊坊市委举办基层组织负责人培训班。

9月，《廊坊盟讯》正式改版，刊物更名为《廊坊民盟》，为对开四版的报纸，每季度一期，正确贯彻党的统一战线理论，及时传达民盟中央、省委的精神要求，客观反映廊坊民盟的工作动态，积极宣传优秀盟员的风采，成为宣传党的统一战线理论和廊坊民盟工作的主阵地。

10月18日，民盟廊坊市委组织盟内医务专家在市区时代广场为社区群众和过往路人开展大型健康义诊咨询活动。市人大常委会副主任佟淑芸、市政协副主席郑树枝等领导同志先后到现场看望医务人员。

10月19日，正值九九重阳节，民盟廊坊市委组织全体离退休盟员参观了廊坊市博物馆和规划山。市政协副主席、民盟廊坊市委原主委袁绍祥，副主委郭淑凤，老领导周云峰、纪子厚及市委委员、各支部主委等40余人参加了活动。

10月27日，召开民盟廊坊市五届六次市委（扩大）会议，深入学习贯彻中共十七大精神，部署政治交接学习教育活动，通报实施方案。会上，市政协副主席、民盟廊坊市委原主委袁绍祥，主委张纬东，副主委孙大军、郭淑凤等出席会议并结合自身工作畅谈学习体会。

11月，中国民主同盟廊坊市委网站（www.lfmm.org.cn）正式开通，网站设民盟概况、民盟要闻、统战新闻、盟史博览、参政议政、社会服务、自身建设、盟员风采、盟员论坛等栏目。

2008 年

1 月 11 日，民盟廊坊市委召开五届七次市委（扩大）会议，通报民盟中央第十次全国代表大会精神，部署解放思想大讨论活动等事宜。会议由主委张纬东主持，副主委孙大军、郭淑凤参加会议。

2 月 2 日，在新春佳节即将到来之际，民盟廊坊市委举办“廊坊民盟 2008 年新春联谊会”。中共廊坊市委统战部副部长张秀明、杨毅、王书华，中共廊坊市委台办副主任王国友，统战部副调研员郑建明及对口联系单位、各基层支部所在单位领导应邀出席联谊会。民盟廊坊市委主委张纬东致辞。

3 月 13 日，主委张纬东出席廊坊市《政府工作报告》征求意见会。

3 月 13 日，民盟廊坊市委召开民盟盟员五届政协委员、人大代表座谈会，部署提案准备工作。主委张纬东、副主委孙大军、郭淑凤和盟员五届政协委员、人大代表出席会议。

3 月 24 日至 28 日，政协廊坊市第五届委员会第一次会议、市人大五届一次会议召开。主委张纬东当选廊坊市政协副主席，副主委郭淑凤当选市政协常委。在随后闭幕的市人大五届一次会议上，副主委孙大军当选市人大常委。在政协全会上，民盟廊坊市委提交题为《关于廊坊市职业教育集团化发展的建议》的大会发言 1 件，市政府主要领导作出重要批示。集体提案 11 件，个人提案 31 件。

4 月 21 日，市政协主席寇德松在市政协秘书长徐长茂、市委统战部常务副部长张万刚等陪同下，到市民主党派和工商联机关走访座谈。张纬东参加座谈。

4 月 25 日，主委张纬东及部分市委委员、各基层组织负责人参加中共市委统战部召开的纪念“五一口号”发布 60 周年报告会。

5 月 12 日 14 时 28 分，四川汶川等地突如其来的特大地震灾害。廊坊市 200 余名民盟成员通过本单位或其他渠道捐款 15 万余元。为响应民盟中央的倡议，民盟廊坊市委再次发出通知，交纳“爱心盟费”，各基层支部和广大盟员共交纳爱心盟费 19424 元，并汇至民盟中央，用于灾区学校重建等工作。

5月27日，民盟廊坊市委组织盟内医疗专家，与农工民主党、市政协文教卫委、市健康教育所联合举行了义诊，为广阳区南尖塔镇南甸村村民诊治各种疾病，共诊治病人300余人，赠送村民价值2000余元的药品，发放健康科普知识材料、盐勺1000余份。

6月20日，民盟廊坊市委召开老盟员座谈会。建盟初期加入盟组织的几位老同志回忆了早期民盟工作的情况，为编辑出版《廊坊民盟志》收集资料。

6月30日，民盟河北省委组织部部长黄望朝，社会服务部部长孙建国到廊坊市调研指导工作，就民盟河北省委政治交接主题学习教育活动征求意见。民盟廊坊市委原主委袁绍祥，市政协副主席、主委张纬东及部分市委委员、支部负责人参加座谈。

7月3日，市委副书记吴晓琳到民主党派机关召开座谈会，主委张纬东，副主委孙大军、郭淑凤和各民主党派主委、副主委、机关工作人员参加座谈。张纬东简要汇报了民盟廊坊市委的基本情况和近期主要工作。

8月2日，召开民盟廊坊市五届八次市委（扩大）会议，会议研究审批新盟员、部署《廊坊民盟志》有关事宜、通报民盟廊坊市委2008年上半年主要工作和部署奥运安保事项等。

8月6日，北京奥运会开幕在即，民盟廊坊市委在市文化艺术中心举办迎奥运象棋友好邀请赛。民盟廊坊市委主委、市政协副主席张纬东出席并讲话，号召广大盟员发扬奥运精神，履行参政议政职能，为进一步推进廊坊市经济社会又好又快发展做出新贡献。

12月5日，民盟廊坊市委召开五届九次市委（扩大）会议，深入学习贯彻中共廊坊市委四届三次全会精神。号召广大盟员以全会精神为统领，深入贯彻落实科学发展观，为实现“两个率先”努力奋斗。张纬东出席会议并讲话。

12月20日，由民盟廊坊市委主办，民盟师范学院一支部、二支部承办的廊坊民盟迎新年“育英杯”乒乓球比赛在廊坊师范学院体育馆举行。主委张纬东，市政协原副主席、民盟廊坊市委原主委袁绍祥，民盟廊坊市委原主委周云峰，中共廊坊市委统战部党派科科长张永泉，中共廊坊师范学院党委统战部部长王艳玲，副主委孙大军、郭淑凤等出席并观看比赛。

2009 年

1 月 4 日，民盟廊坊市委召开五届十次市委会议，通报 2008 年工作总结，研究 2009 年工作计划，研究提案工作，通报经费支出情况。主委张纬东，副主委孙大军、郭淑凤出席会议。

1 月 15 日，民盟廊坊市委召开 2009 年新春联谊会。主委张纬东，市政协原副主席、民盟廊坊市委原主委袁绍祥出席会议。中共廊坊市委统战部常务副部长张万刚、民盟各对口联系单位、各基层支部所在单位领导应邀出席会议。中共廊坊市委统战部副部长张秀明致辞。会上宣读《民盟廊坊市委关于表彰先进支部和优秀盟员的决定》。

2 月 3 日至 7 日，廊坊市人大五届二次全会，市政协五届二次全会召开。在政协全会上，主委张纬东作题为《以文化为先导，引领全市经济社会全面发展的战略思考》的大会发言。全会共提交大会发言 2 件，集体提案 10 件，个人提案 22 件。

2 月 13 日，民盟河北省委在廊坊召开参政议政工作座谈会。民盟河北省委副主委鲁平，民盟中央参政议政部信息处处长张雨斌，民盟河北省委参政议政部部长刘莉等出席会议。张纬东和部分盟员代表出席座谈会。

2 月 26 日，民盟河北省委社会服务部部长孙建国一行三人到廊坊调研。民盟廊坊市委副主委孙大军、郭淑凤陪同调研。

2 月 28 日，民盟廊坊市联合支部举办新盟员培训班，为近两年加入民盟组织的新盟员进行优良传统教育。张纬东出席培训班并讲话。市政协原副主席、民盟廊坊市委原主委袁绍祥为大家做盟史辅导报告。

3 月 5 日，民盟廊坊市委举办庆“三八”女性服饰与礼仪讲座。民盟廊坊市委委员、廊坊师范学院公共管理学院教授阿迎萍作了“职业女性服饰与礼仪”的讲座。副主委郭淑凤和 20 余名女盟员听取讲座。

3 月 24 日，民盟廊坊市委“农村教育 烛光行动”启动仪式在廊坊市开发区小马房小学隆重举行，向小马房小学捐赠了价值 3 万元的体育用品。民盟河北省委副主委鲁平专程参加启动仪式并讲话。中共廊坊市委统战部副部长张秀明，民盟河北省委社会服务部部长孙建国、民盟廊坊市委主委张纬东出席启动仪式。

2009 年 3 月，民盟廊坊市委“农村教育　烛光行动”启动仪式在廊坊市开发区小马房小学隆重举行

4 月 16 日，民盟廊坊市委组织 13 位农林、畜牧、医学、法律等方面的专家，到广阳区吴堤村向农民群众宣传农林、畜牧、法律等方面的知识，并进行现场义诊。

5 月 11 日，民盟河北省委参政议政部副部长黄智、冯俊生到廊坊调研。

5 月 31 日，民盟廊坊市委同市委统战部、农工党、九三学社等组织，与医务专家到广阳区万庄镇大伍龙村为村民送医送药，携带价值1000元的药品。

6 月 19 日，民盟中央秘书长高拴平、民盟中央组织部部长陈幼平及民盟中央机关支部一行 20 余人到廊坊就基层组织建设开展调研并召开座谈会。省政协副秘书长、民盟河北省委副主委鲁平参加调研。张纬东和部分基层支部负责人陪同调研。

6 月 26 日，民盟廊坊市委会同市政协、农工党、市卫生局、市医院联合组织 10 余名医务界专家，由市政协副主席吕炳素、魏向东带队，到香河县淑阳镇凌家吴村开展送医药下乡活动，携带心电图机器等医疗器械，以及价值 3000 元的药品。此次义诊共诊治患者 200 余人次，并发放健康知识宣传资料 200 余份。

2009年6月，民盟中央秘书长高拴平（前排左三）、民盟中央组织部部长陈幼平（前排左二）及民盟中央机关支部一行20余人到廊坊就基层组织建设开展调研并召开座谈会。

7月16日，民盟廊坊市委召开五届十二次会议，研究部署新盟员入盟、暑期培训班等工作。

7月22日，市政协就民盟廊坊市委提出的集体提案《挖掘发展优势文化项目，树立廊坊品牌》召开重点提案督办座谈会。市政协副主席吕炳素出席会议，民盟廊坊市委驻会负责人王景硕等参加会议。

8月8日，时值北京2008夏季奥运会开幕一周年，同时也是我国第一个“全民健身日”。民盟廊坊市委主办、民盟廊坊市直联合支部承办的“庆祝新中国成立60周年象棋比赛”在廊坊市文化艺术中心举行，12名棋手参加比赛。

9月23日，在中华人民共和国成立60周年、中国共产党领导的多党合作和政治协商制度确立60周年、河北省廊坊市经国务院批准“撤地建市”20

周年之际，民盟廊坊市委举办的书画摄影作品展在廊坊师范学院美术展厅开幕。来自全市 200 多名盟员中的 21 位书画摄影工作者和爱好者，近百件作品参展。主委张纬东和社会各界人士观看了展览。

10 月 30 日，反映民盟廊坊市委 26 年发展历程的志书——《廊坊民盟志》首发式在三河举行。主委张纬东出席首发式并致辞。中共廊坊市委统战部常务副部长张万刚到会祝贺，各民主党派、民盟各基层支部所在单位领导应邀出席。副主委王景硕主持首发式。《廊坊民盟志》在中华人民共和国成立 60 周年之际编辑出版，在全市乃至全省民主党派组织中首开先河。从成立《廊坊民盟志》编委会和编辑部，到搜集资料、编辑整理，再到后期制作、印刷出版，历时一年有余。全书 45 万字，印制精良，详细记载了从 20 世纪 80 年代初廊坊市建立起民盟组织到 21 世纪初 20 多年的发展历史。《廊坊民盟志》的编辑出版，得到了各级领导的重视和关怀。全国人大常委会副委员长、民盟中央主席蒋树声亲自为《廊坊民盟志》一书作了“薪火传承 再铸辉煌”的题词，河北省副省长、民盟河北省委主委龙庄伟为志书作序。

11 月 14 日，民盟廊坊市委召开五届十三次会议，选举王景硕同志任民盟廊坊市委副主委（驻会）。主委张纬东，副主委郭淑凤等出席会议。

12 月 24 日，民盟廊坊市委召开五届十四次会议，研究 2009 年工作总结及 2010 年工作计划，评先选优及年终全体盟员大会等工作。

2010 年

1 月 18 日，民盟霸州支部成立，选举郑万明任支部主委。

1 月 23 日，民盟廊坊市委召开 2010 年新春联谊会。主委张纬东，市政协原副主席、民盟廊坊市委原主委袁绍祥出席会议。中共廊坊市委统战部副部长、市工商联党组书记王书华，副部长杨毅，副调研员苗有志以及民盟各对口联系单位、各基层支部所在单位领导应邀出席会议。

2 月 5 日，中共廊坊市委召开民主协商会，与各民主党派、工商联和无党派代表人士，就市五届人大三次会议和市政协五届三次会议上相关职位候选人人选进行民主协商，征求意见和建议。主委张纬东，副主委孙大军、王景硕参加会议。

2 月 25 日至 26 日，市政协五届三次全会、市人大五届三次全会相继胜利闭幕。盟员中的 16 位市人大代表、市政协委员、特聘委员出席会议。在市政协全会上，主委张纬东代表民盟廊坊市委作了题为《关于建立健全廊坊市失地农民征地补偿和社会保障机制的建议》的报告，受到中共廊坊市委、市政府领导的高度重视并作出重要批示。市领导批示：“张纬东委员的建议非常重要，失地农民补偿和保障是保证农民不因失地而受损失，请建设局研究保障办法，并请有关部门监督实施。”民盟廊坊市委还提交集体提案 9 件，个人提案 20 余件，内容涉及教育、三农、文化、民生及社会管理等各个方面。

4 月 14 日，青海省玉树藏族自治州玉树县发生强烈地震。民盟廊坊市委响应民盟中央、民盟河北省委号召，积极为灾区捐款捐物奉献爱心。5 月 14 日，廊坊市盟员爱心的 4500 元善款交至民盟中央，募捐所得由民盟中央负责在青海灾区重建工作中定向支援，专款专用。

4 月 19 日至 20 日，民盟河北省委参政议政工作会议在廊坊三河市召开，就如何做好参政议政工作进行深入探讨。民盟中央副主席索丽生，民盟河北省委主委、副省长龙庄伟，市政协副主席、市委统战部部长孙殿高，民盟廊坊市委主委、市政协副主席张纬东出席会议并讲话。民盟河北省委副主委田咏主持会议，民盟河北省委副主委鲁平作总结讲话。

5 月 7 日，为扎实有效开展好“民族团结进步宣传月”活动，民盟廊坊市委协同各民主党派医疗专家赴永清县北钊村，为 400 余人次回 / 汉族群众进行了义务诊治，并送出价值 2000 余元的药品。

5 月 14 日，民盟廊坊市委举办信息员培训班，邀请民盟中央参政议政部信息处处长张雨斌、民盟河北省委参政议政部副部长冯俊生，就如何做好反映社情民意信息工作进行辅导。民盟廊坊市委副主委孙大军、王景硕和各支部主委、信息员等 30 人参加培训。在廊期间，主委张纬东，中共廊坊市委统战部副部长张秀明等会见了张雨斌一行。

7 月 31 日至 8 月 1 日，民盟廊坊市委组织市委委员、基层支部负责人等骨干盟员进行集中培训，学习社会主义核心价值体系的基本内涵和主要内容。邀请民盟廊坊市委原主委袁绍祥，原副主委马春玲等老领导出席活动。

8 月 17 日，民盟廊坊市委组织市委委员、支部主委 20 人参加中共廊坊市委统战部组织的廊坊市民主党派树立和践行社会主义核心价值体系培训班。

11月4日，民盟中央举办的民盟2010中国城市文化论坛在南宁召开。民盟廊坊市委作为民盟河北省的唯一代表向大会提交了题为《关于提高城市文化品位的几点思考》的论文，受到与会者好评。

11月16日，民盟华北科技学院支部成立会议在三河燕郊召开。主委张纬东出席会议并讲话。华北科技学院纪委书记刘国林、学院党委统战部部长周广伟出席会议。中共廊坊市委统战部党派科科长张永泉、中共三河市委统战部常务副部长李来勇应邀出席会议并讲话。民盟联合支部、三河燕郊支部等兄弟支部到会祝贺。副主委王景硕主持会议。

12月11日，民盟廊坊市委在文化艺术中心举办迎新年象棋比赛。

12月25日，民盟廊坊市委召开参政议政工作会议，盟内市人大代表、政协委员就如何做好议案、提案工作进行研究部署。主委张纬东，副主委孙大军、郭淑凤、王景硕参加会议。

12月25日，民盟廊坊市委组织盟内市人大代表、政协委员到香河现代产业园考察。主委张纬东，副主委孙大军、郭淑凤、王景硕参加活动。

2010年12月，民盟廊坊市委举办迎新年象棋比赛，民盟市委原主委袁绍祥（右）、周云峰（中）、民盟市委原副主委纪子厚（左）参赛

2011年

1月25日，主委张纬东、副主委王景硕参加廊坊市《政府工作报告》征求意见会。

2月11日至2月14日，廊坊市第五届人民代表大会第四次会议、廊坊市政协五届四次会议召开，民盟廊坊市委大会发言《切实提高廊坊城市文化品位》广受好评。会议期间，共提交大会发言1件，集体提案8件，委员个人提案20余件。

3月3日，邀请民盟省委参政议政部部长刘莉、副部长冯俊生等为来自全市各支部共20余位骨干盟员进行社情民意信息培训。

3月18日，廊坊市隆重举行纪念中国民主同盟成立70周年大会。市人大常委会主任张素珍，市政协主席寇德松，市政协副主席、市委统战部部长孙殿高，市政协副主席、民盟廊坊市委主委张纬东，市政协副主席、民建廊坊市委主委徐光泰，同全市305名民盟盟员欢聚一堂。民盟河北省委副主委郑一民同志专程来廊出席大会并致辞，表示热烈祝贺。民盟河北省委组织部部长耿联巧，中共廊坊市委统战部常务副部长张万刚、副部长张秀明以及廊坊市各民主党派、工商联、侨联，各对口联系单位、民盟支部所在单位领导应邀出席大会。徐光泰代表廊坊市各民主党派、工商联致贺词。会上，盟员自编自演的文艺节目，诗朗诵、歌曲、舞蹈、乐器，等等，为大家奉献了一场精彩的视听盛宴。会议还对2010年度省、市先进基层盟组织和优秀盟员进行了表彰。

5月6日和5月31日，民盟廊坊市委携带心电图机等医疗器械和价值5500元的药品分别到安次区调河头乡、广阳区南尖塔镇大屯村开展送医送药活动。专家们为村民诊断并讲解健康知识，发放卫生保健手册3200多份。

5月9日，市政协、市邮政局、民盟廊坊市委召开座谈会，商讨落实民盟廊坊市委报送的《关于居民小区规范建设邮政信报箱的建议》，该建议之前被市政协《社情民意》第7期转发，副市长饶贵华作出重要批示。

5月15日，在民盟中央召开的纪念中国民主同盟成立70周年大会上，民盟廊坊市委作为河北省3个受表彰的市级组织之一被授予全国先进集体光荣称号。民盟廊坊市联合支部同时被授予全国先进集体称号，周旭光、程济源被评为全国先进个人。

6月13日，由民盟廊坊市委主办、民盟霸州支部承办的“廊坊民盟纪念中国共产党建党90周年、纪念中国民主同盟成立70周年盟员书画展”在霸州益津书院开幕。民盟河北省委专职副主委鲁平专程出席开幕式并致辞。会上，鲁平、梁雪梅为中国民主同盟霸州支部揭牌。书画展共收到20位盟员书画作品近百幅。

6月22日，由中共廊坊市委统战部主办，民盟廊坊市委及其他党派承办的“同心颂——庆祝中国共产党成立90周年”文艺晚会在市明珠影剧院举办。盟员周旭光任总导演，何成华、周奇霞、邢璐等盟员与其他党派成员一起为全场1000余名观众表演了文艺节目。

7月4日，为配合廊坊市商业中心二期改造工程，民盟廊坊市委迁往廊坊市广阳道29号建业大厦303室办公。

8月14日，民盟廊坊联合总支，联合一支部、联合二支部成立。徐景礼当选联合总支主委，杨晓东当选联合一支部主委，张庆田当选联合二支部主委。

8月19日至20日，民盟廊坊市委组织基层组织负责人赴白石山异地培训，强化统战理论和盟章、盟史的学习。

2011年6月，廊坊民盟纪念中国共产党建党90周年、中国民主同盟成立70周年盟员书画展在霸州益津书院举办

9 月 25 日，民盟廊坊师范学院总支成立大会在廊坊师院音乐学院会议室召开。至此，民盟廊坊市委 2 个总支、16 个支部成立、换届工作圆满成功。

12 月 24 日，中国民主同盟廊坊市第六次代表大会在廊坊开发区会展中心隆重召开。市人大常委会副主任王世强，市政协副主席、市委统战部部长孙殿高，市政协副主席、民建廊坊市委主委徐光泰，市政协副主席毕晓明出席会议。民盟河北省委副主委鲁平到会祝贺。孙殿高代表中共廊坊市委在会上致贺词。徐光泰代表全市各民主党派、工商联致辞祝贺。

2011 年，民盟廊坊市委专职副主委王景硕被推荐到霸州市挂职副市长。

2012 年

1 月 14 日，市政府召开《政府工作报告》征求意见会，主委张纬东、副主委王景硕参加会议。

1 月 31 日至 2 月 3 日，廊坊市第五届人民代表大会第五次会议、政协廊坊市第五届委员会第五次会议在国际饭店怀远堂隆重开幕。主委张纬东在市政协全会作了《推进教育均衡发展 全力打造教育廊坊》的大会发言。市长聂瑞平、副市长吕爱英等主要领导作出批示。

4 月 19 日至 20 日，中国民主同盟河北省第十次代表大会在省会石家庄河北会堂隆重召开。廊坊市 8 名选举代表和 1 名提名代表参加大会。张纬东当选民盟河北省委副主委，郭淑凤、王景硕当选民盟河北省委委员。

5 月 2 日，民盟中央副主席张宝文参观霸州文化建设，张纬东陪同参观。

5 月 13 日，民盟廊坊市委组织全体盟员赴北京十渡参观考察交流活动。

6 月 6 日至 7 日，民盟国家体育总局支部到霸州与民盟廊坊市委举行经验交流活动。国家体育总局机关党委专职副书记朱国平，国家体育总局民盟支部成员参加活动。主委张纬东，副主委王景硕参加座谈交流。

7 月 3 日，市委书记冯韶慧到廊坊市民主党派机关、市工商联机关、市委统战部机关各科室就全市统战系统工作情况进行调研。市政协副主席、市委统战部部长孙殿高陪同调研，主委张纬东出席座谈会。

7 月 5 日，市政协组织召开重点提案督办座谈会，现场督办民盟廊坊市委提出的《推进教育均衡发展 全力打造教育廊坊》（第 2 号）提案。市政协副主席吕炳素出席会议，市教育局、市财政局等提案落实部门领导参加会议，就提案的落实情况作出答复。该提案被市政协确定为重点督办提案。

7月25日，民盟河北省委信息培训班在廊坊市召开，民盟中央参政议政部信息处处长张雨斌就如何做好信息工作作辅导报告。民盟河北省委参政议政部副部长冯俊生介绍民盟河北省委今年以来提案、信息工作情况。主委张纬东主持会议。

7月26日，民盟廊坊市委召开六届二次市委会议，就进一步践行社会主义核心价值体系活动作出部署。同时，就胡锦涛总书记在省部级领导干部专题研讨班开班式上的讲话进行深入学习。

8月3日至5日，民盟廊坊市委赴山西举办基层组织负责人培训班。民盟廊坊市委副主委王景硕以及各基层支部负责人40余人参加培训，中共廊坊市委台办副主任王继寅出席培训班并指导工作。

8月12日，民盟中央副秘书长、组织部部长陈幼平，社会服务部部长郭勇在民盟河北省委副主委鲁平陪同下到霸州调研。主委张纬东、副主委郭淑凤、王景硕陪同调研。

2012年8月，民盟中央副秘书长、组织部部长陈幼平（左四），社会服务部部长郭勇（左五）在民盟河北省委副主委鲁平（右四）陪同下到霸州调研

12 月，省政协对五年来的优秀提案进行表彰，民盟廊坊市委《关于建立被征地农民基本生活保障制度的建议》被评为“河北省政协优秀提案”。

2013 年

1 月 22 日，主委张纬东、副主委王景硕参加《政府工作报告》征求意见会。

3 月 8 日，民盟廊坊市委举办了以“坤德与幸福人生”为主题的讲座，邀请了北京大学哲学系教授、北京大学中国青少年国学训练营专家组主任、中国教育培训协会常务副会长、国学与传统文化教育培训专家张洪泉老师为主讲人。民盟廊坊市委副主委郭淑凤及各支部骨干女盟员听取了讲座。

3 月 22 日，全国“两会”结束后，民盟廊坊市委迅即召开市委会议，深入学习会议精神。主委张纬东出席会议并号召廊坊市广大盟员要为实现中国梦努力奋斗。

4 月 1 日，主委张纬东参加中共廊坊市委召开的“民主协商会”。

4 月 8 日至 12 日，廊坊市六届人大一次会议、政协六届一次会议召开，张纬东当选市六届政协委员会副主席，郭淑凤、程济源当选市政协常委，王景硕当选市人大常委。盟员中 15 位政协委员、4 位人大代表参加了会议。会议期间，提交政协大会发言 1 件，集体提案 7 件，个人提案 30 件。市委、市政府主要领导对大会发言《突出城市书法元素 着力打造中国书法名城》作出了重要批示。

“4・20”四川雅安地震牵动着廊坊市全体盟员的心。民盟廊坊市委积极响应民盟中央的号召，向全市盟员发出爱心自愿募捐的通知。许多盟员是在本单位已经献出爱心的情况下再次募捐。其中，主委张纬东捐款 2000 元，盟员尹江婷捐款 1000 元。所得善款共计 10050 元，全部汇入民盟中央赈灾专用账户，专款专用。

6 月 14 日至 16 日，民盟廊坊市委在市委统战部统一安排下，与民盟太原市委进行了对标，座谈了解太原民盟的工作成绩和经验，并实地参观了民盟太原市委机关。王景硕参加对标活动。

7 月 27 日至 28 日，民盟廊坊市委举办基层组织负责人培训班，并赴保定阜平城南庄革命纪念馆接受爱国主义教育。中共廊坊市委台办副主任王继寅出席培训班指导工作。张纬东、郭淑凤、王景硕以及老领导袁绍祥、马春玲和各基层支部负责人参加培训。

2013 年 9 月，民盟廊坊市委举办法律知识讲座，李景玉讲解新《婚姻法》

9 月 15 日，由民盟廊坊市委主办、民盟联合支部协办的系列法律知识讲座在盟市委机关会议室举行，河北李景玉律师事务所主任李景玉为盟员讲授新《婚姻法》及司法解释等相关知识。

9 月 23 日，民盟河北省委“加快县域经济结构调整”课题组到廊坊市大城县考察调研。民盟河北省委参政议政部副部长冯俊生，民盟唐山市委副主委弭建群、龚瑞昆参加调研，民盟廊坊市委副主委、大城县副县长郭淑凤，副主委王景硕陪同调研。

10 月 10 日至 11 日，民盟组织工作会议在南京召开。民盟廊坊市委作为全国民盟组织发展工作先进集体受到了表彰。

10 月 17 日，“服务百姓健康行动——全国大型义诊周”期间，民盟廊坊市委联合市政协教科文卫体委员会、市医院、市农工党、市健康教育所，组织 20 名医务界专家，来到市政协开展深化加强基层建设年活动帮扶村——淑阳镇赶水坝村开展送医送药下乡活动。市政协副主席张卫东带队，市政协副主席、农工党廊坊市委主委魏向东参加义诊活动。

10 月 23 日，盟员侯振国率来自霸州市新利钢铁有限公司“侯振国爱心团队”的 170 名钢铁工人进行捐献造血干细胞现场采样，其余 1600 多名志愿者由市红十字会和市卫生局安排专人到厂区分期分批签署《捐赠造血干细胞志愿书》并进行抽血采样。

12 月 25 日，中国文联副主席、民盟河北省委主委边发吉专程赴霸州看望盟员侯振国及其创建的“侯振国爱心团队”。民盟河北省委副主委鲁平、秘书长黄望朝参加活动。张纬东、王景硕陪同看望。

12 月 29 日，民盟廊坊市委召开六届六次市委会，总结 2013 年工作，研究部署 2014 年工作计划；审议通过《关于开展坚持和发展中国特色社会主义学习实践活动的通知》以及《开展坚持和发展中国特色社会主义学习实践活动方案》；进一步部署学习和贯彻中共十八届三中全会精神；研究确定 2013 年度先进基层盟组织和优秀盟员；审批新盟员；部署 2014 年市“两会”提案、议案征集工作。张纬东主持会议并讲话。

2014 年

1 月 24 日，市政府召开《政府工作报告》征求意见会，主委张纬东、副主委王景硕参加会议。

2014 年 5 月，民盟廊坊市委赴北京平谷爱国主义教育基地举办新盟员培训班

1月27日，主委张纬东、副主委王景硕参加市委组织部召开的“民主协商会”。

2月8日至12日，市人大六届二次会议、市政协六届二次会议召开，全会期间，民盟廊坊市委提交大会发言1件，个人大会发言3件，集体提案9件，个人提案30余件。

3月18日，廊坊市政协主席郑广富到民主党派调研，主委张纬东汇报民盟廊坊市委工作，副主委王景硕参加座谈。

5月24日，民盟廊坊市委举办新盟员培训班，近二年加入民盟组织的新盟员和各基层支部负责人近60人参加培训。主委张纬东对新盟员提出了具体要求，副主委王景硕、周旭光出席培训班。

5月25日，组织盟内医务专家赴大厂回族自治县小厂村为村民义诊。

6月27日至29日，民盟河北省十届六次常委会议在廊坊市召开，其间分别召开了民盟河北美术院院长工作会议、民盟河北省委“京津冀协同发展”研讨会、“丹青颂辉煌”书画展暨民盟中央美术院河北分院廊坊市美术院揭牌仪式系列活动。市委常委、宣传部部长辛绍杰出席了书画展开幕式，民盟中央宣

2014年8月，民盟廊坊市委开办东方书法课堂，盟员张晓东为盟员及家属义务教授书法

传部部长吴志实、民盟河北省委主委边发吉为廊坊民盟美术院揭牌。张纬东、胡嘉梁任廊坊民盟美术院名誉院长，袁爱民任院长，刘朝晖、王枢、张保义、张路军、庞建平为副院长，李海滨为秘书长，李俊梅、张晓东、朱建军为副秘书长。会议期间，赴霸州考察了文化建设。

7月25日至27日，民盟廊坊市委举办基层组织负责人培训班。张纬东、郭淑凤、王景硕、周旭光及市委委员、各基层支部负责人参加培训。

7月，“侯振国爱心团队”获评“河北省十大优秀志愿服务品牌”。同年，入选中央文明办举办的“中国好人榜”的助人为乐好人。

8月12日，为援助云南鲁甸地震灾区，民盟廊坊市委在廊坊民盟QQ群举行了一场别开生面的书法义卖。盟员张晓东先生为本次义卖提供了精心创作的10件作品，义卖面向廊坊市民盟盟员，共募得善款4000元捐给灾区。

8月，民盟廊坊市委开办了民盟东方书法课堂，美术院副秘书长张晓东每周日上午在本单位会议室为盟员及家属义务教授书法。

9月16日至17日，民盟中央基层组织工作会议召开。会上，民盟廊坊师院总支荣获“中国民主同盟基层组织建设先进基层组织”荣誉称号。

10月18日，民盟中央思想宣传工作会议在北京召开。会上，民盟廊坊市委荣获民盟思想宣传工作先进集体称号。

2014年10月，民盟中央思想宣传工作会议召开。会上，民盟廊坊市委荣获民盟思想宣传工作先进集体称号，王景硕上台领奖

10月19日，民盟中央群言杂志社编委会、理事会成立暨发行表彰大会在北京召开。民盟廊坊市委荣获民盟中央群言杂志社发行工作优秀单位表彰。

11月，民盟河北省委思想宣传工作会议上，师院二支部王荣芳撰写两篇理论研究文章分别被民盟河北省委评为一等奖、二等奖，民盟廊坊市委荣获民盟河北省理论研究工作先进单位。其中，课题《民主党派在基层民主协商中的作用》被省委统战部立项并上报中央统战部。

12月24日，市委书记王晓东到市政协机关走访调研。张纬东参加座谈。

2015年

1月19日，主委张纬东、副主委王景硕参加市政府召开的《政府工作报告》征求意见会。

1月23日，民盟廊坊市委召开六届八次市委会议。会议通报了民盟中央十一届三次全会精神、民盟河北省十届四次全会精神；学习《民盟中央关于进一步加强基层组织建设的意见》精神；审议民盟廊坊市委2014年工作总结，研究2015年工作计划；审批新盟员。会议由主委张纬东主持，副主委孙大军、郭淑凤、王景硕、周旭光出席会议。

1月27日至2月3日，廊坊市第六届人民代表大会第三次会议、市政协六届委员会三次会议召开，两会期间，民盟廊坊市委提交大会发言3件，题目是《提高城市文化软实力 打造文化体验城市》《加强垃圾分类处理 打造干净整洁都市》《解决水资源紧缺问题 为廊坊城市发展提供水资源支撑》，集体提案7件，个人提案30件。

2月1日和2月8日，农历腊月十三和腊月二十，廊坊民盟美术院组织盟员书法家分别两次深入社区，为社区群众现场书写春联，迎春送福。

6月14日，主委张纬东在廊坊市民主党派会议室为盟员及书法爱好者讲授“中国书法的魅力”讲座，为书法爱好者上了一堂生动的书法体验课。

7月22日，民盟小学生暑期语文作文公益课堂开课，民盟盟员、廊坊日报社新闻研究室原主任、主任记者赵振声老师担任主讲。王景硕在开班仪式上致辞，高度评价赵老师无私奉献的高尚情怀。

7月，民盟盟员侯振国入选“德耀中华·第五届全国道德模范·助人为乐模范候选人”。本评选活动是由中共中央宣传部、中央文明办等六家单位联合举办，共分为助人为乐模范、敬业奉献模范、诚实守信模范、见义勇为模范、孝老爱亲模范等五类模范。全国仅327人入选道德模范候选人，其中71人为助人为乐模范候选人。

8月6日至9日，民盟廊坊市委举办基层组织负责人培训班。张纬东、孙大军、郭淑凤、王景硕、周旭光，市委委员、各基层支部负责人、部分骨干盟员共计50人参加了为期四天的集中培训。

9月23日，民盟廊坊市委机关同志以及部分盟员，自发来到开发区和谐之家福利院，看望慰问孤残儿童。盟员们购置了价值3500元的奶粉、纸尿裤、水果、食品等福利院急需的婴幼儿用品，张纬东捐款1000元并特意叮嘱盟员向孩子们转达自己的慰问和祝福。

11月12日，民盟廊坊市委组织来自市医院、中医院、市健康教育所的20名医务专家赴大城县平舒镇北李庄村开展义诊活动，在初冬时节给村民送

2015年11月，民盟廊坊市委组织盟员医务专家赴大城县平舒镇北李庄村开展义诊活动

医送药送温暖。

11 月 20 日，民盟中央参政议政部信息处处长张雨斌、省盟参政议政部副部长冯俊生来廊对调研课题进行指导。

12 月 11 日，民盟中央主办的《群言》杂志创刊 30 周年纪念座谈会在京举行。座谈会上，民盟中央专门对多年来为《群言》发展做出贡献的先进集体和先进个人进行了表彰，授予民盟廊坊市委“优秀发行奖”。

12 月 14 日，中共廊坊市委书记王晓东走访市各民主党派机关，看望慰问工作人员，并同各民主党派负责人进行交流座谈，听取对廊坊市 2016 年工作谋划和开展“十三五”规划编制的意见建议。张纬东参加座谈并发言。

12 月 31 日，民盟廊坊市委召开市委扩大会议，张纬东、孙大军、王景硕、周旭光等出席会议。会议通报了民盟廊坊市委关于建设“盟员之家”和 2015 年度“评先选优”的决定及 2015 年工作总结和 2016 年工作计划。

2016 年

1 月 19 日，主委张纬东、副主委王景硕参加市政府召开的《政府工作报告》和“十三五”规划纲要征集意见会。

1 月 22 日，农历腊月十三，廊坊民盟美术院组织盟员书法家深入社区，为社区群众现场书写春联，迎春送福，盟员书法家共为社区居民撰写春联 130 余副。

1 月 23 日至 27 日，市六届人大第四次全体会议、市政协六届四次会议召开。民盟廊坊市委提交大会书面发言 7 件，集体提案 7 件，个人提案近 30 件。

1 月，民盟廊坊市委提交中共廊坊市委 2 件调研报告，受到时任市委书记王晓东的高度重视并作出重要批示。

6 月 15 日至 16 日，民盟河北省委将“农村教学点发展问题及建议”作为省盟重点课题，交由民盟教育委员会和民盟廊坊市委联合开展调研。调研组部分成员赴廊坊霸州、三河进行实地调研。张纬东、王景硕参加调研，参加调研的还有教育委员会主任武志永、教育委员会副主任吴国英、教育委委员耿宗玉、民盟河北省委参政议政部调研员冯俊生。

6月30日，中国民主同盟大城县支部成立会议在县政府四楼会议室召开。郭淑凤、王景硕出席会议，中共大城县委统战部常务副部长李会娟应邀出席会议。

7月5日，民盟霸州支部换届会议和南区委员会（下辖民盟霸州支部、民盟大城支部）成立会议分别召开，张纬东、王景硕，市委统战部副部长王国友出席会议。

7月8日，民盟华北科技学院支部换届会议、燕郊支部换届会议和北区委员会成立会议分别召开，王景硕出席会议。

7月15日，民盟廊坊市医卫一、二、三支部和医卫委员会成立会议召开。郭淑凤、王景硕出席会议。

7月19日，民盟廊坊师范学院一支部、二支部、老年支部换届会议和民盟廊坊师范学院委员会成立大会召开。张纬东、孙大军、郭淑凤、王景硕出席会议。

7月27日，民盟廊坊市安次区支部成立会议、广阳区支部成立会议和开发区支部换届会议分别召开，王景硕出席会议。

7月28日，民盟廊坊市职业技术学院支部换届会议和高等教育委员会成立会议召开，王景硕出席会议。

7月28日，民盟廊坊市金融支部成立会议召开，王景硕出席会议。

7月30日，中国民主同盟廊坊市联合委员会成立会议召开。张纬东、孙大军、郭淑凤、王景硕、周旭光出席联合委员会成立会议。

8月2日，民盟廊坊市一中支部、二中支部、三中支部、电子信息工程学校支部换届会议和中等教育委员会成立会议召开，王景硕出席会议。

8月4日，中国民主同盟廊坊市管道局老年、在职支部换届会议和管道局委员会成立会议召开。王景硕出席会议。

8月15日至18日，由民盟廊坊市委、廊坊市教育局主办，民盟廊坊市中教委员会、北京四中网校廊坊分校承办的民盟“烛光行动·千校计划”魅力名师首期特训营在霸州成功举办。民盟廊坊市委中教委员会、廊坊市教育局教研室、廊坊一中、廊坊八中等50多位骨干教师参训。王景硕出席开营仪式并致辞。

9月13日，主委张纬东、副主委王景硕参加市委、市政府召开的民主协商会。

10月20日，中国民主同盟廊坊市第七次代表大会召开。民盟河北省委秘书长张朝军到会祝贺。中共廊坊市委副书记蒋洪江，市委常委、组织部部长、统战部部长李龙等市领导出席会议。会议选举张纬东为中国民主同盟廊坊市第七届委员会主任委员，郭淑凤、王景硕、周旭光、李景玉为副主任委员，任命王景硕为第七届委员会秘书长。

10月27日，中共廊坊市委书记冯韶慧走访市各民主党派机关，看望慰问工作人员，并同各民主党派负责人进行交流座谈，认真听取对廊坊市经济社会发展各项工作的意见和建议。

11月10日，在福建古田召开的民盟思想宣传工作暨学习实践活动推进会上，民盟廊坊市委被授予“坚持和发展中国特色社会主义学习实践活动先进集体”荣誉称号。

11月17日，民盟中央社会服务工作会议在贵州省黔西南州兴义市召开。盟员李京梅老师，因在“烛光行动・千校计划”中所做出的突出贡献，荣获民盟中央社会服务工作先进个人的荣誉称号。

12月29日，民盟廊坊市委七届二次会议召开，张纬东主持会议，郭淑凤、王景硕、周旭光、李景玉出席会议。会议决定成立文化教育、法律科技、参政议政、社会服务、金融经济和妇女老年六个专门委员会。

2017年

1月13日，民盟廊坊市开发区支部“盟员之家”揭牌仪式举行。王景硕、李景玉为“盟员之家”揭牌。

1月21日，民盟三河燕郊支部 “盟员之家 ”揭牌仪式举行，王景硕、郭淑凤为“盟员之家”揭牌。

3月19日，主委张纬东、副主委王景硕参加市委市政府召开的“党代会报告征求意见会”。

4月6日，主委张纬东、副主委王景硕参加市委、市政府召开的“人事协商会”。

4月7日，主委张纬东、副主委王景硕参加市政府召开的《政府工作报告》征求意见会。

4 月 10 日至 14 日，廊坊市七届人大一次会议、市政协七届一次会议召开。主委张纬东当选新一届廊坊市政协副主席，副主委郭淑凤当选市政协常委，副主委王景硕当选市人大常委。民盟廊坊市委提交市政协大会发言 3 件，集体提案 8 件，个人提案 26 件。

4 月 26 日，廊坊市各民主党派“不忘合作初心 继续携手前进”专题教育动员大会召开。市委常委、宣传部部长、统战部部长王曦出席会议并讲话。民盟廊坊市委委员和机关全体干部参加活动。 会后，赴西柏坡接受革命传统教育。

4 月 27 日，民盟廊坊三河燕郊支部成立十周年座谈会在燕郊召开。张纬东出席座谈会并讲话。副主委郭淑凤，三河市政协主席张晓明，三河市委常委、统战部部长孟海涛应邀出席会议。

4 月，中共廊坊市委宣传部命名和发布了全市第一批 11 名“廊坊楷模”。廊坊民盟盟员、“侯振国爱心团队”队长侯振国光荣入选，位列第二名。截至 2017 年 4 月，侯振国爱心团队已经向社会捐款 1800 余万元，救助贫困家庭 2500 个，救助贫困学生 1900 个，其中让 532 个辍学儿童重返校园，救助大病患者 145 名，其中 84 名大病患者得以康复，累计为社会做志愿服务 163327 小时。

5 月 23 日，民盟廊坊市广阳区支部盟员之家揭牌仪式举行。张纬东、郭淑凤、王景硕、李景玉为盟员之家揭牌。

6 月 7 日至 9 日，中国民主同盟河北省第十一次代表大会在石家庄召开。民盟廊坊市委 9 位代表出席了大会。张纬东再次当选民盟河北省委副主委，郭淑凤、王景硕当选民盟河北省第十一届委员会委员。

6 月 10 日，张纬东陪同河北省政协副主席边发吉到大厂回族自治县参加中国戏剧小镇研讨会。

6 月 22 日，市委常委、宣传部部长、统战部部长王曦到民盟廊坊市委机关走访调研，看望机关工作人员，随后召开座谈会。王景硕参加座谈。

6 月 27 日，市民盟调研组到体育局就廊坊市体育产业发展情况开展调研。

7 月 11 日，民盟廊坊市委举办旗袍礼仪讲座，郭淑凤参加活动。

7 月 17 日，民盟省委副主委兼秘书长张朝军赴廊坊就组建“民盟河北美

2017年6月，中共廊坊市委常委、宣传部部长、统战部部长王曦（左一）到民盟廊坊市委机关走访调研

术院第二届理事会”，与张纬东进行沟通。

7月26日至27日，习近平总书记在省部级主要领导干部“学习习近平总书记重要讲话精神，迎接党的十九大”专题研讨班上的讲话引起了强烈反响，民盟廊坊市委组织召开了学习座谈会，廊坊电视台在《廊坊新闻》栏目中给予了报道，李景玉接受了廊坊电视台的采访。

8月11日至12日，民盟廊坊市委组织基层组织负责人和部分新盟员代表赴革命圣地西柏坡和中央统战部旧址李家庄学习培训。王景硕、李景玉参加培训。

9月中下旬，应民盟重庆渝中区委、民盟四川阆中市委邀请，民盟廊坊市第七届委员会全体成员在主委张纬东的带领下，赴民盟发源地重庆以及民盟创始人张澜先生的故乡四川等地考察学习，其间与民盟渝中区委、民盟阆中市委就基层组织建设经验开展交流。

12月6日，民盟第十二次全国代表大会在北京隆重开幕。张纬东当选民盟中央委员。

2017 年 6 月，参加民盟河北省第十一次代表大会廊坊盟员与民盟河北省委主委边发吉合影

2017 年 7 月，民盟廊坊市委举办旗袍礼仪讲座

12月15日，民盟廊坊市委召开七届四次会议，深入贯彻学习中共十九大精神，张纬东主持会议，郭淑凤、王景硕、李景玉和市委委员出席会议。

12月26日，主委张纬东、副主委王景硕参加市委组织召开的党风廉政通报会议和全市经济社会发展情况通报会。

2018年

1月16日，主委张纬东、副主委王景硕参加市委市政府在市委办公楼十楼会议室召开的“市委常委会民主生活会党外人士征求意见座谈会”。

1月24日至28日，政协河北省第十二届委员会一次会议在石家庄举行。张纬东当选为省政协常委。

2月4日，主委张纬东、副主委王景硕参加市政府召开的《政府工作报告（征求意见稿）》征求意见会。

2月5日至8日，廊坊市政协七届委员会第二次会议、廊坊市七届人大三次会议召开。共提交大会发言3件。李景玉代表民盟廊坊市委作《关于加快廊坊市体育产业发展的几点建议》的口头发言，《关于廊坊市奶牛养殖业可持续发展的几点建议》和《京津冀协同发展视角下的区域高校重构》作为书面发言，此外还有集体提案7件，个人提案30余件。

3月15日，中共廊坊市委书记冯韶慧到民盟和各民主党派机关调研走访，亲切看望广大干部，并同市各民主党派、工商联和无党派人士代表进行交流座谈，听取对廊坊市经济社会发展各项工作的意见和建议。中共廊坊市委常委、宣传部部长、统战部部长王曦参加调研走访。张纬东参加座谈。

3月30日至31日，民盟廊坊市委组织基层组织负责人赴城南庄、狼牙山等地学习，纪念中共中央发布“五一口号”70周年，学习习近平总书记在全国政协联组会上的讲话精神。张纬东、郭淑凤、王景硕、李景玉出席培训班。

4月20日至25日，由主委张纬东带队，组织市委委员赴上海周公馆、虹桥疗养院、民盟一届二中全会旧址，嘉兴南湖、沈钧儒故居，苏州费孝通江村纪念馆，常州史良故居，江苏大学等民盟传统教育基地学习，开展“不忘合作初心 继续携手前进”主题教育活动。

6月，王景硕率调研组赴胜芳就实体经济发展存在的困难进行调研。霸

2018 年 4 月，民盟廊坊市委组织市委委员赴上海苏州常州等地民盟传统教育基地学习，开展“重温历史 铭记初心”主题教育活动

州市政协主席牛岳峰，霸州市人大常委会副主任、胜芳镇党委书记靳志强，霸州市政协副主席杜海涛等陪同调研。

6 月，由中国民主同盟廊坊市委员会主办的“翰苑英华——王羊羽藏翰林进士信札展”在廊坊东方大学城的河北东方学院图书馆开展。张纬东、王景硕等观看展览。

6 月，民盟廊坊市委举办健康知识讲座，郭淑凤出席讲座，市医院骨科主任医师杨建中主讲，主题是骨质疏松、风湿和类风湿等常见疾病的预防和治疗。

7 月 4 日，民盟省委成立 60 周年纪念大会在石家庄召开。民盟中央副主席曹卫星，中共河北省委常委、统战部部长高志立，中共廊坊市委书记王晓东，省政协副主席、民革省委主委卢晓光到会祝贺，边发吉主委作主题报告。中共河北省委统战部副部长栗慧英，省各民主党派副主委、工商联和有关团体领导梁立敏、范社岭、李建强、经顺波、常卫华、刘礼梅、陈瑛等出席纪念大会。张纬东、王景硕等出席大会。民盟联合二支部、开发区支部、医卫委员会荣获先进基层组织称号，李海滨等 8 位盟员荣获先进个人称号。

8 月 28 日，民盟廊坊市委医卫委员会医疗专家到永清县里澜城镇后第五村进行义诊。市人民医院、廊坊开发区人民医院的医疗专家免费为后第五村及周边村街群众进行诊疗并制订检查、治疗方案，免费发放价值 2000 余元的药品。

9 月 13 日，第十届“中华慈善奖”颁奖典礼在人民大会堂举行。廊坊盟员侯振国被授予第十届“中华慈善奖”慈善楷模殊荣。

9 月 21 日，民盟廊坊安次区支部盟员之家揭牌仪式在安次区第什里风筝小镇规划馆举行，中共廊坊市委台办副主任王继寅、民盟廊坊市委副主委郭淑凤为盟员之家揭牌。王景硕、周旭光、李景玉，中共廊坊市委党派科科长张宏伟，中共安次区委统战部副部长靳照录以及各基层支部负责人代表出席揭牌仪式。

9 月 29 日，2018 北京国际设计周暨“非遗与设计汇”在河北省廊坊市广阳区南汉村举行启动仪式。民盟北京市委副主委宋慰祖、民盟河北省委副主委张纬东、张朝军出席启动仪式。此次北京国际设计周在民盟北京市委、民盟河北省委的指导推动下走进南汉，邀请北京优秀设计力量参与到南汉传统工艺的挖掘中来，用设计促进非遗活态传承，促进传统工艺整体水平提升，让传统作坊式的家具生产，升级成为代表中国文化价值观和东方生活美学的创意产品。这是京津冀协同发展在文化领域取得的成绩，是民盟在京津冀协同发展方面的有力贡献，也是推动传统工艺的创造性转化、非遗创新性发展的有力举措，对南汉传统工艺和非遗传承发展意义重大。

2018 年 9 月，安次区支部盟员之家揭牌

2018 年 10 月，民盟廊坊市委组织 2017-2018 年度新盟员、部分骨干盟员赴西柏坡等地参观学习

10 月 16 日，中共廊坊市委常委、宣传部部长、统战部部长奚献军到民盟廊坊市委机关开展调研。张纬东汇报了民盟廊坊市委基本情况和近期工作，郭淑凤参加会议。

10 月 25 日至 26 日，民盟廊坊市委组织 2017—2018 年度新盟员、部分骨干盟员赴中央统战部旧址、西柏坡等地参观学习，进行爱国主义教育。

11 月 21 日至 26 日，民盟廊坊市委组织调研组赴福建仙游红木产业基地和泉州、厦门等地先进盟员之家考察调研。张纬东、郭淑凤、王景硕等参加调研。

11 月，在民盟思想宣传工作会议上，民盟廊坊市委荣获民盟思想宣传工作先进集体称号。

12 月 7 日，民盟廊坊市委持续深入开展“不忘合作初心 继续携手前进”主题教育活动，组织基层组织负责人和部分骨干盟员赴唐山市李大钊纪念馆以开展“弘扬爱国奋斗精神、建功立业新时代”活动，王景硕参加学习教育活动。

12 月 17 日至 20 日，民盟廊坊市委就开展廊坊书法城及民盟美术院建设组织调研组赴上海等地考察调研。张纬东、王景硕参加调研。

2019 年

1 月 3 日，主委张纬东、副主委王景硕参加市委、市政府召开的全市经济社会发展情况通报会。

1 月 18 日，民盟廊坊市委在廊坊师范学院音乐厅举办 2018 年度年终总结表彰大会暨廊坊民盟艺术团成立演出。张纬东、郭淑凤、王景硕、周旭光、李景玉出席活动

1 月 18 日，主委张纬东、副主委王景硕参加市政府召开的《政府工作报告》征求意见会。

1 月 19 日，民盟廊坊市委召开廊坊民盟美术院第二届理事会，选举廊坊民盟美术院新一届领导班子。聘请王厚祥、张玉华等 7 位在全国有广泛影响的名家为艺术顾问。张纬东、郭淑凤、王景硕出席会议。

1 月 19 日，廊坊民盟美术院到大城县叶庄子村为村民写春联、送祝福。张纬东以及廊坊市书法家协会主席刘京闻，副主席邵金强，书法博士林峰，廊坊市美术家协会副主席高世迎等 20 余名书画名家参加书春送福活动。

2019 年 1 月，廊坊民盟美术院到大城县叶庄子村为村民写春联、送祝福

1月21日至24日，廊坊市第七届人民代表大会第四次会议、政协廊坊市第七届委员会第三次会议召开。提交政协全会口头发言1件，题目是《推进与京津协同发展 助力廊坊“四区一城”建设》，书面发言2件。提交集体提案12件，委员个人提案30余件。

4月3日，民盟河北省2019年工作会议及盟务工作经验交流会议在廊坊市大厂回族自治县召开。会上，民盟廊坊市委荣获参政议政工作优秀单位，并就宣传工作进行交流发言。

4月13日，为弘扬中华民族优秀传统文化，主委张纬东应河北省图书馆邀请，在河北省图书馆主讲“冀图讲坛”第426期《小词大雅》。

4月18日至20日，组织基层组织负责人和部分骨干盟员赴民盟中央传统教育基地涉县一二九师司令部旧址参观学习，并与民盟邯郸市委交流基层组织工作经验。

5月21日至22日，民盟省委副主委张福成带领调研组在廊坊就政务网络安全进行调研。主委张纬东陪同调研。

5月24日，民盟廊坊市委委托民盟邢台市委在邢台市广宗县东贺固小学举行烛光行动教育帮扶捐赠活动，为东贺固小学捐赠学习用品353件，为葫芦中学捐赠北京四中在线教学平台和北京四中优质教育资源一套。

6月3日，民盟廊坊市联合一支部“盟员之家”举行揭牌成立仪式。张纬东、王景硕出席仪式。

6月30日至7月1日，主委张纬东带领调研组赴张家口就非物质文化遗产保护进行调研。民盟河北省委副主委、张家口市副市长李宏陪同调研。

9月3日至4日，由民盟中央研究室主办、民盟大连市委承办的庆祝新型政党制度确立70周年暨“新型政党制度与民盟”理论研讨会在大连召开。民盟廊坊市主委张纬东出席研讨会。

9月11日，民盟廊坊市委召开“不忘合作初心 继续携手前进”主题教育活动动员部署会议。主委张纬东出席会议并讲话。民盟省委专职副主委张朝军应邀出席会议。

9月12日，由民盟北京市委、民盟天津市委、民盟省委、民盟山西省委、民盟内蒙古区委联合举办，民盟廊坊市委、中共廊坊市委统战部、中共廊坊市委宣传部承办的庆祝中华人民共和国成立70周年——民盟华北五省区市书画联展（河北站）在壹佰剧院文化综合体成功举办。民盟中央副主席、北京市政协副主席、民盟北京市委主委程红，天津市政协副主席、民盟天津市委主委高玉葆，全国文联副主席、河北省政协副主席、民盟河北省委主委边发吉，全国政协常委、内蒙古自治区政协副主席、民盟内蒙古自治区委主委董恒宇，民盟北京市委专职副主委张振军，民盟山西省委副主委闫卫平，民盟内蒙古自治区委副主委胡润召，民盟河北省委专职副主委张朝军，市委书记冯韶慧，市政协主席李波，市委常委、秘书长张金波，民盟河北省委副主委、市政协副主席、民盟市委主委张纬东出席会议。边发吉主持开幕式，程红宣布展览开幕。出席开幕式的还有来自民盟华北五省区市委会盟员代表，来自河北民盟各市级组织及廊坊市各民主党派代表，廊坊市盟员代表共400多人。开幕式后，与会嘉宾一起观看了廊坊民盟“壮丽70年 奋进新时代”文艺演出。

10月10日，廊坊市启动书法绘画戏曲进校园活动。主委张纬东主持会议。同月，张纬东应邀出席“廊坊市书法进校园”活动，并给廊坊一中的同学们上了一堂书法普及课。

10月17日，由民盟开封市委主办，民盟开封文化艺术职业学院总支承办的“不忘合作初心 继续携手前进——庆祝新中国成立70周年七城市（开封）民盟书画名家作品展”在开封文化艺术职业学院举行开幕式。主委张纬东出席开幕式并代表与会城市致辞。此次书画展共有来自河北廊坊、山西阳泉、辽宁营口、山东菏泽、湖北黄石、甘肃天水、河南开封七个城市的盟员书画名家参展。

10月28日，民盟廊坊市委组织部分骨干盟员赴四川、重庆等地开展“追寻先贤足迹，赓续优良传统”学习教育活动。王景硕、周旭光、李景玉，以及在社会服务、参政议政、组织建设、宣传和廊坊民盟艺术团、廊坊民盟美术院等盟务工作方面做出突出贡献的部分骨干盟员参加活动。

11月6日，民盟中央参政议政部副部长高育红带领调研组一行4人就《完善农村医保制度，巩固脱贫攻坚成果》到固安县开展调研，民盟河北省委参政议政部调研员冯俊生，副主委郭淑凤、王景硕陪同调研。

11 月 7 日，民盟廊坊市委组织部分骨干盟员赴京参观“伟大历程 辉煌成就 ——庆祝中华人民共和国成立 70 周年大型成就展”。

2020 年

1 月 15 日下午，市委常委、宣传部部长、统战部部长王金忠到市各民主党派机关走访调研并召开各民主党派市委2019年调研成果转化专题座谈会。

1 月 18 日至 20 日，廊坊市第七届人民代表大会第五次会议、政协廊坊市第七届委员会第四次会议召开。提交《关于廊坊市非物质文化遗产保护和发展的建议》的口头发言。此外，还有书面发言 3 件，集体提案 6 件，个人提交提案、议案 30 余件。

2月2日，民盟廊坊市委在廊坊民盟微信群举行了防控疫情爱心义卖活动。盟员们捐赠了 32 件自己创作的书画作品和珍藏的珠宝等拍品，共拍得爱心款 147500 元。其他盟员积极联系民盟廊坊市委捐款 38300 元，活动共募集善款 185800 元。善款分别捐赠湖北黄石第二人民医院和廊坊市第三人民医院。

2020 年 1 月，中共廊坊市委常委、宣传部部长、统战部部长王金忠到民盟廊坊市委机关走访调研

4月28日，中共河北省委常委、统战部部长冉万祥在廊坊市民主党派机关调研时强调，继续巩固“不忘合作初心 继续携手前进”主题教育活动成果，坚持不懈深入学习贯彻习近平新时代中国特色社会主义思想，紧密联系疫情工作实际，不断增进思想政治共识。中共廊坊市委常委、宣传部部长、统战部部长王金忠等领导陪同调研。张纬东、王景硕参加活动。

6月11日至12日，民盟廊坊市委和廊坊市体育局联合举办八段锦培训班，培训合格者颁发二级社会体育指导员证书。培训班共有28名盟员参加培训并顺利结业。郭淑凤、王景硕等参加活动。

7月17日，李景玉在中共廊坊市委统战部机关会议室通过现场和网络直播的形式，面向全市统战系统干部，各民主党派、民族宗教、民营经济、新的社会阶层、党外知识分子、无党派代表人士、港澳台侨等各界统战成员115万余人开展《民法典》培训。中共廊坊市委统战部常务副部长李新洪主持培训。民盟廊坊市委全体盟员在各自单位通过网络收听收看。

9月25日，由民盟廊坊市委主办，廊坊民盟美术院、廊坊民盟艺术团协办的“唱响新时代 美丽荆东行”联欢晚会在固安县荆垡营东村举办。张纬东、王景硕、李景玉等出席晚会。

9月25日，廊坊民盟美术院创作基地、廊坊民盟艺术团创作基地揭牌仪式在固安县荆垡营东村举办。主委张纬东，固安县政协主席刘军共同为廊坊民盟美术院创作基地、廊坊民盟艺术团创作基地揭牌。周旭光、李景玉及彭村乡党委、政府领导出席揭牌仪式。王景硕主持揭牌仪式。

10月24日，由民盟廊坊市委主办的第四届“旗风雅韵”旗袍秀在周林频谱公司举办，郭淑凤及20余位女盟员和北华航天学院的老师参加了活动。

11月18日，民盟廊坊市委组织开展“聚同心、解难题、促发展”民营企业百日大走访行动，赴大城深入民营企业开展调研活动并撰写调研报告。

12月29日，民盟廊坊市委召开市委会，学习中共十九届五中全会精神，张纬东主持会议，郭淑凤、王景硕、周旭光、李景玉出席会议。

2021年

1月28日，民盟廊坊市委召开领导班子民主生活会。张纬东主持会议，郭淑凤、王景硕、周旭光、李景玉参加会议。中共市委统战部部务会成员、台办副主任王继寅，市纪委驻市委统战部纪检监察组组长王利权等有关负责同志应邀到会指导。

2 月 26 日至 28 日，廊坊市第七届人民代表大会第七次会议、政协廊坊市第七届委员会第五次会议召开。提交《关于学前教育的几点建议》等 3 篇大会书面发言，集体提案 7 件，个人提案 30 余件。

3 月 17 日，民盟北华航天工业学院支部成立，王景硕出席。

3 月 18 日，民盟安次区委员会及所辖安次一、二支部成立大会召开，王景硕出席会议。

3 月 19 日，成立民盟廊坊市开发区委员会，下设民盟开发区耀华支部、民盟开发区云鹏支部。王景硕出席会议。

3 月 22 日，民盟廊坊市广阳区委员会及所辖广阳区一、二支部成立大会召开，郭淑凤、王景硕、周旭光出席会议。

5 月 6 日，民盟廊坊市第八次代表大会在廊坊市国际饭店召开，会议应出席代表 126 人，实际出席代表 125 人。会议选举产生民盟廊坊市第八届委员会。民盟廊坊市第八届委员会第一次全体会议选举张志庆同志为主任委员，李景玉、王荣芳、马双杰、李海滨 4 位同志为副主任委员，任命李海滨同志为秘书长。

2021 年 5 月，民盟廊坊市第八次代表大会胜利召开

第一章 市级组织

第一节 中国民主同盟廊坊市第五届委员会

【概 况】

中国民主同盟廊坊市第五届委员会成立于2006年11月。第五届委员会高举中国特色社会主义伟大旗帜，以邓小平理论和“三个代表”重要思想为指导，深入贯彻落实科学发展观，学习领会中共中央十七届六中全会精神和中国共产党廊坊市第五次代表大会精神，动员全体盟员继续解放思想，坚持改革开放，推动科学发展，促进社会和谐，继续在全面建设小康社会实践中推进中国特色社会主义伟大事业。参政议政、民主监督、社会服务、自身建设等各项工作均取得突出成绩，出色履行了参政党职能。2011年5月，在民盟中央召开的纪念中国民主同盟成立70周年大会上，民盟廊坊市委被授予全国先进集体光荣称号。

五年来，民盟廊坊市委在市政协全会期间提交大会发言6件，集体提案50件，个人提案112件。《以文化为先导，引领全市经济社会全面发展的战略思考》等5件大会发言受到市委、市政府领导批示。《挖掘发展优势文化项目，树立廊坊品牌》等4件集体提案被作为市政协主席重点督办提案。《城市规划建设管理工作亟待加强》《应规范我国卫星电视管理体系》等40余件信息被全国政协、民盟中央、省政协、省委统战部采用。2010年4月，民盟河北省参政议政工作会议在廊坊召开，民盟中央副主席索丽生为民盟廊坊市委颁发信息工作一等奖奖牌。2010年，民盟廊坊市委围绕城市文化建设中存在的问题，经过实地走访并几经论证，形成了题为《关于提高城市文化品位的几点思考》的论文，参加了2010中国城市文化论坛。民盟廊坊市委每年组织基层组织负责人培训班、新盟员培训班，系统学习盟史、盟章和统战理论。民盟廊坊市委通过编好廊坊民盟志书、廊坊民盟报、廊坊民盟网站，做到始终坚持正确的舆论导向，引领全体盟员牢固树立政治意识、大局意识、责任意识、阵地意识。民盟廊坊市委盟员总数达到 307 人，平均年龄 52 岁，中高级职称 249 人，占盟员总数的 82%。有 2 个总支，16 个支部。五年来，18 次组织盟内卫生、农业、法律、金融等专家学者，深入村街、社区，开展健康教育宣传，免费送医送药，提供法律、金融、农业技术咨询等活动。免费发放药品价值 26000 元，诊治患者 4000 人次，发放健康教育宣传资料 5000 套。在 2008 年汶川特大地震和 2010 年青海玉树大地震发生后，廊坊市广大盟员心系灾区，第一时间通过单位或其他渠道捐款 30 余万元。之后，全体盟员响应民盟中央倡议，再次伸出援助之手，两次总计交纳“爱心盟费”23924 元，由民盟中央专款专用，支援灾区重建。2009 年 3 月，民盟廊坊市委选定廊坊市开发区小马房小学为民盟“农村教育 烛光行动”定点学校，利用民盟的人才优势，加强学校师资力量的培训，帮助教师提升教育理念、教育素质和教育教学水平，同时对学校的硬件建设等方面给予力所能及的支持，捐赠了价值 3 万元的体育用品。

【中国民主同盟廊坊市第五次代表大会】 2006 年 11 月 19 日，中国民主同盟廊坊市第五次代表大会在市招会议中心隆重召开。会议的主要议程是：听取审议民盟廊坊市第四届委员会工作报告；选举民盟廊坊市第五届委员会；选举出席民盟河北省第九次代表大会代表；审议并通过民盟廊坊市第五次代表大会决议。

民盟河北省委副主委黄国强，中共廊坊市委副书记、市纪检委书记栗建华，市人大常委会副主任范国发，市政府副市长王会勇，市政协党组副书记、统战部部长孙殿高，市政协副主席、民进廊坊市委主委王世强，市政协副主席荣士通等领导出席大会。

民盟河北省委副主委黄国强代表民盟河北省委致贺词。市委副书记、纪委书记栗建华代表中共廊坊市委致贺词。市政协副主席、民进市委主委王世强代表全市各民主党派、工商联致贺词。

大会审议了市政协副主席、民盟廊坊市第四届委员会主委袁绍祥代表民

2006 年 10 月，民盟廊坊市第五次代表大会胜利召开

盟廊坊市第四届委员会所作的题为《继承传统，开拓创新，为建设“实力廊坊、效率廊坊、和谐廊坊”贡献力量》的工作报告。大家一致认为报告实事求是地回顾了四届委员会以来的工作，总结了民盟廊坊市委在实践中探索出的基本经验和体会，提出了今后一个时期的主要任务，报告全面，内容丰富。会议通过了《中国民主同盟廊坊市第五次代表大会决议》。会议选举产生了民盟廊坊市第五届委员会，王东风、刘丽梅、刘佳宁、孙大军、张纬东、杨九利、汪广敬、阿迎萍、周旭光、徐景礼、郭淑凤、程济源当选为委员。大会还选举马春玲、王东风、刘丽梅、孙大军、张纬东、郭淑凤、商霄燕为廊坊市出席民盟河北省第九次代表大会的代表。在民盟廊坊市第五届委员会第一次会议上，选举张纬东同志为主任委员，孙大军、郭淑凤为副主任委员。

【组织机构】

主任委员：张纬东

副主任委员：

孙大军 （分管宣传、参政议政）

郭淑凤 （分管社会服务）

王景硕（2009 年 11 月增补，分管组织、机关）

秘书长：王景硕（兼）

委员：王东风、王景硕（2009 年 11 月增补）、刘丽梅、刘佳宁、孙大军、张纬东、杨九利、汪广敬、阿迎萍、周旭光、徐景礼、郭淑凤、程济源

参政议政委员会主任：张纬东

成员：全体市政协委员、人大代表

文化教育卫生委员会主任：孙大军

成员：周旭光、程济源、袁利海、商霄燕、于彦春、王春玲、王东贞、张桂枝、高大光

妇女老龄委员会主任：郭淑凤

成员：刘丽梅、阿迎萍、杨九利、徐世华、王东风

经济法律金融委员会主任：王景硕

成员：邹家立、张立敏、谷登平、陈玉芹、赵学敏

【思想建设】

2007 年 4 月 5 日，民盟廊坊市委召开五届四次市委会议，学习贯彻全国“两会”精神，通报推荐民盟河北省委九届委员、民盟中央十大代表情况。会议由主委张纬东主持，副主委孙大军、郭淑凤参加会议。

4 月，民盟廊坊市委决定启动《廊坊民盟志》编纂工作，成立《廊坊民盟志》编纂委员会，下设办公室负责工作。

4 月 13 日，廊坊市举办民主党派领导班子成员培训班。民盟廊坊市委主委张纬东，副主委孙大军、郭淑凤及全体市委委员和机关干部参加了培训。市政协副主席、市委统战部部长孙殿高同志出席培训班并讲话。

7 月 13 日，民盟廊坊市委召开五届五次会议，会议审批新盟员，通报了

二季度工作，传达了民盟河北省“九大”精神。

7月23日至25日，民盟廊坊市委举办基层组织负责人培训班。

8月10日，市委统战部和各民主党派市委联合举办坚持走中国特色社会主义政治发展道路培训班。市政协副主席、市委统战部部长孙殿高主持，市人大常委会副主任佟淑芸、市政协副主席王世强等出席，主委张纬东及全体副主委、委员、支部主委及机关全体同志参加了培训。

8月23日，为期两天的全市党外干部培训班开班，学习胡锦涛同志6月25日在中央党校的讲话精神及新时期统一战线的理论知识。市委副书记、纪委书记栗建华出席开班仪式并讲话，市政协副主席、市委统战部部长孙殿高主持开班仪式，主委张纬东参加培训班并代表培训学员发言。

9月，《廊坊盟讯》正式改版，刊物更名为《廊坊民盟》，为对开四版的报纸，每季度一期，正确贯彻党的统一战线理论，及时传达民盟中央、省委的精神要求，客观反映廊坊民盟的工作动态，积极宣传优秀盟员的风采，成为宣传党的统一战线理论和廊坊民盟工作的主阵地。

10月15日9点，中国共产党第十七次全国代表大会在京隆重召开，民盟廊坊市委组织机关干部收看了开幕式实况，听取了胡锦涛总书记代表十六届中央委员会所作的工作报告。

10月27日，召开民盟廊坊市五届六次市委（扩大）会议，深入学习贯彻中共十七大精神，部署政治交接学习教育活动，通报实施方案。会上，市政协副主席、民盟廊坊市委原主委袁绍祥，主委张纬东，副主委孙大军、郭淑凤等出席会议并结合自身工作畅谈学习体会。

11月，中国民主同盟廊坊市委网站（www.lfmm.org.cn）正式开通，网站设民盟概况、民盟要闻、统战新闻、盟史博览、参政议政、社会服务、自身建设、盟员风采、盟员论坛等栏目。

11月12日，廊坊市统战系统学习贯彻十七大精神座谈会在三河市召开。主委张纬东参加会议。

12月12日，市委统战部组织召开全市民主党派人士座谈会，副主委孙大军出席座谈会。

2008年1月11日，民盟廊坊市委召开五届七次市委（扩大）会议，通报民盟中央第十次全国代表大会精神，部署解放思想大讨论活动等事宜。会议由主委张纬东主持，副主委孙大军、郭淑凤参加会议。

3 月 4 日，中共廊坊市委统战部召开评选十佳民主党派成员会议，周旭光、邹家立被评为廊坊市十佳民主党派成员。

4 月 20 日，民盟廊坊市委安排部署纪念中共中央发布“五一口号”60 周年征文活动。

4 月 25 日，主委张纬东及部分市委委员、各基层组织负责人参加中共市委统战部召开的纪念“五一口号”发布 60 周年报告会。

6 月 20 日，民盟廊坊市委召开老盟员座谈会。建盟初期加入盟组织的几位老同志回忆了早期民盟工作的情况，为编辑出版《廊坊民盟志》收集资料。

6 月 25 日，民盟廊坊市委按照省盟通知要求，开展“我与河北民盟”征文活动。

6 月 30 日，民盟河北省委组织部部长黄望朝，社会服务部部长孙建国到廊坊市调研指导工作，就民盟河北省委政治交接主题学习教育活动征求意见。民盟廊坊市委原主委袁绍祥，市政协副主席、主委张纬东及部分市委委员、支部负责人参加座谈。

7 月 4 日至 5 日，张纬东参加了由中共廊坊市委统战部组织的各民主党派、无党派代表人士赴革命传统教育基地参观学习活动，还对曹妃甸经济技术开发区进行了调研。

11 月 9 日至 12 日，民盟华北五省市（扩大）盟务工作研讨会在中央社会主义学院召开。民盟北京市委常务副主委朱尔澄主持会议，民盟北京市委主委葛剑平致辞，民盟中央副主席李重庵和北京社会主义学院党组书记、北京市委统战部副部长李卫东分别讲话。主委张纬东应邀参加会议。

12 月 4 日，市委统战部组织召开全市统战系统座谈会，学习传达市委四届三次全会精神，畅谈学习体会，总结今年，谋划明年。民盟廊坊市委机关干部参加会议并发言。

12 月 5 日，民盟廊坊市委召开五届九次市委（扩大）会议，深入学习贯彻中共廊坊市委四届三次全会精神。号召广大盟员以全会精神为统领，深入贯彻落实科学发展观，为实现“两个率先”努力奋斗。张纬东出席会议并讲话。

2009 年 2 月 28 日，民盟廊坊市联合支部举办新盟员培训班，为近两年加入民盟组织的新盟员进行优良传统教育。张纬东出席培训班并讲话。市政协原副主席、民盟廊坊市委原主委袁绍祥为大家做盟史辅导报告。

6 月 2 日，民盟廊坊市委参加廊坊市统战经济理论研讨会，副主委孙大军在会上发言。

10 月 29 日，廊坊市学习贯彻胡锦涛在庆祝人民政协成立 60 周年大会上讲话精神座谈会召开，主委张纬东参加会议。

10 月 30 日，反映民盟廊坊市委 26 年发展历程的志书——《廊坊民盟志》首发式在三河举行。主委张纬东出席首发式并致辞。中共廊坊市委统战部常务副部长张万刚到会祝贺，各民主党派、民盟各基层支部所在单位领导应邀出席。副主委王景硕主持首发式。《廊坊民盟志》在中华人民共和国成立 60 周年之际编辑出版，在全市乃至全省民主党派组织中首开先河。从成立《廊坊民盟志》编委会和编辑部，到搜集资料、编辑整理，再到后期制作、印刷出版，历时一年有余。全书 45 万字，印制精良，详细记载了从 20 世纪 80 年代初廊坊市建立起民盟组织到 21 世纪初 20 多年的发展历史。《廊坊民盟志》的编辑出版，得到了各级领导的重视和关怀。全国人大常委会副委员长、民盟中央主席蒋树声亲自为《廊坊民盟志》一书作了“薪火传承 再铸辉煌”的题词，河北省副省长、民盟河北省委主委龙庄伟为志书作序。

2010 年 3 月 1 日至 30 日，主委张纬东参加中央社会主义学院第 23 期民主党派干部进修班学习。在培训期间，参加中央社会主义学院第 23 期民主党派干部进修班的盟员还到三河燕郊进行考察，参观了雪花啤酒、汉王制造、汇福实验学校等地。

7 月 31 日至 8 月 1 日，民盟廊坊市委组织市委委员、基层支部负责人等骨干盟员进行集中培训，学习社会主义核心价值体系的基本内涵和主要内容。邀请民盟廊坊市委原主委袁绍祥，原副主委马春玲等老领导出席活动。

8 月 17 日，由市委统战部组织的全市民主党派树立和践行社会主义核心价值体系培训班开班。市政协副主席、市委统战部部长孙殿高作动员讲话，张纬东出席开班仪式并听取报告。

8 月 17 日，民盟廊坊市委组织市委委员、支部主委 20 人参加中共廊坊市委统战部组织的廊坊市民主党派树立和践行社会主义核心价值体系培训班。

9 月，廊坊民盟组织 5 名盟员参加河北省社会主义学院举办的为期一周的社会主义核心价值体系培训班。民盟廊坊市委还组织盟员参加了社会主义核心价值体系征文活动，并在《廊坊民盟》报纸和网站开设专栏，宣传社会主义核心价值体系。

12 月 13 日，廊坊市集中收看中央统战部召开的“身边的榜样——树立和践行社会主义核心价值体系先进人物事迹报告会”。副主委郭淑凤、王景硕和部分市委委员收看了报告会。

2011 年 3 月 1 日，廊坊市统战工作会议召开，民盟廊坊市委被评为廊坊市统战系统宣传工作先进单位。

6 月 13 日，由民盟廊坊市委主办、民盟霸州支部承办的“廊坊民盟纪念中国共产党建党 90 周年、纪念中国民主同盟成立 70 周年盟员书画展”在霸州益津书院开幕。民盟河北省委专职副主委鲁平专程出席开幕式并致辞。会上，鲁平、梁雪梅为中国民主同盟霸州支部揭牌。书画展共收到 20 位盟员书画作品近百幅。

6 月 22 日，由中共廊坊市委统战部主办，民盟廊坊市委及其他党派承办的“同心颂——庆祝中国共产党成立 90 周年”文艺晚会在市明珠影剧院举办。

2011 年 6 月，民盟廊坊市委承办“同心颂——庆祝中国共产党成立 90 周年”文艺晚会

盟员周旭光任总导演，何成华、周奇霞、邢璐等盟员与其他党派成员一起为全场 1000 余名观众表演了文艺节目。

7 月 1 日，民盟廊坊市委组织广大盟员集中收听收看胡锦涛总书记的“七一”重要讲话。随后，民盟廊坊市委召开市委会，贯彻学习落实。

【组织建设】

2006 年 12 月 1 日，民盟廊坊市委召开五届二次市委会议，研究确定委员分工，讨论 2007 年民盟廊坊市委工作计划。民盟廊坊市委主委张纬东主持会议，副主委孙大军、郭淑凤等参加会议。

12 月 14 日，主委张纬东，副主委孙大军、郭淑凤参加中共廊坊市委召开的民主党派新一届领导班子座谈会。主委张纬东代表民盟市委发言。

11 月至 12 月，主委张纬东，副主委孙大军、郭淑凤等，先后拜访了市政协机关、市人大机关、民盟河北省委、廊坊师院、河工大廊坊分院、廊坊市农业局、廊坊市食品药品监督管理局等上级领导单位、民盟支部所在单位、对口联系单位。

2007 年 1 月 12 日，民盟廊坊市委召开五届三次市委会议，研究工作，制定了若干规章制度，批准新盟员。会议由主委张纬东主持，副主委孙大军、郭淑凤参加会议。

1 月 27 日，廊坊民盟 2007 新春联谊会隆重举行，市委统战部、民盟各对口联系单位以及民盟支部所在单位的领导也应邀出席了联谊会。

2 月 3 日，民盟廊坊师范学院离退休支部举办了新春联谊会，为老同志搭建了一个老有所为、老有所乐，继续参政议政、建言献策的组织平台。

2 月 4 日，民盟廊坊市委主委张纬东，副主委孙大军、郭淑凤等，走访慰问了盟市委老领导袁绍祥、周云峰、马春玲、纪子厚，80 岁以上老盟员刘润兰、吴珉、陈玉江以及原民盟驻会副主委沙志川的遗属并致以节日的祝福。

3 月 7 日，在三八妇女节即将到来之际，民盟廊坊市委举办了女盟员联谊会。副主委郭淑凤参加联谊会并致辞，转达了张纬东主委对女盟员节日的问候。

4 月 25 日，市委统战部常务副部长张万刚同志深入各民主党派市委机关进行调研，主委张纬东介绍了民盟廊坊市委基本情况。

4 月 29 日，民盟三河燕郊支部召开成立会议，这也是廊坊市民盟的第十三个支部。民盟廊坊市委主委、三河市副市长张纬东出席会议。中共廊坊市委统战部党派科科长张永泉，中共三河市委统战部负责同志莅临会议指导。

5 月 20 日，廊坊市召开出席省各党派代表大会座谈会。市政协副主席、市委统战部部长孙殿高出席会议，并受中共廊坊市委副书记栗建华同志委托，对参加省各党派代表大会的代表提出了具体要求。民盟廊坊市委主委张纬东参加座谈会并发言。

5 月 30 日，中共河北省委常委、统战部长刘永瑞在廊坊调研时，深入民主党派机关调研，听取了各民主党派对省委统战部的意见和建议，并提出了希望和要求。中共廊坊市委书记王增力，廊坊市政协副主席、统战部部长孙殿高陪同调研。主委张纬东简要介绍了廊坊民盟的基本情况，并就加强新一届民主党派领导班子的培训工作提出了意见。

6月3日至4日，中国民主同盟河北省第九次代表大会在石家庄隆重召开。民盟廊坊市委主委张纬东，副主委孙大军、郭淑凤等 8 位代表，代表廊坊市 227 名盟员参加了大会。张纬东当选为民盟河北省委常委。

7月，民盟廊坊师范学院退休支部举办“关爱老人健康，共建和谐家庭”

2007 年 6 月，民盟河北省第九次代表大会廊坊盟员合影

为主题的座谈会。原主委袁绍祥及其他支部应邀出席的老年盟员40余人参加座谈。座谈会间隙，与会人员参观了北京东方红航天生物技术股份有限公司廊坊分公司组织的航天科技成果图片展。

10月19日，正值九九重阳节，民盟廊坊市委组织全体离退休盟员参观了廊坊市博物馆和规划山。市政协副主席、民盟廊坊市委原主委袁绍祥，副主委郭淑凤，老领导周云峰、纪子厚及市委委员、各支部主委等40余人参加了活动。

11月29日至12月2日，中国民主同盟第十次全国代表大会在京胜利召开，主委张纬东作为河北省代表参加了大会。

2008年2月2日，在新春佳节即将到来之际，民盟廊坊市委举办“廊坊民盟2008年新春联谊会”。中共廊坊市委统战部副部长张秀明、杨毅、王书华，中共廊坊市委台办副主任王国友，统战部副调研员郑建明及对口联系单位、各基层支部所在单位领导应邀出席联谊会。民盟廊坊市委主委张纬东致辞。此前，民盟师范学院老年支部召开新春联谊会，市政协副主席、原民盟廊坊市委主委袁绍祥出席会议并讲话，各基层支部主委应邀参加联谊会。

3月7日，民盟廊坊市委举办“三八妇女节”女盟员联谊会。副主委孙大军、各基层支部主委和部分女盟员参加联谊会。副主委孙大军转达了张纬东主委对女盟员们的问候。

4月21日，市政协主席寇德松在市政协秘书长徐长茂、市委统战部常务副部长张万刚等陪同下，到市民主党派和工商联机关走访座谈。张纬东参加座谈。

6月24日，主委张纬东参加民盟河北省九届二次常委会议。

7月3日，市委副书记吴晓琳到民主党派机关召开座谈会，主委张纬东，副主委孙大军、郭淑凤和各民主党派主委、副主委、机关工作人员参加座谈。民盟廊坊市委主委张纬东简要汇报了民盟廊坊市委的基本情况和近期主要工作。

8月2日，召开民盟廊坊市五届八次市委（扩大）会议，会议研究审批新盟员、部署《廊坊民盟志》有关事宜、通报民盟廊坊市委2008年上半年主要工作和部署奥运安保事项等。

8月6日，北京奥运会开幕在即，民盟廊坊市委在市文化艺术中心举办迎奥运象棋友好邀请赛。民盟廊坊市委主委、市政协副主席张纬东出席并讲话，号召广大盟员发扬奥运精神，履行参政议政职能，为进一步推进廊坊市经济社会又好又快发展做出新贡献。

2008年8月，在民盟廊坊市委举办的迎奥运象棋友好邀请赛上，盟员精彩对弈

9月19日，王景硕参加省委统战部来廊建立党派之家座谈会。

12月20日，由民盟廊坊市委主办，民盟师范学院一支部、二支部承办的廊坊民盟迎新年“育英杯”乒乓球比赛在廊坊师范学院体育馆举行。主委张纬东，市政协原副主席、民盟廊坊市委原主委袁绍祥，民盟廊坊市委原主委周云峰，中共廊坊市委统战部党派科科长张永泉，中共廊坊师范学院党委统战部部长王艳玲，副主委孙大军、郭淑凤等出席并观看比赛。

2008 年 12 月，民盟廊坊市委举办迎新年“育英杯”乒乓球比赛

2009 年 1 月 15 日，民盟廊坊市委召开 2009 年新春联谊会。主委张纬东，市政协原副主席、民盟廊坊市委原主委袁绍祥出席会议。中共廊坊市委统战部常务副部长张万刚、民盟各对口联系单位、各基层支部所在单位领导应邀出席会议。中共廊坊市委统战部副部长张秀明代表中共廊坊市委致辞。会上宣读《民盟廊坊市委关于表彰先进支部和优秀盟员的决定》。

6 月 11 日，民盟廊坊市委机关干部参加民盟河北省委在北京举办的盟员信息管理系统培训班。

6 月 19 日，民盟中央秘书长高拴平、民盟中央组织部部长陈幼平及民盟中央机关支部一行 20 余人到廊坊就基层组织建设开展调研并召开座谈会。省政协副秘书长、民盟河北省委副主委鲁平参加调研。张纬东和部分基层支部负责人陪同调研。

7 月 16 日，民盟廊坊市委召开五届十二次会议，研究部署新盟员入盟、暑期培训班等工作。

11 月 14 日，民盟廊坊市委召开五届十三次会议，选举王景硕同志任民盟廊坊市委副主委（驻会）。主委张纬东，副主委郭淑凤等出席会议。

12 月 24 日，民盟廊坊市委召开五届十四次会议，研究 2009 年工作总结及 2010 年工作计划，评先选优及年终全体盟员大会等工作。

2010 年 1 月 10 日，民盟河北省委九届三次全委会在石家庄举行。省盟常委、张纬东出席会议。民盟廊坊市委副主委王景硕补选为盟省委委员。

1 月 18 日，民盟霸州支部成立，郑万明任支部主委。

1 月 23 日，民盟廊坊市委召开 2010 年新春联谊会。主委张纬东，市政协原副主席、民盟廊坊市委原主委袁绍祥出席会议。中共廊坊市委统战部副部长、市工商联党组书记王书华，副部长杨毅，副调研员苗有志以及民盟各对口联系单位、各基层支部所在单位领导应邀出席会议。

1 月下旬春节前夕，张纬东，副主委王景硕等前往民盟廊坊市委老领导袁绍祥、周云峰、纪子厚、马春玲，老盟员陈玉江，原副主委沙志川遗属等家中慰问。

11 月 16 日，民盟华北科技学院支部成立会议在三河燕郊召开。市政协副主席、民盟廊坊市委主委、三河市副市长张纬东出席会议并讲话。华北科

2010 年 1 月，廊坊民盟 2010 年新春联谊会成功举办

技学院纪委书记刘国林、学院党委统战部部长周广伟出席会议。中共廊坊市委统战部党派科科长张永泉、中共三河市委统战部常务副部长李来勇应邀出席会议并讲话。民盟联合支部、三河燕郊支部等兄弟支部到会祝贺。副主委王景硕主持会议。

12 月 11 日，民盟廊坊市委在文化艺术中心举办迎新年象棋比赛。

12 月，《努力创新，讲求实效，不断提高基层组织工作的质量和水平》《桑榆犹未晚 红霞尚满天——民盟廊坊师院老年支部工作综述》两篇文章刊入《民盟河北省基层组织工作汇编》。

2011 年 3 月初，民盟廊坊市委下发了《基层组织换届方案》，基层支部按照方案组织换届工作。

3 月 18 日，民盟廊坊市委隆重举行纪念中国民主同盟成立 70 周年大会。民盟河北省委副主委郑一民同志专程来廊出席大会并致辞。徐光泰代表廊坊市各民主党派、工商联致贺词。

5 月 15 日，在民盟中央召开的纪念中国民主同盟成立 70 周年大会上，民盟廊坊市委作为河北省 3 个受表彰的市级组织之一被授予全国先进集体光

2011 年 3 月，廊坊市庆祝民盟成立 70 周年大会，领导与演出人员合影

荣称号。民盟廊坊市联合支部同时被授予全国先进集体称号，周旭光、程济源被评为全国先进个人。

7月4日，为配合廊坊市商业中心二期改造工程，民盟廊坊市委迁往廊坊市广阳道29号建业大厦303室办公。

7月12日，民盟廊坊一中支部换届，于彦春当选支部主委，李媛媛当选支部副主委。

7月13日，民盟廊坊二中支部换届，商霄燕当选支部主委，刘天礼、靳兰芳当选支部副主委。

7月13日，民盟医卫支部换届，单东风当选支部主委，刘燕明、董力（卫校）当选支部副主委。

7月14日，民盟廊坊电子信息工程学校换届，张桂芝当选支部主委，王淑艳、吴国民（广阳区经济运行局）当选支部副主委。

7月15日，民盟廊坊三中支部换届，王春玲当选支部主委，吕红艳当选支部副主委。

7月15日，民盟河北工业大学廊坊分校支部换届，袁立海当选支部主委，吴树华当选支部副主委。

7月15日，民盟廊坊职业技术学院换届，王东贞当选支部主委，田学芳、刘艳当选支部副主委。

8月14日，民盟廊坊联合总支，联合一支部、联合二支部成立。徐景礼当选联合总支主委，杨晓东当选联合一支部主委，张庆田当选联合二支部主委。

8月19日至20日，民盟廊坊市委组织基层组织负责人赴白石山异地培训，强化统战理论和盟章、盟史的学习。

9月25日，民盟廊坊师范学院总支成立大会在廊坊师院音乐学院会议室召开。至此，民盟廊坊市委2个总支、16个支部成立、换届工作圆满成功。

9月中秋节前夕，民盟廊坊市委举办中秋茶话会，张纬东出席茶话会并致辞。

9月至10月，联合一支部组织去永清采摘、体验农家乐活动；联合二支部组织参观廊坊市水利建设，各支部互相邀请、联合举办活动。

【参政议政】

2006年12月26日，主委张纬东出席廊坊市政协召开的民主党派工作座谈会。

2007年2月5日，主委张纬东参加《政府工作报告》征求意见会。

2月26日至3月2日，廊坊市人大四届五次会议、市政协四届五次会议召开，民盟廊坊市委在市政协全会上提交大会发言1件，题目是《促进廊坊奶业发展的调查与建议》，集体提案10件，个人提案19件。

2月9日，主委张纬东参加中共廊坊市委召开的人事安排协调会。

4月24日，民盟联合支部一行20人到葛渔城镇北街村就林业发展问题开展调研活动。市政协副主席袁绍祥，民盟廊坊市委主委、三河市副市长张纬东参加调研。

5月，民盟廊坊市委分别被评为河北省信息工作先进单位和廊坊市统战信息工作先进单位。

5月29日，民盟廊坊市委组织民盟廊坊市委委员、支部委员，到香河考察香河现代产业园建设情况。主委张纬东、副主委郭淑凤参加考察活动。

2008年1月21日至27日，主委张纬东参加河北省政协第十届委员会第一次全体会议。

2月28日，市政协在天都大酒店隆重召开优秀市政协委员表彰大会。王东风、王洪霞、白世国、赵学敏、郭淑凤等五名盟员被评为优秀市政协委员。

3月3日上午，廊坊市召开各民主党派、工商联、无党派人士座谈会，市委副书记、纪委书记栗建华，市委统战部部长孙殿高出席座谈会。

3月3日下午，召开五届市政协委员推荐人选协商会议，主委张纬东参加了会议。

3月4日，王景硕出席中共廊坊市纪律检查委员会、监察局第五届特邀党风廉政监督员、特邀监察员聘任工作会议。

3月13日，主委张纬东出席廊坊市《政府工作报告》征求意见会。

3月13日，民盟廊坊市委召开民盟盟员五届政协委员、人大代表座谈会，部署提案准备工作。主委张纬东、副主委孙大军、郭淑凤和盟员五届政协委员、人大代表出席会议。

3月20日，主委张纬东出席中共廊坊市委召开的市人大、政府、政协换届领导班子候选人通报会议。

3月25日至28日，政协廊坊市第五届委员会第一次会议、市人大五届一次会议召开。主委张纬东当选廊坊市政协副主席，副主委郭淑凤当选市政协常委。在随后闭幕的市人大五届一次会议上，副主委孙大军当选市人大常委。在政协全会上，民盟廊坊市委提交题为《关于廊坊市职业教育集团化发展的建议》的大会发言1件，市政府主要领导作出重要批示。集体提案11件，个人提案31件。

3月31日，张纬东出席政协廊坊市五届一次主席会议。

3月31日，张纬东出席市政协机关全体干部职工大会。

7月15日至17日，民盟河北省委参政议政工作会议在石家庄召开，民盟廊坊市委机关同志参加会议。

11月26日上午，中共廊坊市委召开各民主党派、工商联和无党派代表人士意见征求会，市委副书记吴晓琳，市政协副主席、市委统战部部长孙殿高出席会议。张纬东参加会议。

2009年1月11日，省政协十届二次会议圆满完成各项议程，在省会石家庄河北会堂胜利闭幕。张纬东出席会议，提交大会3件提案，为全省发展大局建言献策。

2月3日至7日，廊坊市人大五届二次全会，市政协五届二次全会召开。在政协全会上，主委张纬东作大会发言《以文化为先导，引领全市经济社会全面发展的战略思考》。全会共提交大会发言2件，集体提案10件，个人提案22件。

2月13日，民盟河北省委在廊坊召开参政议政工作座谈会。民盟河北省委副主委鲁平、民盟中央参政议政部信息处处长张雨斌、民盟河北省委参政议政部部长刘莉等出席会议。张纬东和部分盟员代表出席座谈会。

5月11日，民盟河北省委参政议政部副部长黄智、冯俊生到廊坊调研。

6月，民盟廊坊市委被廊坊市政协评为2008年度宣传工作先进集体二等奖，2008年度反映社情民意工作先进集体二等奖。

7月22日，市政协就民盟廊坊市委提出的集体提案《挖掘发展优势文化项目，树立廊坊品牌》召开重点提案督办座谈会。市政协副主席吕炳素出席会议，民盟廊坊市委驻会负责人王景硕等参加会议。

10 月 17 日至 23 日，民盟河北省委参政议政部在南京举办了 2009 年度参政议政工作培训班。民盟廊坊市委原副主委纪子厚、原市委委员赵振声和机关同志参加培训。

2010 年 2 月 4 日，市政府召开征求意见会，征求各界对即将提请廊坊市第五届人民代表大会第三次会议审议的《政府工作报告》的意见。张纬东、副主委孙大军、王景硕参加会议。

2 月 5 日，中共廊坊市委召开民主协商会，与各民主党派、工商联和无党派代表人士，就市五届人大三次会议和市政协五届三次会议上相关职位候选人人选进行民主协商，征求意见和建议。主委张纬东，副主委孙大军、王景硕参加会议。

2 月 25 日至 26 日，市政协五届三次全会、市人大五届三次全会相继胜利闭幕。盟员中的 16 位市人大代表、市政协委员、特聘委员出席会议。在市政协全会上，张纬东代表民盟廊坊市委作了题为《关于建立健全廊坊市失地农民征地补偿和社会保障机制的建议》的报告，受到中共廊坊市委、市政府领导的高度重视并作出重要批示。市领导批示：“张纬东委员的建议非常重要，失地农民补偿和保障是保证农民不因失地而受损失，请建设局研究保障办法，并请有关部门监督实施。”民盟廊坊市委还提交集体提案 9 件，个人提案20余件，内容涉及教育、“三农”、文化、民生及社会管理等各个方面。

4 月 19 日至 20 日，民盟河北省委参政议政工作会议在廊坊三河市召开，就如何做好参政议政工作进行深入探讨。民盟中央副主席索丽生，民盟河北省委主委、副省长龙庄伟，市政协副主席、市委统战部部长孙殿高，民盟廊坊市委主委、市政协副主席张纬东出席会议并讲话。民盟河北省委副主委田咏主持会议，民盟河北省委副主委鲁平作总结讲话。

4 月 22 日，王景硕及市委委员参加市委统战部开展深入学习实践科学发展观活动征求意见会。

5 月 5 日至 9 日，张纬东参加驻廊省政协委员赴河南考察活动。

5 月 14 日，民盟廊坊市委举办信息员培训班，邀请民盟中央参政议政部信息处处长张雨斌、民盟河北省委参政议政部副部长冯俊生，就如何做好反映社情民意信息工作进行辅导。民盟廊坊市委副主委孙大军、王景硕和各支部主委、信息员等 30 人参加培训。在廊期间，主委张纬东，中共廊坊市委统战部副部长张秀明等会见了张雨斌一行。

6 月 13 日，张纬东出席市政协五届第十七次主席会议。

6 月 30 日，张纬东出席五届市政协第十一次常委会议，会议主要议题是为加快推进高新技术产业发展建言献策。

7 月 19 日，市政协召开重点提案督办座谈会，张纬东对市政协委员石建军提出的《关于推进市区教育统筹规划一体化发展的建议》提案进行现场督办。

8 月 24 日，王景硕参加廊坊市政协中共市委统战部学习实践科学发展观群众满意度测评会议。

9 月 21 日，廊坊市召开 2010 年各界人士中秋茶话会，张纬东出席会议。

9 月 21 日，张纬东出席市政协五届第十九次主席会议。

9 月 21 日，张纬东出席市政协机关中秋联欢会。

9 月 30 日，张纬东出席市政协五届第十二次常委会议，听取市政府关于对市政协五届三次会议以来提案办理情况的报告，安排部署市政协提案工作，审议通过《关于借势廊沧高速公路建设促进南部地区经济崛起的调查与建议》。

11 月 4 日，民盟中央举办的民盟 2010 中国城市文化论坛在南宁召开。民盟廊坊市委作为民盟河北省的唯一代表向大会提交了题为《关于提高城市文化品位的几点思考》的论文，受到与会者好评。

11 月，向民盟河北省委提交《关于建筑垃圾回收利用资源化的建议》等 4 件集体提案素材。《民盟廊坊市委关于修建“东张务蓄水区”促进南城发展的建议》被市委统战部《参政议政快报》转发。

12 月 24 日，张纬东出席市政协五届第十三次常委会议。

12 月 24 日，副主委王景硕在市政协五届十三次常委会议上，被补选为五届市政协委员。盟员中已有市人大代表、政协委员 16 人。

12 月 25 日，民盟廊坊市委召开参政议政工作会议，盟内市人大代表、政协委员就如何做好议案、提案工作进行研究部署。主委张纬东，副主委孙大军、郭淑凤、王景硕参加会议。

12 月 25 日，民盟廊坊市委组织盟内市人大代表、政协委员到香河现代产业园考察。主委张纬东，副主委孙大军、郭淑凤、王景硕参加活动。

2011 年 1 月 25 日，主委张纬东、副主委王景硕参加廊坊市《政府工作报告》征求意见会。

2 月 11 日至 2 月 14 日，廊坊市第五届人民代表大会第四次会议、廊坊市政协五届四次会议召开，民盟廊坊市委大会发言《切实提高廊坊城市文化品位》广受好评。会议期间，共提交大会发言 1 件，集体提案 8 件，委员个人提案 20 余件。《加强小型农田水利基础设施建设》被民盟河北省委用作省政协常委会的大会发言。

3 月 3 日，邀请民盟省委参政议政部部长刘莉、副部长冯俊生等为来自全市各支部共 20 余位骨干盟员进行社情民意信息培训。上半年信息工作排名继续在全省保持领先地位。

3 月 8 日，张纬东出席市政协五届第二十四次主席会议。

3 月 10 日，张纬东出席市政协五届第十五次常委会议。

5 月 9 日，市政协、市邮政局、民盟廊坊市委召开座谈会，商讨落实民盟廊坊市委报送的《关于居民小区规范建设邮政信报箱的建议》，该建议之前被市政协《社情民意》第 7 期转发，副市长饶贵华作出重要批示。

6 月，调研报告《构建多渠道投融资平台，大力发展农田水利基础设施建设》在省政协常委会作大会发言。市政协第 7 期《社情民意》转发管道局支部盟员付瑞珍反映的《关于居民小区规范建设邮政信报箱的建议》。民盟廊坊市委报送民盟河北省委社情民意信息 96 条，多条被民盟中央、河北省政协、中共河北省委统战部采用，民盟廊坊市委被民盟河北省委评为信息工作一等奖。盟员王景硕、李海滨被评为民盟河北省委信息工作先进个人。

7 月 15 日，市政协召开经济形势分析座谈会，张纬东出席会议。

7 月 20 日，主委张纬东带队一行赴文安县，现场督办《关于开发文安古城墙旅游资源，提升廊坊市文化产业的建议》提案（第 296 号）。

11 月 30 日，张纬东出席市政协五届第二十七次主席（扩大）会议，传达学习省第八次党代会精神，讨论市政协 2012 年工作要点。

12 月 15 日，张纬东出席市政协五届第二十八次主席会议。

【社会活动】

2007 年 5 月，盟员王东风、赵学敏、张立敏、邢宝奎被评为 2002—2006 年社会服务工作先进个人。

6 月 15 日，民盟廊坊市委组织医务专家，前往安次区落垡镇卫生院开展义诊活动。

6 月 22 日，来自民盟和农工党成员的医务专家在市区宏泰花园、天域花园为社区群众进行了义诊和健康咨询。市政协副主席郑树枝参加活动。

10 月 18 日，民盟廊坊市委组织盟内医务专家在市区时代广场为社区群众和过往路人开展大型健康义诊咨询活动。市人大常委会副主任佟淑芸、市政协副主席郑树枝等领导同志先后到现场看望医务人员。

2008 年 3 月 23 日至 29 日，廊坊市民盟、农工党联合市政协文教委，市委统战部、廊坊市卫生局、廊坊市健康教育所联合制作介绍健康知识的展牌在“两会”召开地廊坊天都大酒店和廊坊市招待处展出，吸引人大代表和政协委员驻足观看。此次活动旨在为庆祝廊坊市“两会”胜利召开而举办的健康教育大型宣传活动。

5 月 12 日 14 时 28 分，四川汶川等地突如其来的特大地震灾害，震级之高、破坏之大、波及之广、救助之难，历史罕见。民盟廊坊市委号召盟员为汶川大地震灾区捐款。廊坊市 200 余名民盟成员通过本单位或其他渠道捐款15万余元。为响应民盟中央的倡议，民盟廊坊市委再次发出通知，交纳“爱心盟费”，各基层支部和广大盟员共交纳爱心盟费 19424 元，并汇至民盟中央，用于灾区学校重建等工作。其中，主委张纬东交纳 2000 元，王东风交纳 1024 元，金海明、殷玉华分别交纳 1000 元。

5 月 25 日，主委张纬东参加了廊坊市聚得利拍卖行为地震灾区募捐举办的书画义卖拍卖会。其中张纬东的一幅书法作品拍出了拍卖会最高价 1.5 万元，所拍款项全部支援地震灾区重建家园。著名画家胡嘉梁捐献了 6 幅作品，义卖捐献灾区。盟员袁爱民、张保义也捐出了自己的书画作品。

5 月 27 日，民盟廊坊市委组织盟内医疗专家，与农工民主党、市政协文教卫委、市健康教育所联合举行了义诊，为广阳区南尖塔镇南甸村村民诊治各种疾病，共诊治病人300余人，赠送村民价值2000余元的药品，发放健康科普知识材料、盐勺1000余份。

10月9日，民盟河北省委社会服务工作暨烛光行动座谈会在保定召开。民盟中央社会服务部部长郭勇，中共保定市委统战部副部长储建增，民盟省委副主委闻德生、田咏、鲁平，社会服务部部长孙建国，组织部部长黄望朝，各地市盟机关负责人，分管社会服务工作的负责人及烛光行动专家组成员40余人参加了会议。民盟廊坊市委在会上作了题为《发挥优势，服务社会》的大会发言。民盟市委副主委郭淑凤、烛光行动专家组成员商霄燕等参加会议。

2009年1月16日，廊坊市2009年各界人士迎新春茶话会在市招会议中心隆重举行。主委张纬东出席联谊会并致辞，副主委孙大军、郭淑凤等出席茶话会。

2月26日，民盟河北省委社会服务部部长孙建国一行三人到廊坊调研。民盟廊坊市委副主委孙大军、郭淑凤陪同调研。

3月5日，民盟廊坊市委举办庆“三八”女性服饰与礼仪讲座。民盟廊坊市委委员、廊坊师范学院公共管理学院教授阿迎萍作了“职业女性服饰与礼仪”的讲座。副主委郭淑凤和20余名女盟员听取讲座。

3月24日，民盟廊坊市委“农村教育 烛光行动”启动仪式在廊坊市开发区小马房小学隆重举行，向小马房小学捐赠了价值3万元的体育用品。民盟河北省委副主委鲁平专程参加启动仪式并讲话。中共廊坊市委统战部副部长张秀明，民盟河北省委社会服务部部长孙建国、民盟廊坊市委主委张纬东出席启动仪式。

4月16日，民盟廊坊市委组织13位农林、畜牧、医学、法律等方面的专家，到广阳区吴堤村向农民群众宣传农林、畜牧、法律等方面的知识，并进行现场义诊。

5月31日，民盟廊坊市委同市委统战部、农工党、九三学社等组织，与医务专家到广阳区万庄镇大伍龙村为村民送医送药，携带价值1000元的药品。

6月5日，民盟廊坊市委会同农工党组织医务专家到安次区码头镇济南屯村为村民义诊。

6月12日，由中共廊坊市委、市政府主办，市文联、市书协承办，中国书法家协会、河北省书协学术支持，荣盛集团协办的“廊坊书法晋京展”在北京中国革命军事博物馆隆重开幕。张纬东主持开幕式并致开幕词。

6月26日，民盟廊坊市委会同市政协、农工党、市卫生局、市医院联合组织10余名医务界专家，由市政协副主席吕炳素、魏向东带队，到香河县淑阳镇凌家吴村开展送医药下乡活动，携带心电图机器等医疗器械，市医院还捐赠了价值3000元的药品。此次义诊共诊治患者200余人次，并发放健康知识宣传资料200余份。

7月19至21日，民盟河北省委“烛光行动”专家组7名成员赴民盟秦皇岛市委“烛光行动”定点学校——青龙满族自治县木头凳镇高级中学开展教学交流活动。专家组成员、民盟廊坊二中支部主委、廊坊二中教务处主任商霄燕和来自民盟唐山、承德、邢台、邯郸、秦皇岛市委的优秀教师和教育专家与青龙满族自治县的100余名学校领导和教师进行了教学工作交流。民盟廊坊市委驻会负责人王景硕参加活动。

8月8日，时值北京2008夏季奥运会开幕一周年，同时也是我国第一个“全民健身日”。民盟廊坊市委主办、民盟廊坊市直联合支部承办的“庆祝新中国成立60周年象棋比赛”在廊坊市文化艺术中心举行，12名棋手参加比赛。

9月23日，在中华人民共和国成立60周年、中国共产党领导的多党合作和政治协商制度确立60周年、河北省廊坊市经国务院批准“撤地建市”20周年之际，民盟廊坊市委举办的书画摄影作品展在廊坊师范学院美术展厅开幕。来自全市200多名盟员中的21位书画摄影工作者和爱好者，近百件作品参展。张纬东和社会各界人士观看了展览。

2010年2月5日，廊坊市2010年各界人士迎新春茶话会在市招会议中心隆重举行。市领导与各界人士代表同庆新春。张纬东代表廊坊市各民主党派发言。

4月14日，青海省玉树藏族自治州玉树县发生强烈地震。民盟廊坊市委响应民盟中央、民盟河北省委号召，积极为灾区捐款捐物奉献爱心。5月14日，廊坊市盟员爱心的4500元善款交至民盟中央，募捐所得由民盟中央负责在青海灾区重建工作中定向支援，专款专用。

4 月 22 日，廊坊市举行参加河北省第十三届运动会誓师动员大会，张纬东出席会议。

5 月 7 日，为扎实有效开展好“民族团结进步宣传月”活动，民盟廊坊市委协同各民主党派医疗专家赴永清县北钊村，为 400 余人次回 / 汉族群众进行了义务诊治，并送出价值 2000 余元的药品。

6 月 24 日，民盟河北省委副主委鲁平、办公室主任张朝军、社会服务部部长孙建国到大城看望河北工业大学盟员、挂职副县长陈立文，副主委王景硕陪同。

6 月 29 日，张纬东出席 2010 年度全市第二次项目拉练观摩暨 2009 年度项目工作总结表彰大会。

7 月 13 日，张纬东出席全市领导干部会议。

8 月 3 日，廊坊市召开第十四届中国（廊坊）农产品交易会筹备工作第一次调度会，张纬东出席会议。

8 月 18 日，张纬东出席廊坊文联美术馆开馆典礼。

8 月 31 日，张纬东出席河北省第十三届运动会开幕式预演暨体育场竣工典礼。

9 月 16 日，大厂回族自治县成立 55 周年庆典在大厂民族中学广场举行，张纬东出席庆祝大会。

10 月 22 日，民盟廊坊市委联合市农工民主党、市健康教育所，组织医务专家 10 余人，到固安县林城村义诊。

10 月 29 日，张纬东出席全市项目工作暨公共文化服务体系建设会议。

12 月 8 日，张纬东到廊坊市开发区会展中心，参观正在举办的全国检察机关惩治和预防渎职侵权犯罪展览活动。

12 月 18 日，河北省廊坊市书法家协会第三届理事会举行。主委张纬东全票当选为第三届廊坊市书法家协会主席。市委副书记吴晓琳发来贺词，廊坊市委常委、市委宣传部部长辛绍杰出席会议并讲话。

12 月 23 日，纪念伟大领袖毛泽东同志诞辰 117 周年“廊坊杯”全国书画展大奖赛在廊坊市举行，张纬东出席活动。

2011年1月14日，张纬东出席廊坊市在省会石家庄举行迎新春联谊会。

1月26日，张纬东出席廊坊市2011年各界人士迎新春茶话会。

2月18日，张纬东出席廊坊市2010年度推进惩治和预防腐败体系建设检查汇报测评大会。

2月25日，张纬东出席中共廊坊市委工作会议。

5月6日和5月31日，民盟廊坊市委携带心电图机等医疗器械和价值5500元的药品分别到安次区调河头乡、广阳区南尖塔镇大屯村开展送医送药活动。专家们为村民诊断并讲解健康知识，发放卫生保健手册3200多份。

5月24日，市政协召开廊坊政协书画院成立大会，张纬东出席大会。

6月1日，民盟廊坊职业技术学院支部盟员前往市中医院看望白血病儿童并为其送上礼物和节日祝福。

6月21日，“浓墨重彩颂党魂·廊坊市庆祝建党90周年暨全市首届职工文化艺术节美术书法作品展”在市文联美术馆开幕，张纬东出席开幕式。

6月22日，张纬东出席“效能廊坊”建设活动动员大会。

6月22日，廊坊市举行庆祝中国共产党成立90周年各界人士座谈会。吴晓琳等出席会议，孙殿高主持会议，张纬东出席会议。

6月26日，廊坊市举行“党旗飘扬 幸福廊坊”——纪念中国共产党成立90周年表彰大会暨大型文艺晚会，张纬东出席活动。

7月11日，张纬东参加省委换届领导小组召开的二次推荐会。

12月6日，张纬东出席全市领导干部会议。

12月22日，中国农工民主党廊坊市第六次代表大会隆重召开。张纬东代表各民主党派致贺词。

谏诤言 干实事 练内功
为加快实现“两个率先”努力奋斗
——在中国民主同盟廊坊市第六次代表大会上的报告
（2011 年 12 月 24 日）

◎ 张纬东

各位代表、各位同志：

我受中国民主同盟廊坊市第五届委员会的委托，向民盟廊坊市第六次代表大会作报告，请予审议。

五年工作回顾

2011 年 5 月，在民盟中央召开的纪念中国民主同盟成立 70 周年大会上，民盟廊坊市委被授予全国先进集体光荣称号，这正是对民盟廊坊市第五届委员会工作的充分肯定。自中国民主同盟廊坊市第五次代表大会以来，民盟廊坊市委团结带领全市盟员，在民盟河北省委和中共廊坊市委的领导下，以全力打造一流参政党为目标，谏诤言、干实事、练内功，出色履行了参政党职能，为廊坊市经济社会发展做出了积极的贡献。

2011 年 12 月，张纬东在民盟廊坊市第六次代表大会上做报告

一、围绕中心谏诤言，服务大局献良策

民盟廊坊市委积极履行参政议政职能，对政治、经济、文化和社会生活中的重要问题以及人民群众普遍关心的热点问题，开展调查研究，通过调研报告、提案、社情民意等形式，提出意见建议。

充分运用人大、政协舞台，提出议案建议。目前，廊坊市盟员中有省政协委员 1 人，市人大代表 2 人，市政协委员 14 人，区县人大代表、政协委员 8 人。各级人大代表、政协委员切实履行职责，关注民生，充分体现了盟员高度的政治责任感和较强的参政议政能力。五年来，民盟廊坊市委在市政协全会期间提交大会发言 6 件，集体提案 50 件，个人提案 112 件。《以文化为先导，引领全市经济社会全面发展的战略思考》等 5 件大会发言受到市委、市政府主要领导的批示。《挖掘发展优势文化项目，树立廊坊品牌》等 4 件集体提案被作为市政协主席重点督办提案。我们提出的建议与老百姓生活息息相关，大部分被有关部门采纳，如杨九利、周旭光联名提出的《廊坊师院门前道路改造的建议》，规划部门采纳后，迅速整改落实，极大地方便了校园师生和群众的出行，受到大家交口称赞。

充分发挥全体盟员作用，积极反映社情民意。近年来，反映社情民意信息工作成为民盟廊坊市委参政议政工作中的一大亮点。民盟廊坊市委两次邀请民盟中央参政议政部及民盟河北省委参政议政部负责人为盟员讲解信息的写作要领。五年来，民盟廊坊市委共向民盟河北省委提交各类信息 200 余件，其中《城市规划建设管理工作亟待加强》《应规范我国卫星电视管理体系》等 40 余件被全国政协、民盟中央、省政协、省委统战部采用。信息工作 2007 年、2008 年被民盟河北省委评为信息工作先进单位，2009 年被评为信息工作一等奖，2010 年、2011 年继续在全省保持领先地位。2010 年 4 月，民盟河北省参政议政工作会议在廊坊召开，民盟中央副主席索丽生为民盟廊坊市委颁发信息工作一等奖奖牌，民盟河北省委主委、副省长龙庄伟出席会议并作重要讲话。2008 年，民盟廊坊市委所提建议被中共河北省委深入学习实践科学发展观活动领导小组评为“河北省四个征集活动科学发展群众意愿三等奖”，报送的群众语言被廊坊市“四个征集”办公室评为“科学发展群众语言三等奖”。民盟廊坊市委连续五年被市政协评为反映社情民意工作先进单位。2011 年市政协第 7 期《社情民意》转发了管道局支部盟员付瑞珍反映的《关于居民小区规范建设邮政信报箱的建议》，副市长饶贵华作出重要批示。市邮政局接到市政府转发的建议后，高度重视，组织大量人力对全市住宅小区信报箱建设情况进行了专题调研，提出了翔实的解决方案。邮政局认为，此建议既为老百姓解决了通邮的基本问题，也为邮政部门解决了信报箱管理的难题，同时还能增加政府与民众沟通信息的渠道，三全齐美。

围绕重大课题，着力调查研究。民盟廊坊市委结合中共廊坊市委、市政府的中心工作，积极开展调查研究。2010 年，围绕城市文化建设中存在的问题，经过实地走访并几经论证，形成了题为《关于提高城市文化品位的几点思考》的调研成果，该文章代表民盟河北省委参加了民盟中央在南宁举办的民盟 2010 中国城市文化论坛。2007 年，民盟廊坊市委《关于市区“三角地”旧城区改造的调研》被市委统战部《参政议政快报》转发，中共廊坊市委、市政府 5 位领导作出重要批示，其中所提建议被列入市政府 2008 年工作规划，对“三角地区域”的改造起到了积极的推动作用。2011 年，调研报告《构建多渠道投融资平台，大力发展农田水利基础设施建设》在省政协常委会作大会发言。民盟廊坊市委还就潮白河湿地保护、北三县行政经济一体化等重大课题开展了调查研究，成果均被有关部门采用。

履行职能，积极参与民主监督、政治协商。民盟廊坊市委领导和盟内专家学者积极参加中共廊坊市委、市政府和有关部门召开的各种协商会、座谈会、通报会、征求意见会等，先后就《政府工作报告》、重要人事安排、加快推进社会主义新农村建设、商业中心建设、廊坊市“十二五”规划等重大问题提出了真知灼见及切实可行的意见、建议。盟员中的各部门特邀行风监督员、特邀监察员、市政府信息公开监督员等，积极参加有关部门组织的行风评议、听证会、视察调研等活动，知情出力，为推动廊坊市政风、行风建设，党风廉政建设和民主法制建设，起到了积极的作用。

二、服务社会干大事，注重实效事做实

为群众“做好事、做实事”是民盟的传统和宗旨，也是履行参政党职能的重要实践手段。民盟廊坊市委遵循“发挥优势，突出重点，量力而行，注重实效，持之以恒”的原则，为党和政府分忧，为人民群众解难。在继续举办科普讲座、参与民办教育、卫生文化下乡、科技扶持农户等传统社会服务项目的基础上，开拓思路，勇于创新，充分发挥盟员的智力优势，使廊坊民盟社会服务工作发挥了更大的作用。

关注“三农”，开展科技、文化、卫生“三下乡”活动。5 年来，11 次组织盟内卫生、农业、法律、金融等专家学者，深入安次区、广阳区、大厂回族自治县、香河县、永清县、固安县等地农村，开展健康教育宣传，免费送医送药，提供法律、金融、农业技术咨询等活动。每年的 5 月是“民族团结进步宣传月”，民盟廊坊市委都要到少数民族聚居村为当地百姓义诊。几年来，参加“三下乡”活动的专家有 128 人次，免费发放药品价值 26000 元，诊治患者 2900 人次，发放健康教育宣传资料 3000 套。西甜瓜育种专家张立敏通过在国内率先采用大棚、温室等形式的保护地栽培，使厚皮甜瓜在我国东部种植成功，实现了“厚皮甜瓜东移”的命题，提出并实现了“厚皮甜瓜西进”的设想。他深入各地农村，辅导农民种植，听取瓜农的心声。而今，

在河北、北京、山东等十几个省份的主栽区种植面积达到300万亩、年创社会效益300亿元以上。农业技术推广研究员邢宝奎为养殖户出主意、想办法，几年来，他参加科技下乡活动30余次，无偿为养殖户解决各种技术难题100多个。民盟的“三下乡”活动受到了农村老百姓的热烈欢迎。

关注社区，为建设健康、和谐社区服务。除农村外，城市基层社区也是民盟廊坊市委社会服务工作的重点关注对象。几年来，民盟廊坊市委先后到宏泰花园、康庄小区、时代广场等地，通过诊治患者，发放健康教育宣传资料，发放刻度盐勺、体重检测卡、健康台历、健康知识扑克，摆放健康教育展牌等形式，宣传正确的健康理念。2008年，民盟廊坊市委“健康教育进社区”活动还走进了市人大、政协全会会场，印发了《致人大代表、政协委员的一封信》，提醒大家在参政为民的同时注意身体健康。民盟廊坊市委继续在社区举办科普讲座，师院退休盟员谭玉玺为老年人讲解中医养生，师院教授阿迎萍为女性讲解“职业女性服饰与礼仪”等。

关注弱势群体，捐款捐物奉献爱心。民盟廊坊市委机关同志和盟员每年都参加“博爱一日捐”活动。2007年，组织盟员为廊坊市孤儿捐款1000元。2008年汶川特大地震和2010年青海玉树大地震发生后，廊坊市广大盟员第一时间通过单位或其他渠道捐款30余万元。之后，全体盟员响应民盟中央的倡议，再次伸出援助之手，两次总计交纳“爱心盟费”23924元，由民盟中央专款专用，支援灾区重建。盟员中的书画艺术工作者积极参加为地震灾区书画义卖拍卖会。画家胡嘉梁捐献了6幅画作，袁爱民、张保义等都捐出了书画作品，拍卖所得款项全部捐给灾区。民盟廊坊职业技术学院支部盟员为弘德家园孤儿、广阳区孤寡老人等捐款近千元，2011年“六一”前夕，他们还去中医院看望了白血病患儿，把一份份精美的礼物，送到患儿手中，让孩子与家长倍感温暖。

关注农村教育，开展“烛光行动”。民盟廊坊市委始终高度关注教育事业，特别是农村教育的发展，并把它当作自己的一份责任与义务。2009年3月，民盟廊坊市委选定廊坊市开发区小马房小学为民盟“农村教育 烛光行动”定点学校。利用民盟的人才优势，通过多种形式、多种渠道加强学校师资力量的培训，帮助教师提升教育理念、教育素质和教育教学水平。

同时对学校的硬件建设等方面给予力所能及的支持，捐赠了价值 3 万元的体育用品。

三、自身发展练内功，对外宣传树形象

加强自身建设，是多党合作事业的要求，也是民盟履行参政党职能的基础和保障。民盟廊坊市委以建设学习型参政党为目标，不断提高盟员队伍的整体素质。注重加强领导班子建设，建立健全各项规章制度，贯彻民主集中制，努力在盟内营造团结、民主、和谐的良好氛围。

创新学习方式，加强思想建设。民盟廊坊市委从领导班子的学习入手，同时引导全体盟员积极加入学习中来。几年来，先后在辽宁葫芦岛、承德雾灵山、保定白石山等地举办基层组织负责人培训班、新盟员培训班，系统学习盟史、盟章和统战理论。在开展的政治交接主题学习教育活动、树立和践行社会主义核心价值体系活动中，成立了以主委为组长的领导机构，制订了详细的活动方案，深入引导学习活动开展，取得显著成效。民盟廊坊市委常常通过座谈、研讨会等形式交流经验、碰撞思想、提出问题、分析问题、共同探讨解决问题的方法，通过这些方法促进学习型组织的建设。民盟廊坊市委结合新中国成立 60 周年、“五一口号”发布 60 周年、中国共产党建党 90 周年、中国民主同盟成立 70 周年等开展各种形式的纪念活动，以此巩固盟员的思想建设。2011 年 3 月 18 日，民盟廊坊市委隆重召开纪念中国民主同盟成立 70 周年大会，市人大常委会主任张素珍，市政协主席寇德松出席会议。四套班子一把手同时出席民主党派的会议，说明了中共廊坊市委对民主党派工作的高度重视，同时也说明了民盟廊坊市委的工作得到了认可。

创新宣传工作，坚持正确的舆论导向。民盟廊坊市委通过编好“书、报、网”，做到始终坚持正确的舆论导向，引领全体盟员牢固树立政治意识、大局意识、责任意识、阵地意识。“书”即《廊坊民盟志》书，作为向新中国 60 华诞的献礼，经过两年的努力，《廊坊民盟志》一书在 2009 年 9 月付梓出版，全书 45 万字，图文并茂，印制精良。全国人大常委会副委员长、民盟中央主席蒋树声为志书题词，民盟河北省委主委、河北省人民政府副省长龙庄伟作序。该书记录了自 1983 年廊坊市组建起民盟组织以来，在改革开放中经历的 20 多年风雨历程。志书的出版，在廊坊市乃至河北省各民主党派中首开先河，广受好评。“报”即《廊坊民盟》报，为对开四版、彩色印刷的季报，从2007年夏季创刊，至今已出版13期。龙庄伟主委题写报名。《廊坊民盟》除廊坊市盟员内部交流外，还向全市各有关单位赠阅，并和全国各地 400 多个省、市级盟组织交流，影响广泛。纪子厚、赵振声、晁春卉、杜希谦、刘润兰、张晓丽、李旭东等盟员积极为报纸投稿。“网”即廊坊民盟网站，于 2007 年 10 月正式开通。网站形式相对活泼，内容比较丰富，时效比较快捷，提高了民盟廊坊市委思想宣传工作的科学性、生动性、时效性、多样性。民盟廊坊市委还在《人民政协报》、廊坊电视台、《廊坊日报》以及民盟中央、省委刊物上发表稿件 50 余篇，有力宣传了中国共产党领导的多党合作制度。民盟廊坊市委每年都被评为民盟河北省宣传工作先进单位、理论研究先进单位，被市政协、市委统战部评为宣传工作先进单位。

创新基层组织活动方式，增强凝聚力。基层组织是民盟的工作基础，民盟要想有活力，首先基层要活，要在源头有活水。廊坊师院离退休支部针对老年人的特点提出“学习实践、老有所为、参政议政”的方针和“活动多样、关怀健康、和谐快乐”的方法，坚持做到月月有活动，次次有奖品。他们将每个月第一周的周五作为固定活动日，开展的活动丰富多彩，既有学习座谈活动，也有针对老年人身体健康的保健讲座，还有寓学于乐的游艺、有奖答题活动，现在廊坊师院离退休支部的活动已不仅仅限于自己支部盟员参加，许多其他支部的老年盟员也都应邀或主动参加。为激发各支部活动的踊跃性，民盟廊坊市委还以市委主办、各支部承办的方式举行一系列大型的文体活动，比如由联合支部连续三年承办的迎奥运象棋友好邀请赛、庆祝新中国成立 60 周年象棋比赛，由师范学院一支部、二支部承办的迎元旦乒乓球比赛等，霸州支部承办的书画展，都在盟员中引起了非常好的反响。民盟廊坊市委结合民盟河北省委的表彰活动，每年开展一次“评先选优”，评选出先进支部一、二、三等奖和优秀奖，分别给予 1000 元、800 元、500 元和 300 元的奖励，几年来，发放支部奖金27800元，评选省、市优秀盟员119人次。2011 年，民盟廊坊市联合支部被授予全国先进集体称号，周旭光、程济源被评为全国先进个人。民盟联合支部、民盟廊坊师范学院老年支部先后被评为民盟河北省先进基层盟组织。

创新"人才强盟"理念，做好组织发展和后备干部培养使用工作。事业兴衰，关键在人，人才是民盟发展的关键。民盟廊坊市委把人才兴盟、人才强盟的理念贯穿到日常工作中，把发展、培养人才作为一项重要任务认真落实。近年来，由于民盟廊坊市委在社会上树立起良好的形象，一些人慕名而来，要求加入组织的人越来越多。民盟廊坊市委严格按照组织发展程序，组织发展与后备干部队伍建设相结合，保持民盟特色与有利于参政议政工作相结合，把发展的重点放在政治素质高、知识层次高、有较大社会影响的代表性人士上来，既保证了质量，在数量上也有一定突破。在做好重点界别发展的同时，还发展了部分法律、金融、经济等非重点界别的盟员，其中有 5 名律师，4 人创建有自己的律师事务所并担任主任职务。五年来，共发展盟员 86 人，平均年龄 39.1 岁。民盟廊坊市委现有盟员 307 人，平均年龄 52 岁，中高级职称 249 人，占盟员总数的 82%。盟的知识和专业机构不断优化，更好地适应了履行参政党职能的需求。盟员中会集了各行各业的精英，人才济济。盟员中有专职书画家和爱好者近 30 人，2009 年在廊坊师院美术展厅举办"庆祝新中国成立 60 周年盟员书画摄影作品展"，2011 年在霸州益津书院举办"廊坊民盟纪念中国共产党建党 90 周年、纪念中国民主同盟成立 70 周年盟员书画展"，两次书画展呈现了盟员较高的创作水平，深受各界观众好评。盟员中还有众多的表演艺术家，每年的全体盟员大会上，都要进行自编自演的文艺演出。2011 年 6 月，由中共廊坊市委统战部主办，民盟廊坊市委及其他党派承办的"同心颂——庆祝中国共产党成立 90 周年"文艺晚会在市明珠影剧院成功举办。盟员周旭光任总导演，何成华、周奇霞、邢璐等盟员与其他党派成员一起为全场 1000 余名观众表演了精彩的文艺节目。

根据组织发展规模和工作需要，民盟廊坊市委先后在三河燕郊、霸州、华北科技学院建立了支部。2011 年，民盟廊坊市委各基层支部先后换届，根据民盟市委制定的《基层组织换届方案》，选拔了一批政治素质高、热爱盟的工作的中青年盟员加入支部领导班子中来，各支部至少配备一名 40 岁以下委员。根据工作需要，成立了民盟廊坊师范学院总支和民盟联合总支。民盟廊坊市委现有 2 个总支，16 个支部，支部委员平均年龄 46.8 岁。

民盟廊坊市委通过与统战部门协调沟通，为后备干部铺台阶、搭舞台，推荐 1 名同志挂职霸州市政府副市长职务，现有政府部门处级干部 4 人。

创新工作方法，加强效能机关建设。民盟机关是民盟面向社会的一个重要窗口，是做好上传下达、联系沟通的桥梁，切实加强机关建设，是搞好参政党自身建设的内在要求，也是提高参政议政能力和水平的重要保障。民盟市委机关工作人员在学习中不断坚定理想信念，增长知识才干。在机关仅有 2 人的情况下，不断加强制度建设，建立了学习制度、会议制度、组织发展制度、评先选优制度等等，实现了工作的规范化、制度化、程序化。机关工作人员坚持以人为本，带着感情做好盟员的服务工作，把民盟机关真正创建成为“盟员之家”，和全体盟员结下了深厚的感情。每年的三八妇女节、九九重阳节、教师节，民盟廊坊市委机关都要组织相应的庆祝活动，如组织女盟员联谊，组织老年盟员参观廊坊市博物馆和规划山，等等。

民盟廊坊市委机关还重视与民盟中央、省委和各地市盟的工作交流。2009 年 6 月，邀请民盟中央机关总支第一支部到三河燕郊考察，民盟中央秘书长高拴平、民盟中央组织部部长陈幼平参加活动，并和廊坊市各基层支部主委以及民盟三河燕郊支部部分盟员进行了座谈交流。2010 年，邀请中央社会主义学院第 23 期民主党派干部进修班的盟员到三河燕郊考察。民盟河北省委两次在廊坊召开参政议政座谈会，民盟河北省委参政议政部、社会服务部、组织部和各地市盟机关等多次到廊坊考察调研，对廊坊民盟工作进行指导。

五年来所取得的成绩，是全体盟员团结奋斗、共同努力的结果，也是与民盟河北省委、中共廊坊市委的正确领导，以及中共廊坊市委统战部的大力支持，还有盟员所在单位党委、各对口联系单位、各相关部门的支持帮助分不开的。在此，我代表中国民主同盟廊坊市第五届委员会，向辛勤工作在各条战线的全体盟员，向民盟河北省委、中共廊坊市委，向一贯关心和支持我们工作的市人大、市政府、市政协以及市委统战部、盟员所在单位党委、对口联系单位、各兄弟党派、工商联、侨联的领导，表示崇高的敬意和衷心的感谢。

各位代表，各位同志，我们在充分肯定成绩的同时，也要清醒地认识到工作距时代与发展的要求以及盟员对我们的期待还有一定的差距，同时也面临着许多新的困难和挑战。如能真正对经济社会起到推动作用的参政议政成果较少；社会服务的实效性有待提高；基层组织活动开展不均衡；等等。对这些问题，我们要在今后的工作中，引起重视，加以解决。

五年工作经验

从实践中概括、总结经验，对今后盟的工作开展有很强的指导意义。过去的五年，恰逢新中国成立 60 周年、“五一口号”发布 60 周年、中国共产党建党 90 周年、中国民主同盟成立 70 周年，在对历史的学习与工作的实践中，民盟廊坊市委总结出了五条经验。

第一，坚持中国共产党的领导，坚定不移地走中国特色政治发展道路，是民盟发展的政治准则。胡锦涛总书记在“七一”讲话中指出，要团结带领人民继续前进，最根本的就是要高举中国特色社会主义伟大旗帜，坚持和拓展中国特色社会主义道路，坚持和丰富中国特色社会主义理论体系，坚持和完善中国特色社会主义制度。廊坊市广大盟员充分认识到，中国特色社会主义道路，是实现社会主义现代化的必由之路，是创造人民美好生活的必由之路。坚持和完善中国共产党领导的多党合作和政治协商制度，是调动一切积极因素，实现国家发展宏伟目标的必然要求，这样的思想源于实践，根基深厚，深入人心。在政治道路和政党制度问题上，已成为新一代盟员自觉的现实选择，成为民盟始终坚持正确政治方向的思想保障。

第二，继承民盟前辈爱国奉献、追求真理、修身明志、自尊自强的优良传统，是民盟始终不懈的价值追求。民盟历史上诸多的代表性人物，如梁漱溟、章伯钧、罗隆基、李公朴、闻一多、华罗庚、钱伟长，等等。他们在自己的学术领域和社会活动中所展示出的学识风范、人格魅力，以及他们追求光明、坚守真理的正义良知，蕴含了知识分子的文化基因和中国文化的精神光芒，承载了民盟的人文精神和历史传统的深邃内涵，至今还散发着特殊的亲和力、强烈的感召力。以民族大义、人民利益为重，以民族兴旺、国家和平统一为己任，是民盟先贤始终不渝的伟大志向，在今天仍是我们履行参政党职能必须坚守的价值追求。

第三，切实履行参政党职能，积极参政议政，是民盟发展的根本保证。参政议政是参政党的第一要务，也是参政党在多党合作事业中的立足之本。事实证明，我国的政党制度，为参政党履行职能提供了广阔的舞台和空间，只要我们坚持关注民生，坚持深入基层调查研究，坚持民盟讲真话、做实事的履职作风，我们的参政议政就能取得具有实效的成果，就能体现出作为参政党的价值和作为。

第四，为人民群众出主意，想办法，做实事，做好事，是民盟发挥作用的切实有效途径。社会服务是民盟多年的优良传统，是履行参政党职能的重要组成部分，只有做好社会服务工作，民盟的政治形象和社会形象才是完整的，社会服务工作和民盟其他各项工作互相促进，每个盟员都能以不同形式和方式参与，可以提高民盟的凝聚力，提高民盟的社会影响和地位。

第五，不拘一格发展、培养和使用人才，是民盟事业不断前进的坚实基础。在工作中我们认识到，人才是第一资源，是强盟的基础，民盟职能的履行、作用的发挥，都是依靠全体盟员群策群力、通力合作的结果。加强组织发展和后备干部队伍建设对于盟的巩固和发展意义重大，能够全面提高我们的参政议政能力和水平。在选人、用人过程中，特别是要坚持把德放在首要位置，以德服众、以德领才、以德润才、德才兼备。实践证明，只有大批优秀、有培养前途的盟员不断涌现出来，民盟的事业才大有希望。

今后五年工作的建议

“十二五”时期是全面建设小康社会的关键时期，也是深化改革开放、加快转变经济发展方式的攻坚时期。民盟廊坊市委要以邓小平理论和“三个代表”重要思想为指导，认真践行科学发展观，牢牢把握科学发展这一主题，敏锐把握“廊坊机遇”，紧紧抓住转变经济发展方式这一主线，始终围绕改善和保障民生这一出发点和落脚点，多建睿智之言，多献务实之策，充分履行好参政党职能。

一、着力加强思想建设水平

理论上的成熟是政治上坚定的基础，理论上的与时俱进是行动上锐意进取的前提，思想上的统一是与党保持步调一致的重要保证。我们要把学习作为一种精神追求，学以立德、学以增智、学以创业。一方面要传承历史，深入开展学习践行社会主义核心价值体系活动，继承发扬民盟前辈与中国共产党矢志不渝、团结奋斗的优良传统和精神风范；另一方面要与时俱进，进一步深化对多党合作理论的新认识，不断增强对中国特色社会主义的政治认同和思想认同，坚持走中国特色社会主义政治发展道路，真正做到与中国共产党思想上同心同德、目标上同心同向、行动上同心同行。

二、着力提高参政议政水平

参政议政直接关系到民主党派的影响力，关系到民主党派的声望，关系到民主党派的价值实现。民主党派作为我国政治舞台上的一支重要力量，要实现自己的价值，就必须在参政议政活动中发出响亮的声音。今后的参政议政工作，全盟要在保持传统领域和优势的同时，正确把握参政党的功能定位，突出科学发展主题，紧扣加快转变经济发展方式主线，围绕推动文化大繁荣、大发展，以发展、民生、稳定为主攻方向和着力点，多想科学发展大事，多谋科学发展大计，特别要关注民生，问政于民、问需于民、问计于民，真诚倾听群众呼声，真实反映群众意愿，真情关心群众疾苦。

三、着力提升社会服务水平

社会服务工作不仅要继承民盟关注民生、服务社会的优良传统，坚持“把好事做实，把实事做好”，还要在认识上和工作中跟进社会的发展变革，在选题和实施中强调民盟社会服务工作的政党属性和示范意义，为促进社会和谐、全面建设小康社会做贡献。要提高思想认识，继续发挥智力优势，整合资源，不断提高工作水平和质量，积极探索社会服务工作的新领域、新形式。

四、着力改善自身建设科学化水平

继续推进“人才强盟”战略，切实做好组织发展和后备干部队伍工作，以事业感召、培养、选拔人才，不断增加新鲜血液，始终保持盟的蓬勃活力，为盟的长远发展提供充足的人才储备。认真贯彻民主集中制，坚持走群众路线，努力建设政治坚定、民主和谐、开拓创新的领导集体。认真做好盟员培训工作，不断创新形式，增强实效。积极探索新形势下开展基层工作的新思路、新方法，丰富基层组织活动内容。加强机关建设，根据形势发展和工作实际需要，不断推进民盟工作制度化、规范化进程，强化桥梁和枢纽作用。

各位代表、各位同志，让我们高举中国特色社会主义伟大旗帜，更加紧密地团结在以胡锦涛同志为总书记的中共中央周围，在民盟河北省委和中共廊坊市委的领导下，团结带领全体盟员，奋发图强，开拓创新，努力开创民盟工作新局面，赢得民盟事业新胜利。为建设实力廊坊、生态廊坊、智能廊坊、休闲廊坊、商务廊坊、人文廊坊、和谐廊坊、幸福廊坊，为圆满完成“十二五”发展目标、加快实现“两个率先”而努力奋斗。

第二节　中国民主同盟廊坊市第六届委员会

【概 况】

中国民主同盟廊坊市第六届委员会成立于 2011 年 12 月。民盟廊坊市委第六届委员会全面贯彻党的十八大和十八届三中、四中、五中全会精神，以邓小平理论、“三个代表”重要思想、科学发展观为指导，深入贯彻习近平总书记系列重要讲话精神，按照“五位一体”总体布局和“四个全面”战略布局，建睿智之言，献务实之策。以坚持和发展中国特色社会主义学习实践活动为主线，切实加强思想宣传工作。2014 年 10 月，在民盟中央思想宣传工作会议上，民盟廊坊市委荣获民盟思想宣传工作先进集体称号。2014 年、2015 年，连续被民盟中央评为《群言》杂志发行工作优秀单位称号。多次被评为民盟河北省委思想宣传工作先进集体、民盟河北省理论研究工作先进单位和市委统战部宣传工作先进单位。以促进深化改革为着力点，不断提高参政议政能力和水平。2012 年、2013 年连续被民盟河北省委评为信息工作二等奖。市政协全会期间提交大会口头发言、书面发言 21 件，集体提案 36 件，个人提案 150 件。《推进教育均衡发展 全力打造教育廊坊》《突出城市书法元素 着力打造中国书法名城》等分别受到市委、市政府主要领导批示。《关于健全廊坊市公交体系的建议》等 8 份提案被列为重点督办提案。民盟廊坊市委向民盟河北省委提交 10 件提案素材，被提交为省政协大会发言和集体提案。《关于推动林下产业快速发展的建议》被确定为省政府重点督办提案，省林业厅作为承办部门和民盟省委多次组织考察、座谈活动，使提案提出的建议得到了很好的落实。《关于建立被征地农民基本生活保障制度的建议》被评为“河北省政协优秀提案”。以“人才强盟”为核心，全面加强组织建设。在 2013 年 10 月召开的民盟组织工作会议上，民盟廊坊市委被评为全国组织发展工作先进集体。盟员总数达到 501 人，其中中高级职称占比 70%，在职人员占比 80% ，平均年龄 49.7 岁。盟的组织架构由以前的 3 个总支、 19 个支部调整为 8 个基层委员会，25 个支部，1 个小组。以“发挥优势，突出重点，量力而行，讲求实效，持之以恒”为方针，做好社会服务工作。五年来，12 次组织盟内医疗专家赴香河、大厂、文安、固安、永清等地农村为群众送医送药，深受欢迎，累计诊治群众5000余人，捐赠医药价值30000余元。邀请北京四中教育专家开展“民盟名师大讲堂百场公益巡讲”活动，先后为廊坊一中、廊坊八中等16所学校开展家庭教育讲座300余场次，免费为学校培训家长10万余人次。

【中国民主同盟廊坊市第六次代表大会】2011年12月24日，中国民主同盟廊坊市第六次代表大会在廊坊开发区会展中心隆重召开。市人大常委会副主任王世强，市政协副主席、市委统战部部长孙殿高，市政协副主席、民建廊坊市委主委徐光泰，市政协副主席毕晓明出席会议。民盟河北省委副主委鲁平到会祝贺。孙殿高代表中共廊坊市委在会上致贺词。鲁平代表民盟河北省委致贺词。徐光泰代表全市各民主党派、工商联致辞祝贺。大会同意张纬东同志代表民盟廊坊市第五届委员会所作的《谏诤言 干实事 练内功 为加快实现“两个率先”努力奋斗》的工作报告。与会代表认为，报告实事求是地回顾了民盟廊坊市第五次代表大会以来的工作，总结了在实践中探索出的基本经验和体会，提出了今后一个时期的主要任务，报告全面，内容丰富，建议可行。大会选举王景硕、刘丽梅、刘艳庭、孙大军、张庆田、张纬东、

2011年12月，民盟廊坊市第六次代表大会开幕

邹家立、单东风、周旭光、郑万明、金海明、徐景礼、郭淑凤、商霄燕、程济源为民盟廊坊市第六届委员会委员；大会选举王春玲、王景硕、张纬东、李春苓、杨晓东、金海明、郭金生、程济源为出席民盟河北省第十次代表大会代表；大会审议并通过了民盟廊坊市第六次代表大会决议。在随后召开的民盟廊坊市委六届一次会议上，选举张纬东为中国民主同盟廊坊市第六届委员会主任委员，孙大军、郭淑凤、王景硕为副主任委员，任命王景硕为第六届委员会秘书长。

【组织机构】

主任委员：张纬东

副主任委员：孙大军、郭淑凤、王景硕、周旭光（2012 年 10 月增补）

委员：王景硕、刘丽梅、刘艳庭、孙大军、张庆田、张纬东、邹家立、单东风、周旭光、郑万明、金海明、徐景礼、郭淑凤、商霄燕、程济源

【思想建设】

2012 年 3 月 29 日，全市统战工作召开，张纬东出席会议。

7 月 26 日，民盟廊坊市委召开六届二次市委会议，就进一步践行社会主义核心价值体系活动作出部署。同时，就胡锦涛总书记在省部级领导干部专题研讨班开班式上的讲话进行深入学习。

9 月 3 日至 6 日，选派郭淑凤、王荣芳、杨晓东、吴国民四名盟员参加民盟河北省委骨干盟员培训班。

11 月 8 日，民盟廊坊市委组织收听收看中共十八大开幕盛况并下发通知，号召全市盟员学习中共十八大精神。

12 月 5 日，张纬东参加省委组织部举办“学习贯彻党的十八大精神”第五期专题研讨班。

12 月 8 日，张纬东出席省委宣讲团在廊坊市举行党的十八大精神报告会。

2013 年 3 月 8 日，民盟廊坊市委举办了以“坤德与幸福人生”为主题的讲座，邀请了北京大学哲学系教授、北京大学中国青少年国学训练营专家组主任、中国教育培训协会常务副会长、国学与传统文化教育培训专家张洪泉

2012 年 3 月，在民盟河北省九届五次全委会上，民盟廊坊市委被评为 2011 年信息工作一等奖，社会服务工作优胜奖

老师为主讲人。民盟廊坊市委副主委郭淑凤及各支部骨干女盟员听取了讲座。

3 月，全国“两会”结束后，民盟廊坊市委迅即召开市委会议，深入学习会议精神。民盟河北省委副主委、民盟廊坊市委主委张纬东出席会议并号召廊坊市广大盟员要为实现中国梦努力奋斗。

4 月 22 日，廊坊市各民主党派召开纪念“五一口号”发布 65 周年座谈会，再次回顾了“五一口号”发布和我国多党合作制度形成、发展的历史进程，总结了各民主党派与中国共产党团结合作的宝贵经验。

4 月 27 日，为了深入学习、宣传、贯彻中共十八大精神，纪念中共中央发布“五一口号”65 周年，民盟河北省委在石家庄市金鱼文化产业园举办“翰墨写真情”书画展暨民盟中央美术院河北分院揭牌仪式。张纬东出席开幕式并讲话。民盟廊坊市委 18 位盟员 20 余幅作品参展。

7 月 27 日至 28 日，民盟廊坊市委举办基层组织负责人培训班，并赴保定阜平城南庄革命纪念馆接受爱国主义教育。中共廊坊市委台办副主任王继寅出席培训班指导工作。张纬东、郭淑凤、王景硕以及老领导袁绍祥、马春玲和各基层支部负责人参加培训。

9 月 12 日，民盟河北省委思想宣传理论工作会议在邯郸市召开。民盟河北省委主委边发吉，民盟中央研究室主任刘圣宇，盟省委副主委鲁平等领导出席会议。盟省委秘书长黄望朝主持会议。王景硕参加会议。会上，民盟廊坊市委被授予思想宣传工作先进集体光荣称号。

9月25日，市委统战部组织各民主党派主委、副主委赴重庆市考察学习，参观了渣滓洞、各民主党派历史陈列馆等地，接受传统教育。在渝期间，与民盟渝北区主委夏小敏进行了座谈。

9月28日，张纬东出席市委学习传达习近平总书记重要讲话精神会议。

2014年5月5日至9日，省委党校举办省委管理干部“学习贯彻习近平总书记系列讲话和党的十八届三中全会精神”研讨班。张纬东参加培训。

5月24日，民盟廊坊市委举办新盟员培训班，近两年加入民盟组织的新盟员和各基层支部负责人近60人参加培训。主委张纬东对新盟员提出了具体要求，副主委王景硕、周旭光出席培训班。

6月27日至29日，民盟河北省十届六次常委会议在廊坊市召开，其间分别召开了民盟河北美术院院长工作会议、民盟河北省委“京津冀协同发展”研讨会、“丹青颂辉煌”书画展暨民盟中央美术院河北分院廊坊市美术院揭牌仪式系列活动。市委常委、宣传部部长辛绍杰出席了书画展开幕式，民盟中央宣传部部长吴志实、民盟河北省委主委边发吉为廊坊民盟美术院揭牌。张纬东、胡嘉梁任廊坊民盟美术院名誉院长，袁爱民任院长，刘朝晖、王枢、张保义、张路军、庞建平为副院长，李海滨为秘书长，李俊梅、张晓东、朱建军为副秘书长。会议期间，赴霸州考察了文化建设。

8月7日，副主委王景硕参加廊坊市委统战部组织召开的党派亮点工作及坚持和发展中国特色社会主义学习实践活动情况汇报会。

10月18日，民盟中央思想宣传工作会议在北京召开。会上，民盟廊坊市委荣获民盟思想宣传工作先进集体称号。

10月19日，民盟中央群言杂志社编委会、理事会成立暨发行表彰大会在北京召开。民盟廊坊市委荣获民盟中央群言杂志社发行工作优秀单位表彰。

11月，民盟河北省委思想宣传工作会议上，师院二支部王荣芳撰写两篇理论研究文章分别被民盟河北省委评为一等奖、二等奖，民盟廊坊市委荣获民盟河北省理论研究工作先进单位。其中，课题《民主党派在基层民主协商中的作用》被省委统战部立项并上报中央统战部。

12月8日至14日，副主委郭淑凤、王景硕等参加市委统战部在苏州组织召开的“民主党派市委委员培训班”。

2015年5月20日至22日，民盟河北美术院组织9位盟员书画家赴井陉县内太行山区开展采风写生活动。张纬东出席活动。

9月18日至19日，民盟河北省委“学习实践活动”经验交流会在张家口召开。王景硕参加会议。

10月31日至11月5日，市委统战部在延安举办市民主党派市委委员、无党派骨干培训班。王景硕、周旭光等8名市委委员参加了培训班。

12月11日，民盟中央主办的《群言》杂志创刊30周年纪念座谈会在京举行。座谈会上，民盟中央专门对多年来为《群言》发展做出贡献的先进集体和先进个人进行了表彰，授予民盟廊坊市委“优秀发行奖”。

2016年4月23日至27日，民盟河北省委召开盟员之家暨美术院建设经验交流会。会议期间，与会人员还赴福建省武夷山盟员之家、民盟中央美术院武夷山分院和泉州洛江盟员之家进行了现场学习考察。王景硕参加交流会。

5月，廊坊民盟美术院征集10余件作品参加民盟河北省美术院在唐山举办的“铭记历史 开创未来”书画展。

5月4日至8日，民盟河北省中青年干部培训班在中国人民大学举行，廊坊市盟员张增禄、张旭东、孟艳红、李京梅参加培训。

5月8日，民盟廊坊市委《国学漫谈》讲座在机关九楼会议室开讲。民盟三河燕郊支部主委金海明主讲。王景硕等30名盟员听取了讲座。

5月9日至11日，民盟河北美术院组织10位盟员书画家赴民盟邯郸美术院写生基地开展写生采风活动，廊坊市盟员常笑尘参加。

6月16日，民盟河北省委举办思想宣传工作骨干培训班，盟机关办公室干部参加培训。

6月20日至26日，中共廊坊市委统战部在大连组织廊坊市民主党派中青年干部培训班，孙大军、王景硕、周旭光等8名盟员参加培训。

8月20日，民盟廊坊市委联合委员会组织盟员赴李景玉律师事务所盟员之家学习民盟历史和优良传统，王景硕和联合委员会40余盟员参加活动。

【组织建设】

2012年3月5日，“三八节”来临前夕，民盟廊坊市委联合总支副主委、河北陈玉芹律师事务所主任陈玉芹为女盟员作了《如何做一个幸福女人》讲座，副主委郭淑凤及部分女盟员参加活动。

4月19日至20日，中国民主同盟河北省第十次代表大会在省会石家庄河北会堂隆重召开。廊坊市8名选举代表和1名提名代表参加大会。张纬东当选民盟河北省委副主委，郭淑凤、王景硕当选民盟河北省委委员。

5月2日，民盟中央副主席张宝文参观霸州文化建设，张纬东陪同参观。

5月13日，民盟廊坊市委组织全体盟员赴北京十渡参观考察交流活动。

5月18日，民盟联合一支部组织部分盟员到千年古刹隆福寺参观，市佛教协会秘书长部坤接待并陪同参观了隆福寺整体规划沙盘和施工现场。

6月6日至7日，民盟国家体育总局支部到霸州与民盟廊坊市委举行经验交流活动。国家体育总局机关党委专职副书记朱国平，国家体育总局民盟支部成员参加活动。主委张纬东，副主委王景硕参加座谈交流。

7月3日，市委书记冯韶慧到廊坊市民主党派机关、市工商联机关、市委统战部机关各科室就全市统战系统工作情况进行调研。市政协副主席、市

2012年4月，民盟河北省第十次代表大会廊坊盟员合影

委统战部部长孙殿高陪同调研，张纬东出席座谈会。

8 月 3 日至 5 日，民盟廊坊市委赴山西举办基层组织负责人培训班。民盟廊坊市委副主委王景硕以及各基层支部负责人 40 余人参加培训，中共廊坊市委台办副主任王继寅出席培训班并指导工作。

8 月 12 日，民盟中央副秘书长、组织部部长陈幼平，社会服务部部长郭勇在民盟河北省委副主委鲁平陪同下到霸州调研。民盟廊坊市委主委张纬东、副主委郭淑凤、王景硕陪同调研。

2013 年 5 月 28 日，市政协领导走访调研民主党派机关并召开座谈会，张纬东出席会议。

6 月 14 日至 16 日，民盟廊坊市委在市委统战部统一安排下，与民盟太原市委进行了对标，座谈了解太原民盟的工作成绩和经验，并实地参观了民盟太原市委机关。王景硕参加对标活动。

8 月 19 日，民盟河北省高校基层组织建设工作研讨会在石家庄召开。民盟中央副秘书长、组织部部长陈幼平，民盟河北省委主委边发吉，民盟河北

2013 年 6 月，民盟廊坊市委与民盟太原市委开展对标活动

省委副主委杨玉成、鲁平，秘书长黄望朝出席会议并讲话。杨玉成主持会议。王景硕、周旭光参加会议。

10月10日至11日，民盟组织工作会议在南京召开。民盟廊坊市委作为全国民盟组织发展工作先进集体受到了表彰。全国政协副主席、民盟中央常务副主席陈晓光出席会议并讲话。民盟中央秘书长高拴平、副秘书长兼组织部部长陈幼平分别主持了会议。

12月29日，民盟廊坊市委召开六届六次市委会，总结2013年工作，研究部署2014年工作计划；审议通过《关于开展坚持和发展中国特色社会主义学习实践活动的通知》以及《开展坚持和发展中国特色社会主义学习实践活动方案》；进一步部署学习和贯彻中共十八届三中全会精神；研究确定2013年度先进基层盟组织和优秀盟员；审批新盟员；部署2014年市“两会”提案、议案征集工作。张纬东主持会议并讲话。

2014年7月25日至27日，民盟廊坊市委举办基层组织负责人培训班。张纬东、郭淑凤、王景硕、周旭光及市委委员、各基层支部负责人参加培训。

7月，民盟河北省机关建设研讨会上，民盟廊坊市委荣获机关建设先进单位称号。

9月16日至17日，民盟中央基层组织工作会议召开。会上，民盟廊坊师院总支荣获“中国民主同盟基层组织建设先进基层组织”荣誉称号。

2015年1月23日，民盟廊坊市委召开六届八次市委会议。会议通报了民盟中央十一届三次全会精神、民盟河北省十届四次全会精神；学习《民盟中央关于进一步加强基层组织建设的意见》精神；审议民盟廊坊市委2014年工作总结，研究2015年工作计划；审批新盟员。会议由主委张纬东主持，副主委孙大军、郭淑凤、王景硕、周旭光出席会议。

3月24日至26日，民盟河北省基层组织负责人培训班在昆明举行。民盟河北省委副主委鲁平主持开班仪式，张纬东出席培训班并作动员讲话。郭淑凤、王景硕参加培训。

4月28日，民盟廊坊医卫支部在民盟廊坊市委机关召开座谈会，就如何更好地尽职履责、做好参政议政等内容进行交流，新老盟员20余人参加座谈。

7 月 9 日，市委统战部副部长王国友到民主党派机关调研，副主委王景硕参加座谈。

7 月 25 日，民盟廊坊市六届九次市委会议召开，张纬东主持会议并讲话。

8 月 6 日至 9 日，民盟廊坊市委举办基层组织负责人培训班。张纬东、孙大军、郭淑凤、王景硕、周旭光，市委委员、各基层支部负责人、部分骨干盟员共计 50 人参加了为期四天的集中培训。

10 月 14 日，廊坊民盟管道综合支部组织部分盟员一行 12 人参观了霸州博物馆及李少春纪念馆。

12 月 14 日，中共廊坊市委书记王晓东走访市各民主党派机关，看望慰问工作人员，并同各民主党派负责人进行交流座谈，听取对廊坊市 2016 年工作谋划和开展“十三五”规划编制的意见建议。张纬东参加座谈并发言。

12 月 31 日，民盟廊坊市委召开市委扩大会议，张纬东、孙大军、王景硕、周旭光等出席会议。会议通报了民盟廊坊市委关于建设“盟员之家”和 2015 年度“评先选优”的决定及 2015 年工作总结和 2016 年工作计划。

2016 年 6 月 30 日，中国民主同盟大城县支部成立会议在县政府四楼会议室召开。郭淑凤、王景硕出席会议，中共大城县委统战部常务副部长李会娟应邀出席会议。

2015 年 12 月 31 日，民盟廊坊市委为联合二支部、三河支部、农业支部、霸州支部“盟员之家”授牌

2016年4月，民盟廊坊市委参加民盟省委组织的盟员之家建设交流活动

7月2日，民盟廊坊市农业局支部换届会议召开，王景硕出席会议。

7月5日，民盟霸州支部换届会议和南区委员会（下辖民盟霸州支部、民盟大城支部）成立会议分别召开，张纬东、王景硕出席会议。

7月7日，民盟廊坊市委研究，决定成立民盟廊坊市北区委员会，下辖民盟三河燕郊支部、民盟华北科技学院支部。

7月8日，民盟河工大廊坊分校支部召开换届会议，王景硕出席会议。

7月8日，民盟华北科技学院支部换届会议、燕郊支部换届会议和北区委员会成立会议分别召开，王景硕出席会议。

7月15日，民盟廊坊市医卫一、二、三支部和医卫委员会成立会议召开。郭淑凤、王景硕出席会议。

7月19日，民盟廊坊师范学院一支部、二支部、老年支部换届会议和民盟廊坊师范学院委员会成立大会召开。张纬东、孙大军、郭淑凤、王景硕出席会议。

7月27日，民盟廊坊市安次区支部成立会议、广阳区支部成立会议和开发区支部换届会议分别召开，王景硕出席会议。

7月28日，民盟廊坊市职业技术学院支部换届会议和高等教育委员会成立会议召开，王景硕出席会议。

7 月 28 日，民盟廊坊市金融支部成立会议召开，王景硕出席会议。

7 月 30 日，中国民主同盟廊坊市联合委员会成立会议召开。张纬东、孙大军、郭淑凤、王景硕、周旭光出席联合委员会成立会议。

8 月 2 日，民盟廊坊市一中支部、二中支部、三中支部、电子信息工程学校支部换届会议和中等教育委员会成立会议召开，王景硕出席会议。

8 月 4 日，中国民主同盟廊坊市管道局老年、在职支部换届会议和管道局委员会成立会议召开。王景硕出席会议。

8 月 29 日，经民盟廊坊市委主委会研究并与中共廊坊市委统战部协商后，民盟廊坊市第七届委员会规模拟调整为 17 人。

【参政议政】

2012 年 1 月 4 日至 5 日，张纬东参加省政协十届五次会议。

1 月 14 日，市政府召开《政府工作报告》征求意见会，主委张纬东、副主委王景硕参加会议。

1 月 31 日至 2 月 3 日，廊坊市第五届人民代表大会第五次会议、政协廊坊市第五届委员会第五次会议在国际饭店怀远堂隆重开幕。张纬东主委在市政协全会作了题为《推进教育均衡发展 全力打造教育廊坊》的大会发言。市长聂瑞平、副市长吕爱英等主要领导作出批示。

2 月 3 日，在民盟河北省委九届五次全委会上，民盟廊坊市委荣获 2011 年信息工作一等奖。

2 月 8 日，张纬东出席市政协五届三十一次主席会议。

3 月 23 日，张纬东出席市政协五届三十二次主席会议。

3 月 29 日，张纬东出席市政协五届二十次常委会议。

4 月 1 日，主委张纬东参加中共廊坊市委召开的“民主协商会”。

6 月 18 日，张纬东出席市政协主席会。

6 月 25 日，张纬东参与接待省政协十届二十次常委会议与会人员。

6 月 29 日，张纬东出席市政协五届二十一次常委会。

7 月 5 日，市政协副主席吕炳素就民盟廊坊市委提出的《推进教育均衡发展 全力打造教育廊坊》（第 2 号）专门召开重点提案督办会，市教育局、市财政局等提案落实部门领导参加会议，就提案的落实情况作出答复。该提案被市政协确定为重点督办提案。

7月15日，民盟河北省委信息培训班在廊坊市召开，民盟中央参政议政部信息处处长张雨斌就如何做好信息工作作辅导报告。民盟河北省委参政议政部副部长冯俊生介绍民盟河北省委今年以来提案、信息工作情况。张纬东主持会议。

11月，副主委王景硕应邀赴台湾进行经贸考察。

12月，省政协对五年来的优秀提案进行表彰，《关于建立被征地农民基本生活保障制度的建议》被评为“河北省政协优秀提案”。

2013年1月24日，市政府召开《政府工作报告》征求意见会，主委张纬东、副主委王景硕参加会议。

1月24日至30日，张纬东参加政协河北省十一届一次会议。

4月2日，张纬东出席市政协五届三十八次主席会议。

4月3日，张纬东出席市政协五届二十三次常委会议。

4月8日至12日，廊坊市六届人大一次会议、政协六届一次会议召开，张纬东当选市六届政协委员会副主席，郭淑凤、程济源当选市政协常委，王景硕当选市人大常委。盟员中15位政协委员、4位人大代表参加了会议。会议期间，提交政协大会发言1件，集体提案7件，个人提案30件。市委、市政府主要领导对大会发言《突出城市书法元素 着力打造中国书法名城》作出了重要批示。

4月16日，张纬东出席河北省政协十一届二次常委会议。

6月18日，张纬东出席市政协六届一次主席会议。

7月5日，张纬东出席市政协六届一次常务委员会议。

7月24日至25日，民盟河北省委反映社情民意信息工作会议在张家口召开。会议上，民盟廊坊市委荣获民盟河北省委2012年度反映信息工作二等奖。

8月18日，市政协组织驻廊省政协委员赴省外视察调研智慧城市和民族文化建设情况以及发挥委员主体作用的经验和做法，张纬东参加活动。

9月23日，民盟河北省委“加快县域经济结构调整”课题组到廊坊市大城县考察调研。民盟河北省委参政议政部副部长冯俊生，民盟唐山市委副主委弭建群、龚瑞昆参加调研，民盟廊坊市委副主委、大城县副县长郭淑凤，副主委王景硕陪同调研。

9 月 27 日，张纬东出席市政协六届二次主席会议。

10 月 10 日，张纬东出席市政协六届二次常委会议。

11 月 19 日，张纬东出席市政协六届三次主席会议。

2014 年 1 月 7 日，政协河北省第十一届委员会第二次会议在石家庄召开，张纬东出席会议。

1 月 20 日，张纬东出席市政协六届四次主席会议。

1 月 22 日，张纬东出席政协六届三次常委会议。

1月27日，主委张纬东、副主委王景硕参加市委组织部召开的“民主协商会”。

2 月 8 日至 12 日，市人大六届二次会议、市政协六届二次会议召开，全会期间，民盟廊坊市委提交大会发言 1 件，个人大会发言 3 件，集体提案 9 件，个人提案30余件。1件提案被民盟河北省委作为集体提案提交省政协全会。

2 月 17 日，副主委王景硕参加市委统战部召开的“群众路线动员会”。

3 月 18 日，廊坊市政协主席郑广富到民主党派调研，主委张纬东汇报民盟廊坊市委工作，副主委王景硕参加座谈。

2014 年 3 月，廊坊市政协主席郑广富到民主党派调研，主委张纬东汇报民盟廊坊市委工作

6 月 6 日至 7 日，民盟河北省委反映社情民意信息培训班举行。民盟廊坊市委荣获 2013 年民盟河北省委信息工作先进集体称号，王晓峰被评为 2013 年民盟河北省委信息工作先进个人。

7 月 22 日，张纬东出席政协河北省第十一届委员会常务委员会第八次会议。

8 月 15 日，张纬东出席市政协六届五次主席会议。

8 月 20 日，张纬东出席市政协六届五次常委会议。

9 月 29 日，副主委王景硕参加市委统战部在统战部会议室组织召开的“统战部群众路线教育总结评测会”。

11 月 21 日，张纬东出席市政协六届六次主席会议。

12 月 2 日，张纬东出席市政协六届六次常委会议。

2015 年 1 月 6 日至 1 月 11 日，张纬东出席河北省政协十一届三次全体会议。

1 月 15 日，张纬东出席市政协六届七次主席会议。

1 月 19 日，主委张纬东、副主委王景硕参加市政府召开的《政府工作报告》征求意见会。

1 月 20 日，张纬东出席市政协六届七次常委会议。

1 月 27 日至 2 月 3 日，廊坊市第六届人民代表大会第三次会议、市政协六届委员会三次会议召开，两会期间，民盟廊坊市委提交大会发言 3 件，题目分别是《提高城市文化软实力 打造文化体验城市》《加强垃圾分类处理 打造干净整洁都市》《解决水资源紧缺问题 为廊坊城市发展提供水资源支撑》，集体提案 7 件，个人提案 30 件。

5 月 19 日至 20 日，民盟河北省委参政议政会议在石家庄召开。张纬东出席会议。

6 月 30 日至 7 月 1 日，民盟河北省委反映社情民意信息培训班在石家庄举行。王景硕及 8 名骨干盟员参加培训。

8 月 19 日至 21 日，民盟河北省委在迁安召开 2015 年重点课题调度会。王景硕参加会议。

10 月 13 日，张纬东出席市政协六届九次主席会议。

10 月 20 日，张纬东出席市政协六届十次常委会议。

11月26日至12月2日，市政协就政协协商民主建设赴深圳、湖州学习考察调研。张纬东参加活动。

11月，民盟中央参政议政部信息处处长张雨斌、省盟参政议政部副部长冯俊生来廊对调研课题进行指导。

12月3日，市委书记王晓东到市政协机关调研，就谋划好全市明年工作及“十三五”规划听取意见建议。张纬东参加座谈。

12月9日，张纬东到广阳、安次走访慰问调研，看望驻区政协委员代表和政协机关干部，并召开座谈会。

2015年，围绕“十三五”规划议政建言。《推进公共文化服务体系建设，建设公共文化服务强省》的调研课题被盟省委列为重点课题。完成理论调研课题《中国政党协商的性质和特点研究》1篇。

2016年1月4日，张纬东出席市政协六届十一次常委会议。

1月6日至11日，张纬东出席河北省政协十一届四次会议。

1月19日，主委张纬东、副主委王景硕参加市政府召开的《政府工作报告》和“十三五”规划纲要征集意见会。

1月23日至27日，市六届人大第四次全体会议、市政协六届四次会议召开。

1月28日，副主委王景硕参加市政协在市政协会议室组织召开的市政协“三严三实”专题民主生活会。

1月，民盟廊坊市委提交中共廊坊市委2件调研报告，受到时任市委书记王晓东的高度重视并作出重要批示。

2月4日，张纬东出席廊坊市召开的市委、市政府工作情况通报会。

3月22日，副主委王景硕参加市政协在市政协主席会议室组织召开的政协秘书长联席会，讨论协商2016年市政协工作要点和专项视察活动。

4月14日至15日，民盟河北省委举办提案、信息培训班，王景硕等参加培训班。

5月17日，民盟河北省委在迁安召开2016年参政议政工作会议。王景硕等参加会议。

6月15日至16日，民盟河北省委将“农村教学点发展问题及建议”作为省盟重点课题，交由民盟教育委员会和民盟廊坊市委联合开展调研。调研

2016 年 6 月，民盟河北省委“农村教学点发展问题及建议”调研组来廊坊调研

组部分成员赴廊坊霸州、三河进行实地调研。张纬东、王景硕参加调研，参加调研的还有教育委员会主任武志永、教育委员会副主任吴国英、教育委委员耿宗玉、民盟河北省委参政议政部调研员冯俊生。

7 月 5 日，市委书记冯韶慧到市政协调研座谈。张纬东参加座谈。

7 月 19 日，张纬东出席市政协六届十三次常委会议。

7 月 26 日，张纬东出席河北省政协十一届十八次常委会议。

9月13日，主委张纬东、副主委王景硕参加市委、市政府召开的民主协商会。

【社会活动】

2012年1月7日，廊坊市在石家庄举办廊坊市迎新春联谊会，张纬东参加。

3 月 6 日，市红十字会 2012 年工作会议召开，同时“博爱一日捐”活动正式启动。市政协主席寇德松出席并讲话，张纬东出席会议。

3 月 28 日，陕西省渭南市政协副主席杨文斌一行 9 人到廊坊市考察对接京津、发展经济等方面情况。张纬东出席座谈会。

5月9日，民盟廊坊市委组织医疗专家前往文安县魏张李村参加市委统战部组织的联合义诊活动。

5月11日，张纬东出席廊坊市“5·18”廊坊经贸洽谈会承办工作四套班子联席会议。

5月12日，市政协副主席、市书法家协会主席张纬东的书法品鉴沙龙在廊坊正式开展。吕炳素到现场参观。

5月16日，市政协教科文卫体委员会联合市农工党、市民盟、市医院、市健康教育所组织20名医务界专家到固安温泉工业园区林城铺村开展送医送药下乡活动。接受了诊治和健康指导500人次，发放《居民健康知识》《高血压病人的康复》《盐与健康》等简易读本和宣传挂图2000余册（张），免费发放价值5000多元的感冒药、消炎药、降压药等常用药品。

5月18日，张纬东在国际饭店参加APEC智慧城市智能产业高端会议。

5月24日，民盟廊坊市委组织医疗专家前往固安县大韩寨村参加市委统战部组织的“民族团结进步宣传月”义诊活动。

8月8日，张纬东出席廊坊市召开的市委书记讲党课暨全市干部警示教育大会。

9月24日，张纬东出席全市各界人士中秋茶话会。

10月10日，张纬东出席全市领导干部会议。

10月16日，廊坊市组织收听收看河北省着力改善发展环境、着力改善生态环境动员大会。张纬东出席。

10月16日，张纬东参加市委二次推荐会议。

10月23日，廊坊市壹佰剧院文化综合体奠基仪式在市区举行。张纬东出席活动。

10月26日至30日，“中华诗词艺术节”在北京中国现代文学馆隆重举行。民盟廊坊师院离退休支部晁春卉选送的诗作被评为一等奖，并在艺术节期间赴京参加盛会和颁奖典礼。所有获奖作品由国家级出版社出版。

10月28日，李景玉律师举办系列法律知识讲座第一讲，讲座结合案例并穿插互动环节，为盟员普及了法律知识。

11 月 26 日，中国书法协会对廊坊市申报创建“中国书法城”工作情况进行考察。张纬东参加接待。

2013 年 1 月 9 日，廊坊荣膺“中国书法城”，成为全国第九座获此殊荣的城市。市政协副主席、民盟廊坊市委主委、市书协主席张纬东出席命名授牌仪式。中国书法家协会顾问、河北省书协主席旭宇，中国书法家协会分党组成员、副秘书长张陆一，河北省新闻工作者协会主席相金科出席会议。市长聂瑞平，市委书记冯韶慧，市委常委、宣传部部长辛绍杰，副市长吕爱英，市政协副主席、市书协主席张纬东，市人大常委会原副主任、市文联名誉主席王瑞锋出席命名授牌仪式。

1 月 10 日，河北省书法家协会主席工作（扩大）会议在廊坊召开。张纬东出席会议。

2 月 4 日，张纬东出席廊坊市迎新春茶话会。

2 月 4 日，张纬东出席全市领导干部会议，并组织收听收看省纪委八届三次全会。

2 月 6 日，张纬东参加全市领导干部大会。

2 月 22 日，张纬东出席市委召开的收听收看河北省纪委维护社会稳定工作电视电话会议。

3 月 13 日，2013 年度“博爱一日捐”活动正式启动。张纬东出席启动仪式。

3 月 23 日，张纬东出席廊坊市项目工作会议。

3 月 28 日，张纬东出席“中国·廊坊国际经济贸易洽谈会”承办工作动员会。

“4·20”四川雅安地震牵动着廊坊市全体盟员的心。民盟廊坊市委积极响应民盟中央的号召，向全市盟员发出爱心自愿募捐的通知。许多盟员是在本单位已经献出爱心的情况下再次募捐。其中民盟廊坊市委主委张纬东捐款 2000 元，盟员尹江婷捐款 1000 元。所得善款共计 10050 元，全部汇入民盟中央赈灾专用账户，专款专用。

5 月 14 日，张纬东出席廊坊市四套班子联席会议。

5 月 31 日，民盟廊坊市委组织盟内医疗专家赴廊坊市永清县曹家务村开展义诊活动。

5月31日，张纬东出席市政协党组（扩大）会暨五届、六届领导班子成员座谈会。

8月，由民盟中央和新东方教育科技集团共同主办的“烛光行动·骨干教师新东方进修班”在北京开班。民盟廊坊市委选派“烛光行动”定点小学小马房小学英语骨干教师与来自重庆、内蒙古、河北、河南（各20名）的80位乡村基层骨干教师一起参加了培训。民盟中央常委、新东方教育科技集团董事长兼首席执行官俞敏洪、民盟中央社会服务部副部长段海溪等嘉宾出席开班仪式并致辞。

9月15日，由民盟廊坊市委主办、民盟联合支部协办的系列法律知识讲座在盟市委机关会议室举行，河北李景玉律师事务所主任李景玉为盟员讲授新《婚姻法》及司法解释等相关知识。

10月17日，“服务百姓健康行动——全国大型义诊周”期间，民盟廊坊市委联合市政协教科文卫体委员会、市医院、市农工党、市健康教育所，组织20名医务界专家，来到市政协开展深化加强基层建设年活动帮扶村——淑阳镇赶水坝村开展送医送药下乡活动。市政协副主席张卫东带队，市政协副主席、农工党廊坊市委主委魏向东参加义诊活动。

10月23日，盟员侯振国率来自霸州市新利钢铁有限公司“侯振国爱心团队”的170名钢铁工人进行捐献造血干细胞现场采样，其余1600多名志愿者由市红十字会和市卫生局安排专人到厂区分期分批签署《捐赠造血干细胞志愿书》并进行抽血采样。

11月4日，张纬东出席市委2013年第十六次常委（扩大）会议。

11月29日，张纬东出席廊坊市四套班子领导和市直部门主要负责同志工作会议。

12月5日，张纬东出席全市领导干部会议。

12月9日，市委书记王晓东到市政协机关调研，蒋洪江、饶贵华陪同，张纬东出席会议。

12月17日，河北省书法家协会第六次会员代表大会在石家庄举行，大会选举产生了省书协新一届理事会和主席团。市政协副主席、民盟廊坊市委主委、廊坊市书法家协会主席张纬东当选河北省新一届书法家协会副主席。

12月25日，中国文联副主席、民盟河北省委主委边发吉专程赴霸州看望盟员侯振国及其创建的“侯振国爱心团队”。民盟河北省委副主委鲁平、秘书长黄望朝参加活动。张纬东、王景硕陪同看望。

2014年1月2日，张纬东列席中国共产党廊坊市第五届委员会第六次全体（扩大）会议。

2月14日，张纬东出席廊坊市党的群众路线教育实践活动党外人士座谈会。

2月26日，张纬东出席全市年度综合考核工作大会。

4月，侯振国爱心团队成员把善款送到患脑瘤的儿童周鑫浩家。自周鑫浩患病后，该团队已陆续为他捐款13万多元。从2009年至今，爱心团队共筹集善款650多万元，先后救助了18名大病患者、500多名贫困学生和900多个困难家庭。救助范围从霸州市信安镇一地扩展到邯郸、唐山等多地。

5月29日，组织盟内医务专家赴大厂回族自治县小厂村为村民义诊。

6月6日，民盟开发区支部关注公益慈善系列活动启帷，第一站走入开发区企业，为员工义务培训院外急救——心肺复苏。

6月14日，“侯振国爱心团队”志愿者携840件衣服、40桶油、40袋大米和5000元爱心基金共计36900元物资，同承德爱心联盟的志愿者一起走访救助了当地的贫困家庭。

6月17日至20日，张纬东参加全国县级公立医院综合改革培训班。

7月1日，张纬东出席廊坊市委常委班子专题民主生活会情况通报会。

7月，“侯振国爱心团队”获评“河北省十大优秀志愿服务品牌”。同年，入选中央文明办举办的中国好人榜的助人为乐好人。

8月12日，为援助云南鲁甸地震灾区，民盟廊坊市委在廊坊民盟QQ群举行了一场别开生面的书法义卖。盟员张晓东先生为本次义卖提供了精心创作的10件作品，义卖面向廊坊市民盟盟员，共募得善款4000元捐给灾区。

8月，民盟廊坊市委开办了民盟东方书法课堂，美术院副秘书长张晓东每周日上午在本单位会议室为盟员及家属义务教授书法。

2014 年 10 月，盟员医务专家赴固安知子营乡义诊

10 月 10 日，市政协副主席张卫东带队，民盟廊坊市委联合市政协、市医院、市农工党、市健康教育所，组织 10 余名医务界专家，来到固安县知子营乡后白堡村开展送医送药下乡活动。市政协主席郑广富专程到固安看望了参加义诊的专家。

12 月 24 日，市委书记王晓东到市政协机关走访调研。张纬东参加座谈。

2015 年 1 月 18 日，张纬东出席廊坊市书法电视大赛决赛。

2 月 1 日和 2 月 8 日，农历腊月十三和腊月二十，廊坊民盟美术院组织盟员书法家分别两次深入社区，为社区群众现场书写春联，迎春送福。

4 月 3 日，张纬东出席廊坊市厅级领导干部会议。

4 月 18 日，张纬东出席在壹佰剧院举办的“一书一画一世界”廊坊书画联展开幕式。

6 月 14 日，张纬东在廊坊市民主党派会议室为盟员及书法爱好者讲授“中国书法的魅力”讲座，为书法爱好者上了一堂生动的书法体验课。

7月12日，民盟东方书法课堂成立一周年纪念活动在民盟机关会议室举行，副主委王景硕出席活动。在纪念活动上，张晓东老师现场挥毫，为学员书写作品留念，并亲手精心刻制了5枚印章奖励优秀学员。同时，民盟国画课堂开课，廊坊师范学院美术学院常笑尘老师从墨竹、牡丹画法讲起，传授花鸟国画入门技法。

7月22日，民盟小学生暑期语文作文公益课堂开课，民盟盟员、廊坊日报社新闻研究室原主任、主任记者赵振声老师担任主讲。王景硕在开班仪式上致辞，高度评价赵老师无私奉献的高尚情怀。

7月，民盟盟员侯振国入选“德耀中华·第五届全国道德模范·助人为乐模范候选人”。本评选活动是由中共中央宣传部、中央文明办等六家单位联合举办，共分为助人为乐模范、敬业奉献模范、诚实守信模范、见义勇为模范、孝老爱亲模范等五类模范。全国仅327人入选道德模范候选人，其中71人为助人为乐模范候选人。

8月15日，张纬东出席九三学社廊坊市委庆祝九三学社成立70周年大会。

9月15日，张纬东出席民建廊坊市委纪念中国民主建国会成立70周年书画摄影展。

9月23日，民盟廊坊市委机关同志以及部分盟员，自发来到开发区和谐之家福利院，看望慰问孤残儿童。盟员们购置了价值3500元的奶粉、纸尿裤、水果、食品等福利院急需的婴幼儿用品，张纬东捐款1000元并特意叮嘱盟员向孩子们转达自己的慰问和祝福。

10月11日，民盟东方书法课堂邀请著名书法家、河北省美术家协会和书法家协会会员刘福柱先生为学员传书授道，东方书法课堂学员20余人聆听了老先生的教诲。

10月21日至22日，民盟河北省社会服务工作骨干培训班在四川遂宁举办。郭淑凤、王景硕等参加培训。

11月12日，民盟廊坊市委组织来自市医院、中医院、市健康教育所的20名医务专家赴大城县平舒镇北李庄村开展义诊活动，在初冬时节给村民送医送药送温暖。

2016年1月18日，张纬东出席中国国民党革命委员会廊坊市委员会成立暨第一次党员大会。

1 月 22 日，农历腊月十三，廊坊民盟美术院组织盟员书法家深入社区，为社区群众现场书写春联，迎春送福，盟员书法家共为社区居民撰写春联 130 余副。

2 月 27 日，市政协副主席、农工党廊坊市委主委魏向东去世。张纬东参加遗体告别仪式。

4 月 28 日，张纬东参加市委召开的全市民主测评会议。

5 月 25 日至 30 日，张纬东参加市政协井冈山举办的党政干部强化党性修养示范班。

6 月 24 日，张纬东出席市委召开的全市领导干部会议。

6 月 26 日，廊坊市庆祝中国共产党成立 95 周年暨河北省“挥写廉政”书法大展开幕。张纬东出席活动。

6 月 29 日，张纬东出席市委召开的全省县乡领导班子换届工作会议。

8 月 3 日，市委副书记、市政府党组书记陈平走访市政协机关。张纬东参加座谈。

8 月 10 日，廊坊市召开市委中心组学习暨“廊坊大讲堂”专题报告会、市委常委（扩大）会和市级层面换届谈心谈话会。张纬东出席会议。

8 月 15 日至 18 日，由民盟廊坊市委、廊坊市教育局主办，民盟廊坊市中教委员会、北京四中网校廊坊分校承办的民盟“烛光行动 · 千校计划”魅力名师首期特训营在霸州成功举办。民盟廊坊市委中教委员会、廊坊市教育局教研室、廊坊一中、廊坊八中等 50 多位骨干教师参训。王景硕出席开营仪式并致辞。

8 月 31 日，张纬东出席市委召开的 2016 年第二十六次常委（扩大）会议。

9 月 14 日，张纬东列席中国共产党廊坊市第五届委员会第九次全体会议。

9 月 14 日，民盟廊坊市委组织医疗专家参加中共廊坊市委统战部到大厂回族自治县南王庄村开展“民族团结进步月”义诊活动。

9 月 20 日，张纬东出席市委召开的全体（扩大）会议。

不忘初心 团结奋进
为廊坊实现“四个走在全省前列”
奋斗目标贡献力量

——在中国民主同盟廊坊市第七次代表大会上的报告
（2016年10月20日）

◎ 张纬东

各位代表、各位同志：

我受中国民主同盟廊坊市第六届委员会的委托，向民盟廊坊市第七次代表大会作报告，请予审议。

五年工作回顾

自中国民主同盟廊坊市第六次代表大会以来，民盟廊坊市委团结并带领全体盟员，在民盟河北省委和中共廊坊市委的正确领导下，牢固树立坚持和发展中国特色社会主义的理想信念，全面提高民盟工作科学化水平。

一、以坚持和发展中国特色社会主义学习实践活动为主线，切实加强思想宣传工作

思想建设关乎民盟事业永续发展的根本问题，即政治方向问题。宣传工作是思想建设的重要形式和基本手段。思想宣传工作对内要打牢全盟的共同

2016 年 10 月，张纬东在民盟廊坊市第七次代表大会上做报告

思想政治基础，对外要树立民盟的社会政治形象，是一项内强素质、外树形象的重要工作。五年来，民盟廊坊市委以坚持和发展中国特色社会主义学习实践活动为主线，思想宣传工作取得明显成效。2014 年 10 月，在民盟中央思想宣传工作会议上，民盟廊坊市委荣获民盟思想宣传工作先进集体称号。2014 年、2015 年，连续被民盟中央评为《群言》杂志发行工作优秀单位称号。五年来，多次被评为民盟河北省委思想宣传工作先进集体、民盟河北省理论研究工作先进单位和市委统战部宣传工作先进单位。

以盟史教育为抓手，同心共筑价值观。我们以民盟历史教育为切入点，让更多盟员了解民盟与中国共产党几十年风雨相携、荣辱与共的光辉历史，更加坚定走中国特色政治发展道路的理想信念。民盟廊坊市委开展了“重温历史、坚定信念、奋发有为”学习教育活动，召开了纪念座谈会，开展了纪念“五一口号”征文活动。民盟廊坊市委举办新盟员培训班、基层组织负责人培训班，赴爱国主义教育基地学习。通过丰富多样、双向互动的教育活动，调动广大盟员学盟史、讲盟史的热情，倡导盟员知盟、爱盟、兴盟，传承优良传统，增进政治共识。

以立体宣传为平台，同心弘扬主旋律。学习实践活动中，宣传承担着动员、激励、服务的重大任务。民盟廊坊市委运用《廊坊民盟》报、廊坊民盟网、廊坊民盟微信公众平台等载体，内容更加丰富、形式更加多样，如微信公众号发布了系列民盟前辈事迹等盟史内容，还有盟员先进事迹、盟员散文诗歌书画作品等，关注度和转发率颇高。2014 年 6 月，廊坊民盟美术院成立，民盟中央宣传部部长吴志实、民盟河北省委主委边发吉为廊坊民盟美术院揭牌。承办了民盟河北省委庆祝新中国成立 65 周年“丹青颂辉煌”书画展。连续四年征集 50 余件作品参加民盟河北省美术院举办的书画展。通过立体宣传，讲好民盟故事、传递民盟声音，鼓舞士气、提振信心，统一认识、凝聚力量。

以盟员之家为载体，同心增强凝聚力。民盟廊坊市委先期在霸州支部、三河燕郊支部、农业支部、联合一支部建设了 4 家“盟员之家”，基本做到场地有保障，人员有保障，门口有牌匾，墙上有制度，活动有图文资料。通过盟员之家，将盟员积极性和盟组织教育引导有机结合，以“家”的氛围，将盟史、盟务、履职成果、核心价值观等潜移默化到基层组织生活，提升了盟员的归属感和基层的凝聚力，增强了学习实践活动的生命力和吸引力。形成了让盟员倍感亲切的“温馨之家”、施展才华的“有为之家”、相互学习的“成长之家”。

以理论研究为导向，同心汇聚正能量。参政党只有理论上清醒，才能做到政治上坚定。2012 年，课题《建设学习型民盟组织研究》被民盟中央评为优秀奖。《加强民主党派在高校建设中的作用研究》被民盟河北省委评为二等奖。2013 年、2014 年，《推进基层统战工作实现弹性维稳的思考》《毛泽东在延安时期民主思想的特点研究》两篇理论研究文章分别被民盟河北省委评为一等奖、二等奖。 2015 年，《民主党派在基层民主协商中的作用》被省委统战部立项并上报中央统战部。2016 年，报送民盟河北省委课题《中国政党协商的性质和特点研究》。

二、以促进深化改革为着力点，不断提高参政议政能力和水平

参政议政是参政党的第一要务和立足之本。参政议政要坚持问题导向。好的建议可以用“问题”两个字贯穿起来，即聚焦问题精准，调研问题扎实，解决问题可行，也就是找准问题、悟透问题、解决问题。五年来，民盟廊坊市委充分发挥广大盟员的聪明才智，通过提案、调研报告和社情民意等形式

提出意见建议。2012 年、2013 年连续被民盟河北省委评为信息工作二等奖。

以政治协商、民主监督为职能，积极履职尽责。民盟廊坊市委多次参加中共廊坊市委、市人大、市政府、市政协、市委统战部组织召开的协商会、座谈会和情况通报会，就《政府工作报告》、廊坊市“十三五”规划等提出意见建议。特别是群众路线实践教育活动中，分别对中共廊坊市委和各相关单位就事关工作大局和群众切身利益的问题提出意见和建议，受到重视并采纳。

以人大、政协为平台，提出议案提案。五年来，民盟廊坊市委在市政协全会期间提交大会口头发言、书面发言 21 件，集体提案 36 件，个人提案 150 件。《推进教育均衡发展 全力打造教育廊坊》《突出城市书法元素 着力打造中国书法名城》等分别受到市委、市政府主要领导批示。《关于健全廊坊市公交体系的建议》等 8 份提案被列为重点督办提案。民盟廊坊市委向民盟河北省委提交 10 件提案素材，被提交为省政协大会发言和集体提案。《关于推动林下产业快速发展的建议》被确定为省政府重点督办提案，省林业厅作为承办部门和民盟省委多次组织考察、座谈活动，使提案提出的建议得到了很好的落实。《关于建立被征地农民基本生活保障制度的建议》被评为“河北省政协优秀提案”。

以盟员为依托，积极反映社情民意。民盟廊坊市委承办了 2012 年民盟河北省委信息培训班。五年来，累计向民盟中央、民盟河北省委、市政协和市委统战部报送信息 200 余条。《科学积极地对待城市雨水资源化》等近百条建议被民盟河北省委、民盟中央、省委信息中心、省政协、省委统战部采用。《关于合理利用新世纪步行街发展廊坊夜市文化的建议》等建议被市政协《社情民意》转发，市领导作出批示。

以调查研究为根本，撰写调研报告。五年来，民盟廊坊市委共向中共廊坊市委、市政府提交调研报告 10 篇，比如《优化社会发展环境 促进廊坊高端发展》《加快建设河系联通工程 彻底改善廊坊水生态环境》等，全部受到市委、市政府领导重要批示。2014 年，民盟廊坊市委承办了民盟河北省委京津冀协同发展论坛，向论坛提交调研报告 6 篇，《京津冀一体化中廊坊市承接产业转移的对策研究》被选为大会口头发言。

三、以“人才强盟”为核心，全面加强组织建设

实施人才强盟战略，是新时期推进共产党领导的多党合作事业的必然要求，也是民盟适应新形势、新任务需要，抓住机遇、迎接挑战，完成历史使命的必然要求。五年来，民盟廊坊市委认真贯彻落实民盟中央“人才强盟”战略，把提高履行参政党职能水平作为组织工作的出发点和落脚点。在2013年10月召开的民盟组织工作会议上，民盟廊坊市委被评为全国组织发展工作先进集体。

以“学习实践”活动为契机，加强领导班子作风建设。民盟廊坊市委领导班子注重自身思想建设，每次会议都将学习列为重要议程，积极参加各种学习班、培训班、研讨班。民盟廊坊市委注重加强领导班子制度建设，主委会议、市委会议进一步制度化、规范化、程序化。每年年底都要进行领导班子及成员述职和民主评议。领导班子认真贯彻民主集中制，按照“集体领导、民主集中、个别酝酿、会议决定”的工作程序议事决策，成员之间相互理解、相互支持、相互帮助，形成了团结合作、求真务实的良好风气，提高了领导班子的凝聚力。

以体现民盟特色、改善人才结构、提高参政能力为目标，深化组织发展工作。严格按照《盟章》要求和“三个为主”原则，坚持选择政治可靠、品学兼优的人才入盟。注重数量与质量相结合，发展与巩固相结合，组织发展与后备干部队伍建设相结合，保持民盟特色与有利于参政议政工作相结合，呈现出健康有序的良好态势。五年来，共发展盟员181人，盟员总数达到501人，其中中高级职称占比70%，在职人员占比80%，平均年龄49.7岁。

以提升基层组织活力为目的，合理设置基层组织架构。基层组织是盟的组织基础和工作基础，是联系广大盟员的桥梁和纽带，也是盟的活力源泉。2016年，民盟廊坊市委本着有利于对盟员进行组织、管理和服务，有利于开展工作和活动，有利于接受中共党组织政治领导的原则，按照盟员所在单位、业务系统、行政区划或盟员界别等，重新划分建立相应的基层组织。盟的组织架构由以前的3个总支、19个支部调整为8个基层委员会，25个支部，1个小组。基层组织负责人90人，为进一步选拔后备干部创造了条件。

以组织活动为载体，开创基层组织建设新局面。五年来，各支部活动也

体现出了形式多样、精彩纷呈的特点。比如参观考察、义务植树、主题学习会、邮票钱币展、建言献策座谈会、书画展、献爱心捐款、健康公益讲座等等。各支部纷纷建立了微信群，随时沟通信息。在2014年9月召开的民盟基层组织工作会议上，民盟廊坊师院总支荣获“中国民主同盟基层组织建设先进基层组织”荣誉称号。民盟廊坊市委2013年、2015年开展两次评先选优活动，民盟廊坊联合一支部、民盟廊坊师范学院总支、民盟霸州支部先后荣获民盟河北省先进基层盟组织，民盟医卫支部、管道局老年支部、电子信息工程学校支部、民盟廊坊师范学院二支部荣获民盟廊坊市先进基层盟组织，王利明等49人为河北省优秀盟员，郭金生等51人为廊坊市优秀盟员。

以“四型机关”为目标，切实加强机关建设。民盟廊坊市委机关以着力打造“学习型、绩效型、服务型、和谐型”四型机关为目标，切实发挥上传下达、协调左右的枢纽作用。机关同志弘扬淡泊名利、甘为人梯、乐于奉献的精神，坚持公道正派、清正廉洁；机关同志强化服务大局、服务盟员、服务基层的意识，深入基层组织摸实情、办实事，密切与基层组织和盟员的联系；机关同志努力做好盟务活动、调研课题、社会服务的策划、组织、实施工作，做好调研报告、提案、社情民意的撰写、搜集整理工作。2014年，民盟廊坊市委承办民盟河北省十届六次常委会议和民盟河北美术院院长工作会议。2012年，邀请民盟中央副秘书长、组织部部长陈幼平，社会服务部部长郭勇参观霸州文化建设。同年，民盟国家体育总局支部到廊坊参观考察。2013年，结合河北省解放思想大讨论活动，与民盟山西太原市委开展对标学习。2014年，民盟丰台区经济支部来固安考察调研。民盟廊坊市委机关还与唐山、保定、张家口等地市盟开展了交流学习活动。在2014年7月召开的民盟河北省机关建设研讨会上，民盟廊坊市委荣获机关建设先进单位称号。

以盟员为骄傲，以盟员为自豪。盟员中涌现出众多先进人物。比如侯振国，创办起侯振国爱心团队，被评为全国关注留守儿童十大人物，感动河北十大人物， 2015年入选全国道德模范提名。侯振国爱心团队已累计向社会捐款1500余万元，使1700名困难学生重返课堂，让102名大病患者重拾希望，为1843个困难家庭送去了社会的温暖。谢岩斌，2014年2月，央视《新闻联播》节目，讲述了盟员谢岩斌“千里寻人，只为还债”的故事。10 余年时间、18 万欠款，在与债主失联的情况下，谢岩斌从温州赴广东汕头寻找债主，谢岩斌的千里还债行为，是诚信的典范。李景玉，带领河北李景玉律师事务所先后与廊坊市广阳区 115 家村委会、居委会达成了免费法律服务协议。开展村（居）“法律体检”300 余次，化解基层矛盾纠纷 30 余次，群体性事件 12 次。魏国栋，组织承担了国家“863 计划”重点项目，2013 年荣获全国“生产力促进奖”先进个人。盟员们热爱民盟，主动为盟献计出力，添砖加瓦。张晓东创办起民盟东方书法课堂，两年多来每周末义务为盟员及家属传授书法。随后，常笑尘加入课堂，变书法课堂为书画课堂，为大家传授梅兰菊竹等国画入门技法。书画课堂每年春节前为社区群众书写春联，迎春送福。王荣芳多次撰写理论文章，张晓莉、崔钰晨、王娜、吴树华、魏震撰写社情民意，等等。更多盟员立足本职，爱岗敬业，以工作上的突出成绩赢得单位中共党组织的重视和群众的信任。那些默默耕耘在教育战线的教师，时刻准备救死扶伤的医务工作者，还有在政府机关、科学技术、私营经济等各行各业奋战的盟员们，你们的工作都为民盟组织增添光彩。在此，我谨代表民盟廊坊市第六届委员会，向各位盟员致以诚挚的感谢。

四、以“发挥优势，突出重点，量力而行，讲求实效，持之以恒”为方针，做好社会服务工作

社会服务作为民主党派的一项重要职能，是民主党派在社会层面充分发挥自身优势，积极服务地方经济社会建设，努力促进社会和谐的一项基础性工作。五年来，民盟廊坊市委在开展义诊、公益讲座、爱心捐款、关爱弱势群体等方面开展活动，树立了良好的社会形象。

以农村为重点，开展义诊活动。五年来，12 次组织盟内医疗专家赴香河、大厂、文安、固安、永清等地农村为群众送医送药，深受欢迎，累计诊治群众 5000 余人，捐赠医药价值 30000 余元。每次义诊都携带大量药品及血压计、心电图、听诊器等诊疗器械。现场还发放《居民健康知识》《高血压病人的康复》《盐与健康》等简易读本和宣传挂图。

以爱心为助力，给人以帮助。四川雅安地震发生后，民盟廊坊市委发动盟员捐款 10050 元，汇入民盟中央赈灾专用账户。云南鲁甸地震发生后，民盟廊坊市委举行书法义卖活动，张晓东为义卖提供10件作品，共募得善款4000元。2015年，民盟廊坊市委购置了价值3500元福利院急需的婴幼儿用品，看望开发区和谐之家福利院的孤残儿童。2016年，霸州支部为患重病儿童家庭捐款3000余元。李京梅出资5万余元资助贫困生从初二到大学，为贫困学生家长提供贫困救助款1万元。

以讲座为传统，传播科学文化。发挥盟员优势，举办各类讲座是民盟廊坊市委的一项优良传统。五年来，共举办讲座10余次。比如李景玉举办系列法律知识讲座，陈玉芹做题为《如何做一个幸福女人》讲座，张增禄为大家讲解手机安全使用常识，金海明主讲《国学漫谈》，等等。2015年暑期，赵振声举办民盟中小学语文公益课堂，利用8堂课为小学生讲解语文及写作知识。除盟员外，民盟廊坊市委还邀请知名学者做讲座。比如邀请北大哲学系教授、国学与传统文化教育培训专家张洪泉做“坤德与幸福人生”讲座。邀请廊坊著名书法家刘福柱讲授书法知识。

以烛光行动为品牌，提升廊坊市教育质量。选派小学英语教师参加民盟中央“烛光行动·骨干教师新东方进修班”。以北京四中网校为平台，与廊坊市多所学校合作，在廊坊市基础教育信息化改革方面进行了积极探索和实践，并取得可喜进展。邀请北京四中教育专家开展“民盟名师大讲堂百场公益巡讲”活动，先后为廊坊一中、廊坊八中等16所学校开展家庭教育讲座300余场次，免费为学校培训家长10万余人次。为学校免费培训教师150余场1500余人次；邀请北京四中教育专家开展中高考远程教研培训3000余课次；开展免费学习方法讲座及学习方法指导320余场12万余人次。先后为廊坊一中、廊坊八中等12所学校捐赠北京四中优质教育教学资源576万元；为廊坊一中、廊坊八中捐赠诊学练测自主学习平台300套价值28万余元；为廊坊九中捐赠书籍200套。2016年暑期，开展民盟“烛光行动·千校计划”魅力名师首期特训营，为廊坊一中、廊坊八中等50多位骨干教师进行培训。2016年，民盟廊坊市委与廊坊市教育局合作，在廊坊推动“烛光行动·百校计划”，计划用3年时间为100所学校捐赠《北京四中网校在线教学平台》，提升传统校园的运行效率，实现教育过程的全面信息化，推进教育资源的共享和辐射作用，让更多的孩子得到更好的教育。

五年来所取得的成绩，是全体盟员团结奋斗、共同努力的结果，也是与民盟河北省委、中共廊坊市委正确领导，以及中共廊坊市委统战部的大力支持，还有盟员所在单位党委、各对口联系单位、各相关部门的支持帮助分不开的。在此，我代表中国民主同盟廊坊市第六届委员会，向辛勤工作在各条战线的全体盟员，向民盟河北省委、中共廊坊市委，向一贯关心和支持我们工作的市人大、市政府、市政协以及市委统战部、盟员所在单位党委、对口联系单位、各兄弟党派、工商联、侨联的领导，表示崇高的敬意和衷心的感谢。

在充分肯定成绩的同时，也要清醒地认识到，我们的工作距时代与发展的要求，与盟员对我们的期待还有一定的差距，同时也面临着许多新的困难和挑战。比如高教界是民盟的重点界别和传统领域，但近年来我们在高校的组织发展工作存在着不平衡、代表性人士逐渐减少等问题。还有随着形势发展，我们参政议政无论从强度还是从力度上，都需要一次“升级”，参政议政所涉及的领域要更加宽阔，把握问题要更加深入，提出建议要更加综合，需要适应经济发展的新常态，转变参政议政理念，等等。这些都需要我们在以后的工作中逐步加以解决。

今后五年工作的建议

“十三五”时期是全面建成小康社会的决胜阶段。民盟廊坊市委将全面贯彻党的十八大和十八届三中、四中、五中全会精神，以邓小平理论、“三个代表”重要思想、科学发展观为指导，深入贯彻习近平总书记系列重要讲话精神，按照“五位一体”总体布局和“四个全面”战略布局，建睿智之言，献务实之策，为建设一个更加繁荣、更加美丽、更加幸福、更加和谐的新廊坊做出新的更大贡献。

一、进一步夯实多党合作的共同思想政治基础

思想建设不能一蹴而就，要有春风化雨、润物无声的细心耐心，要将践行社会主义核心价值观做实做细做活。我们要认真学习贯彻中央统战工作会议和《中国共产党统一战线工作条例（试行）》精神。努力做到学有所思、学以致用、用有所成。充分运用民盟各类刊物、网站、微信公众平台等载体，坚持讲好民盟故事，引导广大盟员坚定道路自信、理论自信、制度自信、文化自信，自觉承担起作为中国特色社会主义事业亲历者、实践者、维护者和捍卫者的政治责任。

二、继承“奔走国是、关注民生”的优良传统，始终坚持“立盟为公、参政为民”

参政议政所涉及的领域要更加宽阔，把握问题要更加深入，提出建议要更加综合。克服参政议政过程中“不能为”“不想为”“不敢为”等问题。加快适应经济发展的新常态，转变参政议政理念，更加侧重于调整经济结构、提高发展质量、保护生态环境、保障改善民生等方面。做好参政议政工作关键在人，要为广大盟员参政议政创造机会、创造条件。同时，广聚盟外人才，做到“内外互补”。要瞄准未来参政议政的一些新领域，深入挖掘参政议政传统领域中的新机遇、新空间，发展、培养更多适应参政议政新形势新任务的人才。

三、认真学习借鉴执政党建设经验，努力加强自身建设

人才队伍是民盟事业可持续发展的重要基础。我们必须深入实施“人才强盟”战略，把人才培养、使用作为当务之急，为各项盟务工作开展提供坚强的人才和智力支撑。尤其要注重发挥民盟人才队伍的整体合力，把个体能力转化为集体智慧。认真贯彻民主集中制，坚持走群众路线，努力建设政治坚定、民主和谐、开拓创新的领导集体。认真做好盟员培训工作，不断创新形式，增强实效。积极探索新形势下开展基层工作的新思路、新方法，丰富基层组织活动内容。加强机关建设，不断推进民盟工作制度化、规范化进程，强化桥梁和枢纽作用。

四、顺势而为，应时而动，继续发挥优势，积极服务社会

要充分认识新时期新阶段民盟开展社会服务工作的新形势、新任务，在巩固已有成果的基础上，积极探索社会服务工作的新思路、新方法，不断扩大民盟社会服务工作的成效和影响。一是要把围绕中心、服务大局作为民盟社会服务工作的指导思想。二是从自身的优势和特色出发，把智力参与作为社会服务工作的基本要件和基础资源，坚持有所为有所不为。三是要选准工作角度和切入点，形成明确的工作思路和工作重点，将有限的资源集中使用，重点突破，以点带面，吸引带动社会资源的广泛参与。

各位代表、各位同志，面对新的时代、新的征程，民盟廊坊市委要毫不动摇地坚持中国共产党的领导，坚持中国特色社会主义政治发展道路，不忘初心，团结奋进，坚持以新发展理念引领发展全局，为推动廊坊市经济发展、转型升级、生态建设、维护稳定走在全省前列做出新贡献，谱写廊坊民盟新篇章。

第三节 中国民主同盟廊坊市第七届委员会

【概 况】

中国民主同盟廊坊市第七届委员会成立于2016年。民盟廊坊市委紧密团结在以习近平同志为核心的中共中央周围，深入学习贯彻中共十九大以来历次全会精神，深入学习贯彻习近平新时代中国特色社会主义思想，在中共廊坊市委和民盟河北省委的正确领导下，不忘合作初心，砥砺携手前行，坚定不移同中共廊坊市委想在一起、站在一起、干在一起。强化理论武装、赓续优良传统，思想共识有新提高。先后荣获民盟中央坚持和发展中国特色社会主义学习实践活动先进集体，民盟中央思想宣传工作先进集体，民盟中央思想政治建设和宣传工作先进集体，民盟省委思想政治建设和宣传工作优秀集体等荣誉称号。开展纪念“五一口号”发布70周年、“守初心、担使命、展风采”等主题征文活动7次。民盟廊坊市委荣获庆祝中华人民共和国成立70周年暨多党合作制度确立70周年征文活动组织奖，多篇征文分获一、二、三等奖。在中共河北省委统战部喜迎十九大征文活动中荣获二等奖、

2019年9月，民盟中央副主席程红等领导观看廊坊民盟庆祝新中国成立70周年“壮丽70年 奋进新时代”文艺演出

优秀奖。7 名盟员被评为民盟河北省委“典型就在身边”先进个人。《民盟履行政治协商职能的实践与探索》荣获民盟中央理论研究课题二等奖。荣获市委统战部理论政策研究工作优秀组织奖，统战政策理论研究创新成果二等奖、三等奖。连续五年被民盟中央评为《群言》杂志发行先进单位。深入调查研究、积极建言资政，履职尽责有新作为。提交市政协大会口头发言 5 件、书面发言 12 件、集体提案 39 件、个人提案 150 余件，为省政协常委会提供发言材料 3 篇，市政协常委会发言材料 10 余篇。《关于挖掘传承民俗文化的建议》等 5 篇发言受到市领导批示。《京津冀协同发展视角下的区域高校重构》被评为河北省政协好提案。《促进产教融合协同发展，推动廊坊职业教育高质量发展》等被市政协确定为重点督办提案。《关于加快廊坊市体育产业发展》得到市委主要领导批示。《京津冀协同发展背景下的高校整合》等 10 件课题被民盟省委列为重点调研课题。《京津冀协同发展中廊坊市产业定位机遇与挑战》经中共市委常委会通过后转发有关部门落实。《区域融资担保圈存在的风险》等 10 篇调研报告被有关部门采用。《关于加强不可移动文物保护的建议》被中央统战部《零讯》采用。健全工作机制、推进人才强盟，自身建设有新面貌。有盟员 657 人，设有 11 个基层委员会，28 个基层支部。9 个基层支部创建了“盟员之家”。联合二支部、三河支部被民盟中央评为优秀“盟员之家”。2020 年，三河支部被评为民盟中央“盟务工作先进基层组织”，广阳区支部被民盟中央评为民盟思想政治建设和宣传工作先进集体。发挥盟员优势、突出文化引领，社会服务有新成效。社会服务工作以民盟特有的文化传统和精神价值为引领和导向，将文化融入社会服务之中，科普讲座、乡村义诊、慈善募捐等全面开展。李京梅、李海滨先后被民盟中央评为社会服务工作先进个人。霸州支部、三河支部、医卫委员会、民盟廊坊职业技术学院支部等 5 个（次）基层组织和张晓东等 9 位盟员被民盟省委先后评为社会服务工作先进集体和个人。新冠疫情发生以后，民盟廊坊市委第一时间发布致全市盟员的一封信，号召全市盟员积极投身疫情防控阻击战的各项斗争。据不完全统计，盟员共计捐款捐物 230 多万元。民盟廊坊市委在微信群举办爱心义卖活动，盟员捐赠 32 件自己创作的书画作品和珍藏的珠宝用于拍卖，共募集善款 185800 元，分别捐赠给湖北黄石第二人民医院和廊坊市第三人民医院。

【中国民主同盟廊坊市第七次代表大会】2016 年 10 月 20 日，中国民主同盟廊坊市第七次代表大会隆重召开。中共廊坊市委副书记蒋洪江，市委常委、组织部部长、统战部部长李龙，市人大常委会副主任杨文华，市人大常委会副主任、民进廊坊市委主委王世强，副市长布泽文，市政协副主席张卫东出席会议。民盟河北省委秘书长张朝军到会祝贺。

蒋洪江代表中共廊坊市委在会上致贺词。张朝军代表民盟河北省委致贺词。王世强代表全市各民主党派、工商联致辞祝贺。

大会同意张纬东同志代表民盟廊坊市第六届委员会所作的题为《不忘初心 团结奋进 为廊坊实现“四个走在全省前列”奋斗目标贡献力量》的工作报告。与会代表认为，报告实事求是地回顾了民盟廊坊市第六次代表大会以来的工作，总结了在实践中探索出的基本经验和体会，提出了今后一个时期的主要任务，报告全面，内容丰富，建议可行。大会选举了民盟廊坊市第七届委员会，王荣芳、王景硕、尹江亭、刘艳庭、李海滨、李景玉、杨晓东、邹家立、张庆田、张纬东、张晓东、周旭光、单东风、柏婧、殷玉华、郭淑凤、商霄燕均高票当选；马莹、王景硕、李景玉、张晓东、张晓莉、柏婧、郭淑凤、曹传熠、

2016 年 10 月，民盟廊坊市第七次代表大会胜利召开

路博等当选出席民盟河北省第十一次代表大会代表；审议并通过了民盟廊坊市第七次代表大会决议。在随后召开的民盟廊坊市七届委员会一次会议上，选举张纬东为中国民主同盟廊坊市第七届委员会主任委员，郭淑凤、王景硕、周旭光、李景玉为副主任委员，任命王景硕为第七届委员会秘书长。

【组织机构】

主任委员：张纬东（主持全面工作）

副主任委员：郭淑凤（分管社会服务，联系社会服务委员会、妇女老年委员会，联系医卫委员会、中教委员会）

王景硕（分管组织、机关）

周旭光（分管参政议政，联系文化教育委员会、参政议政委员会，联系师院委员会、高教委员会）

李景玉（分管宣传，联系金融经济委员会、法律科技委员会，联系联合委员会、管道委员会）

秘书长：王景硕（兼）

文化教育工作委员会

主任：王荣芳

副主任：张晓东、刘天礼

法律科技工作委员会

主任：李景玉

副主任：陈玉芹、魏国栋

参政议政工作委员会

主任：杨晓东

副主任：吴树华、张素蓉

社会服务工作委员会

主任：单东风

副主任：李俊梅、李京梅

金融经济工作委员会

主任：尹江亭

副主任：王艳松、梁 杰

妇女老年工作委员会

主任：殷玉华

副主任：柏 婧、孟艳红

【思想建设】

2016 年 11 月 10 日，在福建古田召开的民盟思想宣传工作暨学习实践活动推进会上，民盟廊坊市委被授予“坚持和发展中国特色社会主义学习实践活动先进集体”荣誉称号。

11 月 23 日，民盟河北省委召开思想宣传工作暨学习实践活动推进会上，由王荣芳担任组长，孔永生、刘永、王景硕、李海滨为成员的课题组撰写的《中国政党协商的性质和特点研究》，被评为 2015 年民盟河北省委理论研究课题二等奖。省政协副主席、民盟河北省委主委边发吉为民盟廊坊市委颁发获奖证书。

11 月 27 日至 12 月 4 日，市委统战部组织市各民主党派新晋市委委员培训班，赴井冈山接受红色教育。王景硕率领新晋市委委员和部分优秀基层组织负责人共 10 人参加培训。

2017 年 1 月 20 日，民盟霸州支部在霸州盟员之家召开了“不忘合作初心 继续携手前进”专题教育会议。会议由民盟霸州主委柏婧主持，民盟南区主委郑万明出席指导，民盟霸州支部全体盟员参加学习。

4 月 26 日，廊坊市各民主党派“不忘合作初心 继续携手前进”专题教育动员大会召开。市委常委、宣传部部长、统战部部长王曦出席会议并讲话。民盟廊坊市委委员和机关全体干部参加活动。会后，赴西柏坡接受革命传统教育。

6 月 28 日至 30 日，民盟廊坊市委组织市委委员参加市委统战部在固安党校组织的市委委员培训班。

7 月 2 日至 15 日，副主委王景硕在固安县委党校开展的全市县处级领导干部学习贯彻党的十八届六中全会精神专题研讨班。听取中央党校教授深入解读党的十八届六中全会精神。

7 月 26 日至 27 日，习近平总书记在省部级主要领导干部“学习习近平总书记重要讲话精神，迎接党的十九大”专题研讨班上的讲话引起了强烈反响，民盟廊坊市委组织召开了学习座谈会，廊坊电视台在《廊坊新闻》栏目中给予了报道，李景玉接受了廊坊电视台的采访。

8月11日至12日，民盟廊坊市委组织基层组织负责人和部分新盟员代表赴革命圣地西柏坡和中央统战部旧址李家庄学习培训。王景硕、李景玉参加培训。

8月19日，廊坊民盟联合二支部在支部盟员之家河北李景玉律师事务所，组织开展“喜迎十九大，学盟史、读盟章”活动。李景玉主持学习活动。

8月29日，民盟省委召开学习习近平总书记“7·26”重要讲话精神座谈会。张纬东出席会议。

9月1日至6日，市政协组织政协委员暨机关干部培训班。张纬东参加培训。

9月22日，《廊坊日报》第6版刊登了主委张纬东“不忘合作初心 继续携手前进”专题教育活动学习心得体会。

9月中下旬，应民盟重庆渝中区委、民盟四川阆中市委邀请，民盟廊坊

2017年8月，民盟廊坊市委组织基层组织负责人和部分新盟员代表赴革命圣地西柏坡和中央统战部旧址李家庄学习培训

市第七届委员会全体成员在民盟河北省委副主委、廊坊市委主委张纬东的带领下，赴民盟发源地重庆以及民盟创始人张澜先生的故乡四川等地考察学习，其间，与民盟渝中区委、民盟阆中市委就基层组织建设经验开展交流。

10 月 8 日至 12 日，王景硕参加民盟河北省委委员培训班。

10 月 17 日，王景硕和机关干部参加民主党派机关干部会议，部署迎接十九大和学习十九大精神的工作。台办副主任王继寅主持会议。

10 月 18 日上午，民盟廊坊市委集中收听收看十九大开幕式。

11 月 6 日至 11 日，王景硕参加市委统战部组织的民主党派副主委培训班，赴贵州遵义学习。

11 月 13 日至 17 日，王景硕参加民盟河北省委组织的机关干部培训班。

12 月 15 日，民盟廊坊市委召开七届四次会议，深入贯彻学习中共十九大精神，张纬东主持会议，郭淑凤、王景硕、李景玉和市委委员出席会议。

12 月 21 日，张纬东出席廊坊市统战系统十九大精神宣讲暨年青一代民营企业家理想信念报告会。

2018 年 3 月 8 日至 9 日，市政协机关组织部分省、市政协委员、离退休老干部、机关干部职工观看《厉害了，我的国》爱国主题纪录片。张纬东参加活动。

3 月 13 日，廊坊市统战部常务副部长刘玫、台办副主任王继寅到民主党派机关调研。

3 月 14 日，副主委王景硕参加各民主党派专职副主委联席扩大会议。

3 月 19 日至 23 日，张纬东参加全省政协系统领导干部学习贯彻党的十九大精神专题研讨班。

3 月 22 日，副主委王景硕参加中共廊坊市委召开的“全市传达学习全国‘两会’精神领导干部会议”。

3 月 28 日，副主委王景硕参加市委统战部召开的“警示教育大会”。

3 月 30 日至 31 日，民盟廊坊市委组织基层组织负责人赴城南庄、狼牙山等地学习，纪念中共中央发布“五一口号”70 周年，学习习近平总书记在全国政协联组会上的讲话精神。张纬东、郭淑凤、王景硕、李景玉出席培训班。

4 月 3 日，副主委王景硕参加市委统战部组织召开的全国“两会”精神党外人士通报会。

4 月 20 日至 25 日，由张纬东带队，组织市委委员赴上海周公馆、虹桥疗养院、民盟一届二中全会旧址，嘉兴南湖、沈钧儒故居，苏州费孝通江村纪念馆，常州史良故居，江苏大学等民盟传统教育基地学习，开展“不忘合作初心 继续携手前进”主题教育活动。

4 月 27 日，副主委王景硕在廊坊分会场收看“国务院重要会议”。

5 月 3 日至 4 日，主委张纬东、副主委王景硕参加市委统战部在西柏坡、李家庄组织召开的纪念“中共中央发布‘五一口号’70 周年”座谈会。

5 月 7 日至 11 日，张纬东参加在中央社会主义学院举办的新任民盟中央委员培训班。

5月24日至29日，张纬东出席廊坊市政协举办的政协干部党性教育培训班。

6 月 13 日，副主委王景硕在廊坊分会场参加河北省政协召开的“关于学习习近平总书记关于加强和改进人民政协工作的注意思想专题辅导讲座电视电话会议”。

7 月 10 日至 13 日，市委统战部组织廊坊市民主党派市委委员暨基层组织负责人培训班， 张纬东授课，题为“中国传统文化与文化自信”，王景硕

2018 年 4 月，民盟廊坊市委委员在嘉兴南湖中共一大旧址合影

等 8 位盟员参加培训。

8 月 10 日，党派机关组织全体机关干部在明珠影剧院观看电影《李保国》。

9 月 14 日，民盟廊坊市委妇女委员会在廊坊市书法院举办旗袍礼仪讲座。郭淑凤、王景硕、李景玉及 20 余名女盟员参加活动。

9 月 21 日，张纬东参加市政协就深入学习贯彻习近平总书记关于加强和改进人民政协工作重要思想举行委员学习培训会。

10 月 25 日至 26 日，民盟廊坊市委组织 2017—2018 年度新盟员、部分骨干盟员赴中央统战部旧址、西柏坡等地参观学习，进行爱国主义教育。

10 月 25 日，张纬东参加河北省政协学习贯彻习近平总书记关于加强和改进人民政协工作的重要思想专题报告视频会议。

11 月 29 日，中共廊坊市委统战部组织各民主党派市委委员、骨干成员前往国家博物馆，参观“伟大的变革——庆祝改革开放 40 周年大型展览”。中共廊坊市委统战部部务会成员、台办副主任王继寅，驻市委统战部纪检监察组组长石晓红，副主委王景硕、周旭光、李景玉等参观展览。

11 月，在民盟思想宣传工作会议上，民盟廊坊市委荣获民盟思想宣传工

2018 年 8 月，在民盟河北省活力基层组织建设推进会上，王景硕汇报民盟廊坊市基层组织建设先进经验

2018 年 10 月，民盟廊坊市委举办基层组织负责人培训班

作先进集体称号。

12 月 7 日，民盟廊坊市委持续深入开展“不忘合作初心 继续携手前进”主题教育活动，组织基层组织负责人和部分骨干盟员赴唐山市李大钊纪念馆以开展“弘扬爱国奋斗精神、建功立业新时代”活动，王景硕参加学习教育活动。

12 月 28 日，张纬东参加廊坊市厅级领导干部全省干部宪法法律知识考试。

12 月 29 日，张纬东列席市政协七届十八次党组会议和党组理论中心组学习会议。

12 月 29 日，张纬东出席市政协加强政协系统党风廉政建设教育活动。

2019 年 3 月，为庆祝三八妇女节，民盟廊坊市委邀请廊坊卫生职业学院牛力华教授做《正念冥想与压力管理》讲座。

4 月 18 日至 20 日，组织基层组织负责人和部分骨干盟员赴民盟中央传统教育基地涉县一二九师司令部旧址参观学习，并与民盟邯郸市委交流基层组织工作经验。

5 月 27 日至 31 日，张纬东参加河北省政协举办的省政协委员第二期培训班。

6 月 5 日，副主委王景硕在廊坊分会场收听收看省政府第二次廉政工作会议。

6 月 10 日至 16 日，廊坊市组织部分市政协委员赴重庆举办履职能力提升培训班。张纬东出席。

2018 年 12 月，民盟廊坊市委召开领导班子民主生活会

6 月 20 日至 21 日，副主委王景硕等参加市委统战部组织的城南庄革命纪念馆、李家庄统一战线陈列馆学习活动。

7 月 3 日，民盟省委召开庆祝中华人民共和国成立 70 周年座谈会。张纬东出席会议。

7 月 18 日，副主委王景硕参加市委市政府召开的廉政工作会议。

8 月 16 日，张纬东列席市政协召开七届二十五次党组会议，市政协党组理论学习中心组 2019 年第八次学习会议。

8 月 21 日至 9 月 2 日，张纬东参加全国政协第 126 期干部培训班。

9 月 3 日至 4 日，由民盟中央研究室主办、民盟大连市委承办的庆祝新型政党制度确立 70 周年暨“新型政党制度与民盟”理论研讨会在大连召开。张纬东出席研讨会。

9 月 3 日，副主委王景硕参加市委统战部组织召开的各民主党派、无党派人士“不忘合作初心 继续携手前进”主题教育深化推进座谈会。

9 月 11 日，民盟廊坊市委召开“不忘合作初心 继续携手前进”主题教育活动动员部署会议。张纬东出席会议并讲话。民盟省委专职副主委张朝军应邀出席会议。

9 月 12 日，由民盟北京市委、民盟天津市委、民盟省委、民盟山西省

2019 年 9 月，民盟廊坊市委召开“不忘合作初心 继续携手前进”主题教育活动部署动员会，民盟河北省委驻会副主委张朝军出席指导

委、民盟内蒙古区委联合举办，民盟廊坊市委、中共廊坊市委统战部、中共廊坊市委宣传部承办的庆祝中华人民共和国成立 70 周年——民盟华北五省区市书画联展（河北站）在壹佰剧院文化综合体成功举办。民盟中央副主席、北京市政协副主席、民盟北京市委主委程红，天津市政协副主席、民盟天津市委主委高玉葆，全国文联副主席、河北省政协副主席、民盟河北省委主委边发吉，全国政协常委、内蒙古自治区政协副主席、民盟内蒙古自治区委主委董恒宇，民盟北京市委专职副主委张振军，民盟山西省委副主委闫卫平，民盟内蒙古自治区委副主委胡润召，民盟河北省委专职副主委张朝军，市委书记冯韶慧，市政协主席李波，市委常委、秘书长张金波，民盟河北省委副主委、市政协副主席、民盟市委主委张纬东出席会议。边发吉主持开幕式，程红宣布展览开幕。出席开幕式的还有来自民盟华北五省区市委会盟员代表，来自河北民盟各市级组织及廊坊市各民主党派代表，廊坊市盟员代表共 400 多人。开幕式后，与会嘉宾一起观看了廊坊民盟“壮丽 70 年 奋进新时代”文艺演出。

10 月 17 日，由民盟开封市委主办，民盟开封文化艺术职业学院总支承

2019年10月，民盟廊坊市委组织部分骨干盟员赴张澜先生故居开展“追寻先贤足迹、赓续优良传统”学习教育活动

办的“不忘合作初心 继续携手前进——庆祝新中国成立70周年七城市（开封）民盟书画名家作品展”在开封文化艺术职业学院举行开幕式。张纬东出席开幕式并代表与会城市致辞。此次书画展共有来自河北廊坊、山西阳泉、辽宁营口、山东菏泽、湖北黄石、甘肃天水、河南开封七个城市的盟员书画名家参展。

10月25日，副主委王景硕市委统战部召开的“不忘合作初心 继续携手前进”座谈会。

10月28日，民盟廊坊市委组织部分骨干盟员赴四川、重庆等地开展“追寻先贤足迹，赓续优良传统”学习教育活动。王景硕、周旭光、李景玉，以及在社会服务、参政议政、组织建设、宣传和廊坊民盟艺术团、廊坊民盟美术院等盟务工作方面做出突出贡献的部分骨干盟员参加活动。

11月7日，民盟廊坊市委组织部分骨干盟员赴京参观“伟大历程 辉煌成就——庆祝中华人民共和国成立70周年大型成就展”。

2019 年 11 月，民盟廊坊市委组织盟员参观”伟大历程、辉煌成就——庆祝新中国成立 70 周年大型成就展

11 月 20 日至 22 日，省委统战部组织各民主党派省委全体领导班子成员开展“不忘合作初心 继续携手前进”主题教育联合学习。

11 月 26 日至 30 日，副主委王景硕等参加市委统战部组织的民主党派市委领导班子成员培训班，并召开调研协商座谈会。张纬东参加联合学习。

12 月 5 日，副主委王景硕参加市委统战部组织召开的理论学习中心组（扩大）学习暨宣讲报告会。

12 月 30 日，张纬东列席市政协七届三十次党组会议和市政协党组理论学习中心组集中学习，学习传达市委六届九次全体会议精神。

2020 年 1 月 21 日，张纬东出席市政协“不忘初心、牢记使命”主题教育活动总结大会。

3 月 26 日，张纬东出席廊坊市统一战线各界人士座谈会。

3 月，民盟河北省工作会议上，民盟廊坊市委荣获庆祝中华人民共和国成立 70 周年暨多党合作制度确立 70 周年征文活动组织奖，3 篇征文分获二等奖、三等奖。

12 月 3 日，张纬东出席市政协委员读书活动交流座谈会。

12 月 4 日，民盟廊坊开发区支部耀华小组来到廊坊共享书屋，开展读书学习活动，深入学习党的十九届五中全会精神。

12 月 20 日，各民主党派省委在邯郸涉县开展了第二次政治理论双月联合学习。此次联合学习由民盟省委承办，张纬东参加学习。

12 月 21 日，民盟河北省第十一届委员会第九次常委会议、民盟河北省第十一届委员会第四次全体会议在石家庄举行。张纬东出席会议。

12 月 21 日，民盟省委在石家庄召开领导班子民主生活会。张纬东出席会议。

12 月 29 日，民盟廊坊市委召开市委会，学习中共十九届五中全会精神，张纬东主持会议，郭淑凤、王景硕、周旭光、李景玉出席会议。

2021 年 2 月 24 日，各民主党派省委第三次政治理论双月联合学习会在石家庄举行，张纬东出席会议。

3 月 25 日，张纬东参加市政协收听收看河北省政协十二届二十次常委会议和省政协常委集体学习辅导报告会。

4 月 20 日至 21 日，各民主党派省委第四次政治理论双月联合学习会在保定市阜平县举行，张纬东出席会议。

4 月 27 日，张纬东列席市政协党组理论学习中心组第四次会议。

4 月 27 日，张纬东出席市政协领导班子严肃换届纪律专题学习会。

【组织建设】

2016 年 12 月 29 日，民盟廊坊市委七届二次会议召开，张纬东主持会议，郭淑凤、王景硕、周旭光、李景玉出席会议。会议决定成立文化教育、法律科技、参政议政、社会服务、金融经济和妇女老年六个专门委员会。

2016 年，民盟廊坊市委在民盟霸州支部、民盟三河燕郊支部、民盟联合一支部、民盟农业局支部挂牌首批“盟员之家”。

2017 年 1 月 13 日，民盟廊坊市开发区支部“盟员之家”揭牌仪式举行。王景硕、李景玉为“盟员之家”揭牌。

1 月 21 日，民盟三河燕郊支部 “盟员之家 ”揭牌仪式举行，王景硕、郭淑凤为“盟员之家”揭牌。

3月3日，在三八妇女节即将来临之际，民盟廊坊市委组织妇女盟员参观廊坊千古名寺——隆福寺，学习领略中华优秀传统文化。

4月27日，民盟廊坊三河燕郊支部成立十周年座谈会在燕郊召开。张纬东出席座谈会并讲话。副主委郭淑凤，三河市政协主席张晓明，三河市委常委、统战部部长孟海涛应邀出席会议。

5月23日，民盟廊坊市广阳区支部盟员之家揭牌仪式举行。张纬东、郭淑凤、王景硕、李景玉为盟员之家揭牌。

6月7日至9日，中国民主同盟河北省第十一次代表大会在石家庄召开。民盟廊坊市委9位代表出席了大会。张纬东再次当选民盟河北省委副主委，郭淑凤、王景硕当选民盟河北省第十一届委员会委员。

6月22日，市委常委、宣传部部长、统战部部长王曦到民盟廊坊市委机关走访调研，看望机关工作人员，随后召开座谈会。王景硕参加座谈。

7月17日，民盟省委副主委兼秘书长张朝军赴廊坊就组建“民盟河北美术院第二届理事会”，与张纬东进行沟通。

7月25日，张纬东出席民盟河北省十一届一次主委会议。

8月29日，民盟河北省十一届三次主委会议、民盟河北省十一届一次常委会议在张家口召开。张纬东出席会议。

8月30日，由民盟北京市委、民盟天津市委、民盟省委、民盟山西省委、民盟内蒙古自治区委主办，民盟省委、民盟张家口市委承办的民盟华北五省区市文化、旅游与精准扶贫暨盟务工作研讨会在张家口市举行。民盟中央常委、秘书长高拴平，河北省政协副主席、民盟省委主委边发吉出席开幕式并讲话。张家口市委常委、组织部部长、统战部部长李兵出席开幕式并代表中共张家口市委致辞。来自北京、天津、河北、内蒙古和山西华北五省、自治区、直辖市民盟组织的专职副主委和各部室负责人参加会议。张纬东参加会议。

9月29日，中共廊坊市委台办副主任王继寅、党派科科长张宏伟、副科长李易到党派参加基层组织调研活动。

11月4日，民盟河北省十一届委员会文化委员会在石家庄召开第一次全体委员会议。张纬东出席会议。

12 月 4 日，民盟河北省十一届六次主委会议、民盟河北省十一届二次常委会议在北京召开。张纬东出席会议。

12 月 6 日，民盟第十二次全国代表大会在北京隆重开幕。张纬东当选民盟中央委员。

2018 年 1 月 22 日，民盟河北省第十一届委员会美术院第一次院长会议在石家庄召开。张纬东出席会议，民盟河北美术院副院长、秘书长共 20 余人参加会议。

1 月 26 日，副主委王景硕参加各民主党派专职副主委联席会议。

4 月 20 日，全国人大常委会副委员长、民盟中央主席丁仲礼到民盟省委机关走访考察。中共河北省委常委、统战部部长高志立，常务副部长邹平，副部长栗慧英等陪同走访。张纬东参加活动。

5 月 8 日，副主委王景硕参加各民主党派副主委联席（扩大）会议。

6 月 12 日，副主委王景硕参加市各民主党派副主委联席会议。

6 月 27 日，副主委王景硕参加各民主党派专职副主委联席会议。

7 月 3 日，民盟河北省第十一届委员会美术院第二次院长会议在省会石家庄召开。张纬东出席会议。

7 月 3 日，民盟河北省十一届七次主委会议、民盟河北省十一届三次常委会议在石家庄举行，张纬东出席会议。

7 月 4 日，民盟省委成立 60 周年纪念大会在石家庄举行。中共廊坊市委书记主席曹卫星，中共河北省委常委、统战部部长高志立，中共廊坊市委书记王晓东，省政协副主席、民革省委主委卢晓光到会祝贺，边发吉主委作主题报告。中共河北省委统战部副部长栗慧英，省各民主党派副主委、工商联和有关团体领导梁立敏、范社岭、李建强、经顺波、常卫华、刘礼梅、陈瑛等出席纪念大会。张纬东、王景硕等出席大会。民盟联合二支部、开发区支部、医卫委员会荣获先进基层组织称号，李海滨等 8 位盟员荣获先进个人称号。

7 月 4 日，由民盟省委主办，民盟河北美术院、石家庄美术馆承办的“翰墨颂辉煌——纪念民盟省委成立 60 周年美术作品展”在石家庄美术馆开幕。民盟中央副主席曹卫星，省委常委、统战部部长高志立，民盟省委主委边发

2018 年 10 月，中共廊坊市委常委、宣传部部长、统战部部长奚献军（左二）到民盟廊坊市委机关调研

2018 年 10 月，张纬东和盟员参加“一书一画一世界”张志庆、孟庆胜书画作品展

吉，省委统战部副部长栗慧英等领导出席开幕式。省民主党派、工商联、有关社会团体同志到场祝贺。张纬东、王景硕等出席开幕式。

8 月 29 日，王景硕、李景玉等赴唐山参加民盟河北省基层组织建设推进会和京津冀基层组织建设经验交流会，王景硕代表民盟廊坊市委在会上作了经验交流。

8 月 30 日，王景硕、李景玉等赴唐山参加民盟河北省盟员之家建设经验交流会。

9 月 21 日，民盟廊坊安次区支部盟员之家揭牌仪式在安次区第什里风筝小镇规划馆举行，中共廊坊市委台办副主任王继寅、民盟廊坊市委副主委郭淑凤为盟员之家揭牌。王景硕、周旭光、李景玉，中共廊坊市委党派科科长张宏伟，中共安次区委统战部副部长靳照录以及各基层支部负责人代表出席揭牌仪式。

9 月，由民盟廊坊联合二支部组织策划的“盟员之家迎中秋 品红酒冷餐会”在河北李景玉律师事务所成功举办，郭淑凤、李景玉及30余位盟员参加活动。

10 月 16 日，中共廊坊市委常委、宣传部部长、统战部部长奚献军到民盟廊坊市委机关开展调研。张纬东汇报了民盟廊坊市委基本情况和近期工作，郭淑凤参加会议。

12 月 4 日至 5 日，张纬东参加中国民主同盟第十二届中央委员会第二次全体会议。

12 月 6 日，副主委王景硕组赴保定监狱参加驻市委统战部纪检组开展的警示教育活动。

2019 年 1 月 12 日，民盟省委在石家庄召开领导班子民主生活会。主委边发吉主持会议并作总结讲话。民盟中央监督委员会委员、珠海市政协副主席、民盟珠海市委主委彭洪，中共河北省委统战部副巡视员朱纪刚，省纪委监委驻统战部纪检监察组副组长安广仁应邀莅会指导。张纬东出席会议。

1 月 12 日，民盟河北省十一届八次主委会议、民盟河北省十一届四次常委（扩大）会议、民盟河北省十一届二次全委会议在石家庄召开。张纬东出席会议。

1 月 18 日，民盟廊坊市委在廊坊师范学院音乐厅举办 2018 年度年终总结表彰大会暨廊坊民盟艺术团成立演出。张纬东、郭淑凤、王景硕、周旭光、李景玉出席活动。

1 月 19 日，民盟廊坊市委召开廊坊民盟美术院第二届理事会，选举廊坊民盟美术院新一届领导班子。聘请王厚祥、张玉华等 7 位在全国有广泛影响的名家为艺术顾问。张纬东、郭淑凤、王景硕出席会议。

2 月 19 日，副主委王景硕参加廊坊市纪委监委驻统战部纪检监察组召开的综合监督单位纪检监察工作联席会议。

2 月 26 日，民盟省委文化委员会第二次全体委员会议在石家庄召开。张纬东出席会议。

3 月 5 日，副主委王景硕参加专职副主委联席（扩大）会议。

3 月 18 日，副主委王景硕参加统战部召开的全国“两会”精神通报会。

4 月 3 日，民盟河北省 2019 年工作会议及盟务工作经验交流会议在廊坊市大厂回族自治县召开。会上，民盟廊坊市委荣获参政议政工作优秀单位，并就宣传工作进行交流发言。

5 月 28 日，民盟廊坊市委举办第三届旗袍秀，进一步展示廊坊民盟女盟员才华、形象和风采。郭淑凤参加活动。

2019 年 4 月，民盟河北省盟务工作会在廊坊大厂县召开

6月3日，民盟廊坊市联合一支部“盟员之家”举行揭牌成立仪式。张纬东、王景硕出席仪式。

6月4日，副主委兼王景硕参加各民主党派副主委联席扩大会议。

6月25日，民盟美术院工作会议在石家庄西柏坡李家庄召开，张纬东出席会议。

6月26至27日，张纬东赴衡水进行民盟河北省文化界别组织建设调研。

7月3日，民盟河北省十一届十一次主委会议、民盟河北省十一届五次常委会议在保定召开。张纬东出席会议。

12月12日至13日，中国民主同盟第十二届中央委员会第三次全体会议在京召开。张纬东参加会议。

12月23日至24日，民盟河北省十一届十八次主委会议、民盟河北省十一届六次常委会议、民盟河北省十一届三次全委会议在石家庄召开。张纬东出席会议。

12月24日，张纬东出席民盟省委领导班子民主生活会。

2020年1月5日，民盟省委文化委员会第二次全体委员会议在石家庄召开。张纬东出席会议。

4月28日，中共河北省委常委、统战部部长冉万祥在廊坊市民主党派机关调研时强调，继续巩固“不忘合作初心 继续携手前进”主题教育活动成果，坚持不懈深入学习贯彻习近平新时代中国特色社会主义思想，紧密联系疫情工作实际，不断增进思想政治共识。中共廊坊市委常委、宣传部部长、统战部部长王金忠等领导陪同调研。张纬东、王景硕参加活动。

7月30日，民盟联合一支部开展“促进文旅交流、展现盟员风采”主题活动日活动，民盟盟员20余人参加了活动。

9月25日，廊坊民盟美术院创作基地、廊坊民盟艺术团创作基地揭牌仪式在固安县荆垡营东村举办。主委张纬东，固安县政协主席刘军共同为廊坊民盟美术院创作基地、廊坊民盟艺术团创作基地揭牌。周旭光、李景玉及彭村乡党委、政府领导出席揭牌仪式。王景硕主持揭牌仪式。

10月24日，由民盟廊坊市委主办的第四届“旗风雅韵”旗袍秀在周林频谱公司举办，郭淑凤及20余位女盟员和北华航天学院的老师参加了活动。

12 月 9 日至 10 日，中国民主同盟第十二届中央委员会第四次全体会议在京举行。张纬东参加会议。

2021 年 1 月 28 日，民盟廊坊市委召开领导班子民主生活会。张纬东主持会议，郭淑凤、王景硕、周旭光、李景玉参加会议。中共市委统战部部务会成员、台办副主任王继寅，市纪委驻市委统战部纪检监察组组长王利权等有关负责同志应邀到会指导。

3 月 15 日至 16 日，民盟廊坊市委赴石家庄就民盟市级组织换届工作开展调研，张纬东、张志庆、李海滨等参加调研。

3 月 17 日，民盟北华航天工业学院支部成立，王景硕出席。

3 月 18 日，民盟安次区委员会及所辖安次一、二支部成立大会召开，王景硕出席会议。

3 月 19 日，成立民盟廊坊市开发区委员会，下设民盟开发区耀华支部、民盟开发区云鹏支部。王景硕出席会议。

3 月 22 日，民盟廊坊市广阳区委员会及所辖广阳区一、二支部成立大会召开，郭淑凤、王景硕、周旭光出席会议。

3 月 24 日，民盟省委文化委员会召开第四次全体会议。张纬东视频出席并讲话。

4 月 9 日，民盟廊坊联合一支部召开换届会议。王景硕出席会议。

2021 年 1 月，民盟廊坊市委机关干部参与社区疫情防控

4月16日，民盟廊坊联合二支部召开换届会议。王景硕出席会议

4月20日，民盟廊坊师范学院委员会及所辖师院一、二、老年支部换届大会召开，郭淑凤、王景硕、周旭光出席会议。

4月22日，民盟廊坊市大城支部召开换届会议。郭淑凤、王景硕出席会议。

4月24日，民盟廊坊市医卫委员会及所辖医卫一、二、三支部换届大会召开，郭淑凤、王景硕出席会议。

4月25日，民盟廊坊市金融支部召开换届会议。王景硕出席会议。

4月25日，民盟廊坊市联合委员会换届大会召开，王景硕、李景玉出席会议，会议选举杨晓东为委员会主委，赵立平、田永全、张增禄、尹江亭为副主委。

4月25日，民盟廊坊市农业支部召开换届会议。

4月29日，民盟廊坊市高教委员会换届大会召开，王景硕出席会议。

4月29日，民盟廊坊职业技术学院支部召开换届会议。

5月6日，民盟廊坊市第八次代表大会在廊坊市国际饭店召开，会议应出席代表126人，实际出席代表125人。会议选举产生民盟廊坊市第八届委员会。民盟廊坊市第八届委员会第一次全体会议选举张志庆同志为主任委员，李景玉、王荣芳、马双杰、李海滨4位同志为副主任委员，任命李海滨同志为秘书长。

【参政议政】

2016年10月25日，张纬东出席河北省政协十一届十九次常委会议。

10月27日，张纬东出席廊坊市政协六届十四次常委会议。

10月27日，中共廊坊市委书记冯韶慧走访市各民主党派机关，看望慰问工作人员，并同各民主党派负责人进行交流座谈，认真听取对廊坊市经济社会发展各项工作的意见和建议。

10月29日，民盟安次支部到安次区第什里旅游文化休闲农业景区开展“美丽乡村”调研活动，王景硕、李景玉参加调研。调河头乡乡党委书记黄运然陪同调研。

2017年1月7日至11日，张纬东参加河北省政协十一届五次全体会议。

1月23日，张纬东出席市委市政府工作情况通报会。

2月24日，民盟廊坊市委参政议政委员会举办社情民意信息培训班。王景硕、周旭光、李景玉以及各支部信息员和联合一支部全体盟员参加培训。

3月13日，副主委王景硕参加组织部组织的“人事协商会”。

3月19日，主委张纬东、副主委王景硕参加市委市政府召开的“党代会报告征求意见会”。

3月28日，张纬东出席市政协六届党组第二十六次（扩大）会议和第十四次主席（扩大）会议。

4月6日，主委张纬东、副主委王景硕参加市委、市政府召开的“人事协商会”。

4月7日，主委张纬东、副主委王景硕参加市政府召开的《政府工作报告》征求意见会。

4月10日至14日，廊坊市七届人大一次会议、市政协七届一次会议召开。主委张纬东当选新一届廊坊市政协副主席，副主委郭淑凤当选市政协常委，副主委王景硕当选市人大常委。民盟廊坊市委提交市政协大会发言3件，集体提案8件，个人提案26件。

4月24日，张纬东出席河北省政协十一届二十二次常委会议。

4月下旬，王景硕参加民盟河北省委组织的“雄安新区建设”座谈会。

6月10日，张纬东陪同河北省政协副主席边发吉到大厂回族自治县参加中国戏剧小镇研讨会。

6月14日，张纬东出席市政协七届一次常委会议。

6月19日，民盟河北省委参政议政会议暨反映社情民意信息培训班在石家庄举办。会上，民盟廊坊市委荣获民盟河北省委2016年度社情民意信息工作三等奖，李海滨荣获反映社情民意信息工作先进个人。

6月27日，市民盟调研组到体育局就廊坊市体育产业发展情况开展调研。

7月18日，张纬东带队市政协部分委员视察大城红木产业文化。

7月26日，张纬东参加河北省政协十一届二十三次常委会议。

8月29日，张纬东到张家口市宣化区就非物质文化遗产传承与保护进行调研。

9月1日，张纬东出席市政协主席办公会。

10月19日至23日，王景硕参加人大常委会《义务教育法》贯彻落实情况的检查。

10月30日，张纬东出席市政协七届二次主席会议。

11月1日，河北省政协文化文史和学习委员会主任王静一行来廊坊调研文史工作。张纬东陪同。

11月7日，张纬东出席市政协七届二次常委会议。

12月26日，主委张纬东、副主委王景硕参加市委组织召开的党风廉政通报会议和全市经济社会发展情况通报会。

2018年1月5日，副主委王景硕参加市委统战部召开的“关于各民主党派2017年下半年调研工作会”。

1月16日，主委张纬东、副主委王景硕参加市委市政府在市委办公楼十楼会议室召开的“市委常委会民主生活会党外人士征求意见座谈会”。

1月22日，张纬东出席市政协七届四次主席会议。

1月24日至28日，政协河北省第十二届委员会一次会议在石家庄举行。张纬东当选为省政协常委。

2月4日，主委张纬东、副主委王景硕参加市政府召开的《政府工作报告（征求意见稿）》征求意见会。

2月5日至8日，廊坊市政协七届委员会第二次会议、廊坊市七届人大三次会议召开。共提交大会发言3件。李景玉代表民盟廊坊市委作题为《关于加快廊坊市体育产业发展的几点建议》的口头发言，《关于廊坊市奶牛养殖业可持续发展的几点建议》和《京津冀协同发展视角下的区域高校重构》作为书面发言，此外还有集体提案7件，个人提案30余件。

3月6日，张纬东出席市政协七届第六次主席会议。

3月15日，中共廊坊市委书记冯韶慧到民盟和各民主党派机关调研走访，亲切看望广大干部，并同市各民主党派、工商联和无党派人士代表进行交流座谈，听取对廊坊市经济社会发展各项工作的意见和建议。中共廊坊市委常委、宣传部部长、统战部部长王曦参加调研走访。张纬东参加座谈。

4月，王景硕和机关干部参加民盟河北省委2018年度工作会议和纪念“五一口号”发布70周年报告会。会上，民盟廊坊市委荣获2017年反映社情民意工作三等奖。盟员杨晓东荣获反映社情民意工作先进个人。

6 月 30 日，民盟廊坊联合二支部盟员赴安次区龙河园区进行走访调研。

6 月，王景硕率调研组赴胜芳就实体经济发展存在的困难进行调研。霸州市政协主席牛岳峰，霸州市人大常委会副主任、胜芳镇党委书记靳志强，霸州市政协副主席杜海涛等陪同调研。

7 月 2 日，省政协召开十二届三次常委会会议，传达学习全国政协十三届二次常委会会议精神，围绕“提升制造业质量”协商议政。张纬东出席会议。

7 月 18 日至 20 日，张纬东带领民盟河北省委课题组成员赴天津市红桥区和沧州市开展调研。

7 月 23 日，张纬东出席市政协七届十二次党组（扩大）会议。

7 月 29 日，民盟廊坊市联合二支部赴胜芳盟员王彦智的企业奥德隆金属制品有限公司学习调研。李景玉参加活动。

8 月 5 日，按照年度工作计划，民盟廊坊联合一支部组织“盟员活动日”，赴河北廊坊高新技术产业开发区学习考察。

8 月 8 日，王景硕等赴唐山市就京津冀协同发展开展调研，参观了盟员企业中裕集团在唐山的项目。

8 月 15 日，张纬东列席市政协第十三次党组会议，集中学习市政协党组巡视整改专题民主生活会指定学习篇目，讨论巡视整改专题民主生活会党组对照检查材料。

8 月 15 日，张纬东出席市政协七届七次主席会议。

8 月 21 日，王景硕等赴邢台参加民盟河北省重点课题调度会。

8 月 22 日，张纬东出席市政协召开七届六次常委会议。

8 月 28 日，副主委王景硕参加市委统战部召开的“市民主党派脱贫攻坚民主监督工作促进会”。

9 月 6 日，张纬东参加“省政协非物质文化遗产保护与利用专题协商座谈会”。

9 月 11 日，市政协提案委就七届三次政协会议重点提案安排布置工作走访民主党派，副主委王景硕参加座谈。

9 月 25 日至 27 日，民盟廊坊市委与民盟河北省委经济委员会一起赴北京、张家口等地开展调研活动，张纬东、王景硕等参加调研。

9 月 27 日至 28 日，张纬东参加省政协十二届常委会第四次会议。

9 月，王景硕一行就民盟河北省委重点课题“京津冀协同发展背景下河北省产业转型升级研究”赴唐山市开展调研。

10 月，王景硕、李景玉一行赴霸州开展脱贫攻坚民主监督工作。

10 月 30 日，副主委王景硕参加各民主党派副主委联席会议，台办副主任王继寅、党派科科长张宏伟部署民主党领导班子民主生活会安排。

11 月 7 日，市委书记冯韶慧到市政协机关调研指导工作，市委常委秘书长张金波陪同。张纬东参加座谈。

11 月 21 日至 26 日，民盟廊坊市委组织调研组赴福建仙游红木产业基地和泉州、厦门等地先进盟员之家考察调研。张纬东、郭淑凤、王景硕等参加调研。

11 月 30 日，张纬东出席河北省政协十二届五次常委会议。

12 月 10 日，张纬东出席市政协七届七次常委会议。

12 月 16 日，民盟廊坊联合一支部组织“盟员活动日”，赴固安来康郡调研考察，王景硕参加活动。

12 月 17 日至 20 日，民盟廊坊市委就开展廊坊书法城及民盟美术院建设组织调研组赴上海等地考察调研。张纬东、王景硕参加调研。

2019 年 1 月 3 日，主委张纬东、副主委王景硕参加市委、市政府召开的全市经济社会发展情况通报会。

1 月 7 日，张纬东列席市政协七届十九次党组会议。出席市政协七届委员会第九次主席会议。

1 月 9 日，张纬东出席市政协七届八次常委会议。

1 月 10 日至 11 日，张纬东出席河北省政协十二届六次常委会议。

1 月 13 日，张纬东出席政协河北省第十二届委员会第二次会议。

1 月 18 日，主委张纬东、副主委王景硕参加市政府召开的《政府工作报告》征求意见会。

1 月 21 日至 24 日，廊坊市第七届人民代表大会第四次会议、政协廊坊市第七届委员会第三次会议召开。提交政协全会口头发言 1 件，题目是《推

进与京津协同发展 助力廊坊“四区一城”建设》，书面发言2件。提交集体提案12件，委员个人提案30余件。

1月31日，张纬东出席市委市政府工作情况通报会。

4月2日，张纬东出席市政协七届十一次主席会议。

5月21日至22日，民盟省委副主委张福成带领调研组在廊坊就政务网络安全进行调研。副主委张纬东陪同调研。

6月28日，张纬东出席市政协七届十一次常委会议。

6月30日至7月1日，张纬东带领调研组赴张家口就非物质文化遗产保护进行调研。民盟河北省委副主委、张家口市副市长李宏陪同调研。

7月11日至12日，张纬东出席河北省政协十二届九次常委会议。

8月12日，主委张纬东、副主委王景硕参加全市上半年经济发展情况通报会。

9月16日至17日，张纬东出席政协河北省第十二届委员会常务委员会第十次会议。

10月14日，张纬东出席市政协七届十二次常委会议。

11月6日，民盟中央参政议政部副部长高育红带领调研组一行4人就《完善农村医保制度，巩固脱贫攻坚成果》到固安县开展调研，民盟河北省委参政议政部调研员冯俊生，郭淑凤、王景硕陪同调研。

12月30日，张纬东出席市政协七届十五次主席会议。

12月31日，市委副书记、代市长赵革到市政协机关调研。张纬东参加座谈。

2020年1月3日至4日，张纬东参加政协河北省第十二届委员会常务委员会第十二次会议。

1月6日至10日，张纬东出席政协河北省第十二届委员会第三次会议。

1月15日下午，市委常委、宣传部部长、统战部部长王金忠到市各民主党派机关走访调研并召开各民主党派市委2019年调研成果转化专题座谈会。

1月18日至20日，廊坊市第七届人民代表大会第五次会议、政协廊坊市第七届委员会第四次会议召开。提交题为《关于廊坊市非物质文化遗产保护和发展的建议》的口头发言。此外，还有书面发言3件，集体提案6件，个人提交提案、议案30余件。

1月21日，张纬东出席市委、市政府工作情况通报会。

4月2日，张纬东列席市政协七届三十一次党组会议。

4月2日，张纬东出席市政协七届十八次主席会议。

5月13日，张纬东列席市政协七届三十二次党组（扩大）会议。

5月20日，市政协组织部分驻廊坊省政协委员和市政协委员到廊坊临空经济区调研视察。张纬东参加。

6月3日，张纬东参加市政协收听收看河北省第十二届委员会常务委员会第十四次会议。

7月3日，张纬东出席市政协七届十五次常委会议。

10月16日，张纬东带队市政协部分委员就廊坊市乡村旅游资源整合情况进行视察。

10月18日至20日，张纬东带队赴河南新乡、安阳就民盟中央委托课题“实行‘河长制’后存在的问题及建议”开展调研。

10月30日，市委书记杨晓和到市政协机关调研座谈。张纬东参加座谈。

11月4日，张纬东列席市政协七届二十一次主席会议暨三十五次党组（扩大）会议。

11月16日，张纬东出席市委党外人士座谈会。

11月18日，民盟廊坊市委组织开展“聚同心、解难题、促发展”民营企业百日大走访行动，赴大城深入民营企业开展调研活动并撰写调研报告。

2021年2月8日，张纬东出席市政协七届二十二次主席会议。

2月18日至21日，张纬东出席政协河北省第十二届委员会第四次会议召开。

2月24日，张纬东出席市政协七届二十三次主席会议。

2月24日，张纬东出席廊坊市党外人士座谈会。

2月26日至28日，廊坊市第七届人民代表大会第七次会议、政协廊坊市第七届委员会第五次会议召开。提交《关于学前教育的几点建议》等3篇大会书面发言，集体提案7件，个人提案30余件。

3月17日，张纬东带队，由市委组成联合督查组赴三河市对落实中央和省、市委政协工作会议精神情况开展专项督查。

【社会活动】

2016年10月21日，张纬东出席中国农工民主党廊坊市第七次代表大会，代表各民主党派致贺词。

11月17日，民盟中央社会服务工作会议在贵州省黔西南布依族、苗族自治州兴义市召开。盟员李京梅老师，因在“烛光行动”中所做出的突出贡献，荣获民盟中央社会服务工作先进个人的荣誉称号。

11月18日，民盟廊坊医卫委员会组织部分盟员，在廊坊时代广场开展安全用药宣传活动。

11月30日至12月1日，张纬东出席廊坊市工商业联合会（总商会）第六次会员代表大会。

12月6日，张纬东列席中国共产党廊坊市第五届委员会第十一次全体会议。

12月30日，市委书记冯韶慧来政协机关宣布市政协党组书记、党组成员名单。张纬东出席会议。

2017年1月13日，腊月十六，民盟廊坊市委组织盟员书法家为社区群众写春联、贺新年。郭淑凤、王景硕参加活动。14日，民盟廊坊市委还委托专人把春联送到了永清县农村14户困难群众家中。

4月17日，张纬东出席市委2017年第四次常委（扩大）会议。

4月20日，民盟廊坊市委组织医务专家参加统战部组织的民族宗教月义诊活动。

4月，中共廊坊市委宣传部命名和发布了全市第一批11名“廊坊楷模”。廊坊民盟盟员、“侯振国爱心团队”队长侯振国光荣入选，位列第二名。截至2017年4月，侯振国爱心团队已经向社会捐款1800余万元，救助贫困家庭2500个，救助贫困学生1900个，其中让532个辍学儿童重返校园，救助大病患者145名，其中84名大病患者得以康复，累计为社会做志愿服务163327小时。

5月6日，张纬东出席中国廊坊·第什里风筝节暨全国风筝锦标赛（北方赛区）。

5 月 12 日，张纬东率市政协部分常委视察城建工作。

5 月 18 日，2017 中国・廊坊国际经济贸易洽谈会召开。张纬东出席相关活动并参与接待。

5 月 18 日，民盟廊坊市中教委员会 4 位委员与廊坊市教育局领导带领廊坊市市区及安次、广阳、三河、固安等学校领导 40 余人一同前往北京四中参观学习。

5 月，民盟廊坊市委医卫委员会和民盟霸州支部荣获 2012—2016 年度民盟河北省委社会服务工作先进集体。单东风、侯振国、张晓东、张立敏、李京梅荣获 2012—2016 年度民盟河北省社会服务工作先进个人。

6 月 25 日，民盟公益大讲堂授课，民盟开发区支部程学恒老师作《时间管理》讲座。

7 月上旬，民盟廊坊市委组织盟员参加“旗袍”知识讲座。

8 月 4 日，张纬东出席全市领导干部会议。

8 月 21 日，中国石油天然气股份有限公司管道分公司总经理、党委书记姜昌亮拜访市政协。张纬东出席。

9 月 26 日，京津冀果王争霸赛暨河北省十大林果品牌评选新闻发布会召开。张纬东出席。

10 月 26 日，张纬东出席全市领导干部会议。

12 月 29 日，张纬东列席中国共产党廊坊市第六届委员会第四次全体会议。

2018 年 1 月，廊坊民盟美术院组织盟员书法家开展“春联送福进万家”活动，深入企业、社区，为群众写春联、贺新年，张纬东参加活动。

3 月 6 日，副主委王景硕参加统战部纪检组组织召开的“传达河北省、廊坊市纪律审查会议”。

6 月 15 日，张纬东列席市政协召开七届十一次党组（扩大）会议，专题研究全市政协系统开展习近平总书记关于加强和改进人民政协工作重要思想学习研讨活动有关事宜。

6 月 23 日，市政协就深入学习习近平总书记关于加强和改进人民政协工作重要思想召开全市政协系统理论研讨会，省政协副主席苏银增到会指导。张纬东参加会议。

6月，由中国民主同盟廊坊市委员会主办的“翰苑英华——王羊羽藏翰林进士信札展”在廊坊东方大学城的河北东方学院图书馆开展。张纬东、王景硕等观看展览。

6月，民盟廊坊市委举办健康知识讲座，郭淑凤出席讲座，市医院骨科主任医师杨建中主讲，主题是骨质疏松、风湿和类风湿等常见疾病的预防和治疗。

8月28日，民盟廊坊市委医卫委员会医疗专家到永清县里澜城镇后第五村进行义诊。市人民医院、廊坊开发区人民医院的医疗专家免费为后第五村及周边村街群众进行诊疗、制定检查、治疗方案，免费发放价值2000余元的药品。

9月13日，第十届“中华慈善奖”颁奖典礼在人民大会堂举行。廊坊盟员侯振国被授予第十届“中华慈善奖”慈善楷模殊荣。

9月21日，民盟廊坊市委组织盟内文化艺术、医务和健康管理、律师、金融理财专家赴廊坊安次区风筝小镇——第什里举办大型社会服务公益活动，与安次区新社会阶层各界人士和乡村群众共贺中秋、迎国庆、欢度第一个农民丰收节。

9月29日，2018北京国际设计周暨“非遗与设计汇”在河北省廊坊市广阳区南汉村举行启动仪式。民盟北京市委副主委宋慰祖、民盟河北省委副主委张纬东、张朝军出席启动仪式。此次北京国际设计周在民盟北京市委、

2018年9月，“月来越圆　同心筑梦”安次区新的社会阶层人士农民丰收节联谊会暨民盟廊坊市委社会服务走进第什里成功举办

民盟河北省委的指导推动下走进南汉，邀请北京优秀设计力量参与到南汉传统工艺的挖掘中来，用设计促进非遗活态传承，促进传统工艺整体水平提升，让传统作坊式的家具生产，升级成为代表中国文化价值观和东方生活美学的创意产品。这是京津冀协同发展在文化领域取得的成绩，是民盟在京津冀协同发展方面的有力贡献，也是推动传统工艺的创造性转化、非遗创新性发展的有力举措，对南汉传统工艺和非遗传承发展意义重大。

11 月 28 日，张纬东出席河北省委第十一巡视组巡视廊坊市情况反馈会。

12 月 3 日，张纬东出席廊坊市全面从严治党暨省委巡视反馈意见整改落实推进会议。

2019 年 1 月 7 日，张纬东参加市委 2018 年度综合考核和落实“两个责任”专项检查工作会议。

1 月，廊坊民盟美术院会同三河燕郊支部、广阳区支部分别在燕郊、广阳、民盟机关等地开展了四次书春送福活动，为群众书写春联 700 余件。

1 月 19 日，廊坊民盟美术院到大城县叶庄子村为村民写春联、送祝福。张纬东以及廊坊市书法家协会主席刘京闻，副主席邵金强，书法博士林峰，廊坊市美术家协会副主席高世迎等 20 余名书画名家参加书春送福活动。

2 月 11 日，副主委王景硕在明珠影剧院收看全省开展“三深化三提升”活动工作会议暨全市三深化、三提升活动工作会议。

4 月 13 日，为弘扬中华民族优秀传统文化，张纬东应河北省图书馆邀请，在河北省图书馆主讲“冀图讲坛”第 426 期《小词大雅》。

4 月 23 日，副主委王景硕参加市委市政府召开的创新文明城市工作调度会议。

5 月 13 日，张纬东出席廊坊市 2019 年中国·廊坊国际经济贸易洽谈会承办工作四套班子联席会议。

5 月 15 日至 17 日，河南省三门峡市政协副主席卢群召一行来廊坊，就历史文化传承保护暨考古遗址公园（包括博物馆）建设情况进行学习考察，张纬东陪同。

5 月 24 日，民盟廊坊市委委托民盟邢台市委在邢台市广宗县东贺固小学举行烛光行动教育帮扶捐赠活动，为东贺固小学捐赠学习用品 353 件，为葫芦中学捐赠北京四中在线教学平台和北京四中优质教育资源一套。

8 月，响应民盟中央《开展消费扶贫助力打赢脱贫攻坚战的倡议书》，引导盟员和各界群众积极践行消费扶贫，众多盟员下单，购买广宗红薯干、毕节核桃乳、黔西南的高原红米、广西田阳的果干等。据统计，盟员们爱心采购金额近 5000 元。

9 月 30 日，张纬东出席廊坊市举行的向革命烈士敬献花篮仪式。

10 月 10 日，廊坊市启动书法绘画戏曲进校园活动，张纬东主持活动。同月，主委张纬东应邀出席“廊坊市书法进校园”活动，并给廊坊一中同学们上了一堂书法普及课。

10 月 31 日至 11 月 2 日，第二十三届中国（廊坊）农产品交易会召开。张纬东出席有关活动。

12 月 10 日，张纬东出席全市领导干部会议。

12 月 30 日，张纬东列席中国共产党廊坊市第六届委员会第九次全体会议。

2020 年 1 月 8 日，春节来临之际，廊坊民盟联合一支部全体盟员走进金桥社区，开展“春联送福进万家”主题活动。

2 月 2 日，民盟廊坊市委在廊坊民盟微信群举行了防控疫情爱心义卖活动。盟员们捐赠了 32 件自己创作的书画作品和珍藏的珠宝等拍品，共拍得爱心款 147500 元。其他盟员积极联系民盟廊坊市委捐款 38300 元，活动共募集善款 185800 元。善款分别捐赠湖北黄石第二人民医院和廊坊市第三人民医院。

2 月，据不完全统计，盟员累计捐款捐物 230 多万元。盟员中的文艺工作者创作的歌曲《江城安好》入选中共中央宣传部学习强国平台全国优秀“战疫”公益歌曲展播；歌曲《我们在一起》等 3 首作品被民盟中央选发。

4 月 29 日，张纬东出席廊坊市 2020 年“5·18”国际经贸洽谈会（网上）承办工作动员会。

5 月 6 日，张纬东出席全市领导干部会议。

5 月，民盟廊坊市委积极响应民盟中央关于开展消费扶贫的倡议，引导盟员开展消费扶贫活动。截至 5 月 28 日，累计购买助农产品消费 6007.93 元。

6 月 11 日至 12 日，民盟廊坊市委和廊坊市体育局联合举办八段锦培训班，培训合格者颁发二级社会体育指导员证书。培训班共有 28 名盟员参加培训并顺利结业。郭淑凤、王景硕等参加活动。

7月17日，李景玉在中共廊坊市委统战部机关会议室通过现场和网络直播的形式，面向全市统战系统干部，各民主党派、民族宗教、民营经济、新的社会阶层、党外知识分子、无党派代表人士、港澳台侨等各界统战成员115万余人开展《民法典》培训。中共廊坊市委统战部常务副部长李新洪主持培训。民盟廊坊市委全体盟员在各自单位通过网络收听收看。

8月12日，李景玉在民盟廊坊市委机关九楼会议室，为盟员讲授《民法典》。

8月25日，张纬东出席市政协庆祝河北省政协成立70周年中部片区委员宣讲活动会。

8月26日，张纬东参加市委召开的省委管理干部学习贯彻党的十九届四中全会精神专题培训工作方案会。

9月25日，由民盟廊坊市委主办，廊坊民盟美术院、廊坊民盟艺术团协办的“唱响新时代 美丽荆东行”联欢晚会在固安县荆垡营东村举办。张纬东、王景硕、李景玉等出席晚会。

10月16日，民盟大城支部携手大城县文广旅游局走进大城特殊教育学校进行义诊献爱心活动。

2021年2月8日，市政协党组召开2020年度民主生活会。张纬东列席会议。

4月2日，中国民主同盟唐山市第十二次代表大会隆重召开。张纬东出席会议并讲话。

4月2日，中国民主同盟河北工业大学基层委员会第二次代表大会在北辰校区会议中心召开。张纬东出席会议并讲话。

4月10日，张纬东参加河北省换届考察组座谈。

4月28日，中国国民党革命委员会廊坊市第二次代表大会召开。张纬东出席并代表各民主党派市委致贺词。

同心筑梦　携手前行
为推进“五个廊坊”建设贡献力量
——在中国民主同盟廊坊市第八次代表大会上的报告
（2021 年 5 月 6 日）

◎ 张纬东

各位代表、各位同志：

我受中国民主同盟廊坊市第七届委员会委托，向民盟廊坊市第八次代表大会做报告，请予审议。

五年工作回顾

自中国民主同盟廊坊市第七次代表大会以来，民盟廊坊市委紧密团结在以习近平同志为核心的中共中央周围，深入学习贯彻中共十九大以来历次全会精神，深入学习贯彻习近平新时代中国特色社会主义思想，在中共廊坊市委和民盟河北省委的正确领导下，不忘合作初心，砥砺携手前行，坚定不移同中共廊坊市委想在一起、站在一起、干在一起。廊坊市“十三五”圆满收官，“十四五”全面擘画，全面建成小康社会取得伟大历史性成就。这其中包含着廊坊市全体盟员顽强拼搏的心血，特别是面对新冠疫情，全体盟员出主意、想办法，做实事、做好事，为廊坊市高质量发展贡献了民盟力量。

2021 年 5 月，张纬东在民盟廊坊市第八次代表大会上作报告

一、强化理论武装、赓续优良传统，思想共识有新提高

五年来，民盟廊坊市委把加强思想政治建设作为首要任务，弘扬民盟先贤以党为师、与党同心的优良传统，旗帜鲜明讲政治，坚定信念跟党走，团结引领全市盟员不断增进对中国共产党和中国特色社会主义的政治认同、思想认同、理论认同和情感认同。先后荣获民盟中央坚持和发展中国特色社会主义学习实践活动先进集体，民盟中央思想宣传工作先进集体，民盟中央思想政治建设和宣传工作先进集体，民盟省委思想政治建设和宣传工作优秀集体等荣誉称号。

强化理论武装。民盟廊坊市委以宣讲会、座谈会、培训班，以及集中学习、自主学习、网络学习等多种形式深入学习习近平总书记历次讲话精神，特别是关于新型政党制度的论述，以及《中国共产党统一战线工作条例》等文件精神。健全学习制度，为市委委员订阅《习近平谈治国理政》等书籍，举办民主党派双月理论学习会，领导班子成员带头读原著、学原文、悟原理。开展纪念 “五一口号” 发布 70 周年 ，“守初心、担使命、展风采” 等主题 征文活动 7 次。民盟廊坊市委荣获庆祝中华人民共和国成立 70 周年暨多党合作制度确立70周年征文活动组织奖，多篇征文分获一、二、三等奖。在中共河北省委统战部喜迎十九大征文活动中荣获二等奖、优秀奖。7名盟员被评为民盟河北省委“典型就在身边”先进个人。组织盟员赴国家博物馆参观庆祝改革开放40周年大型展览。五年来累计向民盟中央、民盟河北省委以及市委统战部报送理论研究课题20余篇，《民盟履行政治协商职能的实践与探索》荣获民盟中央理论研究课题二等奖。荣获市委统战部理论政策研究工作优秀组织奖，统战政策理论研究创新成果二等奖、三等奖。

赓续优良传统。民盟廊坊市委深入开展“不忘合作初心 继续携手前进”主题教育活动，“弘扬爱国奋斗精神，建功立业新时代”活动，成立领导小组和工作机构，制定了工作方案，召开动员部署和总结会议。每年举办市委委员培训班，开展“重温历史 铭记初心”传统教育活动，赴重庆、四川、上海、浙江、江苏等民盟传统教育基地考察学习。先后4次举办基层组织负责人培训班和新盟员培训班，2019年组织各基层支部300余名盟员分批次赴西柏坡、狼牙山 、李大钊故居纪念馆、涉县一二九师司令部旧址等地参观学习。号召各支部 开展“读盟章、学盟史”活动。通过学习，弘扬了民盟优良传统，激发广大盟员知盟爱盟兴盟之情。

传播民盟声音。民盟廊坊市委把“廊坊民盟”和“民盟廊坊市委”2个微信公众号作为宣传工作的主阵地，五年来累计发布各类信息300余条。与市政协联合出版《风雨同舟现彩虹——廊坊市民主党派简史》（民盟篇）。与主流媒体对接，在民盟中央网站、河北政协《乡音》杂志、《廊坊日报》等刊登盟员先进事迹。民盟河北省委公众号采用各类文章30余篇，歌曲《我们在一起》、诗歌朗诵《我与民盟共成长》等4篇被民盟中央公众号采用 。为基层组织负责人和骨干盟员订阅《群言》杂志，连续五年被民盟中央评为《群言》杂志发行先进单位。

二、深入调查研究、积极建言资政，履职尽责有新作为

五年来，民盟廊坊市委围绕中共市委、市政府中心工作，积极履行参政议政职能，通过调研报告、提案、信息等形式，提出意见建议。被民盟河北省委评为参政议政工作优秀单位。

参与政党协商。五年来，廊坊市 政党协商更加规范、严格。民盟廊坊市委有关领导和专家学者积极参加中共市委、市人大、市政府、市政协及有关部门召开的《政府工作报告》《十四五规划纲要》等征求意见会，以及党风廉政建设和反腐败工作情况通报会、全市经济社会发展情况通报会等各种协商会、座谈会、视察参观活动等近30场。

积极建言资政。民盟廊坊市委现有省人大代表3人、省政协委员2人，市人大代表4人、市政协委员18人。五年来，共提交市政协大会口头发言5件、书面发言12件、集体提案39件、个人提案150余件，为省政协常委会提供发言材料3篇，市政协常委会发言材料10余篇。《关于挖掘传承民俗文化的建议》等5篇发言受到市领导批示。《京津冀协同发展视角下的区域高校重构》被评为河北省政协好提案。《促进产教融合协同发展，推动廊坊职业教育高质量发展》等被市政协确定为重点督办提案。民盟廊坊市委还有县级人大代表和政协委员46人，他们在所在辖区积极参政议政，殷玉华等委员被评为“十佳委员”“优秀委员”。《关于创新科创要素资源招商力度的建议》被评为“十佳提案”“优秀提案”等。

深入调查研究。民盟廊坊市委每年都要围绕1—2个重点课题进行深入调研。《关于加快廊坊市体育产业发展》得到市委主要领导批示。《京津冀协同发展背景下的高校整合》等10件课题 被民盟省委列为重点调研课题。《京津冀协同发展中廊坊市产业定位机遇与挑战》经中共市委常委会通过后转发有关部门落实。《区域融资担保圈存在的风险》等10篇调研报告被有关部门采用。

反映社情民意。民盟廊坊市委每年举办社情民意信息培训班，调动盟员撰写社情民意的热情。《关于加强不可移动文物保护的建议》被中央统战部《零讯》采用。《关于加强文明祭祀的建议》等多篇社情民意受到市委主要领导批示。50余篇信息被民盟河北省委采用。积极参与“我为廊坊发展献一策”活动。2020年被民盟省委评为疫情防控期间反映社情民意信息工作优秀集体。

助力精准扶贫。脱贫攻坚民主监督是中共中央赋予民主党派的一项新的重要任务，民盟廊坊市委对口霸州市开展脱贫攻坚民主监督工作，多次赴霸州听取汇报，实地查看贫困户了解情况，就脱贫攻坚效果进行精准分析。目前，廊坊市已全面打赢脱贫攻坚收官战。

三、健全工作机制、推进人才强盟，自身建设有新面貌

民盟廊坊市委深入推进“人才强盟”战略，注重完善体制机制，加强班子建设，提升机关效能，激发基层组织活力，为廊坊民盟建设高水平参政党打下坚实的组织基础。2019 年，被民盟省委评为组织发展工作先进集体。

加强制度建设。深入学习贯彻各民主党派中央三个“纪要”精神，制定《领导班子民主生活会实施细则》，先后 3 次召开领导班子民主生活会，达到了统一思想、明确方向、凝聚力量的目的。建立完善《市委班子联系基层制度》等一系列规章制度，加强了市委班子与基层组织的联系。深入推进“活力基层组织建设年”活动。

严格组织发展。民盟廊坊市委严格落实《中国民主同盟组织发展条例》等文件规定，突出发展质量，积极吸纳主界别、高层次、代表性人才，显现出明显成效。 五年来，累计发展盟员 180 人，平均年龄 40.4 岁。2021 年，北华航天学院支部成立，新成立民盟广阳区委员会、民盟安次区委员会、民盟开发区委员会，民盟廊坊市委现有盟员 657 人，设有 11 个基层委员会，28 个基层支部。

基层活力绽放。各基层组织开展了丰富多彩的活动。比如 开发区支部赴重庆、四川开展“追寻先贤足迹”活动。三河支部召开建言献策座谈会。金融支部就金融风险开展调研。廊坊师范学院委员会举办迎新春系列活动。联合一支部组织八段锦培训班。联合二支部举办野外拓展运动会。管道局委员会游览北京故宫和天津名人故居。安次区支部风筝制作活动。广阳区支部举办形体和声乐主题培训课。妇女委员会连续 4 年开展旗袍秀活动。9 个基层支部创建了“盟员之家”。联合二支部、三河支部被民盟中央评为优秀“盟员之家”。 同时，根据盟员的优势和特长，还成立了教育文化、金融经济、法律科技、老龄妇女等专门委员会。纵横交错，优化组合，使基层组织活力竞相迸发。常笑尘被评为民盟中央高校基层组织盟务工作先进个人。2020 年，三河支部被评为民盟中央“盟务工作先进基层组织”，广阳区支部被民盟中央评为民盟思想政治建设和宣传工作先进集体。 联合一支部、开发区支部、大城支部被评为河北省先进基层盟组织，19 名盟员被评为河北省优秀盟员。民盟医卫委员会、联合二支部、开发区支部在民盟河北省成立 60 周年纪念大

会上被评为先进基层组织。9 人荣获民盟河北省成立 60 周年先进个人称号。

盟员事迹突出。马英荣获全国优秀教师荣誉称号。侯振国荣获第十届“中华慈善奖”。孔永生荣获“第十四届全国商科院校会展策划展示设计大赛”最佳辅导教师奖。魏亚萍主编的《电子商务基础 第 3 版》（教材）入选教育部“十三五”职业教育国家规划教材。张志庆荣获廊坊市第九届文艺繁荣奖特等奖、河北省文艺创作贡献奖。冯蕾被河北省文明办评为在全国文明城市创建中做出重要贡献个人三等功。尹立红被授予“河北省三三三人才工程”第三层次人选，廊坊市有突出贡献的中年优秀人才。李景玉和李京梅当选市新社会阶层联合会副会长。叶双陶被授予“廊坊市突出贡献”优秀人才称号。吴树华、张晓莉荣获争创全国文明城市突出贡献个人。王静被评为廊坊市年度巾帼典型人物。张增禄推动廊坊市成为第三批国家农产品质量安全市创建单位。

建设“四型”机关。五年来，民盟廊坊市委严格按照建设学习型、绩效型、制度型、服务型机关的要求，努力把民盟机关建设成为盟员倍感亲切的“温馨之家”，盟员能施展才华的“有为之家”，盟员能相互学习提高的“成长之家”。强化制度建设，通过建章立制、规范程序来严抓落实。制定工作评价机制，实行周记录、月总结。加强廉政建设和纪律建设，排查廉政风险点、制定“三重一大”事项决策制度、设立举报箱、开展廉政谈话，随时自查自纠可能存在的廉政问题。起草《民盟廊坊市委制度汇编》，承办民盟河北省委 2019 年工作会议及盟务工作经验交流会议。2020 年，机关干部被中共河北省委统战部评为河北省统战系统“争做人民满意的公务员”活动十佳个人。2020 年年底机关搬驻市民服务中心。

四、发挥盟员优势、突出文化引领，社会服务有新成效

五年来，民盟廊坊市委社会服务工作以民盟特有的文化传统和精神价值为引领和导向，将文化融入社会服务之中，科普讲座、乡村义诊、慈善募捐等全面开展。李京梅、李海滨先后被民盟中央评为社会服务工作先进个人。霸州支部、三河支部、医卫委员会、民盟廊坊职业技术学院支部等 5 个（次）基层组织和张晓东等 9 位盟员被民盟省委先后评为社会服务工作先进集体和个人。

突出文化引领。各级书法家协会、美术家协会、音乐家协会、曲艺家协

会、摄影家协会、舞蹈家协会中不乏盟员身影，许多盟员身兼协会主席、副主席等职务。根据盟员特长，民盟廊坊市委成立了廊坊民盟艺术团和廊坊民盟美术院。美术院于2018年换届，开办“东方书法课堂”，义务向盟员及书法美术爱好者授课。每年春节前夕开展书春送福活动，为群众书写春联1万余副。开展书法、美术、文化进校园活动，为廊坊一中、廊坊二中等校学生讲授书法、国画艺术。举办“翰苑英华——王羊羽藏翰林进士信札展”。五年来，参加民盟中央美术展、民盟省委美术展、民盟开封七城书画展等展览8次，征集作品100余件，4名盟员被评为庆祝新中国成立70周年书画摄影展优秀作者。艺术团于2018年成立，先后在第什里风筝小镇、廊坊师范学院音乐厅、廊坊市壹佰剧院、固安县荆垡营东村等地主办了5场大型文艺演出，深受群众欢迎。在固安县荆垡营东村挂牌廊坊民盟美术院和艺术团创作基地，这也是用艺术服务基层、服务社会、服务民众的有效途径。2019年，承办“庆祝中华人民共和国成立70周年——中国民主同盟华北五省市区书画联展”河北站，举办“壮丽70年 奋进新时代”文艺演出。民盟中央副主席程红给予高度评价。

投身疫情防控。新冠疫情发生以后，民盟廊坊市委第一时间发布致全市盟员的一封信，号召全市盟员积极投身疫情防控阻击战的各项斗争。晁怀宇三次进驻确诊病人定点医院，始终站在抗击疫情的最前线。在发热门诊等危险地方、在基层社区防控也都有我们盟员的身影。民盟机关干部下沉社区参与疫情防控，组织核酸检测，参与值班值守，南尖塔镇丹枫社区送来“深入基层战新冠 同尽忠心为民安”锦旗。据不完全统计，盟员共计捐款捐物230多万元。民盟廊坊市委在微信群举办爱心义卖活动，盟员捐赠32件自己创作的书画作品和珍藏的珠宝用于拍卖，共募集善款185800元，分别捐赠湖北黄石第二人民医院和廊坊市第三人民医院。盟员积极创作文艺作品为疫情防控加油鼓劲，歌曲《江城安好》入选中共中央宣传部学习强国平台全国优秀“战疫”公益歌曲展播。3名盟员被评为民盟河北省疫情防控宣传工作先进个人，6名盟员被评为民盟河北省疫情防控工作优秀盟员，11名盟员被评为民盟河北省疫情防控反映社情民意工作先进个人。

科教服务大众。通过名师课堂、远程培训等方式，引进北京四中网校优质教育资源，助推廊坊市教育均衡发展。为广宗县东贺固小学捐赠学习用品价值近 2 万元。为“农村教育 烛光行动”实践基地葫芦中学捐赠北京四中在线教学平台和北京四中优质教育资源价值 69 万元。协同民盟北京市委、民盟河北省委举办“2018 北京国际设计周走进南汉——暨‘非遗与设计汇’河北南汉站”启动仪式，促进京冀两地文化创意产业协同发展。每年组织盟员医务专家赴农村、社区开展义诊活动，赠送常用药品，现场发放健康知识简易读本。在河北省图书馆主讲冀图讲坛《小词大雅》，还有理财及风险防范、时间管理、诗词品鉴、民法典等讲座。

助贫奉献爱心。民盟廊坊市委响应民盟中央号召，助力消费扶贫，购买贫困地区农产品金额近 1.5 万元。霸州支部为困难群众捐款捐物。联合二支部为素不相识的案件受害人募捐。金融支部走进老年公寓，送去营养保健品和牛奶等物资。大城支部走进特殊教育学校、村街、养老康复中心等地开展义诊等活动，为儿童送去书包等学习用品，为老年人送去米面粮油等物资。

各位代表，五年的奋斗充满艰辛，五年的成绩来之不易。这些成绩的取得，是中共廊坊市委、民盟河北省委正确领导的结果，是中共廊坊市委统战部和盟员所在单位、各对口联系单位、各相关部门鼎力支持的结果，是全体盟员团结奋斗、共同努力的结果。在此，我代表中国民主同盟廊坊市第七届委员会，向辛勤工作在各条战线的全体盟员，向中共廊坊市委、民盟河北省委，向一贯关心和支持我们工作的市人大、市政府、市政协以及市委统战部、各兄弟党派的领导，向所有支持关心民盟发展的同志们、朋友们，致以崇高的敬意和衷心的感谢！

各位代表，过去的五年，我们不忘初心、奋力前行，积累的经验弥足珍贵，得到的启示尤为深刻，那就是必须坚持中国共产党的领导，必须坚持以习近平新时代中国特色社会主义思想为指导，必须切实推进守正与创新。守正和创新两者辩证统一、相辅相成。守正是新时代民盟工作的根本政治要求，要在坚持中国共产党的领导，坚持高举爱国主义、社会主义伟大旗帜，坚持围绕中心、服务大局，坚持大团结大联合，坚持正确处理一致性和多样性关系等重大原则立场上保持定力、固守底线，绝不能有任何含糊。创新是开创新时代民盟工作的必由之路，要根据统一战线面临的新形势新任务新要求，积极推进理论政策、思路理念、方式方法和体制机制创新，推进新时代民盟工作不断创新发展。

各位代表，进入新阶段，踏上新征程，我们也要清醒地认识到，我们的工作距时代与发展的要求，与盟员对我们的期待还有一定的差距，同时也面临着许多新的困难和挑战。组织发展工作不平衡，文化、教育、科技主界别发展力度不够，代表性人士逐渐减少。参政议政、调研水平有待进一步加强，需要转变参政议政理念，把握问题要更加深入，提出建议要更加综合。社会服务所涉及的领域要更加宽阔，抓工作落实的长效工作机制还需要进一步健全完善，等等。对此，我们一定直面问题、深挖根源，采取有力措施，切实加以解决。

各位代表，使命需要担当，实干赢得未来 。我们一定要立足新起点，谋求新作为，以只争朝夕、夙夜在公的精神，锐意进取，埋头苦干，共担重任，共襄伟业，努力在全面建设社会主义现代化国家的新征程中取得新的更大胜利！

今后五年工作的建议

未来五年，是我国开启全面建设社会主义现代化国家新征程、向第二个百年奋斗目标进军的第一个五年。做好今后五年的工作，必须深刻认识外部发展环境对民盟工作带来的新变化、新特征。必须深刻认识民盟所肩负的新要求、新使命。必须深刻认识民盟工作面临的新机遇、新挑战。我们要坚持以习近平新时代中国特色社会主义思想为指导，全面贯彻党的十九大和十九届二中、三中、四中、五中全会精神，围绕中共廊坊市委六届十二次全会决策部署，坚持稳中求进工作总基调，立足新发展阶段，贯彻新发展理念，构建新发展格局，围绕多党合作要有新气象、思想共识要有新提高、履职尽责要有新作为、参政党要有新面貌目标，旗帜鲜明讲政治，驰而不息强自身，履职尽责勇担当。

一、旗帜鲜明讲政治

心有所信，方能行远。坚持正确政治方向，旗帜鲜明讲政治，坚定不移接受中国共产党的领导，这是民盟的立盟之本、生命之基、力量之源，是民盟光荣的历史传统和政治传统。我们要始终牢记这份初心，增强“四个意识”、坚定“四个自信”、做到“两个维护”，提高政治判断力、政治领悟力、政治执行力，始终保持同中国共产党同心同德、团结奋斗的政治本色。要深入学习中共党史、新中国史和民盟历史，系统学习贯彻中共中央关于坚持和完善新型政党制度的重要讲话和政策法规文件，切实做好思想政治引导和宣传工作，准确把握盟员思想态势，引导广大盟员不断增进对中国共产党领导和中国特色社会主义的政治认同、思想认同、理论认同、情感认同。

二、驰而不息强自身

胜人者力，自胜者强。民盟廊坊市委和广大盟员要深刻领会中共中央对多党合作事业的新部署新要求，提高研究谋划工作的政治站位、理论站位、时代站位，提高工作本领，勇于担当作为。 要围绕建设政治坚定、组织坚实、履职有力、作风优良、制度健全的中国特色社会主义参政党目标，努力践行“四新”“三好”要求，全面加强自身建设。要以《中共中央关于加强中国特色社会主义参政党建设的意见》等“三个文件”精神为指引，认真贯彻“人才强盟”战略，扎实推进组织建设，为更好履行参政党职能提供人才支持和组织保障。要加强领导班子建设，以换届为契机，以提高“五种能力”为目标，坚持正确用人导向，建设一支讲政治、顾大局、重团结、干实事的领导班子队伍，增强班子的整体合力。要提高组织发展质量，要注重规划引领，突出发展质量，严格标准条件，规范工作程序。要把从严规范盟内政治生活真正落到实处，取得实效。

三、履职尽责勇担当

功崇惟志，业广惟勤。今后，民盟廊坊市委要继续“举全盟之力抓参政议政”，把参政议政作为一把手工程认真谋划。要聚焦廊坊市总体思路，以助推廊坊高质量发展为统领，完善参政议政工作机制，充分发挥各专委会平台作用，结合“五个廊坊”建设重点领域，找准参政议政切入点、着力点，提高履职能力，积极建言献策，力争做到协商建言有新作为、调研成果有新提升、提案建议有新收获、信息工作有新成绩。要持续完善重点议政工作机制，动员更多盟员参与调研、提升调研水平、促进调研成果转化，推动形成前瞻布局、广泛参与、注重实效的大议政格局。要协助党和政府做好凝聚共识、化解矛盾、反映意见、维护稳定等工作，更好为新时代坚持和发展中国特色社会主义凝心聚力。要在巩固已有社会服务成果的基础上，积极探索新思路、新方法，不断扩大民盟社会服务工作的成效和影响。

各位代表。所当乘者势也，不可失者时也。全面建设社会主义现代化国家新征程已经开启，民盟廊坊市委将在以习近平同志为核心的中共中央坚强领导下，继承发扬“奔走国是、关注民生”优良传统，坚定中国特色社会主义理想信念，坚持和完善中国共产党领导的多党合作和政治协商制度，自觉做中国共产党的好参谋、好帮手、好同事，做中国特色社会主义事业的亲历者、实践者、维护者、捍卫者。积极建言资政，广泛汇集共识，以一往无前的奋斗姿态、风雨无阻的精神状态，谱写新时代多党合作事业新篇章。为加快建设创新廊坊、数字廊坊、健康廊坊、平安廊坊、品质廊坊而努力奋斗。

附 1　民盟廊坊市级组织历届领导成员和工作部门负责人

中国民主同盟廊坊市第五届委员会（2006 年 11 月—2011 年 12 月）

主任委员：张纬东

副主任委员：

孙大军（分管宣传、参政议政）

郭淑凤（分管社会服务）

王景硕（2009 年 11 月增补，分管组织、机关）

秘书长：王景硕（兼）

委员：王东风、王景硕（2009 年 11 月增补）、刘丽梅、刘佳宁、孙大军、张纬东、杨九利、汪广敬、阿迎萍、周旭光、徐景礼、郭淑凤、程济源

参政议政委员会主任：张纬东

文化教育卫生委员会主任：孙大军

妇女老龄委员会主任：郭淑凤

经济法律金融委员会主任：王景硕

中国民主同盟廊坊市第六届委员会（2011 年 12 月—2016 年 10 月）

主任委员：张纬东

副主任委员：孙大军、郭淑凤、王景硕、周旭光（2012年10月增补）

委员：王景硕、刘丽梅、刘艳庭、孙大军、张庆田、张纬东、邹家立、单东风、周旭光、郑万明、金海明、徐景礼、郭淑凤、商霄燕、程济源

参政议政委员会主任：孙大军

妇女老龄委员会主任：郭淑凤

经济法律委员会主任：王景硕

文化教育卫生委员会主任：周旭光

中国民主同盟廊坊市第七届委员会（2016年10月—2021年5月）

主任委员：张纬东（主持全面工作）

副主任委员：郭淑凤（分管社会服务，联系社会服务委员会、妇女老年委员会，联系医卫委员会、中教委员会）

王景硕（分管组织、机关）

周旭光（分管参政议政，联系文化教育委员会、参政议政委员会，联系师院委员会、高教委员会）

李景玉（分管宣传，联系金融经济委员会、法律科技委员会，联系联合委员会、管道委员会）

秘书长：王景硕（兼）

文化教育工作委员会

主任：王荣芳

副主任：张晓东、刘天礼

法律科技工作委员会

主任：李景玉

副主任：陈玉芹、魏国栋

参政议政工作委员会

主任：杨晓东

副主任：吴树华、张素蓉

社会服务工作委员会

主任：单东风

副主任：李俊梅、李京梅

金融经济工作委员会

主任：尹江亭

副主任：王艳松、梁 杰

妇女老年工作委员会

主任：殷玉华

副主任：柏 婧、孟艳红

附 2　民盟廊坊市委
出席历届民盟全国代表大会代表名单

第十次（2007 年 11 月 29 日至 12 月 2 日）张纬东

第十一次（2012 年 12 月 9 日至 12 月 13 日）张纬东

第十二次（2017 年 12 月 6 日至 12 月 10 日）张纬东

第十三次（2022 年 12 月 21 日至 12 月 23 日）张纬东、张志庆

附 3 民盟廊坊市委 当选为民盟中央委员名单

张纬东 民盟十二届中央委员会委员 2017 年 12 月至 2022 年 12 月

张纬东 民盟十三届中央委员会委员 2022 年 12 月起

附4　民盟廊坊市委
出席历届民盟河北省委代表大会代表名单

出席民盟河北省第九次代表大会的代表
（2007年6月3—4日）

马春玲、王东风、刘丽梅、孙大军、张纬东、郭淑凤、商霄燕、袁绍祥

出席民盟河北省第十次代表大会代表
（2012年4月19—20日）

王春玲、王景硕、张纬东、李春苓、杨晓东、金海明、郭金生、程济源

出席民盟河北省第十一次代表大会代表
（2017年6月7—9日）

马　莹、王景硕、李景玉、张纬东、张晓东、张晓莉、柏婧、郭淑凤、曹传熠、路　博

附 5 民盟廊坊市委当选为历届民盟河北省委副主委、常委、委员名单

第九届 常委张纬东 （2007 年 6 月至 2012 年 4 月）

第十届 副主委张纬东、委员王景硕、郭淑凤(2012年4月至2017年6月)

第十一届 副主委张纬东、委员王景硕、郭淑凤（2017 年 6 月至 2022 年 6 月）

附 6　民盟廊坊市委获奖情况汇总表

颁发单位	获奖单位	时间	表彰内容
民盟中央	民盟市委	2020 年 12 月	民盟中央群言杂志社发行工作突出单位
		2019 年 12 月	民盟中央群言杂志社发行工作突出单位
		2019 年 12 月	民盟思想政治建设和宣传工作先进集体
		2018 年 11 月	民盟思想宣传工作先进集体
		2018 年 3 月	民盟中央《群言》杂志发行先进单位
		2017 年 12 月	民盟中央《群言》杂志发行先进单位
		2016 年 12 月	民盟中央《群言》杂志发行先进单位
		2016 年	民盟中央坚持和发展中国特色社会主义学习实践活动先进集体
		2015 年	民盟中央群言杂志社优秀发行奖
		2014 年	民盟中央群言杂志社发行工作优秀单位称号
		2014 年	全国宣传工作先进集体
		2013 年 10 月	全国组织发展工作先进集体
		2012 年	2012 年民盟廊坊市委提交的《建设学习型民盟组织研究》理论研究课题被民盟中央评为优秀奖
		2011 年	全国先进集体
	基层组织	2020 年	三河支部荣获民盟中央“盟务工作先进基层组织”称号
		2020 年	民盟广阳区支部被评为民盟中央思想政治建设和宣传工作先进集体
		2018 年 11 月	三河燕郊支部、联合二支部盟员之家被评为“优秀盟员之家”
		2014 年 9 月	民盟廊坊师院总支荣获“中国民主同盟基层组织建设先进基层组织”荣誉称号
	盟员个人	2021 年 6 月	张纬东荣获纪念中国民主同盟成立 80 周年优秀盟员称号
		2021 年 6 月	邹家立荣获民盟中央脱贫攻坚先进个人称号
		2021 年	李海滨荣获民盟中央组织工作先进个人称号
		2020 年	李海滨荣获民盟中央社会服务工作先进个人

续表

颁发单位	获奖单位	时 间	表 彰 内 容
民盟中央	盟员个人	2019 年	常笑尘荣获全国高校基层组织建设先进个人荣誉称号
		2016 年	李京梅荣获民盟中央社会服务先进个人荣誉称号
		2011 年	周旭光、程济源被评为全国先进个人
省政协	盟员个人	2019 年 3 月	张纬东委员提交的《京津冀协同发展视角下的区域高校重构》被评为 2018 年度好提案
		2012 年	张纬东委员提交的《关于建立被征地农民基本生活保障制度的建议》被评为优秀提案
省委统战部	盟员个人	2020 年	李海滨被评为河北省统战系统“争做人民满意的公务员”活动十佳个人
民盟省委	民盟市委	2021 年 4 月	思想政治和宣传工作优秀集体
		2021 年 4 月	参政议政工作优秀单位
		2021 年 4 月	庆祝中国民主同盟成立 80 周年先进集体
		2021 年 4 月	庆祝中国民主同盟成立 80 周年征文优秀组织奖
		2020 年 4 月	2019 年度组织发展工作先进集体
		2020 年 4 月	2019 年度参政议政工作优秀单位
		2019 年	庆祝中华人民共和国成立 70 周年暨多党合作制度确立 70 周年征文活动组织奖
		2019 年 3 月	《高职生核心竞争力的培育与提升的研究》提交民盟河北省委教育论坛，被评为优秀论文
		2018 年 4 月	反映社情民意工作三等奖
		2017 年 6 月	2016 年度社情民意信息工作三等奖
		2017 年	十九大征文活动《善行人间有大爱——侯振国和他的爱心团队》荣获二等奖，《中国特色多党合作文化与中国传统优秀文化一脉相承》荣获优秀奖
		2016 年	《中国政党协商的性质和特点研究》，荣获民盟河北省委 2015 年度理论研究课题二等奖
		2014 年 11 月	理论研究工作先进单位
		2014 年 7 月	机关建设先进单位称号
		2014 年 5 月	民盟河北省委信息工作二等奖
		2013 年 9 月	民盟河北省委思想宣传工作先进集体

续表

颁发单位	获奖单位	时间	表彰内容
民盟省委	民盟市委	2013 年	2012 年度反映社情民意信息工作二等奖
		2013 年	《推进基层统战工作实现弹性维稳的思考》理论课题一等奖；《毛泽东在延安时期民主思想的特点研究》理论课题二等奖
		2012 年	《加强民主党派在高校建设中的作用研究》理论研究课题二等奖
		2011 年	信息工作一等奖
		2009 年	信息工作一等奖
	基层组织	2021 年 6 月	三河支部被评为先进基层组织，联合二支部、开发区委员会被评为优秀基层组织
		2021 年 6 月	大城支部“盟员之家”被评为“先进盟员之家”，广阳区委员会“盟员之家”被评为“优秀盟员之家”
		2021 年 4 月	民盟廊坊美术院荣获 2020 年度“春联送福进万家活动”、纪念费孝通先生诞辰 110 周年美术作品展、庆祝中国民主同盟暨甘肃民盟组织成立 80 周年书画作品邀请展系列活动组织先进奖
		2020 年 4 月	廊坊职业技术学院支部、三河支部、霸州支部、廊坊职业技术学院支部荣获民盟河北省 2018—2019 年度社会服务工作先进集体
		2018 年 7 月	民盟开发区支部、民盟联合二支部、民盟医卫委员会在民盟河北省委成立 60 周年纪念大会上被评为先进基层组织
		2017 年	霸州支部医卫委员会荣获民盟河北省委“2012—2016 年度社会服务工作先进集体”称号
	盟员个人	2021 年 4 月	李海滨被评为庆祝民盟成立 80 周年优秀盟员；李海滨和赵丽霞荣获庆祝民盟成立 80 周年诗歌视频创作奖；李海滨和阙国娟荣获 2020 年度主题征文突出奖；王晓峰被评为思想政治和宣传工作先进个人
		2020 年 4 月	牛力华、尹立红、李京梅、张立敏被评为民盟河北省 2018—2019 年度社会服务工作先进个人

续表

颁发单位	获奖单位	时 间	表 彰 内 容
民盟省委	盟员个人	2020 年 4 月	李海滨、殷玉华、姜子龙被评为河北省疫情防控宣传工作先进个人；晁怀宇、王彦智、杨瑞民、李京梅、张增禄、邵永楼被评为民盟河北省疫情防控工作优秀盟员
		2020 年 4 月	庆祝新中国成立 70 周年书画摄影展优秀作者 4 人：张纬东 张德君 庞建平 鲁建辉
		2019 年	庆祝中华人民共和国成立 70 周年暨多党合作制度确立 70 周年征文活动靳兰芳荣获二等奖，阚国娟、杨晓东荣获三等奖
		2019 年 11 月	“典型在身边”表彰：马 英、董 浩、张晓东、田 鹏、朱晓方、尹立红、赵丽霞
		2018 年	赵立平、董浩、朱文瑶、牛力华、李海滨、张旭东、孔永生、魏震等 8 人荣获民盟河北省委成立 60 周年先进个人荣誉称号
		2018 年	李海滨 民盟河北省委成立 60 周年宣传工作先进个人
		2018 年 4 月	杨晓东 反映社情民意工作先进个人
		2017 年	单东风、侯振国、张晓东、张立敏、李京梅五人荣获 2012—2016 年度社会服务先进个人称号
		2017 年 6 月	李海滨荣获反映社情民意信息工作先进个人
		2007 年	王东风、赵学敏、张立敏、邢宝奎社会服务工作先进个人，孔永生、白世国理论研究先进个人
市政协	民盟市委	2011 年	反映信息工作先进单位
		2010 年	宣传工作先进单位
		2009 年	宣传工作先进集体二等奖、社情民意工作先进集体二等奖、反映社情民意信息工作三等奖
	盟员个人	2007 年	王东风、王洪霞、白世国、赵学敏、郭淑凤被评为优秀市政协委员
中共廊坊市委统战部	民盟市委	2018 年 2 月	民盟廊坊市委荣获统战理论研究工作优秀组织奖
		2018 年 2 月	统战信息工作二等奖
		2014 年	廊坊市统战系统宣传工作先进单位
		2013 年	廊坊市统战系统宣传工作先进单位
		2011 年	廊坊市统战系统宣传工作先进单位

续表

颁发单位	获奖单位	时间	表彰内容
中共廊坊市委统战部	盟员个人	2018 年 2 月	2017 年度统战理论政策研究创新成果二等奖和三等奖
		2014 年	2013 年度统战理论政策研究创新成果三等奖
		2008 年 4 月	周旭光、邹家立被评为廊坊市“十佳民主党派成员”
		2007 年	于彦春、孔永生、邢宝奎、张立敏、张桂枝、阿迎萍、石秀兰被评为百名优秀党外知识分子

第二章 基层组织

民盟廊坊市委以行政区域、行业和单位为划分依据，设置11个基层委员会，基层委员会下设28个基层支部。根据地域划分了南区委员会，辖霸州支部和大城支部；北区委员会，辖三河支部和华北科技学院支部；广阳区委员会，辖广阳一、二支部；安次区委员会，辖安次一、二支部；开发区委员会，辖云鹏支部、耀华支部。根据单位设置了师范学院委员会，辖师院一支部、师院二支部、师院老年支部；管道委员会，辖管道在职支部和管道老年支部。根据行业设置了高教委员会，辖河工大廊坊分校支部、廊坊职业技术学院支部、北华航天工业学院支部；中教委员会，辖一中、二中、电子信息工程学校支部；医卫委员会，辖医卫一、医卫二、医卫三支部；还有就是联合委员会，辖联合一支部、联合二支部、农业支部、金融支部。盟务工作或活动既可以由委员会来组织，也可以各支部分头组织，克服了单个支部活力有限、能力不足的困难。

本部分将以基层委员会或其前身支部和总支名义开展的活动，列入基层委员会的盟务工作部分；以支部名义开展的活动，列入支部的盟务工作部分。

第一节 民盟南区委员会

【概 况】

民盟南区委员会成立于2016年7月5日，下设民盟霸州支部、民盟大城支部。截至2021年年底，有盟员57人，高级职称7人，中级职称6人，平均年龄44.8岁。

【历任负责人】

时间	基层组织	主委	副主委或委员
2016 年 7 月	民盟南区委员会	郑万明	刘朝晖、柏婧、李丹
2021 年 6 月	民盟南区委员会	柏 婧	李丹

【盟务活动】

2016 年 7 月 5 日，民盟南区委员会成立会议召开，民盟廊坊市委主委张纬东出席会议，会议选举郑万明任委员会主委，刘朝晖、柏婧、李丹为副主委。

2021 年 6 月 23 日，民盟廊坊市南区委员会换届选举会议胜利召开。民盟廊坊市委副主委李景玉、李海滨，霸州市委统战部常务副部长王树军出席会议。会议选举柏婧为委员会主委，李丹为副主委。

2021 年 7 月，民盟南区委员会换届会议召开

民盟霸州支部

【概 况】

民盟霸州支部成立于2010年1月，截至2021年年底，有盟员44人，盟员以霸州市属机关企事业单位干部职工为主，高级职称4人，中级职称5人，平均年龄44.84岁。

【历任负责人】

时间	基层组织	主委	副主委或委员
2010年1月	民盟霸州支部	郑万明	刘朝晖、张真山
2016年7月	民盟霸州支部	柏 婧	侯振国、韩国胜
2021年6月	民盟霸州支部	柏 婧	王鹏飞、勾永和、鲁建辉

【盟务活动】

2010年1月18日，民盟霸州支部成立。支部主委郑万明，副主委刘朝晖、张真山。

2011年6月13日，由民盟廊坊市委主办、民盟霸州支部承办的“廊坊民盟纪念中国共产党建党90周年、纪念中国民主同盟成立70周年盟员书画展”在霸州益津书院开幕。

2011年12月24日，郑万明等3位支部盟员参加中国民主同盟廊坊市第六次代表大会。郑万明当选民盟廊坊市第六届委员会委员。

2012年5月，民盟中央副主席张宝文参观霸州文化建设。

2012年6月6日至7日，民盟体育总局支部赴霸州开展活动，民盟市委主委张纬东、民盟市委领导、国家体育总局民盟支部成员、霸州支部盟员参加活动。

2013年10月23日，盟员侯振国率来自霸州市新利钢铁有限公司“侯振国爱心团队”的170名钢铁工人进行捐献造血干细胞现场采样，其余1600多名志愿者由市红十字会和市卫生局安排专人到厂区分期分批签署《捐赠造血干细胞志愿书》并进行抽血采样。

2013 年，盟员侯振国在慈善事业上贡献突出，荣获全国关注留守儿童十大杰出人物、河北雷锋、2013 廊坊十大新闻人物、廊坊市道德模范、霸州市道德模范和霸州市 2013 年度捐资助学先进个人等荣誉。

2013 年 12 月 25 日，民盟河北省委主委边发吉专程赴霸州看望盟员侯振国及其创建的“侯振国爱心团队”，民盟廊坊市委主委张纬东陪同看望。

2013 年，支部被评为民盟河北省先进基层组织。

2014 年 4 月，侯振国爱心团队成员把善款送到患脑瘤的儿童周鑫浩家。自周鑫浩患病后，该团队已陆续为他捐款 13 万多元。从 2009 年至今，爱心团队共筹集善款 650 多万元，先后救助了 18 名大病患者、500 多名贫困学生和 900 多个困难家庭。救助范围从霸州市信安镇一地扩展到邯郸、唐山等多地。

2014 年 6 月 14 日，侯振国爱心团队志愿者携 840 件衣服、40 桶油、40 袋大米和 5000 元爱心基金共计 36900 元物资，同承德爱心联盟的志愿者一起走访救助了当地的贫困家庭。

2015 年 7 月，支部盟员侯振国入选“德耀中华·第五届全国道德模范·助人为乐模范候选人”。

2015 年，支部被评为民盟廊坊市先进基层组织。

2016 年 7 月 5 日，支部换届会议召开，民盟廊坊市委主委张纬东出席会议，选举柏婧任支部主委，侯振国、韩国胜为副主委。

2016 年 10 月 20 日，柏婧等 6 位支部盟员参加中国民主同盟廊坊市第七次代表大会。柏婧当选民盟廊坊市第七届委员会委员。

2017 年 1 月 20 日，支部在盟员之家召开了“不忘合作初心　继续携手前进”专题教育会议。

2017 年 4 月，中共廊坊市委宣传部命名和发布了全市第一批 11 名“廊坊楷模”。廊坊民盟盟员、“侯振国爱心团队”队长侯振国光荣入选，位列第二名。

2017 年，支部荣获 2012—2016 年度民盟河北省委社会服务工作先进集体。盟员侯振国荣获 2012—2016 年度社会服务工作先进个人。

2018 年 2 月 11 日，霸州市委常委、统战部部长王艳霞，民盟霸州支部主委、霸州市科协主席柏婧一行深入困难学生家中进行走访慰问。

2018 年 6 月 8 日，民盟廊坊市委副主委王景硕率调研组赴胜芳就实体经济发展存在的困难进行调研，支部盟员参加调研。

2018 年 9 月 13 日，支部盟员侯振国被授予第十届“中华慈善奖”慈善楷模殊荣。他的团队被中宣部命名为 2015 年“全国志愿服务示范团队”，荣获 2015 年第十一届中国青年志愿者优秀组织奖。他本人更是荣获 2016 年全国学雷锋志愿服务“4 个 100”最美志愿者、2015 年第五届全国道德模范提名奖、第五届河北省道德模范、2014 年最美河北人等多项荣誉。

2018 年 10 月 11 日，民盟廊坊市委副主委王景硕、李景玉一行赴霸州开展脱贫攻坚民主监督工作，支部盟员陪同。

2019 年 3 月 5 日，民盟霸州支部组织召开庆“三八”妇女节盟员座谈会。会议由民盟霸州支部主委柏婧主持，民盟霸州支部各基层组织的十余名盟员参加座谈，市委统战部相关领导出席会议。

2019 年 7 月 27 日（周六），民盟霸州市支部赴狼牙山开展“不忘合作初心 继续携手前进”爱国主义教育和民盟传统教育活动。

2019 年 7 月，支部赴狼牙山开展“不忘合作初心 继续携手前行”主题教育活动

2020 年 1 月 21 日，支部来到南孟镇敬老院，组织开展“春联送福进万家暨迎新春下基层慰问义诊”活动。

2020 年 3 月 5 日，民盟霸州支部召开庆“三八”妇女节骨干盟员座谈会。会议由民盟霸州支部主委柏婧主持，民盟霸州支部各基层组织的十余名骨干妇女盟员参加座谈。

2021 年 5 月 6 日，柏婧、王鹏飞等 8 位支部盟员参加中国民主同盟廊坊市第八次代表大会。柏婧当选民盟廊坊市第八届委员会委员。

2021 年 6 月 4 日，民盟廊坊市委举办“九城同心沐党恩”庆祝中国共产党成立 100 周年、中国民主同盟成立 80 周年书画作品展。支部盟员刘朝晖、鲁建辉、蔡忠喜作品参展。

2021 年 6 月 23 日，民盟霸州市支部换届选举会议召开。会议选举柏婧任支部主委，王鹏飞、勾永和、鲁建辉为副主委。

2021 年 3 月，支部召开庆三八妇女节盟员座谈会

民盟大城支部

【概 况】

民盟大城支部成立于 2016 年 6 月 30 日，截至 2021 年年底，有盟员 13 人，盟员以大城属机关企事业单位干部支部为主，高级职称 3 人，中级职称 1 人，平均年龄 44.69 岁。

【历任负责人】

时间	基层组织	主 委	副主委或委员
2016 年 6 月	民盟大城支部	李 丹	程学姿、李文各
2021 年 4 月	民盟大城支部	李 丹	程学姿、李文各、高贺伟

【盟务活动】

2016 年 6 月 30 日，民盟大城支部成立会议召开。民盟廊坊市委副主委、大城县人民政府副县长郭淑凤，副主委王景硕出席会议，中共大城县委统战部常务副部长李会娟应邀出席会议。随后，会议选举李丹任支部主委，程学姿、李文各任支部副主委。

2016 年 10 月 20 日，支部盟员李文各、刘海涛参加中国民主同盟廊坊市第七次代表大会。

2017 年 7 月 28 日，支部组织盟员赴张家口培训学习。

2017 年 12 月 20，支部召开座谈会深入学习十九大精神。

2019 年 1 月 19 日，廊坊民盟美术院在民盟廊坊市委主委张纬东的带领下，来到大城县叶庄子村为村民写春联、送祝福。同日，廊坊民盟美术院第二届理事会议在大城陶然居红木家具公司召开。会议选举新一届美术院领导班子。大城支部盟员之家正式启用。

2019 年 6 月 15 日，支部组织盟员赴华美集团公司，新型节能环保玻璃棉生产区参观。

2019 年 6 月 22 日，支部组织盟员赴狼牙山开展“不忘合作初心 继续

2019 年 1 月，民盟大城支部盟员之家启用，张纬东题词

携手前进”主题教育活动。

2019 年 10 月 17 日至 18 日，支部在大城县委统战部的组织下赴河北西柏坡、李家庄开展以“不忘合作初心 继续携手前进”为主题的培训活动。

2019 年 10 月 22 日，支部携手大城县中医院走进大尚屯镇开展义诊活动。

2020 年 1 月 15 日，在新春佳节即将来临之际，民盟大城支部在大城县委统战部的支持下赴里坦敬老院开展“寒冬送温暖、敬老爱亲送健康”慰问活动，并为老人们送去了白面、食用油等慰问品。

2020 年 1 月至 3 月，支部盟员踊跃投入疫情防控工作中，高贺伟及其企业华美集团捐赠武汉地区价值 200 余万元的保温材料，邵永楼、王锡波、顾继午、李作翔事迹被民盟市委微信公众号采用。

2020 年 10 月 16 日，支部携手大城县文广旅游局走进大城特殊教育学校进行义诊。

2020 年 10 月 23 日，支部在重阳节到来之际，赴敬老院开展敬老孝亲爱心慰问活动。

2020 年 10 月 28 日，支部组织卫生口盟员深入大尚屯镇后街村，开展义诊活动。

2020 年 11 月 18 日，民盟廊坊市委组织开展“聚同心、解难题、促发展”民营企业百日大走访行动，赴大城深入民营企业开展调研活动并撰写调研报告，支部盟员参加活动。

2020 年 12 月 16 日，支部组织座谈会，深入学习党的十九届五中全会精神。民盟廊坊市委副主委郭淑凤、王景硕参加学习活动。

2020 年 12 月，民盟大城支部组织座谈会，深入学习党的十九届五中全会精神

2021 年 3 月 19 日，支部召开了“庆祝民盟成立 80 周年座谈会”。

2021 年 4 月 22 日召开换届会议。选举李丹为民盟廊坊市大城支部主委，李文各、程学姿、高贺伟为副主委。

2021 年 5 月 6 日，李文阁、叶双陶、李作翔等 3 位支部盟员参加中国民主同盟廊坊市第八次代表大会。

2021 年 6 月 4 日，大城支部主委李丹组织带领盟员参加“九城同心沐党恩”民盟九城书画展，盟员马丽霞作品参展。

2021 年 7 月 1 日，为庆祝中国共产党建党 100 周年，支部盟员赴华美公司参观红色文献收藏馆学习。

第二节 民盟北区委员会

【概 况】

民盟北区委员会成立于2016年7月8日，下设民盟三河支部、民盟华北科技学院支部。截至2021年年底，有盟员58人，高级职称17人，中级职称11人，平均年龄45.13岁。

【历任负责人】

时间	基层组织	主委	副主委或委员
2016年7月	民盟北区委员会	金海明	殷玉华、刘忠见
2021年7月	民盟北区委员会	殷玉华	单耀

【盟务活动】

2016年7月8日，民盟廊坊北区委员会成立会议召开。会议选举金海明任北区委员会主委，殷玉华、刘忠见任副主委。

2018年10月23日，民盟河北省委妇儿委调研组围绕城镇托幼机构建设和科技型企业金融服务等课题组到三河市进行调研座谈会。民盟河北省委参政议政部调研员冯俊生等参加调研。民盟北区委员会、三河支部负责人陪同调研。

2019年7月12日至14日，民盟北区委员会赴西柏坡、邯郸涉县八路军一二九师纪念馆开展“不忘合作初心 继续携手前进”主题学习教育活动。

2021年5月6日，民盟廊坊市第八次代表大会召开，北区盟员10人参会，殷玉华当选为民盟廊坊市第八届市委委员，并当选为出席民盟河北省第十二次代表大会代表。

2021年7月30日，民盟廊坊市北区委员会换届会议召开，民盟廊坊市委主委张志庆出席会议，会议选举殷玉华为委员会主委，单耀为副主委。

在召开换届会议之后，北区委员会举办了“不忘合作初心 继续携手前进——学党史、盟史主题教育活动”。

2021年8月28日至9月20日，民盟北区委员会按照“一支一案、一

2019 年 7 月，民盟北区委员会赴邯郸八路军一二九师司令部旧址开展“不忘合作初心 继续携手前进”主题学习教育活动

人一议”通知精神，开展校地融合促发展调研活动，调研成果《校地融合赋能高质量发展》报三河市委统战部，同时报盟市委并被民盟廊坊市委采用。

2021 年 12 月 12 日，应三河市委统战部邀请，民盟北区委员会主委殷玉华、副主委单耀及三河、华科两支部副主委参加“校地融合促发展”调研成果座谈会、传达学习贯彻党的十九届六中全会精神座谈会。

2021 年 12 月，民盟廊坊市北区委员会荣获 2021 年度民盟河北省先进基层组织。委员会主委殷玉华被评为 2021 年度河北省优秀盟员。

民盟三河支部

【概 况】

民盟廊坊市三河支部成立于 2007 年 4 月，截至 2021 年年底，有盟员 50 名，以三河、香河、大厂属机关企事业单位干部职工为主，高级职称 9

人，中级职称 11 人，平均年龄 43.83 岁，三河支部政协委员 15 名（其中 6 名常委），廊坊市政协委员 1 名，人大代表 3 名（马英为省、市人大代表）。张志庆为民盟廊坊市委主委、廊坊市文联主席、廊坊市政协常委。

【历任负责人】

时间	基层组织	主委	副主委
2007 年 4 月	民盟三河支部	金海明	殷玉华、刘忠见
2016 年 7 月	民盟三河支部	殷玉华	刘兵、魏震
2021 年 7 月	民盟三河支部	殷玉华	刘兵、魏震、马英、孟庆胜

【盟务活动】

2009 年 2 月，盟员殷玉华参加廊坊市政协五届二次会议，提交一篇书面发言。参加三河市政协四届三次会议，提交提案两篇。

2009 年 6 月 19 日，民盟中央秘书长高拴平、民盟中央组织部部长陈幼平率民盟中央机关支部到廊坊参观考察，实地考察了三河燕郊的城镇建设及汉王制造、雪花啤酒等企业，并就基层组织建设问题召开座谈会。支部盟员陪同考察并参加座谈会。

2013 年 5 月 8 日，民盟廊坊市委《国学漫谈》开讲，民盟三河支部主委金海明主讲。

2016 年 7 月 8 日，民盟三河支部换届会议召开。会议选举殷玉华任支部主委，刘兵、魏震任副主委。

2016 年 10 月 20 日， 三河支部殷玉华、魏震、刘兵、马青林、王洪波参加中国民主同盟廊坊市第七次代表大会，殷玉华当选为中国民主同盟廊坊市第七届市委委员。

2016 年 11 月 27 日至 12 月 3 日，支部主委殷玉华赴井冈山参加中共廊坊市委统战部举办的廊坊市各民主党派新任市委委员培训班。

2017 年 1 月 21 日，民盟三河支部“盟员之家”在燕郊红嘉业建筑装饰工程有限公司举行揭牌仪式。

2017 年 2 月 16 日，政协三河市六届一次会议，殷玉华被聘为中国人民

2016 年 5 月，民盟廊坊市委举办《国学漫谈》讲座，支部盟员金海明主讲

政治协商会议三河市第六届委员会委员，盟员王文峰荣获 2016 年度“十优提案”奖，马青林、吴限、金海明获 2016 年度“优秀委员”荣誉称号。

2017 年 4 月 27 日，民盟三河燕郊支部成立十周年座谈会在燕郊召开。市政协副主席、民盟廊坊市委张纬东出席座谈会并讲话。民盟廊坊市委副主委郭淑凤，三河市政协主席张晓明，三河市委常委、统战部部长孟海涛应邀出席会议，民建燕郊总支和九三学社燕郊分社负责同志到会祝贺。

2017 年 9 月 17 日至 22 日，民盟廊坊市委组织市委委员和部分骨干盟员，赴民盟发源地重庆及四川开展“不忘合作初心 继续携手前进”专题教育活动。支部主委殷玉华参加。

2017 年 10 月 18 日，支部主委殷玉华参加盟省委妇女儿童委会议。

2018 年 2 月 2 日，三河市政协六届二次会议召开，支部主委殷玉华委员荣获 2017 年度“优秀委员”称号、2017 年度“十优提案”奖。

2018 年 3 月 30 日至 31 日，支部主委殷玉华参加民盟基层组织负责人培训：赴阜平城南庄晋察冀边区革命纪念馆、狼牙山等地开展纪念“五一口号”发布 70 周年活动。

2018 年 4 月 20 日至 25 日，支部主委殷玉华参加民盟廊坊市委委员培训，赴上海周公馆、嘉兴南湖、沈钧儒纪念馆、费孝通江村纪念馆、李公朴纪念馆、史良故居、舣舟亭等地学习。

2018 年 4 月 27 日，支部主委殷玉华赴石家庄参加盟省委妇儿童委会议。

2018 年 7 月 10 日至 13 日，支部主委殷玉华参加中共廊坊市委统战部组织的廊坊市各民主党派市委委员暨基层组织负责人培训班。

2018 年 8 月 12 日，民盟三河支部在盟员之家开展“不忘合作初心　继续携手前进”主题教育培训会暨新盟员培训班。

2018 年 8 月 21 日，支部主委殷玉华赴邢台参加 2018 年盟省委重点课题调度会。

2018 年 9 月 16 日，支部主委殷玉华和副主委刘兵到李景玉律师事务所联合二支部“盟员之家”参加支部活动及迎中秋红酒品酒会。

2018 年 10 月 13 日，民盟三河支部召开“建言献策、履职尽责”座谈会。中共三河市委常委、统战部部长孟海涛出席会议。

2018 年 10 月 16 日，支部主委带领支部副主委及部分盟员参加三河市政协组织的《加强和改进政协工作提升委员履职能力》专题培训活动。

2018 年 11 月，民盟廊坊市三河支部“盟员之家”荣获民盟中央“优秀盟员之家”称号。

2018 年 11 月 25 日，民盟三河支部盟员之家开展“弘扬传统文化 塑造良好家风”教育讲座。

2018 年 12 月 4 日，民盟三河燕郊支部魏震撰写调研报告《三河市党外干部培养使用问题研究》报三河市委统战部、民盟廊坊市委。

2018 年 12 月 7 日至 8 日，支部主委殷玉华、副主委刘兵参加民盟廊坊市委根据民盟中央、民盟河北省委关于在全盟开展“弘扬爱国奋斗精神，建功立业新时代”活动精神，组织的基层支部负责人及成员赴唐山市李大钊纪念馆参观学习，并与民盟唐山市委交流。

2018 年 12 月 27 日，支部主委殷玉华带部分盟员赴国家博物馆参加统战部组织的“全市统战系统参观‘伟大的变革——庆祝改革开放 40 周年大型展览’”活动。

2019 年 1 月，马英同志撰写的《关于加强新时代三河市基础教育教师队伍建设的建议》报三河市委统战部、民盟廊坊市委。

2019 年 1 月 11 日，支部走进社区为群众写春联、送福字、贺新年。

2019 年 1 月 18 日，支部主委殷玉华赴石家庄参加民盟河北省委妇女儿童委员会年终工作会议。

2019 年 1 月 19 日，民盟廊坊燕郊支部盟员李旭光、赵丽霞赴大城参加廊坊民盟美术院第二届理事会议暨聘请顾问仪式，李旭光当选为廊坊民盟美术院副秘书长，赵丽霞为理事。

2019年1月18日，支部主委殷玉华赴石家庄参加盟省委妇儿委年终工作会议。

2019 年 1 月 24 日至 26 日，支部主委殷玉华带领本支部 12 名政协委员参加政协三河市委员会六届第三次会议，无缺席，大厂委员陈君，香河委员尹玉娟、芮艳霞分别参加了大厂、香河的政协会议，共提交 2 篇大会发言，8 篇提案，省人大代表马英提交了 2 篇议案。会上，金海明、马英被评为十佳政协委员；马鹏昊、金磊被评为优秀政协委员。

2019 年 1 月 30 日，三河市市场监督管理局挂牌成立，支部主委殷玉华被任命为三河市市场监督管理局副局长。

2019 年 2 月，接市盟通知：燕郊支部魏震于 2018 年撰写的《京津冀协同发展背景下河北省及廊坊市产业转型升级研究》被作为河北省政协全会提案和廊坊市政协全会大会发言，并报中共廊坊市委常委会审议。

2019 年 3 月 3 日，报盟市委调研课题：魏震的《关于京津冀非遗文化遗产协同保护的课题》，马英、刘兵的《基于京津冀协同发展下加强北三县基础教育教师队伍建设的问题》

2019 年 4 月 18 日至 20 日，支部主委殷玉华带领部分盟员参加民盟廊坊市委基层组织负责人暨骨干盟员传统教育活动，赴民盟中央传统教育基地邯郸涉县一二九师司令部旧址参观，并与民盟邯郸市委交流学习。

2019 年 5 月 26 日，魏震撰写的《促进产教融合协同发展，推动河北职业教育高质量发展》报民盟市委。

2019 年 7 月 12 日至 14 日，支部主委殷玉华带领本支部盟员参加民盟北区委员会组织开展的传统教育活动，赴西柏坡、邯郸一二九师开展“不忘合作初心 继续携手前进”主题学习教育活动。

2019 年 9 月 11 日，支部主委殷玉华赴廊坊壹佰剧院参加“不忘合作初心 继续携手前进”主题教育活动部署动员会，民盟河北省委领导到会指导。

2019 年 8 月，支部盟员马英被评为全国优秀教师。

2019 年 9 月 12 日，支部组织 30 名盟员参加“庆祝中华人民共和国成立 70 周年——中国民主同盟华北五省市区书画展（河北站）暨廊坊民盟“壮丽 70 年 奋进新时代”文艺演出。

2019 年 9 月 19 日，三河市政协举办以“同心同梦政协人”为主题的人民政协成立 70 周年综合庆祝活动，支部盟员演出自己创作的配乐诗朗诵《新时代新使命》

2019 年 9 月 28 日，支部举办茶艺讲座，特聘请曾静老师前来授课。

2019 年 11 月 18 日，接市盟通知，三河燕郊支部改名为三河支部。

2019 年 12 月 8 日至 21 日，支部主委殷玉华参加中共廊坊市委统战部组织的廊坊市党外干部即党外优秀年轻干部培训班。

2019 年 12 月，支部主委殷玉华被聘为三河市监察委员会特约监察员，聘期：2019 年至 2021 年。

2019 年 9 月，三河市政协举办以“同心同梦政协人”为主题的人民政协成立 70 周年综合庆祝活动，支部盟员演出自己创作的配乐诗朗诵《新时代新使命》

2019 年 12 月 28 日，支部荣获廊坊市先进基层盟组织一等奖，支部盟员王洪波、李旭光被评为民盟廊坊优秀盟员。

2020 年 1 月 8 日至 10 日，支部主委殷玉华带领本支部 12 名政协委员参加政协三河市六届四次会议，会上提交 2 篇大会发言，18 件提案，大厂委员陈君，香河委员尹玉娟、芮艳霞分别参加了大厂、香河的政协会议，金海明、朱晓方被评为“十佳委员”，王欣霞、王洪波被评为“优秀委员”，殷玉华提案被评为“十优提案”。人大代表马英提交 2 件议案。

2020 年，马英老师主持一项河北省“十三五”规划课题《传统文化教育在高中历史教学实践中的研究》。

2020 年 1 月 11 日，民盟廊坊美术院、民盟三河支部书春送福联合活动，走进三河市燕郊和安花园社区。

2020 年 1 月 13 日，金海明、殷玉华作为民主党派负责人，参加三河市委、市政府工作情况通报会。

2020 年 1 月 17 日，民盟廊坊美术院、民盟三河支部盟员书法家们走进三河市五福托老院，同心同书，喜迎新春。

2020 年 1 月至 2 月，支部各位盟员投入抗击疫情斗争中，1 月 29 日，民盟河北省委公众号推出《抗击新型肺炎，他们不只是宅在家》中登录殷玉华的 2 个建议《阻击新型冠状病毒加强水质监测的建议》《抗击新型肺炎过程中加强心理疏导的建议》；2 月 3 日，民盟廊坊公众号推出《民盟爱心义卖 助力抗击疫情 ——抗击新型冠状病毒肺炎 廊坊民盟在行动》，李旭光、赵丽霞、孟庆胜、刘云杰、吴限等盟员积极参加义拍；各位盟员积极捐款捐物支援抗疫，义拍、捐款捐物共计 18.69 万元；2 月 9 日、2 月 12 日、2 月 14 日、2 月 15 日、2 月 17 日、2 月 24 日民盟廊坊市委公众号推出的盟员抗疫事迹报道都有三河支部盟员的抗疫事迹。

2020 年 3 月 20 日，民盟河北省委发文《关于表彰在疫情防控期间反映社情民意信息工作先进集体和先进个人的决定》，殷玉华、马英被评为先进个人。

2020 年 3 月 24 日，民盟廊坊公众号推出《民盟廊坊市委荣获民盟河北省委多项表彰》，“典型就在身边”先进个人中廊坊 7 盟员中 4 人（马英、张晓东、朱晓方、赵丽霞）为三河支部盟员。

2020 年 4 月，支部荣获民盟河北省 2018—2019 年度社会服务工作先进集体，殷玉华荣获民盟河北省疫情防控宣传工作先进个人，殷玉华、马英荣获民盟河北省疫情防控反映社情民意工作先进个人，马英、朱晓方、赵丽霞、张晓东荣获民盟河北省委典型就在身边先进个人。

2020 年 5 月 11 日，民盟河北省委公众号、民盟廊坊市委公众号推送刘兵、王静、王欣霞“追梦新时代 奋斗新征程”先进事迹，金磊的先进材料在民盟廊坊市委微信公众号发表。

2020 年上半年，组织本支部盟员提交社情民意 8 篇、征文 5 篇、调研课题 4 个、民盟中央第六届经济论坛征文 1 篇、廊坊民盟公众号稿件 13 篇。

2020 年 7 月，支部荣获民盟中央“盟务工作先进基层组织”荣誉称号。

2020 年 8 月 31 日，殷玉华撰写社情民意：关于对《河北省“三小”条例》中第二十条、第二十六条、第五十一条进行完善的建议，报盟省盟妇儿委并被盟省委采用。

2020 年 12 月，支部荣获民盟廊坊市先进基层组织二等奖，厉倩、赵丽霞荣获优秀盟员。

2021 年 3 月，支部主委殷玉华带领 13 名盟员委员参加政协三河市六届五次会议。会上提交的大会发言 4 篇、提交提案 16 篇，2 名委员获得“十优提案”、1 名盟员获得“十佳委员”；4 名盟员获得“优秀委员”。

2021 年 3 月 14 日，支部申报 2021 年度调研课题：①魏震《挖掘河北省传统文化资源，以文旅龙头企业带动全域旅游发展 》（市盟指定）；②殷玉华《论新形势下强化食品安全监管 》；③马英《高中历史课程立德树人教育行动研究》（省“十四五”规划课题）；④马鹏昊《弘扬推进中华优秀传统文化传承发展工程之可以将雕版印刷请进校园培养新生代》；⑤王静《关于社会工作人才队伍建设的相关研究》；⑥赵丽霞《弘扬传统文化，推进中华优秀传统文化传承发展工程》，均为盟省委重点调研课题，并于 10 月顺利结题，获得民盟河北省委颁发的结题证书。

2021 年 4 月，殷玉华被评为 2020 年河北省优秀盟员，赵丽霞荣获庆祝中国民主同盟成立 80 周年征文诗歌视频创作奖。

2021 年 5 月 6 日，民盟廊坊市第八次代表大会召开，支部参会人员：金海明、殷玉华、刘兵、马英、张杨、王洪波、王静、赵丽霞。殷玉华当选为民盟廊坊市第八届市委委员，并当选为出席民盟河北省委第十二次代表大会会议代表。

2021 年 5 月 10 日至 20 日，支部盟员全员参加学党史答题活动。

2021 年 5 月至 13 日，殷玉华、马英、马鹏昊、赵丽霞、王静、魏震参加“民盟河北省委议政调研工作和反映社情民意信息工作座谈会”。

2021 年 5 月 16 日至 18 日，殷玉华组织支部盟员赴西柏坡开展中共党史学习教育活动。

2021 年 6 月 4 日，殷玉华带领支部盟员 20 人到廊坊市丝绸之路国际艺术交流中心参加廊坊盟市委组织的“九城同心沐党恩”庆祝中国共产党成立 100 周年、中国民主同盟成立 80 周年民盟九城书画作品展、“同心颂”文艺演出活动。

2021 年 6 月 17 日，支部在民盟河北省委活力基层组织建设荣获先进基层组织。

2021 年 6 月 29 日至 30 日，殷玉华应邀赴邢台参加《把握“六个抓手”，实施“六项防控”，强化食品药品全链条监管》课题调研活动。

2021 年 7 月 20 日，盟员孟庆胜作品《光辉岁月》获得国家级奖项，9 月

2021 年，民盟北区委员会、三河支部、华北科技学院支部换届会议召开

18日，中国美术家协会公众号发布，该作品获得中国美术家协会入会资格。

2021年7月，三河、大厂、香河县“两会”相继召开，会议均为换届会议。支部13名盟员被聘为三河政协委员，其中六位盟员当选常委。陈君被聘为大厂回族自治县政协委员，尹玉娟为香河县政协委员，殷玉华被评为三河市六届优秀政协委员，马英、王静当选三河市人大代表。

2021年7月30日，民盟三河支部换届会议召开，殷玉华当选为支部主委，刘兵、魏震、马英、孟庆胜任副主委。

2021年8月2日，盟员厉倩撰写盟中央第七届民生论坛征文《中国的人口结构变化与就业前景分析》，报盟市委。

2021年8月13日，支部主委殷玉华作为政协委员参加三河市人民法院座谈会，就廊坊中院报告提出中肯的建议。

2021年8月，殷玉华被聘为廊坊市政协第八届委员会委员。

2021年12月，殷玉华被评为2021年度河北省优秀盟员。

民盟华北科技学院支部

【概 况】

民盟华北科技学院支部成立于2010年11月。截至2021年年底，有盟员8人，全部是华北科技学院教师职工，高级职称8人。

【历任负责人】

时间	基层组织	主委	副主委
2010年11月	民盟华北科技学院支部	刘忠见	
2016年7月	民盟华北科技学院支部	刘忠见	冀桂娥、李晓荣
2021年至今	民盟华北科技学院支部	单 耀	李晓荣

【盟务活动】

2010年11月16日，民盟华北科技学院支部成立会议在三河燕郊召开。

市政协副主席、民盟廊坊市委主委、三河市副市长张纬东出席会议并讲话。会议选举刘忠见为支部主委。

2016 年 7 月 8 日，民盟华北科技学院支部换届会议召开。会议选举刘忠见任主委，冀桂娥、李晓荣任副主委。

2021 年 7 月 11 日，支部委员单耀当选三河市第七届政协常委。

2021 年 7 月 30 日，民盟华北科技学院支部换届会议召开，会议选举单耀任支部主委，李晓荣任副主委。

2021 年 7 月 23 日至 7 月 26 日，单耀参加三河市政协七届一次会议，提交两项提案：关于加强智慧城市建设，提升城市管理水平的提案；关于发挥廊坊市智力优势，建立三河市大学科技园的提案。

2021 年 11 月，支部主委单耀主持的慕课《采煤概论》，荣获中国煤炭教育协会，全国煤炭行业教学成果奖二等奖。

2010 年 11 月，民盟华北科技学院支部成立

第三节 民盟医卫委员会

【概 况】

民盟医卫委员会成立于2016年7月15日，其前身是2001年6月成立的民盟医卫支部，下设民盟医卫一支部、民盟医卫二支部、民盟医卫三支部。截至2021年年底，有盟员55人，高级职称24人，中级职称24人。平均年龄51.51岁。

【历任负责人】

时间	基层组织	主委	副主委
2006年	民盟医卫支部	王东风	单东风、高大光
2011年	民盟医卫支部	单东风	刘燕铭、董 力
2016年7月	民盟医卫委员会	单东风	刘燕铭、董 力、李俊梅
2021年4月	民盟医卫委员会	杨建中	李洪帅、牛力华、孟艳红

【盟务活动】

2008年5月27日，民盟廊坊市委组织医卫支部盟员，与农工民主党、市政协文教卫委、市健康教育所联合举行了义诊，为广阳区南尖塔镇南甸村村民诊治各种疾病。

2009年4月16日，医卫支部盟员参加了市委统战部组织的到广阳区吴堤村的义诊咨询活动。

2009年5月31日，民盟廊坊市委组织支部盟员会同市委统战部、农工党、九三学社等组织医务专家到广阳区万庄镇大伍龙村为村民送医送药，携带药品价值1000元。

2009年6月5日，民盟廊坊市委组织医卫支部盟员到安次区码头镇济南屯为村民义诊。

2009年6月26日，民盟廊坊市委组织医卫支部盟员会同市政协、农工党、市卫生局、市医院联合组织10余名医务界专家，到香河县淑阳镇凌家吴村开展送医送药下乡活动。

2010 年 10 月，医卫支部主委王东风到固安县林城村参加义诊

2010 年 5 月 7 日，民盟廊坊市委组织医卫支部盟员协同各民主党派医疗专家赴永清县北钊村开展义诊活动。

2010 年 10 月 22 日，医卫支部盟员到固安县林城村参加民盟市委、市政协教科文卫体委员会、市农工党、市健康教育所联合组织的送医送药下乡活动。

2010 年，医卫支部被评为民盟廊坊市先进支部一等奖。

2011 年 5 月 6 日，民盟廊坊市委组织医卫支部盟员到安次区调河头乡开展义诊活动。

2011 年 5 月 31 日，民盟廊坊市委组织医卫支部盟员到广阳区南尖塔镇大屯村开展义诊活动。

2011 年 12 月 24 日，郭淑凤等 10 位支部盟员参加中国民主同盟廊坊市第六次代表大会。郭淑凤、单东风当选民盟廊坊市第六届委员会委员。

2012 年 5 月 16 日，医卫支部盟员到固安温泉工业园区林城铺村参加盟市委、市政协教科文卫体委员会、市农工党、市健康教育所联合组织的送医送药下乡活动。

2013 年，在廊坊市政协第六届委员会第一次会议，盟员单东风的两条提案，其中一条“关于给患者一个良好就医环境的建议”被采纳，由市综合执法局牵头，市公安机关协同，依法对市医院建国道两侧交通及周边环境进行了整治。

2013年7月，支部老盟员刘克明老师结合所在地区实际情况，就有关“农村承包土地流转情况”向永清县委、吴楼村党支部、北辛溜乡党委提出建议。

2013年10月17日，民盟廊坊市委联合市政协教科文卫体委员会、市医院、市农工党、民盟、市健康教育所，组织20名医务界专家，来到香河县淑阳镇赶水坝村开展送医送药下乡活动。

2013年10月18日，医卫支部盟员和各民主党派医务专家到市委统战部、市工商联的帮扶村街——大厂回族自治县祁各庄镇半边店村义诊。

2013年，民盟医卫支部被评为民盟廊坊市先进基层组织。

2014年10月20日，医卫支部盟员到固安县知子营乡后白垡村参加盟市委、市政协教科文卫体委员会、市农工党、市健康教育所联合组织的送医送药下乡活动。

2015年4月28日，医卫支部在民盟市委机关召开座谈会，就如何尽职履责、做好参政议政等内容进行交流，新老盟员20余人参加座谈。

2015年11月12日，民盟廊坊市委组织医卫支部盟员同来自市医院、中

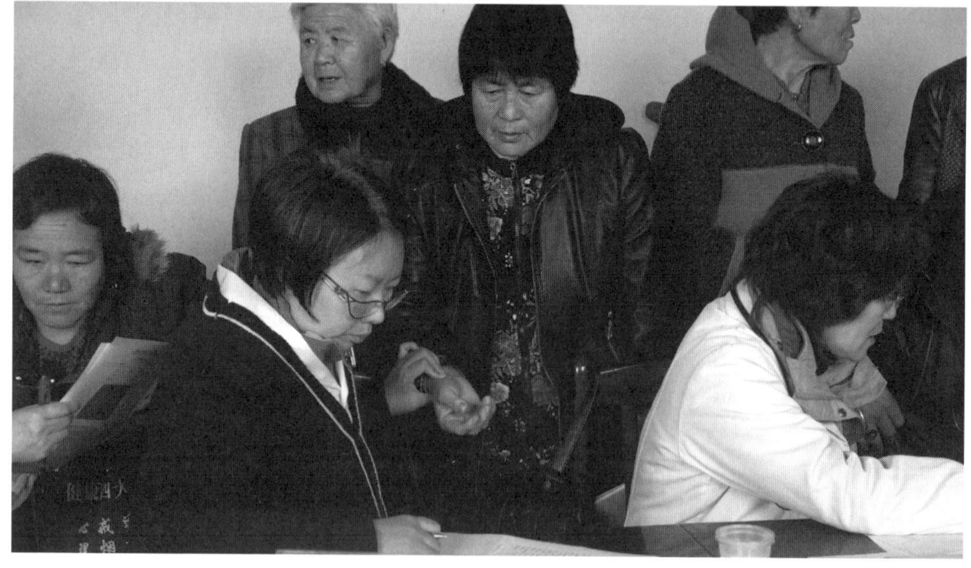

2015年11月，支部盟员参加大城县平舒镇北李庄村义诊活动

医院、市健康教育所的20名医务专家赴大城县平舒镇北李庄村开展义诊活动。

2015 年，民盟医卫支部被评为民盟廊坊市先进基层组织 。

2016 年 7 月 15 日，民盟廊坊市医卫委员会成立会议召开。民盟廊坊市委副主委郭淑凤、王景硕出席会议。会议选举单东风任主委，刘燕铭、董力、李俊梅任副主委。

2016 年 11 月 18 日，医卫委员会组织盟员，在廊坊时代广场开展安全用药宣传活动。

2016 年 12 月 23 日上午，廊坊民盟医卫委员会与中教委员会、一中支部联合为高考家长组织心理讲座。

2017 年，民盟廊坊市委医卫委员会荣获 2012—2016 年度民盟河北省委社会服务工作先进集体。单东风荣获2012—2016年度社会服务工作先进个人。

2017 年 5 月和 9 月，两次组织盟员医务专家，在市委统战部的带领下，联合兄弟民主党派赴三河和固安乡镇开展义诊活动。

2018 年 7 月，在民盟河北省成立 60 周年纪念大会上，医卫委员会被评为民盟河北省先进基层组织。

2018 年 8 月 28 日，民盟廊坊市委医卫委员会医疗专家到永清县里澜城

2018 年 8 月，医卫委员会医疗专家到永清县里澜城镇后第五村进行义诊

镇后第五村进行义诊。市人民医院、廊坊开发区人民医院的医疗专家免费为后第五村及周边村街群众进行诊疗、制定检查、治疗方案，免费发放价值2000余元的药品。

2018年9月，民盟廊坊市委组织盟内文化艺术、医务和健康管理、律师、金融理财专家赴廊坊安次区风筝小镇——第什里举办大型社会服务公益活动，义诊、咨询、演出，与安次区新社会阶层各界人士和乡村群众共贺中秋、喜迎国庆、欢度第一个农民丰收节。

2019年6月21日至22日，医卫委员会盟员赴民盟中央传统和爱国主义教育基地狼牙山重温历史。

2020年1月至3月，新冠疫情肆虐，医卫委员会盟员积极投身到疫情防控第一线，为群众健康保驾护航，盟员晁怀宇第一时间主动请缨，任带队组长，深入廊坊防疫定点医院——廊坊市第三人民医院，救治新冠患者。经过不懈努力，圆满完成了新冠患者的救治工作。

2020年，民盟医卫委员会荣获民盟廊坊市先进基层盟组织一等奖。

2020年11月7日上午，民盟廊坊联合二支部与民盟廊坊医卫委员会在盟员之家——河北李景玉律师事务所开展组织活动。学习观看民盟发展史和民盟先贤史良的纪录片，发言讨论如何成为一名现代的优秀的盟员。

2021年4月，医卫委员会换届会议召开

2021 年 4 月 24 日，医卫委员会换届会议召开，选举杨建中为主委，李洪帅、牛力华、孟艳红为医卫委员会副主委。

2021 年 7 月 3 日，为庆祝中国共产党建党 100 周年，廊坊民盟医卫委员会发挥自身优势，组织盟内医疗专家到永清管家务回族乡柳园村开展义诊活动，为当地群众送去便民医疗服务。

民盟医卫一支部

【概 况】

民盟医卫一支部于 2016 年 8 月成立，有盟员 26 人，以廊坊市人民医院医护人员为主，高级职称 11 人，中级职称 12 人，平均年龄 49.15 岁。

【历任负责人】

时 间	基层组织	主 委	副主委
2016 年 7 月	民盟医卫一支部	刘燕铭	李洪帅
2021 年 4 月	民盟医卫一支部	李洪帅	周慧、曹新河

【盟务活动】

2016 年 7 月 15 日，医卫一支部成立会议召开。会议选举刘燕铭任主委，李洪帅任副主委。

2016 年 10 月 20 日，单东风、刘燕铭等 4 位支部盟员参加中国民主同盟廊坊市第七次代表大会。单东风当选民盟廊坊市第七届委员会委员。

2018 年 6 月，民盟廊坊市委举办健康知识讲座，郭淑凤出席讲座，支部盟员、市医院骨科主任医师杨建中主讲，主题是骨质疏松、风湿和类风湿等常见疾病的预防和治疗。

2019 年，医卫一支部、三支部分别为新盟员王贵臣、王永昆和侯广安、李春艳组织了新盟员培训会。

2020 年，支部盟员放弃春节假期，战斗在疫情防控的第一线。盟员晁

2020 年 4 月，民盟廊坊市委慰问从疫情防控的第一线撤下休息的盟员晁怀宇

怀宇被评为民盟河北省疫情防控工作优秀盟员。

2021 年 4 月 24 日，支部换届会议召开，选举李洪帅为支部主委，周慧、曹新河为副主委。

2021 年 5 月 6 日，单东风、杨建中等 5 位支部盟员参加中国民主同盟廊坊市第八次代表大会。杨建中当选民盟廊坊市第八届委员会委员。

民盟医卫二支部

【概 况】

民盟医卫二支部于 2016 年 8 月成立，截至 2021 年年底，有盟员 12 人，以廊坊卫生职业学院教师职工为主，高级职称 6 人，中级职称 1 人，平均年龄 55.8 岁。

【历任负责人】

时间	基层组织	主委	副主委
2016 年 7 月	民盟医卫二支部	董力	牛力华、屈芳芳
2021 年 4 月	民盟医卫二支部	牛力华	屈芳芳

【盟务活动】

2016 年 7 月 15 日，医卫二支部成立会议召开。会议选举董力任主委，牛力华、屈芳芳任副主委。

2016 年 10 月 20 日，董力、牛力华、屈芳芳等 3 位支部盟员参加中国民主同盟廊坊市第七次代表大会。

2019 年 3 月，支部盟员牛力华老师做《正念冥想与压力管理》讲座。

2020 年 1 月至 3 月，支部盟员踊跃投入疫情防控工作中，盟员牛力华牵头组建应激心理干预团队，为抗击疫情提供心理服务。盟员屈芳芳事迹被民盟微信公众号刊发。

2021 年 4 月 24 日，支部换届会议召开，选举牛力华为医卫二支部主委，屈芳芳副主委。

2019 年 3 月，迎三八妇女节，医卫二支部牛力华老师面向全市女盟员做心理讲座

2021 年 5 月 6 日，牛力华、屈芳芳二位支部盟员参加中国民主同盟廊坊市第八次代表大会。

民盟医卫三支部

【概 况】

民盟医卫三支部于 2016 年 8 月成立，截至 2021 年年底，有盟员 17 人，以市中医院、卫健委、原食品药品监督管理局等卫生系统单位干部职工为主，高级职称 7 人，中级职称 7 人，平均年龄 52.59 岁。

【历任负责人】

时 间	基层组织	主 委	副主委
2016 年 8 月	民盟医卫三支部	李俊梅	王际强、孟艳红
2021 年 4 月	民盟医卫三支部	孟艳红	王际强、吴宏杨

【盟务活动】

2016 年 7 月 15 日，民盟廊坊市医卫三支部成立会议召开。会议选举李俊梅任主委，王际强、孟艳红任副主委。

2016 年 10 月 20 日，李俊梅、孟艳红、王际强等支部盟员参加中国民主同盟廊坊市第七次代表大会。郭淑凤当选民盟廊坊市第七届委员会副主委。

2021 年 4 月 24 日，支部换届会议召开，选举孟艳红为主委，王际强、吴宏杨为副主委。

2021 年 5 月 6 日，吴宏杨、李新新等支部盟员参加中国民主同盟廊坊市第八次代表大会。

第四节 民盟廊坊师范学院委员会

【概 况】

民盟廊坊师范学院委员会成立于2016年7月19日，其前身是2011年9月成立的民盟廊坊师范学院总支，下设民盟廊坊师范学院一支部、民盟廊坊师范学院二支部、民盟廊坊师范学院老年支部。截至2021年年底，有盟员97人，以廊坊师范学院的教师和职工为主，高级职称53人，中级职称36人。

【历任负责人】

任职时间	基层组织	主委	副主委或委员
2011年9月	民盟师院总支	周旭光	杨九利、阿迎萍、郭金生、徐世华
2016年7月	民盟师院委员会	周旭光	杨九利、刘艳庭、孔永生、王荣芳、曹传熠
2021年至今	民盟师院委员会	曹传熠	杨九利、张明曦、张玲娟

【盟务活动】

2011年9月25日，民盟廊坊师范学院总支成立大会举行。民盟廊坊市委副主委郭淑凤、孙大军出席会议。周旭光当选为第一届总支主委，杨九利、阿迎萍、郭金生、徐世华当选为总支委员。

2014年9月16日至17日，民盟中央基层组织工作会议召开。会上，民盟廊坊师院总支荣获“中国民主同盟基层组织建设先进基层组织”荣誉称号。

2015年，师院总支被评为民盟河北省先进基层组织。

2016年7月19日，民盟廊坊师范学院委员会成立大会召开，民盟廊坊市委主委张纬东，副主委孙大军、郭淑凤、王景硕出席会议。会议选举周旭光任委员会主委，杨九利、刘艳庭、孔永生、王荣芳、曹传熠任副主委。

2016年11月23日，民盟河北省委召开思想宣传工作暨学习实践活动推进会，由师院委员会盟员王荣芳担任组长，师院盟员孔永生、刘永等为成员的课题组撰写的《中国政党协商的性质和特点研究》，被评为2015年民盟河北省委理论研究课题二等奖。省政协副主席、民盟河北省委主委边发吉为民盟廊坊市委颁发获奖证书。

2019 年 7 月 13 日至 14 日，委员会联合民盟廊坊高教委员会在河北省西柏坡爱国主义教育基地、平山县李家庄中央统战部旧址、狼牙山爱国主义教育基地深入开展了“不忘合作初心 继续携手前进”主题教育活动。

2019 年 12 月 31 日，委员会举办迎新春系列活动。

2020 年 12 月 18 日，委员会组织盟员深入学习党的十九届五中全会精神宣讲会。

2021 年 4 月 20 日，委员会换届大会召开，民盟廊坊市委副主委郭淑凤、王景硕、周旭光出席会议，会议选举曹传熠为委员会主委，杨九利、张明曦、张玲娟为副主委。

2021 年 7 月 10 日，委员会举行“学党史，跟党走”主题教育学习活动。

2020 年 12 月，民盟廊坊师范学院委员会举办深入学习中共十九届五中全会精神宣讲会

2021 年 4 月，中国民主同盟廊坊师范学院委员会换届会议召开

民盟廊坊师范学院老年支部

【概 况】

民盟廊坊师范学院老年支部，截至 2021 年年底，有盟员 35 人，以廊坊师范学院退休教师和职工为主，高级职称 24 人，中级职称 19 人。

【历任负责人】

时间	基层组织	主委	副主委或委员
2006 年	民盟廊坊师范学院老年支部	徐世华	詹泗勋、平进珍
2011 年 9 月	民盟廊坊师范学院老年支部	徐世华	詹泗勋、平进珍、杜希谦
2016 年 7 月	民盟廊坊师范学院老年支部	杨九利	平进珍、张士辰、陈金凤
2021 年 4 月	民盟廊坊师范学院老年支部	杨九利	平进珍、陈金凤、张士辰、王洪霞

【盟务活动】

2009 年 3 月，支部组织开展了以科学发展观为主题的学习活动。

2009 年 4 月，支部组织开展了以廊坊市“两会”为主题内容的学习活动。

2009 年 5 月 10 日，支部举办了一场别开生面的组织生活会。40 余位离退休老年朋友欢聚一堂，在掷飞镖、投沙包等游艺活动的同时，抽签回答有关时政、健康知识问题，答对有奖。

2009 年 8 月，在民盟廊坊市委举办的庆祝新中国成立 60 周年象棋比赛中，支部盟员秦士伦以不败战绩摘得冠军头衔。

2010 年，支部被评为民盟河北省先进基层组织。

2011 年 3 月 18 日，民盟廊坊市委举办廊坊市纪念中国民主同盟成立 70 周年大会暨文艺演出，支部盟员晁春卉表演诗朗诵《民盟颂歌》。

2011 年 9 月 25 日，支部换届选举，徐世华当选主委，詹泗勋、平进珍、杜希谦当选为委员。

2011 年 12 月 24 日，袁绍祥等 11 位支部盟员参加中国民主同盟廊坊市第六次代表大会。

2012 年 10 月 26 日至 30 日，中华诗词艺术节在北京中国现代文学馆隆重举行。民盟廊坊师院离退休支部晁春卉选送的诗作被评为一等奖。

2013 年 3 月，支部组织学习全国“两会”精神。

2014 年，支部多次组织健康讲座。

2016 年 7 月 19 日、支部换届会议召开，选举杨九利任主委，平进珍、张士辰、陈金凤任副主委。

2016 年 10 月 20 日，杨九利等 4 位支部盟员参加中国民主同盟廊坊市第七次代表大会。

2021 年 4 月 20 日，支部换届大会召开，选举杨九利为主委，平进珍、陈金凤、张士辰、王洪霞为副主委。

2021 年 5 月 6 日，杨九利、平进珍、王洪霞三位支部盟员参加中国民主同盟廊坊市第八次代表大会。

2021 年 6 月 4 日，民盟廊坊市委举办“九城同心沐党恩”庆祝中国共产党成立 100 周年、中国民主同盟成立 80 周年书画作品展，支部盟员张保义作品参展。

民盟廊坊师范学院一支部

【概 况】

民盟廊坊师范学院一支部，截至2021年年底，有盟员38人，以廊坊师范学院在职教师和职工为主，高级职称18人，中级职称15人。

【历任负责人】

时间	基层组织	主委	副主委或委员
2006年	民盟廊坊师范学院一支部	周旭光	郭金生、朱欣华
2011年9月	民盟廊坊师范学院一支部	刘艳庭	朱欣华、邢璐
2016年7月	民盟廊坊师范学院一支部	王荣芳	邢璐、张爱萍、张明曦
2021年4月	民盟廊坊师范学院一支部	张明曦	邢璐、张爱萍、贾骁骁、刘进慧

【盟务活动】

2009年1月15日，支部盟员参加盟市委举办的迎新春联欢会，组织8个节目，周旭光、何成华、邢璐等参加演出。

2009年3月5日，民盟廊坊市委举办庆“三八”女性服饰与礼仪讲座。支部盟员阿迎萍就“职业女性服饰与礼仪”作了精彩的讲解。

2009年6月19日，支部盟员孙大军、周旭光及廊坊盟市委领导，陪同民盟中央秘书长及组织部部长等去燕郊进行调研。

2011年3月18日，民盟廊坊市委举办廊坊市纪念中国民主同盟成立70周年大会暨文艺演出，支部盟员周旭光、何成华、周奇霞、邢璐等参加演出。

2011年5月15日，在民盟中央召开的纪念中国民主同盟成立70周年大会上，支部盟员周旭光被评为全国先进个人。

2011年6月13日，由民盟廊坊市委主办的“廊坊民盟纪念中国共产党建党90周年、纪念中国民主同盟成立70周年盟员书画展”上，周旭光作品参展。

2011年6月22日，廊坊市各民主党派庆祝建党90周年“同心颂”文艺演出举办，支部盟员周旭光任总导演，何成华、周奇霞、邢璐等参加演出。

2011年9月25日，支部换届选举，刘艳庭当选为一支部主委，朱欣华、邢璐当选为一支部委员。

2011 年 12 月 24 日，孙大军、周旭光等 13 位支部盟员参加中国民主同盟廊坊市第六次代表大会。孙大军当选民盟廊坊市第六届委员会副主委委员，周旭光、刘艳庭当选民盟廊坊市第六届委员会委员。

2012 年 10 月，周旭光增选为民盟廊坊市委副主委。

2016 年 7 月 19 日，支部换届会议召开，选举王荣芳任支部主委，邢璐、张爱萍、张明曦任副主委。

2016 年 10 月 20 日，王荣芳、朱欣华等 8 位支部盟员参加中国民主同盟廊坊市第七次代表大会。周旭光当选民盟廊坊市第七届委员会副主委、王荣芳、刘艳庭当选民盟廊坊市第七届委员会委员。

2017 年 5 月，支部盟员张立敏荣获 2012—2016 年度民盟河北省社会服务工作先进个人。

2018 年 12 月 23 日下午，为庆祝我国改革开放 40 周年，支部举行主题活动。

2019 年 1 月 18 日，廊坊民盟艺术团成立联欢会在廊坊师范学院音乐厅成功举行，支部盟员周旭光任团长。同时举办了民盟廊坊市委 2018 年度年终总结表彰大会。

2019 年 12 月 31 日，支部在廊坊师范学院东院体育馆开展以“激情冰

2018 年 12 月，民盟廊坊师范学院一支部举办庆祝改革开放四十周年纪念活动

雪、期盼冬奥”为主题的庆元旦主题活动。盟员刘进慧老师给大家讲授陆地冰壶竞赛规则和技术要领，随后，盟员分组进行对战。

2020 年 1 月至 2 月，盟员周旭光老师创作《江城安好》《祝福大中华》《最亮的星星》《多想看看你的脸》《我们在一起》《信仰的力量》等多首歌曲为疫情防控加油鼓劲，其中歌曲《江城安好》入选中共中央宣传部学习强国平台全国优秀“战疫”公益歌曲展播。《多想看看你的脸》《我们在一起》《向疫而行》被民盟中央公众号采用，支部盟员葛涛向社区捐赠口罩，被民盟市委微信公众号刊发。

2020 年 7 月，周旭光作曲，修静演唱廊坊市创建全国文明城市主题公益歌曲《最美的名片》。

2021 年 4 月 20 日，支部换届大会召开，选举张明曦为支部主委，邢璐、张爱萍、贾骁骁、刘进慧为副主委。

2021 年 5 月 6 日，周旭光、王荣芳等 9 位支部盟员参加中国民主同盟廊坊市第八次代表大会，王荣芳当选民盟廊坊市第八届委员会副主委。

2021 年 6 月 4 日，民盟廊坊市委举办庆祝中国共产党成立 100 周年、中国民主同盟成立 80 周年“同心颂”演出，支部盟员周旭光任总导演，高利、侯艺璇、李媛、邢璐、张洁敏、田鹏等参加演出。

民盟廊坊师范学院二支部

【概 况】

民盟廊坊师范学院二支部，截至 2021 年年底，有盟员 24 人，以廊坊师范学院在职教师和职工为主，高级职称 11 人，中级职称 12 人。

【历任负责人】

时间	基层组织	主委	副主委或委员
2006 年	民盟廊坊师范学院二支部	杨九利	孔永生、阿迎萍
2011 年 9 月	民盟廊坊师范学院二支部	孔永生	刘永、王荣芳
2016 年 7 月	民盟廊坊师范学院二支部	曹传熠	常笑尘、张玲娟、黄秀薇
2021 年 4 月	民盟廊坊师范学院二支部	张玲娟	常笑尘、黄秀薇、袁文甲

【盟务活动】

2011 年 6 月 13 日，由民盟廊坊市委主办的“廊坊民盟纪念中国共产党建党 90 周年、纪念中国民主同盟成立 70 周年盟员书画展”上，支部盟员曹传熠、张保义作品参展。

2011 年 9 月 25 日，民盟廊坊师范学院基层支部换届选举，孔永生当选为支部主委，刘永、王荣芳当选为支部委员。

2011 年 12 月 24 日，杨九利等 12 位支部盟员参加中国民主同盟廊坊市第六次代表大会。

2009 年 11 月，民盟师院二支部盟员阿迎萍老师做庆“三八”女性服饰与礼仪讲座

2013 年，支部被评为民盟廊坊市先进基层组织。

2014 年 6 月，廊坊民盟美术院成立，支部盟员张保义任副院长。

2014 年 11 月，支部盟员王荣芳撰写两篇理论研究文章分别被民盟河北省委评为一等奖、二等奖，课题“民主党派在基层民主协商中的作用”被省委统战部立项并上报中央统战部。

2015 年 7 月 12 日，民盟东方书法课堂成立一周年纪念活动在民盟机关会议室举行，支部盟员常笑尘老师从墨竹、牡丹画法讲起，传授花鸟国画入门技法。

2016 年 7 月 19 日，支部换届会议召开，选举曹传熠任支部主委，常笑尘、张玲娟、黄秀薇任副主委。

2016 年 10 月 20 日，曹传熠等 6 位支部盟员参加中国民主同盟廊坊市第七次代表大会。

2017 年 9 月 8 日，支部盟员张瑞设计作品“中华耕织文化园”获得“2017 中国设计节”一等奖。

2017 年 5 月 3 日，推进廊坊市非遗工作，支部组委曹传熠为第什里风筝博物馆绘制大型国画《情寄永定河》，首次将安次历史沿革以绢本绘画方式再现记录。

2018 年 7 月 1 日，支部盟员郝三平组织实施了由廊坊市委宣传部、廊坊师范学院主办的“纪念改革开放四十周年”设计展。

2018 年 11 月 28 日，应北京市政府邀请绘制大型作品《燕山春色》。

2019 年 7 月 10 日，支部盟员常笑尘被评为民盟中央高校基层组织盟务工作先进个人。

2019 年 12 月 31 日，支部开展迎新春“墨香暖心，迎春送福”系列活动。

2020 年 8 月 1 日，支部主委曹传熠应驻哈萨克斯坦大使馆邀请绘制国画作品《山水情》，被中华人民共和国外交部永久收藏。

2021 年 4 月 20 日，支部换届大会召开，会议选举张玲娟为二支部主委，常笑尘、黄秀薇、袁文甲为副主委。

2021 年 5 月 6 日，曹传熠、常笑尘等 5 位支部盟员参加中国民主同盟廊坊市第八次代表大会。

2021年6月4日，民盟廊坊市委举办“九城同心沐党恩”庆祝中国共产党成立100周年、中国民主同盟成立80周年民盟九城书画作品展。支部盟员曹传熠、常笑尘、袁文甲、宋世成、张瑞等作品参展。

第五节 民盟高等教育委员会

【概 况】

民盟高等教育委员会成立于2016年7月28日，下设民盟廊坊职业技术学院支部、民盟河北工业大学廊坊分校支部、民盟北华航天工业学院支部三个支部。截至2021年年底，有盟员28人，高级职称14人，中级职称9人，平均年龄55岁。

【历任负责人】

时间	基层组织	主委	副主委
2016年7月	民盟高等教育委员会	吴树华	魏亚萍、张素蓉
2021年4月	民盟高等教育委员会	吴树华	尹立红、张宏杰

【盟务活动】

2016年7月28日，民盟廊坊高等教育委员会成立，会议选举吴树华同志为委员会第一任主委，选举魏亚萍、张素蓉为副主委。

2018年8月11日，委员会一行7人赴李大钊故居纪念馆参观学习。民盟市委副主委郭淑凤、李景玉出席活动。

2018年12月5日，委员会组织部分盟员前往北京中农富通园艺公司参观学习，加深对现代农业的发展理念、发展趋势的理解。

2019年5月，委员会组织部分盟员参观了国家节能中心节能技术宣传推广基地。民盟市委驻会副主委王景硕应邀参加活动。

2019年9月17日，委员会组织支部盟员到北京大兴机场参观，并到北京大兴机场回迁安置区项目一区，调研正在此地举办的“廊坊市2019年建

2019 年 5 月，民盟高教委员会组织盟员参观国家节能中心节能技术宣传推广基地

筑工程质量安全文明施工观摩现场会”。

2020 年 4 月，委员会组织部分盟员赴九州永定农业股份公司农业种植基地，调研农业产业化发展，探索“乡村振兴”新路径，并为企业发展建言献策。

2021 年 4 月 29 日，委员会换届会议召开，会议选举吴树华为民盟委员会主委，选举尹立红、张宏杰为副主委。

2021 年 4 月，民盟高教委员会换届会议召开

民盟河北工业大学廊坊分校支部

【概 况】

民盟河北工业大学廊坊分校支部，截至2021年年底，有盟员10人，以河北工业大学廊坊分校教师职工为主，高级职称5人，中级职称4人，平均年龄49.55岁。

【历任负责人】

时间	基层组织	主委	副主委
2011年7月	民盟河北工业大学廊坊分校支部	袁利海	吴树华
2016年7月	民盟河北工业大学廊坊分校支部	吴树华	艾 楠
2021年4月	民盟河北工业大学廊坊分校支部	吴树华	艾 楠

2011年7月15日，河北工业大学廊坊分校支部完成换届，袁利海当选支部主委，吴树华当选支部副主委。

2011年11月，支部盟员吴树华被评为廊坊市十佳民主党派成员。

2011年12月24日，袁利海等3位支部盟员参加中国民主同盟廊坊市第六次代表大会。

2016年7月8日，支部召开换届会议，选举吴树华为支部主委，艾楠为副主委。

2016年10月20日，支部主委吴树华、副主委艾楠参加中国民主同盟廊坊市第七次代表大会。

2017年4月27日，吴树华参加了民盟河北省委在保定召开的围绕雄安新区建设建言献策座谈会。会上，吴树华就雄安新区高等教育的发展提出建设雄安大学的建议，引起了与会盟省委领导的重视，会后相关建议经盟省委报送至省级相关部门。

2019年，吴树华作为廊坊市政协第七届委员先后参加了8次廊坊市政协组织的调研活动或座谈会。其中，在“社区环境建设与管理”座谈会、在“民办幼儿园健康发展调研”座谈会上的发言建议，被市政协相关领导重视并采

2016 年 7 月，民盟河北工业大学廊坊分校支部换届会议召开

纳。在消防支队“学训词、当标兵、促转型、再出发座谈会”上的发言建议，引起消防支队主要领导的重视，会后被邀请到消防支队进一步深入调研。

2020 年，新冠疫情期间，吴树华主笔完成的疫情防控方面的调研报告《廊坊应对重大突发公共卫生事件应急管理体制机制研究》，部分建议被中共廊坊市委研究室（市委改革办）主办党内刊物《调查研究》采用，并得到时任廊坊市委书记冯韶慧的批示。

2021 年 4 月 29 日，支部召开换届会议，选举吴树华为支部主委，艾楠为副主委。

2021 年 5 月 6 日，吴树华、袁利海等支部盟员参加中国民主同盟廊坊市第八次代表大会，吴树华当选民盟廊坊市第八届委员会委员。

2021 年，吴树华参加廊坊市政协组织的关于廊坊发展临空经济的建言献策活动，为此撰写的调研报告被选入政协第七届委员会第 15 次常务会议大会书面发言。之后研究成果被选入 2022 年河北省政协会议大会材料及民盟河北省委第十一届委员会参政议政成果汇编（2017—2022）。

民盟廊坊职业技术学院支部

【概 况】

民盟廊坊职业技术学院支部成立于 2006 年 6 月，截至 2021 年年底，有盟员 13 人，以廊坊职业技术学院教师职工为主，高级职称 8 人，中级职称 3 人，平均年龄 61.92 岁。

【历任负责人】

时间	基层组织	主委	副主委或委员
2011 年 7 月	民盟廊坊职业技术学院支部	王东贞	田学芳、刘艳
2016 年 7 月	民盟廊坊职业技术学院支部	魏亚萍	刘艳
2021 年 4 月	民盟廊坊职业技术学院支部	尹立红	李雪梅

【盟务活动】

2009 年，王东贞主持的省级课题《职业教育与素质教育的关系》获河北省优秀教学成果三等奖。

2010 年 9 月，河北省电视台农民频道——《农博士在行动》栏目，为刘桂英主持的课题《蝗虫规模化养殖技术研究》拍摄了专题片《蝗虫养殖技术》，10 月初节目播出，为服务“三农”起到示范与带动作用。

2011 年 7 月 15 日，支部完成换届，王东贞当选支部主委，田学芳、刘艳当选支部副主委。

2013 年，支部盟员定期探望福利院，看望孤残儿童。

2016 年 7 月 28 日，支部换届会议召开，会议选举魏亚萍同志为主委，刘艳为副主委。

2016 年 10 月 20 日，支部盟员魏亚萍、刘艳、沙冰洁参加中国民主同盟廊坊市第七次代表大会。

2018 年 4 月至 6 月和 11 月，支部盟员刘桂英、尹立红、魏亚萍三位教授，利用自身资源优势，参与实施了对广阳、安次、永清、文安、大城两区三县的新型职业农民农业技术培训活动。培训人次达 1800 多人。

2011 年，“六一”前夕，民盟廊坊职业技术学院支部盟员去市中医院看望白血病患儿

2018 年，支部被评为民盟廊坊市先进基层组织。

2019 年 4 月，支部盟员尹立红教授响应中央“建设美丽乡村，改善环境质量，提高资源利用率”的号召，与九州永定农业股份有限公司合作开发赤松茸的栽培技术。

2019 年 9 月至 11 月，支部三位盟员教授尹立红、刘桂英、魏亚萍，积极投入廊坊市脱贫攻坚、服务“三农”、培养新型职业农民行动中，受邀分别为燕郊、三河、大城、固安、文安等县农业农村局新型职业农民、村干部、河北省农业技术干部等进行系列培训。

2020 年，支部荣获民盟河北省 2018—2019 年度社会服务工作先进集体荣誉，尹立红教授荣获 2019 年“典型就在身边”活动先进个人荣誉和民盟河北省 2018—2019 年度社会服务工作先进个人荣誉。

2020 年 11 月，魏亚萍教授主编的教材《电子商务基础 第 3 版》入选教育部“十三五”职业教育国家规划教材。2021 年，该教材荣获河北省第十届高等职业教育教学成果三等奖；《电子商务基础 第 3 版》被遴选为 2019—2022 年度“机械工业出版社职业教育畅销教材”。

2020 年、2021 年连续两年，民盟廊坊职业技术学院支部尹丽红、魏亚萍教授，受大城、文安、霸州等地农广校邀请，分别对三地的高素质农民进行农业技术的培训。

2021 年 4 月 29 日，支部换届会议召开，会议选举尹立红同志为新一届支部主委，选举李雪梅为副主委。

2021 年 6 月，尹立红教授申报的“基于物联网设施栽培大球盖菇绿色高产技术研究与应用”经河北省科技厅批准立项，被河北省科技厅确定为“农业高质量发展关键共性技术攻关专项”，获省科技厅专项资金 46 万元，实现了廊坊市高职院校科技计划资助项目零的突破。

民盟北华航天工业学院支部

【概 况】

民盟北华航天工业学院支部成立于 2021 年 3 月，其前身是 2016 年 7 月成立的民盟北华航天工业学院小组，截至 2021 年年底，有盟员 5 人，以北华航天工业学院教师职工为主，高级职称 1 人，中级职称 3 人，平均年龄 47 岁。

【历任负责人】

时间	基层组织	主委 / 负责人	副主委
2016 年 7 月	民盟北华航天工业学院小组	张素蓉	
2021 年 3 月	民盟北华航天工业学院支部	张宏杰	

【盟务活动】

2016 年 7 月，民盟北华航天工业学院小组成立，张素蓉任负责人。

2016 年 10 月 20 日，盟员张素蓉参加中国民主同盟廊坊市第七次代表大会。

2018 年 9 月 1 日，由民盟廊坊市委策划，民盟广阳区支部主办的廊坊民盟主题培训课在广阳盟员之家举办，张宏杰老师讲授了形体课。

2018 年 9 月 14 日，民盟廊坊市委举办旗袍礼仪讲座，盟员张宏杰老师围绕如何让旗袍丰富着装的文化内涵，由内而外地展现女性的个人修养和品质展开讲座。

2019 年 5 月 28 日，民盟廊坊市委举办第三届旗袍秀，盟员张宏杰参加。

2020 年 1 月至 3 月，张宏杰老师编排简单易学、运动量适中的防疫健身舞，在民盟市委微信平台发布。

2020 年 10 月 24 日，由民盟廊坊市委主办的第四届“旗风雅韵”成功举办，北华航天学院的老师、支部盟员张宏杰与 20 余位女盟员演绎了一场唯美精彩的旗袍秀。

2021 年 3 月，支部成立大会召开，选举张宏杰为支部主委。

2021 年 5 月 6 日，张宏杰支部盟员参加中国民主同盟廊坊市第八次代表大会。

2021 年 3 月，民盟北华航天工业学院支部成立

第六节　民盟联合委员会

【概　况】

民盟联合委员会成立于 2016 年 7 月，其前身先后是联合支部和联合总支，联合委员会成立时，下辖民盟联合一支部、联合二支部、农业支部、金融支部、安次区支部、广阳区支部、开发区支部。2021 年，基层组织换届，安次区支部、广阳区支部、开发区支部升级为委员会，不再隶属联合委员会，这三个支部信息，不在此条目。截至 2021 年年底，联合委员会有盟员 146 人，高级职称 26 人，中级职称 37 人。

【历任负责人】

时间	基层组织	主委	副主委或委员
2006 年	市直联合支部	徐景礼	程济源、崔万春
2011 年 8 月	民盟联合总支	徐景礼	程济源、谷登平、邢宝奎、陈玉芹
2016 年 7 月	民盟联合委员会	张庆田	程济源、邢宝奎、陈玉芹、李　虹、杨晓东、李景玉、张晓东、魏国栋、尹江婷、张增禄、张旭东
2021 年 4 月	民盟联合委员会	杨晓东	赵立平、田永全、尹江亭、张增禄

【盟务活动】

2009 年 2 月 28 日，联合支部举办新盟员培训班，民盟市委主委张纬东出席并讲话，民盟市委原主委袁绍祥做盟史辅导报告。

2009 年 8 月 8 日，联合支部承办了民盟廊坊市委庆祝新中国成立 60 周年象棋比赛。

2009 年，组织支部盟员参观霸州文博馆。

2010 年 12 月 11 日，联合支部承办民盟廊坊市委迎新年象棋邀请赛。

2010 年，联合支部被评为民盟河北省先进基层组织。

2011 年 5 月 15 日，在民盟中央召开的纪念中国民主同盟成立 70 周年大会上，联合支部同时被授予全国先进集体称号，支部盟员程济源被评为全国先进个人。

2009 年 2 月，联合支部新盟员培训班成功举办

2011 年 6 月 13 日，由民盟廊坊市委主办的“廊坊民盟纪念中国共产党建党 90 周年、纪念中国民主同盟成立 70 周年盟员书画展”上，联合支部张纬东、胡嘉梁等 6 位盟员作品参展。

2011 年 8 月 14 日，民盟廊坊联合总支，联合一支部、联合二支部成立。徐景礼当选联合总支主委，程济源、谷登平、邢宝奎、陈玉芹当选委员。

2014 年联合总支、管道局总支组织赴香山游览。

2016 年 7 月 30 日，民盟廊坊市联合委员会成立会议召开，民盟廊坊市委主委张纬东，副主委孙大军、郭淑凤、王景硕、周旭光出席会议。会议选举张庆田同志为联合委员会第一任主委，选举程济源、邢宝奎、陈玉芹、李虹、杨晓东、李景玉、张晓东、魏国栋、尹江婷、张增禄、张旭东 11 位同志为副主委。

2016 年 8 月 20 日，联合委员会组织盟员赴河北李景玉律师事务所盟员之家学习民盟历史和优良传统，副主委王景硕和联合委员会 40 余盟员参加活动。

2016 年 10 月 29 日，联合委员会组织盟员参观“一书一画一世界”庞建平画展。民盟廊坊市委副主委王景硕、李景玉及联合委员会各支部负责人应邀参观展览。

2019 年 6 月 29 日至 30 日，联合委员会组织盟员骨干赴平山县李家庄中共中央统战部旧址参观。

2021 年 4 月 25 日，联合委员会召开换届会议。选举杨晓东为委员会主委，尹江亭、赵立平、张增禄、田永全为副主委。

2021 年 6 月 19 日，联合委员会、开发区委员会、一中支部组织盟员联合开展了“庆祝中国共产党建党 100 周年、中国民主同盟成立 80 周年党史盟史学习交流活动”。

2021 年 4 月，民盟联合委员会换届会议召开

民盟联合一支部

【概 况】

民盟联合一支部。截至 2021 年年底，有盟员 56 人，盟员以市直各机关企事业单位干部员工为主，高级职称 9 人，中级职称 15 人。

【历任负责人】

时间	基层组织	主委	副主委或委员
2011 年 8 月	民盟联合一支部	杨晓东	李景玉、李春苓、张晓东
2016 年 7 月	民盟联合一支部	杨晓东	李春苓、赵立平、冯蕾
2021 年 4 月	民盟联合一支部	赵立平	李春苓、冯蕾、荣贵飞

【盟务活动】

2011 年 8 月 14 日，民盟廊坊联合总支，联合一支部、联合二支部成立会议召开。杨晓东当选联合一支部主委，李景玉、李春苓、张晓东当选副主委。

2011 年 12 月 24 日，张纬东、王景硕等 15 位支部盟员参加中国民主同盟廊坊市第六次代表大会。张纬东当选民盟廊坊市第六届委员会主委，王景硕当选为副主委、程济源、徐景礼、邹家立当选市委委员。

2012 年 5 月 18 日，支部组织盟员参观隆福寺和自然公园西扩建设。

2012 年 10 月 28 日，支部盟员李景玉律师主讲民盟廊坊市委系列法律知识讲座第一期。

2013 年 9 月 15 日，支部盟员李景玉律师主讲民盟廊坊市委系列法律知识讲座第二期。

2013 年，支部被评为民盟河北省先进基层组织。

2015 年 7 月 22 日，民盟小学生暑期语文作文公益课堂开课，支部盟员、廊坊日报社新闻研究室原主任、主任记者赵振声老师担任主讲。王景硕在开班仪式上致辞，高度评价赵老师无私奉献的高尚情怀。

2015 年，支部被评为民盟河北省先进基层组织。

2016 年 7 月 30 日，支部换届会议召开，选举杨晓东同志为支部主委，李春玲、赵立平、冯蕾为副主委。

2016 年 10 月 20 日，杨晓东、赵立平等支部盟员参加中国民主同盟廊坊市第七次代表大会。张纬东当选民盟廊坊市第七届委员会主委，王景硕当选为副主委、邹家立、杨晓东、李海滨当选市委委员。

2017 年 2 月 24 日下午，民盟廊坊市委参政议政委员会举办社情民意信息培训班，支部主委杨晓东主讲。

2018年1月19日，民盟联合一支部、联合二支部和广阳支部联合举办迎新春茶话会，副主委王景硕、李景玉出席活动，王景硕代表民盟廊坊市委为盟员们送上了新年祝福。来自3个支部的40余位新老盟员欢聚一堂，喜迎新春。

2018年4月，支部盟员杨晓东荣获民盟河北省反映社情民意工作先进个人称号。

2018年5月13日，支部在民盟机关九楼会议室召开会议，部署活力基层组织建设活动，纪念中共中央“五一口号”发布70周年。民盟廊坊市委专职副主委王景硕参加活动。

2018年6月，支部盟员王翔举办“翰苑英华——王羊羽藏翰林进士信札展”，共展出80位清代翰林、进士信札近90余通，这是传统书札展在河北省的一次集中展示。张纬东主委带领支部盟员参观展览。

2018年8月5日，支部赴河北省廊坊市高新技术产业开发区学习考察。

2018年，支部被评为民盟河北省先进基层组织。

2019年4月14日，支部组织“盟员活动日”活动，赴安次区葛渔城镇林海桃源观摩，园区共15780亩，包括桃花园、百年梨园等九大园区，充分感受廊坊文化旅游事业发展成果。

2019年6月3日，支部“盟员之家”举行揭牌成立仪式，民盟廊坊市委主委张纬东为“盟员之家”揭牌。

2019年6月，联合一支部“盟员之家”揭牌

2019 年 7 月 24 日，民盟联合一支部、二支部在廊坊市游泳馆举办了盟员夏季游泳体验活动，20 余名盟员和家属参加了此次活动。

2019 年 8 月 11 日，民盟廊坊联合一、二支部组织盟员开展“廊坊大捷”主题考察活动。

2020 年 1 月 8 日，支部组织盟员走进金桥社区，开展“春联送福进万家”主题活动。

2020 年 1 月至 3 月，支部盟员踊跃投入疫情防控工作中，姜子龙创作多首京东大鼓作品为防疫加油鼓劲，周双旺、赵立平等盟员事迹被民盟市委微信公众号刊发。

2020 年 6 月 11 日，民盟廊坊市委和廊坊市体育局联合举办八段锦培训班，副主委郭淑凤、王景硕等 30 余名盟员参加培训，支部副主委赵立平负责组织联络活动。

2020 年 7 月，支部盟员修静演唱廊坊市创建全国文明城市主题公益歌曲《最美的名片》。

2020 年 7 月 30 日，支部开展“促进文旅交流、展现盟员风采”活动，民盟盟员 20 余人参加了活动。

2021 年 4 月 25 日，支部换届会议召开，会议选举赵立平任支部主委，选举冯蕾、李春苓、荣贵飞为副主委。

2021 年 5 月 6 日，杨晓东、赵立平等支部盟员参加中国民主同盟廊坊市第八次代表大会。李海滨当选民盟廊坊市第八届委员会副主委、杨晓东、赵立平当选市委委员。

2021 年 6 月 2 日，支部盟员邹家立被民盟中央评为脱贫攻坚工作先进个人。

2021 年 6 月 4 日，民盟廊坊市委举办“九城同心沐党恩”庆祝中国共产党成立 100 周年、中国民主同盟成立 80 周年民盟九城书画作品展。支部盟员张纬东、张德君、朱建军、颜砥等作品参展。

2021 年 6 月 4 日，民盟廊坊市委举办庆祝中国共产党成立 100 周年、中国民主同盟成立 80 周年“同心颂”演出，支部盟员姜子龙参加演出。

民盟联合二支部

【概 况】

民盟联合二支部成立于 2011 年 8 月，截至 2021 年年底，有盟员 52 人，高级职称 9 人，中级职称 12 人，盟员以市直各机关企事业单位干部员工为主。

【历任负责人】

时间	基层组织	主委	副主委或委员
2011 年 8 月	民盟联合二支部	张庆田	任 宏、张增禄、李广成
2016 年 7 月	民盟联合二支部	李景玉	张晓莉、田永全、董 浩（增补）、范 琼（增补）
2021 年 4 月	民盟联合二支部	田永全	张晓莉、范 琼、王 津

【盟务活动】

2011 年 12 月 24 日，张庆田等 13 位支部盟员参加中国民主同盟廊坊市第六次代表大会。张庆田当选民盟廊坊市第六届委员会委员。

2012 年 3 月 5 日，“三八”节来临前夕，支部盟员陈玉芹为全市女盟员作了《如何做一个幸福女人》讲座，副主委郭淑凤及部分女盟员参加活动。

2013年9月15日，李景玉为全市盟员讲授新《婚姻法》及司法解释等相关知识。

2014 年，支部积极开展活动，召开支部主委会议 2 次，组织召开支部全体盟员参政议政专题会议 1 次。

2014 年，组织支部盟员到香山开展岗位学习交流汇报会议 1 次，让盟员们见证了各自的发展与变化。

2016 年 7 月 30 日，支部换届会议召开，民盟廊坊市委副主委王景硕出席会议。选举李景玉为支部主委，田永全、张晓莉为副主委。

2016 年 10 月 20 日，李景玉、田永全等支部盟员参加中国民主同盟廊坊市第七次代表大会。李景玉当选民盟廊坊市第七届委员会副主委，张庆田当选市委委员。

2017 年 8 月 19 日，支部组织开展以“喜迎十九大、不忘初心、携手前行”为主题的“读盟章、学盟史”活动。

2018 年 1 月 19 日，民盟联合一支部、联合二支部和广阳支部联合举办迎新春茶话会，副主委王景硕、李景玉出席活动，王景硕代表民盟廊坊市委为盟员们送上了新年祝福。来自 3 个支部的 40 余位新老盟员欢聚一堂，喜迎新春。

2018 年 5 月 6 日，为纪念中共中央“五一口号”发布 70 周年，民盟廊坊联合二支部全体盟员和部分入盟积极分子在固安组织召开培训会，大家学习了“五一口号”的由来和张纬东主委《从“五一口号”到“新型政党制度”》的体会文章。

2018 年 6 月 30 日，支部盟员赴安次区龙河园区进行走访调研。

2018 年 7 月，在民盟河北省成立 60 周年纪念大会上，支部被评为民盟河北省先进基层组织。

2018 年 7 月 29 日，支部赴胜芳学习调研，同时召开支部会议。

2018 年中秋节前夕，支部组织“盟员之家迎中秋、品红酒冷餐会”活动。

2018 年 12 月 1 日，为庆祝民盟廊坊市联合二支部盟员之家被民盟中央评为全国“优秀盟员之家”荣誉称号，支部在盟员之家——河北李景玉律师事务所举办公益讲座。邀请北京千禧盛世房地产经纪有限公司专业人士讲解房地产投资技能，李景玉讲解房地产投资风险防控法律知识。

2019 年 4 月 13 日，支部组织盟员及其家属在北京市房山区东湖港景区、仙栖洞景区举行野外拓展运动会。

2019 年 7 月 24 日下午，民盟联合一支部、二支部在廊坊市游泳馆举办了盟员夏季游泳体验活动，20 余名盟员和家属参加了此次活动。

2019 年 8 月 11 日，民盟廊坊联合一、二支部组织盟员开展“廊坊大捷”主题考察活动，接受爱国主义和革命传统教育，详细了解廊坊深厚的历史文化，以及切身感受廊坊人民热爱祖国、面对帝国主义列强侵略英勇抗战的斗争精神。

2019 年 12 月 7 日，支部携农业支部、三中支部在盟员之家——河北李景玉律师事务所联合举办“不忘合作初心 继续携手前进”主题教育活动。

2019 年，支部被评为民盟廊坊市先进基层组织一等奖。

2019 年 1 月，民盟联合二支部举办 2019 新年团拜会

2020 年疫情发生以来，民盟廊坊联合二支部积极响应号召，盟员纷纷通过各种渠道捐款捐物共计 179055 元。王彦智向市环卫局捐赠价值 1 万余元的消毒用品，盟员白斌、刘俊新、王鹏冲到防控阻击第一线，为社区居民开展服务，助力疫情防控和救治工作，2 月 19 日，民盟市委微信公众号刊登支部盟员事迹汇总。

2020 年 6 月 22 日，为庆祝中国民主同盟成立 80 周年，二支部全体盟员共同朗诵诗歌《从春天出发》。

2020 年 7 月 17 日，支部主委李景玉在中共廊坊市委统战部机关会议室通过现场和网络直播的形式，面向全市统战系统干部，各民主党派、民族宗教、民营经济、新的社会阶层、党外知识分子、无党派代表人士、港澳台侨等各界统战成员开展《民法典》培训。

2020 年 9 月 25 日，由民盟廊坊市委和彭村乡党委、政府共同举办，廊坊民盟美术院、廊坊民盟艺术团协办，支部副主委董浩担任总导演的“唱响新时代 美丽荆东行”联欢晚会在固安县荆垡营东村举办。民盟廊坊市委主委张纬东，民盟廊坊市委副主委王景硕、周旭光、李景玉等观看演出。

2020 年 11 月 7 日上午，支部与民盟廊坊医卫委员会在盟员之家——河北李景玉律师事务所开展组织活动，民盟盟员30余人参加活动。

2020年12月13日，支部在盟员之家——河北李景玉律师事务所召开学习会，深入学习中共十九届五中全会精神，开展扶贫济困献爱心活动。支部主委李景玉代表民盟廊坊联合二支部向扶贫济困捐助对象捐款2000元。

2021年4月25日，支部换届会议召开，会议选举田永全任支部主委，选举张晓莉、范琼、王津为副主委。

2021年5月6日，李景玉、田永全、张晓莉等支部盟员参加中国民主同盟廊坊市第八次代表大会。李景玉当选民盟廊坊市第八届委员会副主委。

2021年6月4日，民盟廊坊市委举办“九城同心沐党恩”庆祝中国共产党成立100周年、中国民主同盟成立80周年民盟九城书画作品展。支部盟员庞建平、张肖建等作品参展。

2021年6月18日，在民盟河北省活力基层组织建设和盟员之家建设表彰大会上，支部被民盟河北省委评为优秀基层组织。

民盟农业支部

【概 况】

民盟农业支部于2013年7月18日成立，截至2021年年底，现有盟员19人，盟员以市农业系统干部职工为主，高级职称13人，中级职称3人，平均年龄45.5岁。

【历任支部负责人】

时间	基层组织	主委	副主委
2013年7月	民盟农业支部	张增禄	李广成、侯炳刚
2016年7月	民盟农业支部	张增禄	李广成、侯炳刚
2021年4月	民盟农业支部	张增禄	李广成、侯炳刚

【盟务活动】

2013 年 7 月 18 日，民盟农业支部成立，张增禄任主委，李广成、侯炳刚任副主委。

2015 年 12 月 31 日，民盟廊坊市委举行“盟员之家”授牌仪式，民盟河北省委副主委、市政协副主席、民盟廊坊市委主委张纬东，副主委王景硕、周旭光向民盟霸州支部、民盟三河燕郊支部、民盟联合一支部、民盟农业局支部授牌首批“盟员之家”。

2016 年 7 月 2 日，支部换届会议召开，选举张增禄为主委，李广成、侯炳刚为副主委。

2016 年 10 月 20 日，张增禄、李广成等 4 位支部盟员参加中国民主同盟廊坊市第七次代表大会。

2019 年 6 月 29 日至 30 日，民盟廊坊市委联合一支部、联合二支部、农业支部、三中支部组织盟员骨干赴平山县李家庄中共中央统战部旧址开展“爱国主义教育和民盟传统教育活动”。

2019 年 12 月 7 日上午，民盟联合二支部携农业支部、三中支部在盟员之家河北李景玉律师事务所联合举办“不忘合作初心 继续携手前进”主题教育活动。

2020 年 1 月至 3 月，支部盟员踊跃投入疫情防控工作中，主委张增禄投身农产品安全保障工作。副主委李广成向廊坊市第三人民医院捐赠 700 瓶鲜奶。

2021 年 4 月，支部召开换届会议，选举张增禄为主委，李广成、侯炳刚为副主委。

2021 年 5 月 6 日，张增禄、邢宝奎、魏浦等支部盟员参加中国民主同盟廊坊市第八次代表大会。

2021 年 4 月，民盟农业支部换届会议召开

民盟金融支部

【概 况】

民盟金融支部成立于 2016 年 7 月，截至 2021 年年底，有盟员 19 人，盟员以市金融系统干部职工为主，中级职称 7 人。

【历任负责人】

时间	基层组织	主委	副主委
2016 年 7 月	民盟金融支部	尹江亭	梁 杰、信 欢
2021 年 4 月	民盟金融支部	尹江亭	梁 杰、信 欢

【盟务活动】

2016 年 7 月 28 日，支部成立会议召开，会议选举尹江亭同志为金融支部首任主委，选举梁杰、信欢为副主委。

2016 年 10 月 20 日，支部盟员尹江亭、梁杰参加中国民主同盟廊坊市第七次代表大会。尹江亭当选民盟廊坊市第七届委员会委员。

2016 年，支部组织盟员学习中共十八届六中全会精神。

2017 年 12 月 1 日，民盟廊坊市委举办金融投资理财及法律风险防范讲座。支部副主委梁杰，为大家带来一场精彩的投资理财及风险防范知识分享。

2019 年 7 月 19 日至 20 日，民盟廊坊中教委员会、金融支部组织盟员骨干赴平山县李家庄中央统战部旧址开展“爱国主义教育和民盟传统教育活动”。

2020 年 11 月 23 日，支部走进福源老年公寓，探望入院老人，并为老人们带来了营养保健品、牛奶等慰问物资。

2021 年 4 月 25 日，支部召开换届会议，选举尹江亭为支部主委，梁杰、信欢为副主委。

2021 年 5 月 6 日，尹江亭、梁杰、信欢等支部盟员参加中国民主同盟廊坊市第八次代表大会。尹江亭当选民盟廊坊市第八届委员会委员。

2021 年 4 月，民盟金融支部换届会议召开

第七节 民盟中教委员会

【概 况】

民盟中教委员会成立于2016年7月，下设民盟一中支部、民盟二中支部、民盟电子信息工程学校支部三个支部，截至2021年年底，有盟员49人，高级职称33人，中级职称13人，平均年龄56.35岁。

【历任负责人】

时间	基层组织	主委	副主委
2016年7月	民盟中教委员会	商霄燕	刘天礼、于彦春、张桂芝、王春玲、李京梅
2021年4月	民盟中教委员会	李京梅	李媛媛、靳兰芳、刘 敬

【盟务活动】

2016年7月，中教委员会成立大会召开，会议选举商霄燕为委员会主委，选举刘天礼、于彦春、张桂芝、王春玲、李京梅为副主委。

2016年12月23日，民盟医卫委员会与中教委员会联合为高考家长组织心理讲座。

2016年8月15日至18日，由民盟廊坊市委、廊坊市教育局主办，民盟廊坊市中教委员会、北京四中网校廊坊分校承办的民盟“烛光行动·千校计划”魅力名师首期特训营在霸州成功举办。

2018年，委员会副主委李京梅开展“烛光行动”。民盟廊坊市委联合北京四中网校廊坊分校为邢台市广宗县东贺固小学捐赠价值近2万元文体学习用品，为邢台市广宗县葫芦乡中学捐赠数字校园基础平台资源价值69万元。通过名师课堂、远程培训等方式，引进北京四中网校优质教育资源，助推廊坊市教育均衡发展。

2019年7月19日至20日，中教委员会和金融支部赴李家庄中央统战部旧址参观学习。

2021年4月，中教委员会换届大会召开，会议选举李京梅为委员会主委，选举李媛媛、靳兰芳、刘敬为副主委。

2019 年 7 月，民盟中教委员会和金融支部赴李家庄中央统战部旧址参观学习

民盟一中支部

【概 况】

民盟一中支部成立于 1986 年 1 月，截至 2021 年年底，有盟员 17 人，以廊坊一中教师职工为主，高级职称 10 人，中级职称 6 人，平均年龄 57.06 岁。

【历任负责人】

时 间	基层组织	主 委	副主委或委员
2006 年	民盟一中支部	于彦春	汪广敬
2011 年 7 月	民盟一中支部	于彦春	李媛媛
2016 年 8 月	民盟一中支部	于彦春	李媛媛、幺红梅
2021 年 5 月	民盟一中支部	李媛媛	幺红梅、刘铁成

【盟务活动】

2009 年，配合盟市委编写民盟盟志工作，支部组织盟员听取老盟员刘世杰老师讲述民盟廊坊一中支部发展史，按时完成了一中支部的编写任务。

2009 年 7 月，组织盟员为高考考生进行报名指导，不仅指导考生选报志愿，还与教务处一起指导考生网上填报。

2010 年年初，张起杰、李媛媛参加盟市委主办的迎春团拜会，为盟友献上精彩节目。

2010 年 3 月，组织支部盟员观看反映民盟创始人之一、原民盟中央委员会主席张澜一生革命业绩的电视剧《民主之澜》，并专门召开支部会，交流观看体会，学习盟史。

2010 年 4 月，玉树发生 7.1 级地震，支部组织盟员心系灾区，纷纷交纳爱心盟费并参与各种形式的捐款。

2010 年 6 月，组织盟员进行高考报名咨询服务。

2011 年 3 月 18 日，民盟廊坊市委举办廊坊市纪念中国民主同盟成立 70 周年大会暨文艺演出，支部盟员李媛媛演唱《莫斯科郊外的晚上》。

2011 年 7 月 12 日，支部换届，于彦春当选支部主委，李媛媛当选副主委。

2011 年 12 月 24 日，于彦春等 6 位支部盟员参加中国民主同盟廊坊市第六次代表大会。

2013 年，支部每月组织一次集中学习，学习《中央盟讯》《群言》《廊坊民盟》等资料。

2013 年，支部组织为雅安地震灾区群众捐款捐物，为贫困山区儿童捐书捐玩具的活动。

2013 年 8 月，与联合总支一起组织了“点燃少年心，助飞中国梦”的 LP 手拉手活动，给一中的学生以震撼以鼓舞，受到了一中领导的肯定，学生和家长的欢迎。

2015 年 4 月，建立支部微信群。

2015 年，支部与廊坊师范学院中文系、音乐学院合作，支部的于彦春、张启杰和李媛媛老师均为校外导师，每月对大学生进行教师职业能力的讲授，提高学生的教育教学适应能力。

2015 年，组织了多次交流活动，比如，教师诗词爱好者创作和作品交流，摄影爱好者作品和技术交流，跑步微信群开展体育锻炼，学校合唱团等。

2015 年，廊坊一中民盟支部积极建言献策，提交社情民意 8 份。主委于彦春老师提出了《有关廊坊一中选址的几点建议》；其他盟友纷纷结合自己学科中存在的问题，以及生活中遇到的问题提出建议，如“学校定期放假时，门口交通拥堵怎么解决？”“环境污染严重，政府该具体做些什么？”“中小学音乐教育目前现状与反思”等，对促进社会和谐发展提供了很好的建议和合理化措施。

2015 年 11 月 18 日，召开支部年底工作总结会，交流讨论筹划下一步的活动和新一年的工作计划。

2016 年 8 月 2 日，支部换届会议召开，会议选举于彦春为支部主委，李媛媛和幺红梅为副主委。

2016 年 10 月 20 日，于彦春、李媛媛、李京梅等 5 位支部盟员参加中国民主同盟廊坊市第七次代表大会。

2016 年 11 月 17 日，民盟中央社会服务工作会议在贵州省黔西南布依族、苗族自治州兴义市召开。盟员李京梅老师，因在“烛光行动”中所做出的突出贡献，荣获民盟中央社会服务工作先进个人的荣誉称号。

2019 年，支部成员积极参加各项活动。于彦春参加了盟市委组织的去邯郸市涉县一二九师驻地参观学习活动，深受鼓舞。李媛媛老师参加盟市委组织的去城南庄参观学习，还参加了去北京参观中华人民共和国成立 70 周年成就展。李京梅老师参加了盟市委组织的赴重庆参观学习活动。

2019 年 9 月，参加了盟市委组织的“不忘合作初心 继续携手前进”主题教育活动，然后组织部分盟员进行学习交流。

2019 年 10 月 10 日，邀请廊坊市政协副主席、民盟廊坊市主委、廊坊市书法家协会名誉主席张纬东到廊坊一中进行了名为《中国书法的魅力》的精彩讲座，受到广大师生高度评价。

2020 年 2 月 2 日，在民盟廊坊市委“抗击新型冠状病毒疫情，廊坊民盟在行动”为主题的义卖活动中，一中支部积极参与，共捐款 54700 元。

2020 年 2 月，盟员于彦春创作诗词《立春祈愿》、刘铁城创作诗词《庚子元宵二首》，屈海燕参与录制抗击疫情原创歌曲《我只想让你好好的》，在民盟廊坊市委微信公众平台展播，为抗疫加油鼓劲。

2020 年 2 月，盟员李京梅为廊坊一中捐赠防疫物品 41330 元。并携盟员李奚培免费开通智慧教学平台和教学资源，为广大师生服务。

2020 年，为廊坊区域的教育改革与发展积极建言献策。于彦春老师的建议《借文明办新规，扩大就业渠道》《创城需要治理临街店铺前停车乱象》，很快得以实行。李京梅老师撰写的《坚持共建共享理念引进优质中小学教育资源的建议》《聚焦教育区块链创新应用创建课堂教学改革示范校的建议》等受到了上级重视。

2021 年 5 月 6 日，李京梅等 5 位支部盟员参加中国民主同盟廊坊市第八次代表大会。李京梅当选民盟廊坊市第八届委员会委员。

2021 年 5 月 28 日，支部召开换届会议，选举李媛媛为支部主委，幺红梅、刘铁成为副主委。

2021 年 6 月 19 日，民盟联合委员会、开发区委员会、一中支部组织盟员联合开展了“庆祝中国共产党建党 100 周年、中国民主同盟成立 80 周年党史盟史学习交流活动”。

2021 年 5 月，民盟一中支部换届会议召开

民盟二中支部

【概 况】

民盟二中支部成立于 1986 年 1 月，截至 2021 年年底，有盟员 19 人，以廊坊二中教师职工为主，高级职称 11 人，中级职称 6 人，平均年龄 55.47 岁。

【历任支部负责人】

时间	基层组织	主委	副主委
2006 年	民盟二中支部	商霄燕	刘天礼
2011 年 7 月	民盟二中支部	商霄燕	靳兰芳、刘天礼
2016 年 8 月	民盟二中支部	刘天礼	孙 鹏、靳兰芳
2021 年 5 月	民盟二中支部	靳兰芳	许钰娟、方志军

【盟务活动】

2009 年 4 月 9 日，支部召开会议总结 2008 年成绩，研究 2009 年计划，学习盟章盟史。

2009 年 8 月 8 日，商霄燕、刘天礼、孙鹏参加由联合支部发起并组织的盟员象棋大赛，孙鹏获得优秀奖。

2009 年 10 月 17 日，刘天礼代表支部参加民盟市委组织的赴北京展览馆观摩“建国 60 周年图片展——成就与未来”活动。

2009 年 9 月 23 日，支部盟员吴汝贤、孙鹏、江一忱、方志军参加民盟市委举办的全市盟员书画摄影作品展，共提交作品十余件。

2010 年 5 月 4 日，支部召开会议，回顾支部老一辈盟员的光荣历史，号召新盟员们向老同志们学习，关注廊坊教育的发展，为民盟争光。组织盟员为玉树地震捐款。

2010 年 7 月 31 日至 8 月 1 日，商霄燕和刘天礼两位支部委员参加民盟市委组织的考察和学习活动，与兄弟支部相互交流学习。

2010 年 8 月 17 日，支部委员刘天礼代表支部参加了廊坊市民主党派树立和践行社会主义核心价值体系培训班。

2011 年 6 月 13 日，由民盟廊坊市委主办的“廊坊民盟纪念中国共产党建党 90 周年、中国民主同盟成立 70 周年盟员书画展”上，二中支部盟员吴汝贤、孙鹏作品参展。

2011 年 7 月 13 日，二中支部完成换届，商霄燕当选支部主委，刘天礼、靳兰芳当选支部副主委。

2011 年 12 月 24 日，商霄燕等 7 位支部盟员参加中国民主同盟廊坊市第六次代表大会。商霄燕当选民盟廊坊市第六届委员会委员。

2016年8月2日，支部换届，刘天礼当选支部主委，靳兰芳、孙鹏当选支部副主委。

2016年10月20日，商霄燕、刘天礼等5位支部盟员参加中国民主同盟廊坊市第七次代表大会。商霄燕当选民盟廊坊市第七届委员会委员。

2017年11月，支部组织开展学习十九大精神活动，集体和自学相结合，盟员撰写多篇心得体会。

2018年12月，方志军代表支部赴李大钊纪念馆观摩学习。

2019年1月18日，刘天礼、方志军、许钰娟代表支部参加了民盟市委年度表彰大会暨廊坊民盟艺术团成立联欢会。方志军获优秀盟员称号。

2019年1月，方志军赴大城县参加“书春送福进万家”活动。

2019年1月19日，孙鹏当选为廊坊民盟美术院副院长，方志军、江一忱当选为理事。

2019年4月，方志军代表支部赴民盟中央传统教育基地河北省涉县一二九师司令部旧址参观学习。

2019年9月12日，刘俊英等多位盟员参加民盟华北五省市书画联展开幕式，观摩庆祝中华人民共和国成立70周年文艺演出。

2019年9月，孙鹏、方志军分别有两幅书画作品编印于“庆祝中华人民共和国成立70周年、中国共产党领导的多党合作和政治协商制度确立70周年”《墨韵同心·廊坊民盟美术院作品集》。

2019年12月28日，孙鹏代表支部参加民盟市委年度总结表彰大会，支部获优秀支部称号，孙鹏获优秀盟员称号。

2020年4月7日，全体盟员参与民盟中央城市品质课题问卷调查。

2020年8月12日，全体盟员用腾讯会议的方式学习《民法典》。

2021年年初，廊坊二中推选出了15名师德高尚、业务精湛、关爱学生、改革创新的典型教师，其中有盟员三位：靳兰芳、方志军、许钰娟。随后，民盟廊坊市委微信公众平台推送了《学生的引路人和筑梦者——民盟廊坊二中支部盟员优秀事迹》一文，进行了专门报道。

2021年5月6日，靳兰芳、商霄燕、刘俊英、许钰娟参加民盟廊坊市第八次代表大会。

2021 年 5 月 17 日，支部召开换届会议，靳兰芳当选支部主委，方志军、许钰娟当选支部副主委。

2021 年 5 月中旬，支部全体盟员参加民盟省委“学党史答题”活动。

2021 年 6 月 4 日，多位盟员观摩民盟九城书画展和同心颂文艺演出。

2021 年 7 月，支部全体盟员学习习近平总书记在庆祝中国共产党成立 100 周年大会上的重要讲话。

2021 年 10 月，支部盟员许钰娟入选新时代“冀青之星”典型人物。荣获廊坊市第十一届师德论坛征文暨演讲比赛二等奖。

2021 年 5 月，民盟二中支部换届会议召开

民盟电子信息工程学校支部

【概 况】

民盟电子信息工程学校支部，截至 2021 年年底，有盟员 13 人，以廊坊电子信息工程学校教职员工为主，高级职称 12 人，中级职称 1 人。

【历任支部负责人】

时间	基层组织	主委	副主委或委员
2006 年 7 月	民盟电子信息工程学校支部	张桂芝	王锦玉
2011 年 7 月	民盟电子信息工程学校支部	张桂芝	吴国民、王淑艳
2016 年 8 月	民盟电子信息工程学校支部	张桂芝	刘 敬、王淑艳
2021 年 6 月	民盟电子信息工程学校支部	刘 敬	王淑艳、张桂芝

【盟务活动】

2010 年 3 月 7 日，支部举办庆“三八”学盟史活动，收取 2010 年盟费。

2010 年 5 月 4 日，支部为玉树地震灾区捐款 500 元。

2010 年 12 月 29 日，组织本支部盟员进行座谈，总结支部一年以来工作，安排布置下一年支部工作。

2011 年 7 月 14 日，支部换届，选举张桂芝为支部主委，吴国民、王淑艳为副主委。

2011 年 12 月 24 日，张桂芝等 6 位支部盟员参加中国民主同盟廊坊市第六次代表大会。

2013 年 1 月 17 日，组织本支部盟员座谈，欢迎新盟员李志安。

2013 年 5 月 10 日，组织支部盟员为雅安地震灾区捐款 600 元。

2013 年，支部盟员吴国民获省级优秀盟员。

2014 年 3 月 6 日，组织支部盟员开展庆“三八”联谊活动，并收取盟费。

2015 年 9 月 8 日，迎接第 31 个教师节，支部盟员欢聚一堂，聚会庆祝自己的节日，并收取盟费。

2015 年，支部盟员吴国民获省级优秀盟员。

2016 年 3 月 8 日，支部组织庆“三八”联谊活动，欢迎新盟员刘敬、莽彤。

2016 年 8 月 2 日，支部换届，张桂芝当选为支部主委，王淑艳、刘敬为支部副主委。

2016 年 10 月 20 日，支部盟员张桂枝、王淑艳、刘敬参加中国民主同盟廊坊市第七次代表大会。

2017 年 3 月 6 日，开展庆“三八”活动。

2017 年 12 月 29 日，组织本支部盟员进行座谈，总结支部一年以来工作，安排布置下一年支部工作。

2019 年 11 月 7 日，盟员刘敬参加廊坊民盟市委组织的赴京参观“伟大历程 辉煌成就——庆祝中华人民共和国成立 70 周年大型成就展”。

2020年5月，支部积极响应民盟市委号召，共购买扶贫农产品918.4元。

2021 年 5 月 6 日，民盟廊坊市第八次代表大会胜利召开，张桂芝、任四新、刘敬代表支部参加会议。

2021 年 5 月 10 日至 20 日，参加“学习百年党史，坚守合作初心”线上答题活动，支部全体盟员包括退休老盟员积极认真答题，全部完成答题任务。

2021 年 6 月 4 日，支部主委张桂芝、副主委王淑艳、盟员郭辉、贾体敏、莽彤参加民盟廊坊市委庆祝中国共产党成立 100 周年、中国民盟成立 80 周年“九城同心沐党恩”书画作品展和“同心颂”文艺演出活动。

2021 年 6 月 21 日，支部换届会议召开，选举刘敬为支部主委，王淑艳、张桂芝为副主委。

2021 年 6 月，民盟电子信息工程学校支部换届会议召开

民盟三中支部

【概 况】

民盟廊坊三中支部成立于 1986 年 4 月，2001 年 6 月并入其他支部，2006 年恢复成立，2021 年 4 月拆分并入民盟广阳区一、二支部。截至拆分，三中支部有盟员 18 人，以廊坊三中教师职工为主，高级职称 8 人，中级职称 10 人。

【历任负责人】

时 间	基层组织	主 委	副主委
2006 年 1 月	民盟三中支部	张铭会	王春玲
2011 年 7 月	民盟三中支部	王春玲	吕红艳
2016 年 8 月	民盟三中支部	王春玲	吕红艳、王大军

【盟务活动】

2009 年 8 月 8 日，盟市委组织了 “庆祝新中国 60 华诞第二届象棋邀请赛”，支部石俊生老师积极参赛并取得第六名的成绩。

2009 年年底，完成《廊坊盟志》三中支部的资料搜集和整理工作。

2011 年 7 月 15 日，支部换届，王春玲当选支部主委，吕红艳当选副主委。

2011 年 12 月 24 日，王春玲等 4 位支部盟员参加中国民主同盟廊坊市第六次代表大会。

2013 年，发展六中张彬、王大军两名教师入盟。

2013 年，民盟三中支部组织盟员先后参加了张洪泉老师主讲的“坤德与幸福人生”主题讲座、盟市委组织的赴保定阜平的学习培训和参观活动、盟员李景玉律师主讲的法律知识讲座等活动。

2013 年，支部主委王春玲获河北省优秀盟员荣誉称号，梁雅琴获廊坊市优秀盟员荣誉称号。

2016 年 8 月，支部换届会议召开，王春玲为支部主委，吕红艳和王大军为副主委。

2016 年 8 月，民盟二中支部换届会议召开

2016 年 10 月 20 日，王春玲等 4 位支部盟员参加中国民主同盟廊坊市第七次代表大会。

2019 年 12 月 7 日，三中支部、农业支部、联合二支部携手在盟员之家——河北李景玉律师事务所举办“不忘合作初心 继续携手前进”主题教育活动。

2021 年 4 月，民盟广阳区委员会成立，三中支部盟员拆分并入民盟广阳区一、二支部。

第八节 民盟管道委员会

【概 况】

民盟管道委员会成立于2016年7月，其前身先后是1985年12月成立的民盟管道局支部，2013年成立的民盟管道总支，下设民盟管道在职支部、民盟管道老年支部。截至2021年年底，有盟员71人，高级职称34人，中级职称30人，平均年龄57.12岁。

【历任负责人】

时间	基层组织	主委	副主委或委员
2006年	民盟管道局支部	刘丽梅	王利生、陈玉芹、马 莹、袁爱民、杨淑荣
2011年	民盟管道局支部	刘丽梅	王利生、马 莹、袁爱民、崔洪岭
2013年12月	民盟管道总支	刘丽梅	王利生、马 莹、袁爱民、崔洪岭
2016年8月	民盟管道委员会	路 博	刘在今
2021年5月	民盟管道委员会	路 博	刘在今

【盟务活动】

2009年10月，管道局支部组织盟员去北京参观“建国60周年图片展——成就与未来”。

2010年10月23日，管道局支部组织33名盟员赴首都博物馆参观。

2010年“两会”期间，支部主委刘丽梅代表支部向大会提出四项提案，并接受廊坊日报社都市版记者的采访，被认为提案贴近民生，为廊坊市老百姓做了好事。最近，盟员冯宝坤又为廊坊市交通建设问题提出了建设性提案。

2011年6月13日，由民盟廊坊市委主办的“廊坊民盟纪念中国共产党建党90周年、中国民主同盟成立70周年盟员书画展”上，管道局支部盟员陈玉江、袁爱民、魏洁作品参展。

2011年12月24日，刘丽梅、周云峰等支部盟员参加中国民主同盟廊坊市第六次代表大会。刘丽梅当选民盟廊坊市第六届委员会委员。

2013年10月17日，由市政协、市民盟、市农工党、市健康教育所、市医院、管道局医院等多家单位组织 20 名医务专家到香河县淑阳镇赶水坝村开展“服务百姓健康行动”大型义诊活动；盟员李俊梅、路博等参加。

2013 年 12 月，民盟管道总支成立、在职支部和老年支部成立。

2014 年 1 月 17 日，廊坊民盟市委与管道总支部组织相关盟员参加了廊坊市健康教育所组织的“中医与养生”健康大讲堂活动。

2014 年，联合总支、管道局总支组织赴香山游览。

2016 年 8 月 4 日，民盟管道委员会成立会议召开。选举路博为主委，刘在今为副主委。

2020 年 10 月，民盟管道委员会赴天津开展主题学习教育活动。

2021 年 5 月 28 日，民盟管道委员会召开换届会议，选举路博为主委，刘在今为副主委。

2021 年 6 月 2 日，廊坊民盟管道委员会组织盟员和群众前往滨海新区大沽口炮台遗址博物馆深入开展主题活动传承红色基因，汲取革命精神力量。

2019 年 7 月，民盟管道委员会赴李家庄开展主题教育活动

2021 年 5 月，民盟管道委员会换届会议召开

民盟管道在职支部

【概 况】

民盟管道在职支部成立于 2013 年，截至 2021 年年底，有盟员 41 人，以廊坊市管道局系统在职干部职工为主，高级职称 12 人，中级职称 24 人，平均年龄 42.41 岁。

【历任负责人】

时间	基层组织	主委	副主委或委员
2016 年 8 月	民盟管道在职支部	路 博	李金平、李正昌
2021 年 5 月	民盟管道在职支部	路 博	徐洪伟、赵 云

【盟务活动】

2013 年 12 月，民盟管道在职支部成立。

2014 年 6 月，廊坊民盟美术院成立，支部盟员袁爱民任院长，李俊梅任副秘书长。

2013 年 10 月，盟员路博到香河县淑阳镇赶水坝村参加义诊

2015 年 10 月 14 日上午，廊坊民盟管道在职支部组织部分盟员一行 12 人参观了霸州博物馆及李少春纪念馆。

2016 年 8 月 4 日，民盟管道局在职支部换届会议召开。选举路博为民盟管道在职支部主委，李正昌、李金平为副主委。

2016 年 10 月 20 日，路博、赵云等 6 位支部盟员参加中国民主同盟廊坊市第七次代表大会。

2021 年 5 月 6 日，路博等 7 位支部盟员参加中国民主同盟廊坊市第八次代表大会。路博当选民盟廊坊市第八届委员会委员。

2021 年 5 月 28 日，民盟管道局在职支部召开换届会议，选举路博为民盟管道在职支部主委，赵云、徐洪伟为副主委。

2021 年 6 月 4 日，民盟廊坊市委举办庆祝中国共产党成立 100 周年、中国民主同盟成立 80 周年“同心颂”演出，支部盟员袁添甜参加演出。

2021 年 6 月 4 日，民盟廊坊市委举办“九城同心沐党恩”庆祝中国共产党成立 100 周年、中国民主同盟成立 80 周年民盟九城书画作品展。支部盟员袁爱民作品参展。

民盟管道老年支部

【概 况】

民盟管道老年支部成立于 2013 年，截至 2021 年年底，有盟员 30 人，以廊坊市管道系统退休干部职工为主，高级职称 22 人，中级职称 6 人，平均年龄 79.67 岁。

【历任负责人】

时间	基层组织	主委	副主委或委员
2013 年	民盟管道老年支部	刘在今	张予晋
2016 年 8 月	民盟管道老年支部	刘在今	张予晋
2021 年 4 月	民盟管道老年支部	刘在今	张予晋

【盟务活动】

2014 年 1 月 16 日，民盟管道退休支部召开第一次会议。由刘在今展出了他在近 10 年收藏的邮票和钱币。

2015 年，民盟管道老年支部被评为民盟廊坊市先进基层组织。

2014 年 1 月，民盟管道老年支部召开第一次会议，刘在今展出了他收藏的邮票和钱币

2016年8月4日，民盟管道局在职支部召开换届会议，选举刘在今为支部主委，张予晋为副主委。

2016年10月20日，刘在今、张予晋、杨淑荣3位支部盟员参加中国民主同盟廊坊市第七次代表大会。

2017年，管道老年支部开展学习会。

2018年10月13日，组织民盟老年支部部分老同志前往故宫，开展主题为“传统文化传承和重阳敬老”的教育实践活动。

2021年5月6日，刘在今、张予晋、杨淑荣3位支部盟员参加中国民主同盟廊坊市第八次代表大会。

2021年5月28日，民盟管道局在职支部召开换届会议，选举刘在今为支部主委，张予晋为副主委。

第九节 民盟安次区委员会

【概 况】

中国民主同盟安次区委员会成立于2021年3月18日，前身为2016年7月成立的中国民主同盟安次区支部，下设民盟安次一、二支部。截至2021年年底，委员会有盟员32人，其中一支部18人，二支部14人，高级职称4人、中级职称13人，平均年龄45.47岁，以安次区属机关企事业单位干部职工为主，委员会实行垂直管理、分组负责的管理模式，两个支部协调统一，同步组织参加活动，故不单列支部信息。

【历任负责人】

时间	基层组织	主委	副主委或委员
2016年7月	民盟安次区支部	魏国栋	阚国娟、朱文瑶
2021年3月	民盟安次区委员会	魏国栋	阚国娟、朱文瑶、黄靖凯
2021年3月	民盟安次区一支部	朱文瑶	郑岩峰、王治虎
2021年3月	民盟安次区二支部	黄靖凯	欧阳作让、刘志远

【盟务活动】

2016 年 7 月 27 日下午，中国民主同盟廊坊市安次区支部成立会议召开，民盟廊坊市委副主委王景硕出席会议。会议选举魏国栋同志为支部首任主委，选举阚国娟、朱文瑶为副主委。

2016 年 10 月 20 日，魏国栋等 3 位支部盟员参加中国民主同盟廊坊市第七次代表大会。

2016 年 10 月，民盟安次区支部组织盟员参观“一书一画一世界”——庞建平画展。

2016 年 10 月 29 日，民盟安次支部到安次区第什里旅游文化休闲农业景区开展“美丽乡村”调研活动，民盟廊坊市委副主委王景硕、李海滨参加调研。

2018 年 9 月 21 日，民盟廊坊安次区支部盟员之家揭牌仪式在安次区第什里风筝小镇规划馆举行，中共廊坊市委台办副主任王继寅、民盟廊坊市委副主委郭淑凤为盟员之家揭牌。同日，民盟安次区支部组织联合安次区委统战部组织“越来月圆 同心筑梦——民盟廊坊社会服务活动走进第什里暨

2016 年 7 月，民盟安次区支部成立

安次区新的社会阶层人士文艺演出”活动，喜迎第一个农民丰收节日，同贺中秋、迎国庆，民盟廊坊市委医务和健康管理专家、律师团队、金融理财专家、知名演艺界盟员还为当地百姓提供义诊、健康宣传、法律咨询、金融咨询等服务。

2018 年 12 月，安次支部部分盟员加入廊坊民盟艺术团，并参加民盟廊坊市委 2018 年总结表彰暨廊坊民盟艺术团成立联欢会，朱文瑶参加活动主持。

2019 年 6 月 22 日至 23 日，为庆祝新中国成立 70 周年，深入开展“不忘合作初心 继续携手前进”主题教育活动，安次区支部和广阳区支部组织盟员在平山李家庄中央统战部旧址进行爱国主义和革命传统教育。

2019 年 9 月 12 日，安次区支部组织盟员参加庆祝新中国成立 70 周年，民盟华北五省市区书画联展开幕式。

2019 年 11 月 10 日，安次区支部和广阳区支部在盟员单位天睿职业技术培训学校举行“不忘合作初心 继续携手前进”主题教育暨新盟员见面活动，并组织盟员参与体验非遗传统文化第什里风筝制作。

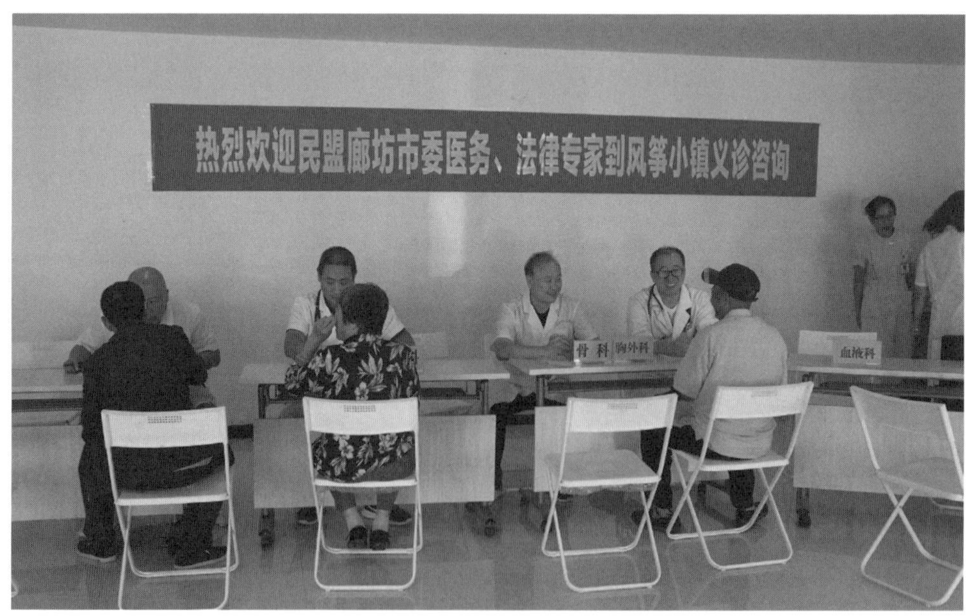

2018 年 9 月，支部邀请盟员医务专家为安次区第什里风筝小镇村民义诊

2019 年 11 月，安次区支部和广阳区支部组织盟员参与体验非遗传统文化第什里风筝制作

2020 年 1 月 17 日，安次区支部联合民盟美术院组织“送福到村”志愿服务活动，民盟美术院成员曹传熠、张增禄等书法家为调河头乡群众送“福”。

2020 年 1 月至 3 月，支部盟员踊跃投入疫情防控工作中，安次支部筹集医疗用品捐赠开发区医院、河北中石油中心医院、廊坊市中医院。

2020 年 4 月，李彦杰朗诵《一个婴儿的诞生》，庆祝民盟成立 80 周年，民盟廊坊市委微信公众号刊发。

2020 年 9 月 20 日，安次区支部组织新盟员见面活动，到盟员企业百利家居参观调研，并举办座谈会。

2021 年 2 月 11 日，安次区支部捐赠给民盟开发区支部部分医务人员单位——开发区医院防疫用品。

2021 年 3 月 18 日，安次区委员会成立会议。魏国栋当选安次区委员会主委，阚国娟、朱文瑶、黄靖凯当选为副主委，朱文瑶为安次区一支部主委，郑岩峰、王治虎为一支部副主委。黄靖凯为安次区二支部主委，欧阳作让、刘志远为二支部副主委。

2021 年 5 月 6 日，魏国栋等 3 位支部盟员参加中国民主同盟廊坊市第八次代表大会。魏国栋当选民盟廊坊市第八届委员会委员。

2021 年 7 月 17 日，安次区委员会组织全体盟员来到廊坊市博物馆参观党史图片展，学习习近平总书记在庆祝中国共产党成立 100 周年大会讲话精神，组织签名寄语仪式和《我为支部献一策》座谈会。

2021 年 12 月 2 日，民盟廊坊市委主委张志庆走访调研安次区委员会，副主委王荣芳和专职副主委李海滨陪同调研。

2021 年 12 月 23 日，安次区委员会荣获“廊坊市先进基层盟组织”称号。

2020 年 9 月，安次区支部组织新盟员见面活动，到盟员企业百利家居参观调研

2021 年 3 月，民盟安次区委员会成立

第十节 民盟开发区委员会

【概 况】

民盟开发区委员会成立于2021年3月，下设民盟开发区耀华支部、民盟开发区云鹏支部。其前身是民盟开发区支部。截至2021年年底，委员会有盟员44人，以廊坊开区属机关企事业单位干部职工为主，高级职称3人，中级职称19人，平均年龄42.47岁。

【历任负责人】

时间	基层组织	主委	副主委或委员
2013年7月	民盟开发区支部	马 莹	王建国、张旭东
2016年7月	民盟开发区支部	张旭东	王建国、武金玲
2021年3月	民盟开发区委员会	张旭东	王建国、武金玲、窦景涛

【盟务活动】

2013年7月，民盟开发区支部成立，马莹当选为支部首任主委，王建国、张旭东当选副主委。

2014年6月6日，民盟开发区支部邀请廊坊市中医院急救中心庞嗣裔医生（无党派）到开发区英博电气有限公司，为其50多名员工进行院外急救——心肺复苏等急救知识的培训。

2016年7月27日，民盟开发区支部召开换届会议。张旭东任民盟开发区支部主委负责全面工作，王建国任副主委负责组织工作，武金玲任副主委负责宣传工作。

2016年8月11日，民盟开发区支部召开换届后第一次民主生活座谈会。河北商宇律师事务所主任邢少华律师为大家普及了“商事诉讼”等相关法律知识。

2016年10月20日，张旭东等4位支部盟员参加中国民主同盟廊坊市第七次代表大会。

2017年1月13日，民盟廊坊市开发区支部“盟员之家”揭牌仪式在中科远迪公司举行。副主委王景硕、李景玉为“盟员之家”揭牌。民盟联合委员会各支部主委应邀出席揭牌仪式。

2017 年 6 月 25 日，民盟公益大讲堂授课，民盟开发区支部程学恒老师作《时间管理》讲座。

2017 年，开发区支部班子进行届中调整，增选王俊杰为支部副主委。

2017 年 12 月 29 日下午，开发区支部在“盟员之家”进行了“迎新年，学习民盟十二大落实十九大”学习活动。

2018 年 10 月 13 日至 14 日，民盟廊坊开发区支部一行 12 人赴革命圣地西柏坡和中央统战部旧址参观学习。

2018 年，在民盟河北省委成立 60 周年纪念大会上，开发区支部被评为先进基层组织。

2019 年 1 月 11 日下午，开发区支部在 “盟员之家”深入学习“习近平在《告台湾同胞书》发表 40 周年纪念会上的讲话”。民盟廊坊市委副主委李景玉出席会议并讲话。部分基层支部负责人应邀出席会议。

2019 年 7 月 27 日至 28 日，开发区支部赴革命先驱李大钊的故乡河北省乐亭县开展“不忘合作初心 继续携手前进”主题教育活动。

2019 年 7 月，民盟廊坊开发区支部赴李大钊纪念馆开展“不忘合作初心 继续携手前进”主题教育活动

2019 年，开发区支部被评为民盟河北省先进基层组织，年中，增补窦景涛为支部副主委。

2020 年 1 月 6 日，开发区支部全体成员欢聚一堂，召开了 2019 年度总结大会。民盟廊坊市委副主委王景硕出席会议。

2020 年 5 月，开发区支部组织盟员为开发区十小、十二小师生讲解科学防疫知识。

2020 年 11 月 8 日，民盟廊坊开发区支部耀华小组开展了坡峰岭主题教育活动。民明廊坊市委副主委郭淑凤、王景硕应邀参加活动。

2020 年 12 月 4 日，开发区支部耀华小组来到廊坊共享书屋，开展读书学习活动，深入学习党的十九届五中全会精神。

2021 年 3 月 19 日，民盟廊坊开发区委员会成立，会议选举张旭东任委员会主委，王建国、武金玲、窦景涛任副主委。

2021 年 4 月 23 日，民盟开发区委员会举办迎“五一”拔河比赛，盟辉颁发仪式。

2021 年 5 月 6 日，张旭东等 6 位盟员参加中国民主同盟廊坊市第八次代表大会。张旭东当选民盟廊坊市第八届委员会委员。

2021 年 6 月 19 日上午，民盟联合委员会、开发区委员会、一中支部组织盟员联合开展了“庆祝中国共产党建党 100 周年、中国民主同盟成立 80 周年党史盟史学习交流活动”。

2021 年 6 月，在民盟河北省活力基层组织建设和盟员之家建设工作总结表彰会议上，民盟开发区委员会被评为优秀基层组织。

2021 年 12 月 9 日，民盟廊坊市委主委、廊坊市文联主席张志庆走访调研民盟廊坊开发区委员会，副主委王荣芳、李海滨参加调研。

2021 年 3 月，民盟廊坊开发区委员会成立

2021 年 12 月，民盟市委主委张志庆走访调研民盟开发区委员会

民盟开发区耀华支部

【概 况】

民盟开发区耀华支部成立于 2021 年 3 月 19 日，截至 2021 年年底，有盟员 22 人，以开发区耀华道机关企事业单位干部职工为主，高级职称 2 人，中级职称 5 人，平均年龄 42.64 岁。

【历任负责人】

时间	基层组织	主委	副主委或委员
2021 年 3 月	民盟开发区耀华支部	武金玲	刘 淼、王俊杰

【盟务活动】

2021 年 3 月 19 日，支部成立会议召开，会议选举武金玲为支部主委，刘淼、王俊杰为支部副主委。

2021 年 4 月 17 日，支部赴平谷赏桃花，学习先辈革命事迹。

2020 年 12 月，民盟开发区支部耀华小组开展读书学习活动

民盟开发区云鹏支部

【概 况】

民盟开发区云鹏支部成立于 2021 年 3 月 19 日，截至 2021 年年底，有盟员 22 人，以开发区云鹏道机关企事业单位干部职工为主，高级职称 1 人，中级职称 14 人，平均年龄 42.64 岁。

【历任负责人】

时间	基层组织	主 委	副主委或委员
2021 年 3 月	民盟开发区云鹏支部	窦景涛	苏亚娟

【盟务活动】

2020 年 1 月至 3 月，开发区医院支部盟员踊跃投入疫情防控工作中，盟员窦景涛、龚玉山、吴群、苏亚娟、郝晟的事迹被民盟市委微信公众号刊发。

2021 年 1 月，支部开发区医院盟员踊跃投入疫情防控工作中。

2021 年 3 月 19 日，支部成立会议召开，会议选举窦景涛为支部主委，苏亚娟为支部副主委。

2020 年 7 月，开发区支部云鹏小组盟员为开发区中小学传授健康防疫知识

第十一节 民盟广阳区委员会

【概 况】

民盟广阳区委员会成立于2021年3月22日，前身为2016年7月成立的民盟广阳区支部，下设民盟广阳一、二支部。截至2021年年底，有盟员41人，以广阳区属机关企事业单位干部职工为主，其中一支部20人，二支部21人，高级职称9人，中级职称14人，平均年龄48.2岁，委员会实行垂直管理、分组负责的管理模式，两个支部协调统一，同步组织参加活动，故不单列支部信息，广阳区支部成立前的东方书法课堂的部分工作列入。

【历任负责人】

时间	基层组织	主委	副主委或委员
2016年7月	民盟广阳区支部	张晓东	张 莉、吴国民
2021年3月	民盟广阳区委员会	张晓东	张 莉、吴国民、王春玲
2021年3月	民盟广阳区一支部	吴国民	王 伟、张红玉
2021年3月	民盟广阳区二支部	张 莉	李秀丰、王艳松

【盟务活动】

2014年6月，廊坊民盟美术院成立，盟员张晓东任副秘书长。

2014年8月，盟员张晓东开办了民盟东方书法课堂，每周日上午在本单位会议室为盟员及家属义务教授书法。

2014年8月12日，为援助云南鲁甸地震灾区，民盟廊坊市委在廊坊民盟QQ群举行了一场别开生面的书法义卖，盟员张晓东先生为本次义卖提供了精心创作的十件作品，义卖面向廊坊市民盟盟员，共募得善款4000元捐给灾区。

2015年7月12日，民盟东方书法课堂成立一周年纪念活动在民盟机关会议室举行，副主委王景硕出席活动。在纪念活动上，张晓东老师现场挥毫，为学员书写作品留念，并亲手精心刻制了5枚印章奖励优秀学员。同时，民盟国画课堂开课，廊坊师范学院美术学院副教授常笑尘老师从墨竹、牡丹画法讲起，传授花鸟国画入门技法。

2015 年 10 月 11 日，民盟东方书法课堂邀请著名书法家、河北省美术家协会、书法家协会会员刘福柱先生为学员传书授道，东方书法课堂学员 20 余人聆听了老先生的教诲。

2016 年 7 月 27 日下午，民盟广阳区支部成立会议召开，选举张晓东为支部主委，张莉、吴国民为副主委。

2016 年 7 月 31 日，在龙泉湾景区举办东方书法课堂成立二周年文艺演出，盟市委王景硕、郭淑凤、周旭光等领导出席活动，来自盟员中的文艺骨干表演了精彩的节目。同时开展了书法艺术研讨会和现场笔会交流活动。

2016 年 10 月 20 日，张晓东、吴国民等 4 位支部盟员参加中国民主同盟廊坊市第七次代表大会。张晓东当选民盟廊坊市第七届委员会委员。

2017 年 5 月，盟员张晓东荣获 2012—2016 年度民盟河北省社会服务工作先进个人。

2017 年 5 月 13 日，组织支部盟员和东方书法课堂学院赴第什里风筝小镇开展艺术采风、游学活动。

2017 年 5 月 23 日，民盟廊坊市广阳区支部盟员之家揭牌仪式举行。民盟廊坊市委主委张纬东，副主委郭淑凤、王景硕、李景玉为盟员之家揭牌。

2016 年 7 月，民盟广阳区支部成立

2017 年 10 月 20 日，在广阳区盟员之家举办东方书法课堂第一届“小荷初韵”书法展。共有来自盟员的 50 件作品参展。

2018 年 1 月 19 日，民盟联合一支部、联合二支部和广阳支部联合举办迎新春茶话会。来自 3 个支部的 40 余位新老盟员欢聚一堂，喜迎新春。

2018 年 9 月 1 日，广阳区支部举办主题培训课，开设声乐、舞蹈主题课堂培训班，学员达 80 余人次。

2019 年 1 月 19 日，民盟廊坊市委召开廊坊民盟美术院第二届理事会，选举廊坊民盟美术院新一届领导班子，支部盟员张晓东任院长。

2017 年 5 月，广阳区支部盟员和东方书法课堂学员赴第什里风筝小镇开展艺术采风、游学活动

2018 年 9 月，广阳区支部在盟员之家举办主题培训课

2019 年 1 月 20 日，广阳区支部在支部盟员之家举办东方书法课堂第二届“小荷初韵”书法展。共有来自盟员的 60 件作品参展。承办民盟美术院书春送福进万家活动，来自廊坊民盟美术院及东方书法课堂的书法家们为盟员们书写春联 300 余副，福字 800 余个，共有近 100 余盟员领取了春联福字。

2020 年 1 月至 3 月，广阳区支部盟员踊跃投入疫情防控工作中，2 月 16 日民盟市委微信公众号汇总报道了支部盟员抗疫事迹。

2020 年 12 月，广阳区支部被民盟中央评为民盟思想政治建设和宣传工作先进集体。

2021 年 3 月 22 日，民盟廊坊市广阳区委员会及所辖广阳区一、二支部成立大会召开，会议选举张晓东为委员会主委，王春玲、吴国民、张莉为副主委；选举吴国民为广阳区一支部主委，王伟、张红玉为副主委；选举张莉为广阳区二支部主委，王艳松、李秀丰为副主委。

2021 年 5 月 6 日，张晓东、张莉等 4 位盟员参加中国民主同盟廊坊市第八次代表大会。张晓东当选民盟廊坊市第八届委员会委员。

2021 年 6 月 4 日，民盟廊坊市委举办“九城同心沐党恩”庆祝中国共产党成立 100 周年、中国民主同盟成立 80 周年书画作品展，支部盟员张晓东作品参展。

2021 年 3 月，民盟广阳区委员会成立

第三章 参政议政

第一节 政治协商

2006年12月26日，主委张纬东出席廊坊市政协召开的民主党派工作座谈会。

2007年2月5日，主委张纬东参加《政府工作报告》征求意见会

2007年2月9日，主委张纬东参加中共廊坊市委召开的人事安排协商会。

2007年3月3日上午，廊坊市召开各民主党派、工商联、无党派人士座谈会，市委副书记、纪委书记栗建华，市委统战部部长孙殿高出席座谈会。

2008年3月4日，王景硕出席中共廊坊市纪律检查委员会、监察局第五届特邀党风廉政监督员、特邀监察员聘任工作会议。

2008年3月13日，主委张纬东出席廊坊市《政府工作报告》征求意见会。

2008年3月20日，主委张纬东出席中共廊坊市委召开的市人大、政府、政协换届领导班子候选人通报会议。

2008年11月26日上午，中共廊坊市委召开各民主党派、工商联和无党派代表人士意见征求会，市委副书记吴晓琳，市政协副主席、市委统战部部长孙殿高出席会议。张纬东参加会议。

2010年2月4日，市政府召开征求意见会，征求各界对即将提请廊坊市第五届人民代表大会第三次会议审议的《政府工作报告》的意见。主委张纬东，副主委孙大军、王景硕参加会议。

2010年2月5日，中共廊坊市委召开民主协商会，与各民主党派、工商联和无党派代表人士，就市五届人大三次会议和市政协五届三次会议上相关

职位候选人人选进行民主协商，征求意见和建议。主委张纬东，副主委孙大军、王景硕参加会议。

2010 年 4 月 19 日至 20 日，民盟河北省委参政议政工作会议在廊坊三河召开，就如何做好参政议政工作进行深入探讨。民盟中央副主席索丽生，民盟河北省委主委、副省长龙庄伟，市政协副主席、市委统战部部长孙殿高，民盟廊坊市委主委、市政协副主席张纬东出席会议并讲话。民盟河北省委副主委田咏主持会议，民盟河北省委副主委鲁平作总结讲话。

2010 年 4 月 22 日，王景硕及市委委员参加市委统战部开展深入学习实践科学发展观活动征求意见会。

2010 年 9 月 21 日，廊坊市召开 2010 年各界人士中秋茶话会，张纬东出席会议。

2011 年 1 月 25 日，主委张纬东、副主委王景硕参加廊坊市《政府工作报告》征求意见会。

2012 年 1 月 14 日，市政府召开《政府工作报告》征求意见会，主委张纬东、副主委王景硕参加会议。

2012 年 4 月 1 日，主委张纬东参加中共廊坊市委召开的“民主协商会”。

2013 年 1 月 24 日，市政府召开《政府工作报告》征求意见会，主委张纬东、副主委王景硕参加会议。

2014 年 1 月 27 日，主委张纬东、副主委王景硕参加市委组织部召开的“民主协商会”。

2014 年 2 月 17 日，副主委王景硕参加市委统战部召开的“群众路线动员会”。

2014 年 3 月 18 日，廊坊市政协主席郑广富到民主党派调研，主委张纬东汇报民盟廊坊市委工作，副主委王景硕参加座谈。

2015 年 1 月 19 日，主委张纬东、副主委王景硕参加市政府召开的《政府工作报告》征求意见会。

2015 年 12 月 3 日，市委书记王晓东到市政协机关调研，就谋划好全市明年工作及“十三五”规划听取意见建议。张纬东参加座谈。

2015 年，围绕“十三五”规划议政建言。《推进公共文化服务体系建设，建设公共文化服务强省》的调研课题被盟省委列为重点课题。完成理论调研课题《中国政党协商的性质和特点研究》1 篇。

2016 年 1 月 19 日，主委张纬东、副主委王景硕参加市政府召开的《政府工作报告》和“十三五”规划纲要征集意见会。

2016 年 2 月 4 日，张纬东出席廊坊市召开的市委、市政府工作情况通报会。

2016 年 3 月 22 日，副主委王景硕参加市政协在市政协主席会议室组织召开的政协秘书长联席会，讨论协商2016年市政协工作要点和专项视察活动。

2016年7月5日，市委书记冯韶慧到市政协调研座谈。张纬东参加座谈。

2016 年 9 月 13 日，主委张纬东、副主委王景硕参加市委、市政府召开的民主协商会。

2016 年 10 月 27 日，中共廊坊市委书记冯韶慧走访市各民主党派机关，看望慰问工作人员，并同各民主党派负责人进行交流座谈，认真听取对廊坊市经济社会发展各项工作的意见和建议。

2017 年 1 月 23 日，张纬东出席市委、市政府工作情况通报会。

2017 年 3 月 13 日，副主委王景硕参加组织部组织的“人事协商会”。

2017 年 3 月 19 日，主委张纬东、副主委王景硕参加市委、市政府召开的“党代会报告征求意见会”。

2017 年 4 月 6 日，主委张纬东、副主委王景硕参加市委、市政府召开的“人事协商会”。

2017 年 4 月 7 日，主委张纬东、副主委王景硕参加市政府召开的《政府工作报告》征求意见会。

2017年4月下旬，王景硕参加民盟河北省委组织的“雄安新区建设”座谈会。

2017 年 12 月 26 日，主委张纬东、副主委王景硕参加市委组织召开的党风廉政通报会议和全市经济社会发展情况通报会。

2018 年 1 月 16 日，主委张纬东、副主委王景硕参加市委、市政府在市委办公楼十楼会议室召开的“市委常委会民主生活会党外人士征求意见座谈会”。

2018 年 2 月 4 日，主委张纬东、副主委王景硕参加市政府召开的《政府工作报告(征求意见稿)》征求意见会。

2017 年 2 月，民盟廊坊市委举办参政议政培训班

2018 年 3 月 15 日，中共廊坊市委书记冯韶慧到民盟和各民主党派机关调研走访，亲切看望广大干部，并同市各民主党派、工商联和无党派人士代表进行交流座谈，听取对廊坊市经济社会发展各项工作的意见和建议。中共廊坊市委常委、宣传部部长、统战部部长王曦参加调研走访。张纬东参加座谈。

2018 年 8 月 28 日，副主委王景硕参加市委统战部召开的“市民主党派脱贫攻坚民主监督工作促进会”。

2018 年 10 月 30 日，副主委王景硕参加各民主党派副主委联席会议，台办副主任王继寅、党派科科长张宏伟部署民主党领导班子民主生活会安排。

2019 年 1 月 3 日，主委张纬东、副主委王景硕参加市委、市政府召开的全市经济社会发展情况通报会。

2019 年 1 月 18 日，主委张纬东、副主委王景硕参加市政府召开的《政府工作报告》征求意见会。

2019 年 1 月 31 日，张纬东出席市委、市政府工作情况通报会。

2019 年 8 月 12 日，主委张纬东、副主委王景硕参加全市上半年经济发展情况通报会。

2020 年 1 月 15 日下午，市委常委、宣传部部长、统战部部长王金忠到市各民主党派机关走访调研并召开各民主党派市委2019年调研成果转化专题座谈会。

2020年1月21日，张纬东出席市委、市政府工作情况通报会。

2020年11月16日，张纬东出席市委党外人士座谈会。

2021年2月24日，张纬东出席廊坊市党外人士座谈会。

第二节　议政建言

2007年2月26日至3月2日，廊坊市人大四届五次会议、市政协四届五次会议召开，民盟廊坊市委在市政协全会上提交大会发言1件，题目是《促进廊坊奶业发展的调查与建议》，集体提案10件，个人提案19件。

2007年5月，民盟廊坊市委分别被评为河北省信息工作先进单位和廊坊市统战信息工作先进单位。

2008年1月22日至27日，主委张纬东参加河北省政协第十届委员会第一次全体会议。

2008年2月29日，市政协在天都大酒店隆重召开优秀市政协委员表彰大会。王东风、王洪霞、白世国、赵学敏、郭淑凤五名盟员被评为优秀市政协委员。

2008年3月3日下午，召开五届市政协委员推荐人选协商会议，主委张纬东参加了会议。

2008年3月13日，民盟廊坊市委召开民盟盟员五届政协委员、人大代表座谈会，部署提案准备工作。主委张纬东，副主委孙大军、郭淑凤和盟员五届政协委员、人大代表出席会议。

2008年3月25日至28日，政协廊坊市第五届委员会第一次会议、市人大五届一次会议召开。主委张纬东当选廊坊市政协副主席，副主委郭淑凤当选市政协常委。在随后闭幕的市人大五届一次会议上，副主委孙大军当选市人大常委。在政协全会上，民盟廊坊市委提交题为《关于廊坊市职业教育集团化发展的建议》的大会发言1件，市政府主要领导作出重要批示。集体提案 11 件，个人提案 31 件。

2008 年 3 月 31 日，张纬东出席政协廊坊市五届一次主席会议。

2008 年 3 月 31 日，张纬东出席市政协机关全体干部职工大会。

2009 年 1 月 11 日，省政协十届二次会议圆满完成各项议程，在省会石家庄河北会堂胜利闭幕。张纬东出席会议，提交大会提案 3 件，为全省发展大局建言献策。

2009 年 2 月 3 日至 7 日，廊坊市人大五届二次全会，市政协五届二次全会召开。在政协全会上，主委张纬东作大会发言《以文化为先导，引领全市经济社会全面发展的战略思考》。全会共提交大会发言 2 件，集体提案 10 件，个人提案 22 件。

2009 年 2 月 13 日，民盟河北省委在廊坊召开参政议政工作座谈会。民盟河北省委副主委鲁平，民盟中央参政议政部信息处处长张雨斌，民盟河北省委参政议政部部长刘莉等出席会议。张纬东和部分盟员代表出席座谈会。

2009 年 6 月，民盟廊坊市委被廊坊市政协评为 2008 年度宣传工作先进集体二等奖，2008 年度反映社情民意工作先进集体二等奖。

2009 年 2 月，民盟河北省委在廊坊召开参政议政工作座谈会

2009 年 7 月 22 日，市政协就民盟廊坊市委提出的集体提案《挖掘发展优势文化项目，树立廊坊品牌》召开重点提案督办座谈会。市政协副主席吕炳素出席会议，民盟廊坊市委驻会负责人王景硕等参加会议。

2009 年 10 月 17 日至 23 日，民盟河北省委参政议政部在南京举办了 2009 年度参政议政工作培训班。民盟廊坊市委原副主委纪子厚、原市委委员赵振声和机关同志参加培训。

2010 年 2 月 25 日至 26 日，市政协五届三次全会、市人大五届三次全会相继胜利闭幕。盟员中的 16 位市人大代表、市政协委员、特聘委员出席会议。在市政协全会上，张纬东代表民盟廊坊市委作了题为《关于建立健全廊坊市失地农民征地补偿和社会保障机制的建议》的报告，受到中共廊坊市委、市政府领导的高度重视并作出重要批示。市领导批示："张纬东委员的建议非常重要，失地农民补偿和保障是保证农民不因失地而受损失，请建设局研究保障办法，并请有关部门监督实施。"民盟廊坊市委还提交集体提案 9 件，个人提案 20 余件，内容涉及教育、"三农"、文化、民生及社会管理等各个方面。

2010 年 5 月 5 日至 9 日，张纬东参加驻廊省政协委员赴河南考察活动。

2010 年 5 月 14 日，民盟廊坊市委举办信息员培训班，邀请民盟中央参政议政部信息处处长张雨斌、民盟河北省委参政议政部副部长冯俊生，就如何做好反映社情民意信息工作进行辅导。民盟廊坊市委副主委孙大军、王景硕和各支部主委、信息员等 30 人参加培训。在廊期间，主委张纬东、中共廊坊市委统战部副部长张秀明等会见了张雨斌一行。

2010 年 6 月 13 日，张纬东出席市政协五届十七次主席会议。

2010 年 6 月 30 日，张纬东出席市政协五届十一次常委会议，会议主要议题是为加快推进高新技术产业发展建言献策。

2010 年 7 月 19 日，市政协召开重点提案督办座谈会，张纬东对市政协委员石建军提出的《关于推进市区教育统筹规划一体化发展的建议》提案进行现场督办。

2010 年 8 月 24 日，王景硕参加廊坊市政协中共市委统战部学习实践科学发展观群众满意度测评会议。

2010 年 9 月 21 日，张纬东出席市政协五届十九次主席会议。

2010 年 9 月 21 日，张纬东出席市政协机关中秋联欢会。

2010 年 9 月 30 日，张纬东出席市政协五届十二次常委会议，听取市政府关于对市政协五届三次会议以来提案办理情况的报告，安排部署市政协提案工作，审议通过《关于借势廊沧高速公路建设促进南部地区经济崛起的调查与建议》。向民盟河北省委提交《关于建筑垃圾回收利用资源化的建议》等 4 件集体提案素材。《民盟廊坊市委关于修建“东张务蓄水区”促进南城发展的建议》被市委统战部《参政议政快报》转发。

2010 年 11 月 4 日，民盟中央举办的民盟 2010 中国城市文化论坛在南宁召开。民盟廊坊市委作为民盟河北省的唯一代表向大会提交了题为《关于提高城市文化品位的几点思考》的论文，受到与会者好评。

2010 年 12 月 25 日，民盟廊坊市委召开参政议政工作会议，盟内市人大代表、政协委员就如何做好议案、提案工作进行研究部署。主委张纬东，副主委孙大军、郭淑凤、王景硕参加会议。

2010 年 12 月 24 日，张纬东出席市政协五届十三次常委会议。

2010 年 12 月 24 日，副主委王景硕在市政协五届十三次常委会议上，被补选为五届市政协委员。盟员中已有市人大代表、政协委员 16 人。

2011 年 2 月 11 日至 14 日，廊坊市第五届人民代表大会第四次会议、廊坊市政协五届四次会议召开，民盟廊坊市委大会发言《切实提高廊坊城市文化品位》广受好评。会议期间，共提交大会发言 1 件，集体提案 8 件，委员个人提案 20 余件。《加强小型农田水利基础设施建设》被民盟河北省委用作省政协常委会的大会发言。

2011 年 3 月 3 日，邀请民盟省委参政议政部部长刘莉、副部长冯俊生等为来自全市各支部共 20 余位骨干盟员进行社情民意信息培训。上半年信息工作排名继续在全省保持领先地位。

2011 年 3 月 8 日，张纬东出席市政协五届二十四次主席会议。

2011 年 3 月 10 日，张纬东出席市政协五届十五次常委会议。

2011 年 5 月 9 日，市政协、市邮政局、民盟廊坊市委召开座谈会，商讨落实民盟廊坊市委报送的《关于居民小区规范建设邮政信报箱的建议》，该建议之前被市政协《社情民意》第7期转发，副市长饶贵华作出重要批示。

2011年6月，调研报告《构建多渠道投融资平台，大力发展农田水利基础设施建设》在省政协常委会作大会发言。市政协《社情民意》第7期转发管道局支部盟员付瑞珍反映的《关于居民小区规范建设邮政信报箱的建议》。民盟廊坊市委报送民盟河北省委社情民意信息96条，多条被民盟中央、河北省政协、中共河北省委统战部采用，

2011年7月15日，市政协召开经济形势分析座谈会，张纬东出席会议。

2011年11月30日，张纬东出席市政协五届第二十七次主席（扩大）会议，传达学习省第八次党代会精神，讨论市政协2012年工作要点。

2011年12月15日，张纬东出席市政协五届二十八次主席会议。

2011年，民盟廊坊市委被民盟河北省委评为信息工作一等奖。盟员王景硕、李海滨被评为民盟河北省委信息工作先进个人。

2012年1月4日至5日，张纬东参加省政协十届五次会议。

2012年1月31日至2月3日，廊坊市第五届人民代表大会第五次会议、政协廊坊市第五届委员会第五次会议在国际饭店怀远堂隆重开幕。张纬东主委在市政协全会作了题为《推进教育均衡发展 全力打造教育廊坊》的大会发言。市长聂瑞平、副市长吕爱英等主要领导作出批示。

2012年2月3日，在民盟河北省委九届五次全委会上，民盟廊坊市委荣获2011年信息工作一等奖。

2012年2月8日，张纬东出席市政协五届三十一次主席会议。

2012年3月23日，张纬东出席政协五届三十二次主席会议。

2012年3月29日，张纬东出席市政协五届二十次常委会议。

2012年6月18日，张纬东出席市政协主席会议。

2012年6月25日，张纬东参与接待省政协十届二十次常委会议与会人员。

2012年6月29日，张纬东出席市政协五届二十一次常委会议。

2012年7月5日，市政协组织召开重点提案督办座谈会，现场督办民盟廊坊市委提出的《推进教育均衡 发展全力打造教育廊坊》（第2号）提案。市政协副主席吕炳素出席回忆，市教育局、市财政局等提案落实部门领导参加会议，就提案的落实情况作出答复。该提案被市政协确定为重点督办提案。

2012 年 12 月，省政协对五年来的优秀提案进行表彰，《关于建立被征地农民基本生活保障制度的建议》被评为“河北省政协优秀提案”。

2013 年 1 月 24 日至 30 日，张纬东参加政协河北省第十一届一次会议。

2013 年 4 月 2 日，张纬东出席市政协五届三十八次主席会议。

2013 年 4 月 3 日，张纬东出席市政协五届二十三次常委会议。

2013 年 4 月 8 日至 12 日，廊坊市六届人大一次会议、政协六届一次会议召开，张纬东当选市六届政协委员会副主席，郭淑凤、程济源当选市政协常委，王景硕当选市人大常委。盟员中 15 位政协委员、4 位人大代表参加了会议。会议期间，提交政协大会发言 1 件，集体提案 7 件，个人提案 30 件。市委、市政府主要领导对大会发言《突出城市书法元素 着力打造中国书法名城》作出了重要批示。

2013 年 4 月 16 日，张纬东出席河北省政协十一届二次常委会。

2013 年 6 月 18 日，张纬东出席市政协六届一次主席会议。

2013 年 7 月 5 日，张纬东出席市政协六届一次常务委员会议。

2013 年 7 月 24 日至 25 日，民盟河北省委反映社情民意信息工作会议在张家口召开。会议上，民盟廊坊市委荣获民盟河北省委 2012 年度反映信息工作二等奖。

2013 年 8 月 18 日，市政协组织驻廊省政协委员赴省外视察调研智慧城市和民族文化建设情况以及发挥委员主体作用的经验和做法，张纬东参加活动。

2013 年 9 月 27 日，张纬东出席市政协六届二次主席会议。

2013 年 10 月 10 日，张纬东出席市政协六届二次常委会议。

2013 年 11 月 19 日，张纬东出席市政协六届三次主席会议。

2014 年 1 月 7 日，政协河北省第十一届委员会第二次会议在石家庄召开，张纬东出席会议。

2014 年 1 月 20 日，张纬东出席市政协六届四次主席会议。

2014 年 1 月 22 日，张纬东出席政协六届三次常委会议。

2014 年 2 月 8 日至 12 日，市人大六届二次会议、市政协六届二次会议召开，全会期间，民盟廊坊市委提交大会发言 1 件，个人大会发言 3 件，集体提案 9 件，个人提案 30 余件。1 件提案被民盟河北省委作为集体提案提交省政协全会。

2014年6月6日至7日，民盟河北省委反映社情民意信息培训班举行。民盟廊坊市委荣获2013年民盟河北省委信息工作先进集体称号，王晓峰被评为2013年民盟河北省委信息工作先进个人。

2014年7月22日，张纬东出席政协河北省第十一届委员会常务委员会第八次会议。

2014年8月15日，张纬东出席市政协六届五次主席会议。

2014年8月20日，张纬东出席市政协六届五次常委会议。

2014年11月21日，张纬东出席市政协六届六次主席会议。

2014年12月2日，张纬东出席市政协六届六次常委会议。

2015年1月6日至11日，张纬东出席河北省政协十一届三次全体会议。

2015年1月15日，张纬东出席市政协六届七次主席会议。

2015年1月20日，张纬东出席市政协六届七次常委会议。

2015年1月27日至2月3日，廊坊市第六届人民代表大会第三次会议、市政协六届委员会三次会议召开，两会期间，民盟廊坊市委提交大会发言3件，题目分别是《提高城市文化软实力 打造文化体验城市》《加强垃圾分类

2015年1月，张纬东代表民盟廊坊市委在市政协六届三次会议上作大会发言

处理 打造干净整洁都市》《解决水资源紧缺问题 为廊坊城市发展提供水资源支撑》，集体提案 7 件，个人提案 30 件。

2015 年 5 月 19 日至 20 日，民盟河北省委参政议政会议在石家庄召开。张纬东出席会议。

2015 年 6 月 30 日至 7 月 1 日，民盟河北省委反映社情民意信息培训班在石家庄举行。王景硕及 8 名骨干盟员参加培训。

2015 年 10 月 13 日，张纬东出席市政协六届九次主席会议。

2015 年 10 月 20 日，张纬东出席市政协六届十次常委会议。

2015 年 11 月 26 日至 12 月 2 日，市政协就政协协商民主建设赴深圳、湖州学习考察调研。张纬东参加活动。

2015 年 12 月 9 日，张纬东到广阳、安次走访慰问调研，看望驻区政协委员代表和政协机关干部，并召开座谈会。

2016 年 1 月 4 日，张纬东出席市政协六届十一次常委会议。

2016 年 1 月 6 日至 11 日，张纬东出席河北省政协十一届四次会议。

2016 年 1 月 23 日至 27 日，市六届人大第四次全体会议、市政协六届四次会议召开。民盟廊坊市委提交市政协大会书面发言 7 件，集体提案 7 件，个人提案近 30 件。

2016 年 1 月 28 日，副主委王景硕参加市政协在市政协会议室组织召开的市政协“三严三实”专题民主生活会。

2016 年 4 月 14 日至 15 日，民盟河北省委举办提案、信息培训班，王景硕等参加培训班。

2016年5月17日，民盟河北省委在迁安召开2016年参政议政工作会议。王景硕等参加会议。

2016 年 7 月 19 日，张纬东出席市政协六届十三次常委会议。

2016 年 7 月 26 日，张纬东出席河北省政协十一届十八次常委会议。

2016 年 10 月 25 日，张纬东出席河北省政协十一届十九次常委会议。

2016 年 10 月 27 日，张纬东出席廊坊市政协六届十四次常委会议。

2017 年 1 月 7 日至 11 日，张纬东参加河北省政协十一届五次全体会议。

2017年2月24日，民盟廊坊市委参政议政委员会举办社情民意信息培训班。

王景硕、周旭光、李景玉以及各支部信息员和联合一支部全体盟员参加培训。

2017 年 3 月 28 日，张纬东出席市政协六届党组第二十六次（扩大）会议和第十四次主席（扩大）会议。

2017 年 4 月 10 日至 14 日，廊坊市七届人大一次会议、市政协七届一次会议召开。主委张纬东当选新一届廊坊市政协副主席，副主委郭淑凤当选市政协常委，副主委王景硕当选市人大常委。民盟廊坊市委提交市政协大会发言 3 件，集体提案 8 件，个人提案 26 件。

2017 年 4 月 24 日，张纬东出席河北省政协十一届二十二次常委会议。

2017 年 6 月 14 日，张纬东出席市政协七届一次常委会议。

2017 年 7 月 18 日，张纬东带队市政协部分委员视察大城红木产业文化。

2017 年 7 月 26 日，张纬东参加河北省政协十一届二十三次常委会议。

2017 年 9 月 1 日，张纬东出席市政协主席办公会。

2017 年 10 月 19 日至 23 日，王景硕参加人大常委会《义务教育法》贯彻落实情况的检查。

2017 年 10 月 30 日，张纬东出席市政协七届二次主席会议。

2017 年 11 月 1 日，河北省政协文化文史和学习委员会主任王静一行来廊坊调研文史工作。张纬东陪同。

2017 年 11 月 7 日，张纬东出席市政协七届二次常委会议。

2018 年 1 月 22 日，张纬东出席市政协七届四次主席会议。

2018 年 1 月 24 日至 28 日，政协河北省第十二届委员会一次会议在石家庄举行。张纬东当选为省政协常委。

2018 年 2 月 5 日至 8 日，廊坊市政协七届委员会第二次会议、廊坊市七届人大三次会议召开。共提交大会发言 3 件。李景玉代表民盟廊坊市委作《关于加快廊坊市体育产业发展的几点建议》的口头发言，《关于廊坊市奶牛养殖业可持续发展的几点建议》和《京津冀协同发展视角下的区域高校重构》作为书面发言，此外还有集体提案 7 件，个人提案 30 余件。

2018 年 3 月 6 日，张纬东出席市政协七届第六次主席会议。

2018 年 7 月 2 日，省政协召开十二届三次常委会会议，传达学习全国政协十三届二次常委会会议精神，围绕“提升制造业质量”协商议政。张纬东出席会议。

2018 年 7 月 23 日，张纬东出席市政协七届十二次党组（扩大）会议。

2018 年 8 月 15 日，张纬东列席市政协第十三次党组会议，集中学习市政协党组巡视整改专题民主生活会指定学习篇目，讨论巡视整改专题民主生活会党组对照检查材料。

2018 年 8 月 22 日，张纬东出席市政协召开七届六次常委会议。

2018 年 9 月 6 日，张纬东参加“省政协非物质文化遗产保护与利用专题协商座谈会”。

2018 年 9 月 11 日，市政协提案委就七届三次政协会议重点提案安排布置工作走访民主党派，副主委王景硕参加座谈。

2018 年 9 月 27 日至 28 日，张纬东参加省政协十二届常委会第四次会议。

2018 年 11 月 7 日，市委书记冯韶慧到市政协机关调研指导工作，市委常委秘书长张金波陪同。张纬东参加座谈。

2018 年 11 月 30 日，张纬东出席河北省政协十二届五次常委会议。

2018 年 12 月 10 日，张纬东出席市政协七届七次常委会议。

2019 年 1 月 7 日，张纬东列席市政协七届十九次党组会议。出席市政协七届委员会第九次主席会议。

2019 年 1 月 9 日，张纬东出席市政协七届八次常委会议。

2019 年 1 月 10 日至 11 日，张纬东出席河北省政协十二届六次常委会议。

2019 年 1 月 13 日，张纬东出席政协河北省第十二届委员会第二次会议。

2019 年 1 月 21 日至 24 日，廊坊市第七届人民代表大会第四次会议、政协廊坊市第七届委员会第三次会议召开。提交政协全会口头发言 1 件，题目是《推进与京津协同发展 助力廊坊“四区一城”建设》，书面发言 2 件。提交集体提案 12 件，委员个人提案 30 余件。

2019 年 4 月 2 日，张纬东出席市政协七届十一次主席会议。

2019 年 6 月 28 日，张纬东出席市政协七届十一次常委会议。

2019 年 7 月 11 日至 12 日，张纬东出席河北省政协十二届九次常委会议。

2019 年 9 月 16 日至 17 日，张纬东出席政协河北省第十二届委员会常务委员会第十次会议。

2019 年 10 月 14 日，张纬东出席市政协七届十二次常委会议。

2019 年 1 月，出席廊坊市“两会”盟员合影

2019 年 12 月 30 日，张纬东出席市政协七届十五次主席会议。

2019 年 12 月 31 日，市委副书记、代市长赵革到市政协机关调研。张纬东参加座谈。

2020 年 1 月 3 日至 4 日，张纬东参加政协河北省第十二届委员会常务委员会第十二次会议。

2020 年 1 月 6 日至 10 日，张纬东出席政协河北省第十二届委员会第三次会议。

2020 年 1 月 18 日至 20 日，廊坊市第七届人民代表大会第五次会议、政协廊坊市第七届委员会第四次会议召开。提交题为《关于廊坊市非物质文化遗产保护和发展的建议》的口头发言。此外还有书面发言 3 件，集体提案 6 件，个人提交提案、议案 30 余件。

2020 年 4 月 2 日，张纬东列席市政协七届三十一次党组会议。

2020 年 4 月 2 日，张纬东出席市政协七届十八次主席会议。

2020 年 5 月 13 日，张纬东列席市政协七届三十二次党组（扩大）会议。

2020 年 5 月 20 日，市政协组织部分驻廊省政协委员和市政协委员到廊坊临空经济区调研视察。张纬东参加。

2020 年 6 月 3 日，张纬东参加市政协收听收看河北省第十二届委员会常务委员会第十四次会议。

2020 年 7 月 3 日，张纬东出席市政协七届十五次常委会议。

2020 年 10 月 30 日，市委书记杨晓和到市政协机关调研座谈。张纬东参加座谈。

2020 年 11 月 4 日，张纬东列席市政协七届二十一次主席会议暨三十五次党组（扩大）会议。

2021 年 2 月 8 日，张纬东出席市政协七届二十二次主席会议。

2021 年 2 月 18 日至 21 日，张纬东出席政协河北省第十二届委员会第四次会议召开。

2021 年 2 月 24 日，张纬东出席市政协七届二十三次主席会议。

2021 年 2 月 26 日至 28 日，廊坊市第七届人民代表大会第七次会议、政协廊坊市第七届委员会第五次会议召开。提交《关于学前教育的几点建议》等 3 篇大会书面发言，集体提案 7 件，个人提案 30 余件。

2021 年 3 月 17 日，张纬东带队，由市委组成联合督查组赴三河市对落实中央和省、市委政协工作会议精神情况开展专项督查。

第三节　调查研究

2007 年 4 月 24 日，民盟联合支部一行 20 人到葛渔城镇北街村就林业发展问题开展调研活动。市政协副主席袁绍祥，民盟廊坊市委主委、三河市副市长张纬东参加调研。

2007 年 5 月 29 日，民盟廊坊市委组织民盟廊坊市委委员、支部委员，到香河考察香河现代产业园建设情况。主委张纬东、副主委郭淑凤参加考察活动。

2009 年 5 月 11 日，民盟河北省委参政议政部副部长黄智、冯俊生到廊坊调研。

2010 年 3 月，张纬东参加中央社会主义学院培训班，邀请培训班学员赴三河考察。

2010 年 12 月，民盟廊坊市委就京津冀一体化产业协同发展开展调研，张纬东参加调研。

2010 年 3 月，张纬东参加中央社会主义学院培训班，邀请培训班学员赴三河考察

2010 年 12 月，民盟廊坊市委就京津冀一体化产业协同发展开展调研

2012 年 11 月，副主委王景硕应邀赴台湾进行经贸考察。

2013 年 9 月 23 日，民盟河北省委“加快县域经济结构调整”课题组到廊坊市大城县考察调研。民盟河北省委参政议政部副部长冯俊生，民盟唐山市委副主委弭建群、龚瑞昆参加调研，民盟廊坊市委副主委、大城县副县长郭淑凤，副主委王景硕陪同调研。

2015 年 8 月 19 日至 21 日，民盟河北省委在迁安召开 2015 年重点课题调度会。王景硕参加会议。

2015 年 11 月，民盟中央参政议政部信息处处长张雨斌、省盟参政议政部副部长冯俊生来廊对调研课题进行指导。

2016 年 1 月，民盟廊坊市委提交中共廊坊市委 2 件调研报告，受到时任市委书记王晓东的高度重视并作出重要批示。

2016 年 6 月 15 日至 16 日，民盟河北省委将“农村教学点发展问题及建议”作为省盟重点课题，交由民盟教育委员会和民盟廊坊市委联合开展调研。调研组部分成员赴廊坊霸州、三河市进行实地调研。张纬东、王景硕参加调研，参加调研的还有教育委员会主任武志永、教育委员会副主任吴国英、教育委委员耿宗玉、民盟河北省委参政议政部调研员冯俊生。

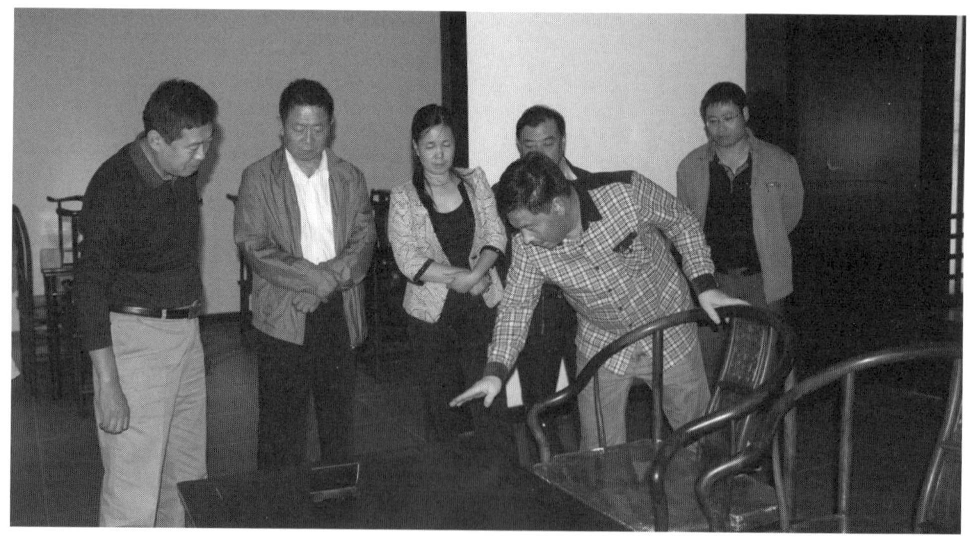

2013 年 9 月，民盟河北省委“加快县域经济结构调整”课题组到廊坊市大城县考察调研

2016 年 10 月 29 日，民盟安次支部到安次区第什里旅游文化休闲农业景区开展“美丽乡村”调研活动，王景硕、李景玉参加调研。调河头乡党委书记黄运然陪同调研。

2017 年 6 月 10 日，张纬东陪同河北省政协副主席边发吉到大厂回族自治县参加中国戏剧小镇研讨会。

2017 年 6 月 27 日，市民盟调研组到体育局就廊坊市体育产业发展情况开展调研。

2017 年 8 月 29 日，张纬东到张家口市宣化区就非物质文化遗产传承与保护进行调研。

2018 年 1 月 5 日，副主委王景硕参加市委统战部召开的“关于各民主党派 2017 年下半年调研工作会”。

2018年6月30日，民盟廊坊联合二支部盟员赴安次区龙河园区进行走访调研。

2018 年 6 月，王景硕率调研组赴胜芳就实体经济发展存在的困难进行调研。霸州市政协主席牛岳峰，霸州市人大副主任、胜芳镇党委书记靳志强，霸州市政协副主席杜海涛等陪同调研。

2018 年 7 月 18 日至 20 日，张纬东带领民盟河北省委课题组成员赴天津市红桥区和沧州市开展调研。

2018 年 7 月 29 日，民盟廊坊市联合二支部赴胜芳盟员王彦智的企业奥德隆金属制品有限公司学习调研。李景玉参加活动。

2018 年 8 月 5 日，按照年度工作计划，民盟廊坊联合一支部组织“盟员活动日”，赴河北廊坊高新技术产业开发区学习考察。

2018 年 8 月 8 日，王景硕等赴唐山市就京津冀协同发展开展调研，参观了盟员企业中裕集团在唐山的项目。

2018 年 8 月 21 日，王景硕等赴邢台参加民盟河北省重点课题调度会。

2018 年 9 月 25 日至 27 日，民盟廊坊市委与民盟河北省委经济委员会一起赴北京、张家口等地开展调研活动，张纬东、王景硕等参加调研。

2018 年 9 月，王景硕一行就民盟河北省委重点课题“京津冀协同发展背景下河北省产业转型升级研究”赴唐山市开展调研。

2018 年 10 月，王景硕、李景玉一行赴霸州开展脱贫攻坚民主监督工作。

2018 年 11 月 21 日至 26 日，民盟廊坊市委组织调研组赴福建仙游红木产业基地和泉州、厦门等地先进盟员之家考察调研。张纬东、郭淑凤、王景硕等参加调研。

2018 年 12 月 16 日，民盟廊坊联合一支部组织“盟员活动日”，赴固安来康郡调研考察，王景硕参加活动。

2018 年 12 月 17 日至 20 日，民盟廊坊市委就开展廊坊书法城及民盟美术院建设组织调研组赴上海等地考察调研。张纬东、王景硕参加调研。

2019 年 5 月 21 日至 22 日，民盟省委副主委张福成带领调研组在廊坊就政务网络安全进行调研。张纬东陪同调研。

2019 年 6 月 30 日至 7 月 1 日，张纬东带领调研组赴张家口就非物质文化遗产保护进行调研。民盟河北省委副主委、张家口市副市长李宏陪同调研。

2019 年 11 月 6 日，民盟中央参政议政部副部长高育红带领调研组一行 4 人就《完善农村医保制度，巩固脱贫攻坚成果》到固安县开展调研，民盟河北省委参政议政部调研员冯俊生，郭淑凤、王景硕陪同调研。

2019 年 5 月，张福成带领调研组在廊坊就政务网络安全进行调研

2019 年 7 月，张纬东带领调研组赴张家口就非物质文化遗产保护进行调研

2019 年 11 月，民盟中央参政议政部副部长高育红（右四）带领调研组就“完善农村医保制度，巩固脱贫攻坚成果”到固安县开展调研

2020 年 10 月 16 日，张纬东带队市政协部分委员就廊坊市乡村旅游资源整合情况进行视察。

2020 年 10 月 18 日至 20 日，张纬东带队赴河南新乡、安阳就民盟中央委托课题“实行‘河长制’后存在的问题及建议”开展调研。

2020 年 11 月 18 日，民盟廊坊市委组织开展“聚同心、解难题、促发展”民营企业百日大走访行动，赴大城深入民营企业开展调研活动并撰写调研报告。

附 7　河北省历届人民代表大会盟员代表名单

河北省第十二届人大代表（2013 年 1 月至 2018 年 1 月）

马双杰

河北省第十三届人大代表（2018 年 1 月至 2023 年 1 月）

马 英、陈玉芹、 高善芳

附 8 聘任为政协河北省委员会历届委员盟员名单

政协河北省第十届委员会（2008 年 1 月至 2013 年 1 月）

张纬东

政协河北省第十一届委员会（2013 年 1 月至 2018 年 1 月）

张纬东（常委）

政协河北省第十二届委员会（2018 年 1 月至 2023 年 1 月）

张纬东（常委）、郭淑凤

附9　廊坊市历届人民代表大会盟员代表名单

廊坊市第五届人大代表（2008年3月至2013年4月）

常　委：孙大军

廊坊市第六届人大代表（2013年4月至2017年4月）

常　委：王景硕

代　表：阚国娟、李秀苓、李鸿志、柏　婧

廊坊市第七届人大代表（2017年4月至2021年8月）

常　委：王景硕

代　表：柏　婧、李鸿志、侯振国

廊坊市第八届人大代表（2021年8月起）

常　委：马双杰、李海滨

代　表：柏　婧、李鸿志、高善芳

附 10 政协廊坊市历届委员会盟员政协委员名单

廊坊市第五届政协委员（2008 年 3 月至 2013 年 4 月）

副主席：张纬东

常 委：郭淑凤

委 员：周旭光、程济源、杨九利、邹家立、商霄燕、王东风、刘丽梅、张真山、邢宝奎、张庆田、殷玉华

廊坊市第六届政协委员（2013 年 4 月至 2017 年 4 月）

副主席：张纬东

常 委：郭淑凤、程济源

委 员：孙大军、周旭光、程济源、徐景礼、刘丽梅、单东风、商霄燕、邹家立、李景玉、金海明、殷玉华、李 虹、侯振国、张庆田

廊坊市第七届政协委员（2017 年 4 月至 2021 年 8 月）

副主席：张纬东

常 委：郭淑凤

委员：周旭光、李景玉、郑万明、李洪帅、李京梅、李海滨、王春玲、吴树华、路 博、张庆田、李 虹、王洪波、金海明、谢岩斌、范 琼、张德君

廊坊市第八届政协委员（2021年8月至今）

常 委：张志庆、李景玉

委 员：王荣芳、张晓东、尹江亭、殷玉华、杨建中、吴树华、李京梅、赵立平、魏国栋、张旭东、路 博、朱大方、朱文瑶、李 涛、邵永楼、李 虹、马 莹、张德君、王际强

附 11
县市区“人大代表、政协委员”盟员名单

历任县级人大代表

广阳区：窦景涛、赵晓军、李广成、张林强、张东升

安次区：王荣芳、陈玉芹、王艳松

三河市：马　英、王　静

霸州市：勾永和（常委）、邢春台、宋克森

大城县：高善芳（副主任）、 邵永楼

固安县：赵学敏（常委）

历任县级政协委员

广阳区：张晓东（常委）、李秀苓（常委）、吴国民、刘　森、范　琼、常文静、郑岩峰

安次区：张晓莉（副主席）、朱文瑶（常委）、冯登柱（常委）、欧阳作让、陈　亮、解力艳、陈玉芹、刘丽梅

三河市：金海明（常委）、殷玉华（常委）、单　耀（常委）、魏　震（常委）、朱大方（常委）、王文峰（常委）、王洪波（常委）、刘　兵、王欣霞、张　杨、赵丽霞、韩晶华、马青林、金　磊、马鹏昊、马　英

大厂回族自治县：朱大方（常委）、陈　君

香河县：芮艳霞、尹玉娟（常委）

永清县：李　涛

霸州市：柏　婧（常委）、刘朝晖（常委）、韩国胜（常委）、吕　晶、鲁建辉、刘　英、李亚彬、王录金、马淑梅、郑万明、王彦智

文安县：王慧珍

大城县：李 丹（副主席）、叶双桃（常委）、李作翔（常委）、刘海涛（常委）、高善芳、马丽霞、李文各、程学姿

固安县：庞建平

附12 民盟廊坊市委历届政协全会大会发言、集体提案目录以及重点提案情况

2007年 市政协四届五次会议

大会发言:

促进廊坊奶业发展的调查与建议

集体提案:

1. 关于加强对零散务工人员管理的建议
2. 加强水资源保护 合理利用水资源
3. 关于加强农村技能培训的建议
4. 加强农民综合素质教育的建议
5. 关于维护民营企业职工权益的建议
6. 中小学心理健康教育培训中的问题与对策
7. 创建以就业为导向的职业教育特色人才培养模式的建议
8. 中等职业学校心理健康教育工作中存在的问题与建议
9. 关于设立急救医疗基金的建议
10. 关于加强奶牛养殖业的建议

2008年 市政协五届一次会议

大会发言:

关于廊坊市职业教育集团化发展的建议

集体提案:

1. 关于鼓励发展乳肉兼用品种牛的建议
2. 强化多元投入，增添职业教育发展新活力
3. 关于规范市区高中招生的建议

4. 关于抑制城区初中“择校热”促进教育公平的建议
5. 培育生物经济为廊坊十年后发展打基础
6. 关于小区规划建设中落实节能减排措施的建议
7. 整合资源，形成职业教育发展新合力

2009 年 市政协五届二次会议

大会发言：

以文化为先导，引领全市经济社会全面发展的战略思考

集体提案：

1. 挖掘发展优势文化项目，树立廊坊品牌（重点提案）
2. 关于举办温情廊坊休闲夏都国际风情文化节的建议（重点提案）
3. 关注校园贴吧 引导学生思想健康成长
4. 加大文化产业支持力度 做大做强朝阳产业
5. 加强廊坊市小额贷款公司监管的建议
6. 关于强化税收征管工作的建议
7. 全面提高文化建设档次 打造文化发展平台
8. 提案调整畜牧产业结构 促进农民增收
9. 关于加强老年保健品市场管理的建议
10. 关于建立潮白河生态公园的建议

2010 年 市政协五届三次会议

大会发言：

关于建立健全廊坊市失地农民征地补偿和社会保障机制的建议

集体提案：

1. 关于新民居建设中需要解决的问题及建议
2. 关于解决廊坊市区南扩问题的建议
3. 关于落实雨水利用和中水回用的建议
4. 关于选派律师参与接待群众信访推进依法治市的建议
5. 关于廊坊市“北三县”以行政一体化推动经济一体化的建议

6. 关于建立和推进廊坊市养老服务体系的建议
7. 关于建立失地农民合理的征地补偿和利益分享机制的建议
8. 关于完善失地农民就业、养老保险及医疗保险机制的建议
9. 关于增加廊坊市各民主党派经费的建议
10. 关于治理各类传播媒介虚假药品广告的建议
11. 关于将“第三医院”划归市人民医院建制的建议

2011 年 市政协五届四次会议

大会发言:

切实提高廊坊城市文化品位

集体提案:

1. 关于建设低碳廊坊的建议
2. 城市规划中要弘扬民族传统凸显城市个性
3. 关于建筑垃圾回收利用资源化的建议
4. 增加农业科技创新扶持 加速推进廊坊市城郊农业发展
5. 把“龙凤文化”打造成廊坊的城市文化形象标志
6. 建立和完善中小企业信用担保体系，帮助中小企业拓宽融资渠道
7. 大力发展文化产业 打造富有特色的廊坊文化品牌
8. 促进非公有制经济发展 加大对民营企业的支持力度

2012 年 市政协五届五次会议

大会发言:

推进教育均衡发展 全力打造教育廊坊（重点督办）

集体提案:

1. 加强小型农田水利基础设施建设的建议
2. 关于安装摄像监控加强廊坊社会治安管理的建议
3. 弘扬中华文化，重塑社会主义道德
4. 关于加快廊坊文化发展的建议
5. 关于推动金融业支持县域经济发展的调查与建议

6. 向银行机构提供定向的风险补偿支持小微企业发展
7. 关于推动林下产业快速发展的建议
8. 建设龙河书院

2013 年 市政协六届一次会议

大会发言：

突出城市书法元素 着力打造中国书法名城

集体提案：

1. 关于塑造龙凤文化标志性雕塑的建议（重点督办）
2. 关于中小学师生心理健康的几点建议
3. 关于加快农业经营体制创新的建议
4. 关于廊坊市信用体系建设的几点建议
5. 关于廊坊文化发展的几点建议
6. 关于城乡居家养老的几点建议
7. 关于农村环境卫生整治的几点建议

2014 年 市政协六届二次会议

大会发言：

提高城市文化软实力 打造文化体验城市

集体提案：

1. 加快发展循环经济的建议
2. 关于建立“365 天政协委员”工作机制的建议
3. 加快发展新能源步伐促进节能减排工作的建议（重点督办）
4. 关于加快龙河湿地资源保护和开发步伐的建议
5. 加大城市大气污染治理力度的建议
6. 关于违法建筑科学治理的建议
7. 正视民企重要地位，优化民企发展环境
8. 对城乡一体化发展的四点建议
9. 关于非物质文化遗产传承保护的建议（重点督办）

2015 年 市政协六届三次会议

大会发言:

1. 提高城市文化软实力 打造文化体验城市
2. 加强垃圾分类处理 打造干净整洁都市
3. 解决水资源紧缺问题 为廊坊城市发展提供水资源支撑

集体提案:

1. 关于加快推进廊坊市应急供水水源地广阳水库项目实施的建议
2. 关于加强廊坊市公共体育设施建设的几点建议
3. 关于加强廊坊市校园安全教育的几点建议
4. 廊坊发展总部经济中文化环境的影响因素及对策
5. 建设廊坊市临空型现代农业的建议
6. 关于“重建文安水经济 弘扬文安水文化”的建议

2016 年 市政协六届四次会议

大会发言:

关于加强廊坊市公共文化服务体系建设的建议

集体提案:

1. 关于加强廊坊市物业管理的几点建议（书面发言）
2. 关于推进廊坊“智慧城市”建设的建议（书面发言）
3. 关于加快建设河系联通工程 彻底改善廊坊水生态环境的建议(书面发言)
4. 关于加大基层食品安全监管体系建设的建议（书面发言）
5. 关于建立律师参与化解和代理涉法涉诉信访案件制度的建议（书面发言）
6. 关于加强廊坊市中小学书法课教学的建议
7. 强化农村金融支持力度 促进县域经济又好又快发展

2017 年 市政协七届一次会议

大会发言：关于挖掘传承民俗文化的建议

集体提案:

1. 关于廊坊市水生态环境存在的问题与建议（书面发言）

2. 关于小微企业园区建设的几点建议（书面发言）

3. 构建北京四中名校数字联盟 促进京廊基础教育一体化协同发展

4. 关于加快廊坊市职场诚信大数据政务云平台建设的建议

5. 关于加强廊坊地区（高）校企（业）合作建设的建议

6. 关于廊坊市职业教育发展的几点建议

7. 关于治理城市居民厨房油烟气的建议

8. 关于治理僵尸车的建议

2018 年 市政协七届二次会议

大会发言：

关于加快廊坊市体育产业发展的几点建议

集体提案：

1. 关于廊坊市奶牛养殖业可持续发展的几点建议（书面发言）

2. 京津冀协同发展视角下的区域高校重构（书面发言）

3. 关于推进全国文明城市建设的建议

4. 关于加强廊坊市消防安全管理的建议

5. 关于进一步完善廊坊市民营企业创新环境的建议

6. 关于提高廊坊市市民素质的几点建议

2019 年 市政协七届三次会议

大会发言：

推进与京津协同发展 助力廊坊“四区一城”建设

集体提案：

1. 关于进一步完善家庭医生签约服务的建议

2. 弘扬中华优秀传统，深度挖掘地标文化；打造城市文化品牌，发展文化创意产业

3. 关于对区域融资担保圈的几点建议

4. 关于廊坊市腾退办公用房调剂使用的建议

5. 关于停车难的几点建议

6. 关于加强便民菜市场建设工作的建议（重点督办）

7. 关于加强食品“三小”监管的建议

8. 关于引进京津优质中小学教育资源的建议

9. 关于提高农村寄宿制学校教师待遇的建议

10. 关于廊坊市居民小区物业管理的建议

2020 年 市政协七届四次会议

大会发言：

关于廊坊市非物质文化遗产保护和发展的建议（重点提案）

集体提案：

1. 科技与金融深度融合 纾解企业融资难题

2. 促进产教融合协同发展，推动廊坊职业教育高质量发展

3. 创新监管方式，优化营商环境

4. 关于规范监管执法，优化营商环境的建议

5. 浅谈基层中医医院中药学服务的现状

6. 关于加强廊坊市中小学心理健康教育的建议

2021 年 市政协七届五次会议

集体提案：

1. 关于学前教育的几点建议（书面发言）

2. 关于加强公共卫生管理工作的几点建议（书面发言）

3. 关于举办“庆祝廊坊开发区成立三十周年活动”的建议

4. 加强廊坊市妇幼健康管理工作的建议

5. 提升传统社区物业服务管理水平，为群众营造良好人居环境

6. 促进奶业健康有序发展的建议

7. 关于建立和完善社会工作体系 提升廊坊市公共服务水平的建议

第四章 社会服务

第一节 文教惠民

2008年7月，民盟廊坊师范学院退休支部举办“关爱老人健康，共建和谐家庭”为主题的座谈会。原主委袁绍祥及其他支部应邀出席的老年盟员40余人参加座谈。座谈会间隙，与会人员参观了北京东方红航天生物技术有限公司廊坊分公司组织的航天科技成果图片展。

2008年10月9日，民盟河北省委社会服务工作暨烛光行动座谈会在保定召开。民盟中央社会服务部部长郭勇、中共保定市委统战部副部长储建增，盟省委副主委闻德生、田咏、鲁平，社会服务部部长孙建国、组织部部长黄望朝，各地市盟机关负责人，分管社会服务工作的负责人及烛光行动专家组成员40余人参加了会议。民盟廊坊市委在会上作了题为《发挥优势，服务社会》的大会发言。民盟市委副主委郭淑凤、烛光行动专家组成员商霄燕等参加会议。

2009年3月5日，民盟廊坊市委举办庆“三八”女性服饰与礼仪讲座。民盟廊坊市委委员、廊坊师范学院公共管理学院教授阿迎萍作了“职业女性服饰与礼仪”的讲座。副主委郭淑凤和20余名女盟员听取讲座。

2009年3月24日，民盟廊坊市委“农村教育 烛光行动”启动仪式在廊坊市开发区小马房小学隆重举行，向小马房小学捐赠了价值3万元的体育用品。民盟河北省委副主委鲁平专程参加启动仪式并讲话。中共廊坊市委统战部副部长张秀明、民盟河北省委社会服务部部长孙建国、民盟廊坊市委主委张纬东出席启动仪式。

2009 年 3 月，民盟廊坊市委“农村教育 烛光行动”启动仪式在廊坊市开发区小马房小学隆重举行

2009 年 7 月 19 日至 21 日，民盟河北省委“烛光行动”专家组 7 名成员赴民盟秦皇岛市委“烛光行动”定点学校——青龙满族自治县木头凳镇高级中学开展教学交流活动。专家组成员、民盟廊坊二中支部主委、廊坊二中教务处主任商霄燕和来自民盟唐山、承德、邢台、邯郸、秦皇岛市委的优秀教师和教育专家与青龙满族自治县的 100 余名学校领导和教师进行了教学工作交流。民盟廊坊市委驻会负责人王景硕参加活动。

2009 年 8 月 8 日，时值北京 2008 夏季奥运会开幕一周年，同时也是我国第一个“全民健身日”。民盟廊坊市委主办、民盟廊坊市直联合支部承办的“庆祝新中国成立 60 周年象棋比赛”在廊坊市文化艺术中心举行，12 名棋手参加比赛。

2009 年 9 月 23 日，在中华人民共和国成立 60 周年、中国共产党领导的多党合作和政治协商制度确立 60 周年、河北省廊坊市经国务院批准“撤地建市”20 周年之际，民盟廊坊市委举办的书画摄影作品展在廊坊师范学院美术展厅开幕。来自全市 200 多名盟员中的 21 位书画摄影工作者和爱好者，近百件作品参展。张纬东和社会各界人士观看了展览。

2012 年 10 月 28 日，李景玉律师举办系列法律知识讲座第一讲，讲座结合案例并穿插互动环节，为盟员普及了法律知识。

2013 年 8 月，由民盟中央和新东方教育科技集团共同主办的“烛光行动·骨干教师新东方进修班”在北京开班。民盟廊坊市委选派“烛光行动”定点小学小马房小学英语骨干教师与来自重庆、内蒙古、河北、河南（各 20 名）的 80 位乡村基层骨干教师一起参加了培训。民盟中央常委、新东方教育科技集团董事长兼首席执行官俞敏洪，民盟中央社会服务部副部长段海溪等嘉宾出席开班仪式并致辞。

2013 年 9 月 15 日，由民盟廊坊市委主办、民盟联合支部协办的系列法律知识讲座在盟市委机关会议室举行，河北李景玉律师事务所主任李景玉为盟员讲授新《婚姻法》及司法解释等相关知识。

2014 年 8 月，民盟廊坊市委开办了民盟东方书法课堂，美术院副秘书长张晓东每周日上午在本单位会议室为盟员及家属义务教授书法。

2015 年 2 月 1 日和 2 月 8 日，农历腊月十三和腊月二十，廊坊民盟美术院组织盟员书法家分别两次深入社区，为社区群众现场书写春联，迎春送福。

2015 年 6 月 14 日，张纬东在廊坊市民主党派会议室为盟员及书法爱好者讲授“中国书法的魅力”讲座，为书法爱好者上了一堂生动的书法体验课。

2015 年 7 月，民盟小学生暑期作文公益课堂开课

2015年7月12日，民盟东方书法课堂成立一周年纪念活动在民盟机关会议室举行，副主委王景硕出席活动。在纪念活动上，张晓东老师现场挥毫，为学员书写作品留念，并亲手精心刻制了5枚印章奖励优秀学员。同时，民盟国画课堂开课，廊坊师范学院美术学院常笑尘老师从墨竹、牡丹画法讲起，传授花鸟国画入门技法。

2015年7月22日，民盟小学生暑期作文公益课堂开课，民盟盟员廊坊日报社主任记者赵振声老师担任主讲。

2015年10月11日，民盟东方书法课堂邀请著名书法家、河北省美术家协会、书法家协会会员刘福柱先生为学员传书授道，东方书法课堂学员20余人聆听了老先生的教诲。

2016年1月22日，农历腊月十三，廊坊民盟美术院组织盟员书法家深入社区，为社区群众现场书写春联，迎春送福，盟员书法家共为社区居民撰写春联130余副。

2016年8月15日至18日，由民盟廊坊市委、廊坊市教育局主办，民盟廊坊市中教委员会、北京四中网校廊坊分校承办的民盟“烛光行动·千校计划”魅力名师首期特训营在霸州成功举办。民盟廊坊市委中教委员会、廊坊市教育局教研室、廊坊一中、廊坊八中等50多位骨干教师参训。王景硕出席开营仪式并致辞。

2016年11月17日，民盟中央社会服务工作会议在贵州省黔西南布依族、苗族自治州兴义市召开。盟员李京梅老师，因在“烛光行动”中所做出的突出贡献，荣获民盟中央社会服务工作先进个人的荣誉称号。

2017年1月13日，腊月十六，民盟廊坊市委组织盟员书法家为社区群众写春联、贺新年。郭淑凤、王景硕参加活动。

2017年1月14日，民盟廊坊市委还委托专人把春联送到了永清县农村14户困难群众家中。

2017年4月，中共廊坊市委宣传部命名和发布了全市第一批11名“廊坊楷模”。廊坊民盟盟员、“侯振国爱心团队”队长侯振国光荣入选，位列第二名。截至2017年4月，侯振国爱心团队已经向社会捐款1800余万元，救助贫困家庭2500个，救助贫困学生1900个，其中助532个辍学儿童重返

2017 年 7 月，民盟廊坊市委举办旗袍知识讲座

校园，救助大病患者 145 名，其中让 84 名大病患者得以康复，累计为社会做志愿服务 163327 小时。

2017 年 5 月 18 日，民盟廊坊市中教委员会 4 位委员与廊坊市教育局领导带领廊坊市市区及安次、广阳、三河、固安等学校领导 40 余人一同前往北京四中参观学习。

2017 年 6 月 25 日，民盟公益大讲堂授课，民盟开发区支部程学恒老师作《时间管理》讲座。

2017 年 7 月上旬，民盟廊坊市委组织盟员参加“旗袍”知识讲座。

2018 年 1 月，廊坊民盟美术院组织盟员书法家开展“春联送福进万家”活动，深入企业、社区，为群众写春联、贺新年，张纬东参加活动。

2018 年 6 月，由中国民主同盟廊坊市委员会主办的“翰苑英华——王羊羽藏翰林进士信札展”在廊坊东方大学城的河北东方学院图书馆开展。张纬东、王景硕等观看展览。

2018 年 9 月 29 日，2018 北京国际设计周—暨“非遗与设计汇”在河北省廊坊市广阳区南汉村举行启动仪式。民盟北京市委副主委宋慰祖，民盟

2018 年 1 月，廊坊民盟美术院开展“春联送福进万家”活动

河北省委副主委张纬东、张朝军出席启动仪式。此次北京国际设计周在民盟北京市委、民盟河北省委的指导推动下走进南汉，邀请北京优秀设计力量参与到南汉传统工艺的挖掘中来，用设计促进非遗活态传承，促进传统工艺整体水平提升，让传统作坊式的家具生产，升级成为代表中国文化价值观和东方生活美学的创意产品。这是京津冀协同发展在文化领域取得的成绩，是民盟在京津冀协同发展方面的有力贡献，也是推动传统工艺的创造性转化、非遗创新性发展的有力举措，对南汉传统工艺和非遗传承发展意义重大。

2019 年 1 月，廊坊民盟美术院会同三河燕郊支部、广阳区支部分别在燕郊、广阳、民盟机关等地开展了四次书春送福活动，为群众书写春联 700 余副。

2019 年 1 月 19 日，廊坊民盟美术院到大城县叶庄子村为村民写春联、送祝福。张纬东以及廊坊市书法家协会主席刘京闻、副主席邵金强、书法博士林峰、廊坊市美术家协会副主席高世迎等 20 余名书画名家参加书春送福活动。

2019 年 4 月 13 日，为弘扬中华民族优秀传统文化，张纬东应河北省图书馆邀请，在河北省图书馆主讲“冀图讲坛”第 426 期《小词大雅》。

2019 年 5 月 24 日，民盟廊坊市委委托民盟邢台市委在邢台市广宗县东贺固小学举行烛光行动教育帮扶捐赠活动，为东贺固小学捐赠学习用品 353 件，为葫芦中学捐赠北京四中在线教学平台和北京四中优质教育资源一套。

2019 年 10 月 10 日，廊坊市启动书法绘画戏曲进校园活动。张纬东主持会议。同月，主委张纬东应邀出席“廊坊市书法进校园”活动，并给廊坊一中同学们上了一堂书法普及课。

2020 年 1 月 8 日，春节来临之际，廊坊民盟联合一支部全体盟员走进金桥社区，开展“春联送福进万家”主题活动。

2020 年 6 月 11 日至 12 日，民盟廊坊市委和廊坊市体育局联合举办八段锦培训班，培训合格者颁发二级社会体育指导员证书。培训班共有 28 名盟员参加培训并顺利结业。郭淑凤、王景硕等参加活动。

2020 年 7 月 17 日，李景玉在中共廊坊市委统战部机关会议室通过现场和网络直播的形式，面向全市统战系统干部，各民主党派、民族宗教、民营经济、新的社会阶层、党外知识分子、无党派代表人士、港澳台侨等各界统战成员开展《民法典》培训。中共廊坊市委统战部常务副部长李新洪主持培训。民盟廊坊市委全体盟员在各自单位通过网络收听收看。

2020 年 8 月 12 日，李景玉在民盟廊坊市委机关九楼会议室，为盟员讲授《民法典》。

2020 年 9 月 25 日，由民盟廊坊市委主办，廊坊民盟美术院、廊坊民盟艺术团协办的“唱响新时代 美丽荆东行”联欢晚会在固安县荆垡营东村举办。张纬东、王景硕、李景玉等出席晚会。

2020 年 1 月，廊坊民盟美术院开展“春联送福进万家”活动，张纬东等盟员书法家为参加市政协七届四次会议的委员书春送福

第二节 公益慈善

2008年5月12日14时28分，四川汶川等地突如其来的特大地震灾害，震级之高、破坏之大、波及之广、救助之难，历史罕见。民盟廊坊市委号召盟员为汶川大地震灾区捐款。廊坊市200余名民盟成员通过本单位或其他渠道捐款15万余元。为响应民盟中央的倡议，民盟廊坊市委再次发出通知，交纳“爱心盟费”，各基层支部和广大盟员共交纳爱心盟费19424元，并汇至民盟中央，用于灾区学校重建等工作。其中，主委张纬东交纳2000元，王东风交纳1024元，金海明、殷玉华分别交纳1000元。主委张纬东拍卖他的一幅书法作品，所拍款项1.5万元全部支援地震灾区重建家园。

2008年5月25日，主委张纬东参加了廊坊市聚得利拍卖行为地震灾区募捐举办的书画义卖拍卖会。其中张纬东的一幅书法作品拍出了拍卖会最高价1.5万元，所拍款项全部支援地震灾区重建家园。著名画家胡嘉梁捐献了6幅作品，义卖捐献灾区。盟员袁爱民、张保义也捐出了自己的书画作品。

2010年4月14日，青海省玉树藏族自治州玉树县发生强烈地震。民盟廊坊市委响应民盟中央、民盟河北省委号召，积极为灾区捐款捐物奉献爱心。5月14日，廊坊市盟员爱心的4500元善款交至民盟中央，募捐所得由民盟中央负责在青海灾区重建工作中定向支援，专款专用。

2011年6月1日，民盟廊坊职业技术学院支部盟员前往市中医院看望白血病儿童并为其送上礼物和节日祝福。

2013年，“4·20”四川雅安地震牵动着廊坊市全体盟员的心。民盟廊坊市委积极响应民盟中央的号召，向全市盟员发出爱心自愿募捐的通知。许多盟员是在本单位已经献出爱心的情况下再次募捐。其中民盟廊坊市委主委张纬东捐款2000元，盟员尹江婷捐款1000元。所得善款共计10050元，全部汇入民盟中央赈灾专用账户，专款专用。

2013年10月23日，盟员侯振国率来自霸州市新利钢铁有限公司“侯振国爱心团队”的170名钢铁工人进行捐献造血干细胞现场采样，其余1600多名志愿者由市红十字会和市卫生局安排专人到厂区分期分批签署《捐赠造血干细胞志愿书》并进行抽血采样。

2013 年 12 月 25 日，中国文联副主席、民盟河北省委主委边发吉专程赴霸州看望盟员侯振国及其创建的“侯振国爱心团队”。民盟河北省委副主委鲁平、秘书长黄望朝参加活动。张纬东、王景硕陪同看望。

2014 年 4 月，侯振国爱心团队成员把善款送到患脑瘤的儿童周鑫浩家。自周鑫浩患病后，该团队已陆续为他捐款 13 万多元。从 2009 年至今，爱心团队共筹集善款 650 多万元，先后救助了 18 名大病患者、500 多名贫困学生和 900 多个困难家庭。救助范围从霸州市信安镇一地扩展到邯郸、唐山等多地。

2014年5月29日，组织盟内医务专家赴大厂回族自治县小厂村为村民义诊。

2014 年 6 月 14 日，侯振国爱心团队志愿者携 840 件衣服、40 桶油、40 袋大米和 5000 元爱心基金共计 36900 元物资，同承德爱心联盟的志愿者一起走访救助了当地的贫困家庭。

2014 年 7 月，“侯振国爱心团队”获评“河北省十大优秀志愿服务品牌”。同年，入选中央文明办举办的中国好人榜的助人为乐好人。

2014 年 8 月 12 日，为援助云南鲁甸地震灾区，民盟廊坊市委在廊坊民盟 QQ 群举行了一场别开生面的书法义卖。盟员张晓东先生为本次义卖提供了精心创作的十件作品，义卖面向廊坊市民盟盟员，共募得善款 4000 元捐给灾区。

2015 年 7 月，民盟盟员侯振国入选“德耀中华・第五届全国道德模范・助人为乐模范候选人”。本评选活动是由中共中央宣传部、中央文明办等六家单位联合举办，共分为助人为乐模范、敬业奉献模范、诚实守信模范、见义勇为模范、孝老爱亲模范等五类模范。全国仅 327 人入选道德模范候选人，其中 71 人为助人为乐模范候选人。

2015 年 9 月 23 日，民盟廊坊市委机关同志以及部分盟员，自发来到开发区和谐之家福利院，看望慰问孤残儿童。盟员们购置了价值 3500 元的奶粉、纸尿裤、水果、食品等福利院急需的婴幼儿用品，张纬东捐款 1000 元并特意叮嘱盟员向孩子们转达自己的慰问和祝福。

2018 年 9 月 13 日，第十届“中华慈善奖”颁奖典礼在人民大会堂举行。廊坊盟员侯振国被授予第十届“中华慈善奖”慈善楷模殊荣。

2015 年 9 月，民盟廊坊市委机关同志以及部分盟员，来到开发区和谐之家福利院，看望慰问孤残儿童

2018 年 9 月，第十届"中华慈善奖"颁奖典礼在人民大会堂举行。盟员侯振国被授予第十届"中华慈善奖"慈善楷模殊荣

2019 年 8 月，响应民盟中央《开展消费扶贫助力打赢脱贫攻坚战的倡议书》，引导盟员和各界群众积极践行消费扶贫，众多盟员下单，购买广宗红薯干、毕节核桃乳、黔西南的高原红米、广西田阳的果干等。据统计，盟员们爱心采购金额近 5000 元。

2020 年 2 月 2 日，民盟廊坊市委在廊坊民盟微信群举行了防控疫情爱心义卖活动。盟员们捐赠了 32 件自己创作的书画作品和珍藏的珠宝等拍品，共拍得爱心款 147500 元。其他盟员积极联系民盟廊坊市委捐款 38300 元，活动共募集善款 185800 元。善款分别捐赠湖北黄石第二人民医院和廊坊市第三人民医院。

2020 年 2 月，据不完全统计，盟员累计捐款捐物 230 多万元。盟员中的文艺工作者创作的歌曲《江城安好》入选中共中央宣传部学习强国平台全国优秀“战疫”公益歌曲展播；歌曲《我们在一起》等 3 首作品被民盟中央选发。

2020 年 5 月，民盟廊坊市委积极响应民盟中央关于开展消费扶贫的倡议，引导盟员开展消费扶贫活动。截至 5 月 28 日，累计购买助农产品消费 6007.93 元。

第三节 健康义诊

2007 年 6 月 15 日，民盟廊坊市委组织医务专家，前往安次区落垡镇卫生院开展义诊活动。

2007 年 6 月 22 日，来自民盟和农工党成员的医务专家在市区宏泰花园、天域花园为社区群众进行了义诊和健康咨询。市政协副主席郑树枝参加活动。

2007 年 10 月 18 日，民盟廊坊市委组织盟内医务专家在市区时代广场为社区群众和过往路人开展大型健康义诊咨询活动。市人大副主任佟淑芸、市政协副主席郑树枝等领导同志先后到现场看望医务人员。

2008 年 3 月 23 日至 29 日，廊坊市民盟、农工党联合市政协文教委、市委统战部、廊坊市卫生局、廊坊市健康教育所联合制作介绍健康知识的展牌在“两会”召开地廊坊天都大酒店和廊坊市招待处展出，吸引人大代表和

2007 年 6 月，盟员医务专家在市区宏泰花园、天域花园为社区群众进行义诊

政协委员驻足观看。此次活动旨在为庆祝廊坊市“两会”胜利召开而举办的健康教育大型宣传活动。

2008 年 5 月 27 日，民盟廊坊市委组织盟内医疗专家，与农工民主党、市政协文教卫委、市健康教育所联合举行了义诊，为广阳区南尖塔镇南甸村村民诊治各种疾病，共诊治病人 300 余人，赠送村民价值 2000 余元的药品，发放健康科普知识材料、盐勺 1000 余份。

2009 年 4 月 16 日，民盟廊坊市委组织 13 位农林、畜牧、医学、法律等方面的专家，到广阳区吴堤村向农民群众宣传农林、畜牧、法律等方面的知识，并进行现场义诊。

2009 年 5 月 31 日，民盟廊坊市委同市委统战部、农工党、九三学社等组织医务专家到广阳区万庄镇大伍龙村为村民送医送药，携带价值 1000 元的药品。

2009 年 6 月 5 日，民盟廊坊市委会同农工党组织医务专家到安次区码头镇济南屯村为村民义诊。

2009 年 6 月 26 日，民盟廊坊市委会同市政协、农工党、市卫生局、市医院联合组织 10 余名医务界专家，由市政协副主席吕炳素、魏向东带队，到香河县淑阳镇凌家吴村开展送医药下乡活动，携带心电图机器等医疗器械，市医院还捐赠了价值 3000 元的药品。此次义诊共诊治患者 200 余人次，并发放健康知识宣传资料 200 余份。

2010 年 5 月 7 日，为扎实有效开展好“民族团结进步宣传月”活动，民盟廊坊市委协同各民主党派医疗专家赴永清县北钊村，为 400 余人次回 / 汉族群众进行了义务诊治，并送出价值 2000 余元的药品。

2010 年 10 月 22 日，民盟廊坊市委联合市农工民主党、市健康教育所，组织医务专家 10 余人，到固安县林城村义诊。

2011 年 5 月 6 日和 5 月 31 日，民盟廊坊市委携带心电图机等医疗器械和价值 5500 元的药品分别到安次区调河头乡、广阳区南尖塔镇大屯村开展送医送药活动。专家们为村民诊断并讲解健康知识，发放卫生保健手册 3200 多份。

2012 年 5 月 9 日，民盟廊坊市委组织医疗专家前往文安县魏张李村参加市委统战部组织的联合义诊活动。

2012 年 5 月 16 日，市政协教科文卫体委员会联合市农工党、市民盟、市医院、市健康教育所组织 20 名医务界专家到固安温泉工业园区林城铺村开展送医送药下乡活动。接受了诊治和健康指导 500 人次，发放《居民健康知识》《高血压病人的康复》《盐与健康》等简易读本和宣传挂图 2000 余册（张），免费发放价值 5000 多元的感冒药、消炎药、降压药等常用药品。

2012 年 5 月 24 日，民盟廊坊市委组织医疗专家前往固安县大韩寨村参加市委统战部组织的“民族团结进步宣传月”义诊活动。

2013 年 5 月 31 日，民盟廊坊市委组织盟内医疗专家赴廊坊市永清县曹家务村开展义诊活动。

2013 年 10 月 17 日，“服务百姓健康行动 ——全国大型义诊周”期间，民盟廊坊市委联合市政协教科文卫体委员会、市医院、市农工党、市健康教育所，组织 20 名医务界专家，来到市政协开展深化加强基层建设年活动帮扶村 ——淑阳镇赶水坝村开展送医送药下乡活动。市政协副主席张卫东带队，市政协副主席、农工党廊坊市委主委魏向东参加义诊活动。

2014 年 6 月 6 日，民盟开发区支部关注公益慈善系列活动启帷，第一站走入开发区企业，为员工义务培训院外急救 ——心肺复苏。

2014 年 10 月 10 日，市政协副主席张卫东带队，民盟廊坊市委联合市政协、市医院、市农工党、市健康教育所，组织 10 余名医务界专家，来到固安县知子营乡后白垡村开展送医送药下乡活动。市政协主席郑广富专程到固安看望了参加义诊的专家。

2015 年 11 月 12 日，民盟廊坊市委组织来自市医院、中医院、市健康教育所的 20 名医务专家赴大城县平舒镇北李庄村开展义诊活动，在初冬时节给村民送医送药送温暖。

2015 年 11 月，民盟廊坊市委组织医务专家赴大城县平舒镇北李庄村开展义诊活动，民盟市委副主委郭淑凤参加义诊，慰问群众

2016 年 9 月 14 日，民盟廊坊市委组织医疗专家参加中共廊坊市委统战部到大厂回族自治县南王庄村开展义诊活动。

2016 年 11 月 18 日，民盟廊坊医卫委员会组织部分盟员，在廊坊时代广场开展安全用药宣传活动。

2017 年 4 月 20 日，民盟廊坊市委组织医务专家参加统战部组织的民族宗教月义诊活动。

2018 年 6 月，民盟廊坊市委举办健康知识讲座，郭淑凤出席讲座，市医院骨科主任医师杨建中主讲，主题是骨质疏松、风湿和类风湿等常见疾病的预防和治疗。

2017 年 4 月，盟员医务专家参加市委统战部组织的民族宗教月义诊活动

2018 年 8 月 28 日，民盟廊坊市委医卫委员会医疗专家到永清县里澜城镇后第五村进行义诊。市人民医院、廊坊开发区人民医院的医疗专家免费为后第五村及周边村街群众进行诊疗、制定检查、治疗方案，免费发放价值 2000 余元的药品。

2020 年 10 月 16 日，民盟大城支部携手大城县文广旅游局走进大城特殊教育学校进行义诊献爱心活动。

2006年11月，民盟廊坊市第五次代表大会代表合影

2011 年 12 月，民盟廊坊市第六次代表大会代表合影

2016年10月，民盟廊坊市第七次代表大会代表合影

2021 年 5 月，民盟廊坊市第八次代表大会代表合影

2006 年 11 月，民盟廊坊市第五届委员会委员合影

2011 年 12 月，民盟廊坊市第六届委员会委员与民盟省委领导、民盟市委老领导合影

2016 年 10 月，民盟廊坊市第七届委员会委员合影

2021 年 5 月，民盟廊坊市第八届委员会委员与民盟省委领导合影

2010 年 4 月，民盟河北省参政议政工作会议在廊坊召开，民盟中央副主席索丽生出席并讲话

2013 年 7 月，民盟廊坊市委举办基层组织负责人培训班，赴保定阜平城南庄晋察冀边区革命纪念馆接受爱国主义教育

2017 年 8 月，民盟廊坊市委组织基层组织负责人和部分新盟员代表赴革命圣地西柏坡和中央统战部旧址李家庄学习培训

2018 年 10 月，民盟廊坊市委组织 2017—2018 年度新盟员、部分骨干盟员赴西柏坡等地参观学习

2018 年 12 月，民盟廊坊市委组织基层组织负责人和部分骨干盟员赴唐山市李大钊纪念馆开展“弘扬爱国奋斗精神 建功立业新时代”活动

2019 年 4 月，民盟廊坊市委组织基层组织负责人和部分骨干盟员赴八路军一二九师司令部旧址参观学习

2019 年 9 月，民盟廊坊市委庆祝新中国成立 70 周年文艺演出，民盟中央副主席程红等领导和演职人员合影

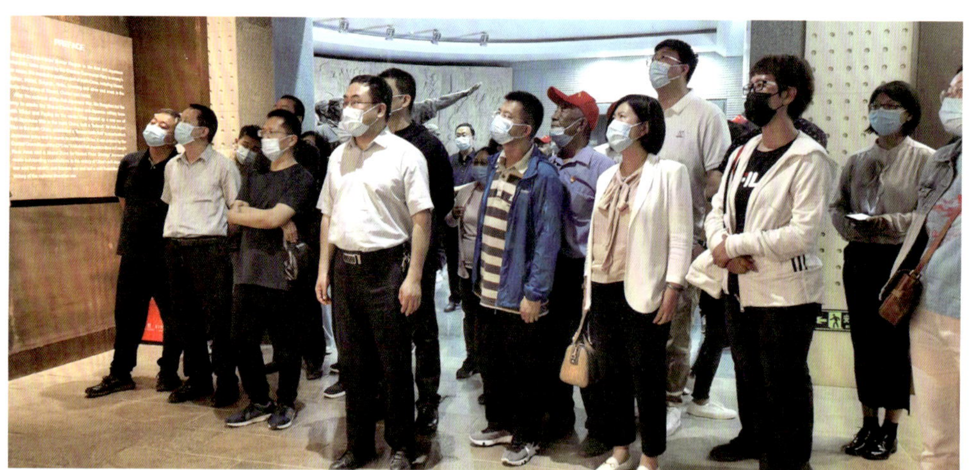

2021 年 5 月，民盟廊坊市委承办廊坊市各民主党派市委第二次双月政治理论学习活动，赴保定城南庄晋察冀边区革命纪念馆参观学习

2021 年 6 月，民盟中央副主席龙庄伟（左二）观看“九城同心沐党恩”书画展

2021 年 6 月，民盟河北省委主委边发吉在“九城同心沐党恩”书画展笔会现场挥毫

2021 年 6 月，庆祝中国共产党成立 100 周年，民盟成立 80 周年，廊坊民盟“同心颂”文艺演出成功举办

2021 年 6 月，张纬东被评为庆祝中国民主同盟成立 80 周年优秀盟员

下 篇

第五章 市级组织领导

张纬东，男，汉族，1967 年 7 月出生，河北永清人，1996 年 10 月加入民盟，中国政法大学在职研究生学历，现在廊坊市政协工作（保留原副主席待遇），历任河北省政协第十届委员，第十一届、十二届常委。廊坊市第四届人大代表。廊坊市政协第三、四届委员，第五、六、七届副主席，民盟第十二、十三届中央委员。民盟河北省委第九届常委，第十、十一届副主委。民盟廊坊市委第四届副主委，第五、六、七届主委，河北省书法家协会副主席、河北省书法院副院长、民盟中央美术院河北分院院长，民盟河北美术院院长，三河市副市长，霸州市副市长。他具有丰富的工作经验和较好的组织协调能力。始终秉承求真务实的工作作风和服务群众的工作态度，在本职工作岗位较好地完成各项工作任务。他热爱民盟，具有较好的合作共事能力。在任民盟廊坊市委主委期间，民盟廊坊市委荣获全国组织工作先进集体和宣传工作先进集体，参政议政、社会服务、自身建设全面提高。他具有较强的参政议政能力，紧紧围绕中共廊坊市委、市政府的中心工作，积极履行参政党职能。2021 年，被民盟中央评为纪念民盟成立八十周年优秀盟员。

孙大军，男，汉族，1960年7月出生，山东莱阳人，1999年9月加入中国民主同盟，理学硕士，数学专业，教授，已退休，历任廊坊师范学院科研处处长、《河北理科教学研究》主编、民盟廊坊市第五、六届委员会副主委，廊坊市第五届人大常委会组织人员，第六届政协委员。2001年1月任廊坊师范学院科研处副处长，2002年4月任科研处处长。曾在《日本数学》《东吴数理学报》《东南亚数学》《半群论坛》等国际数学专业刊物发表论文8篇，在国内多家学报及数学专业杂志发表论文10余篇，曾获廊坊市科技进步奖，两次被评为廊坊师范学院优秀中层干部并获年度嘉奖。

郭淑凤，女，汉族，1963年4月出生，河北海兴人，河北省职工医学院卫生管理专业毕业，大专学历，1996年8月入盟，历任廊坊市食品药品监督管理局副局长、大城县政府副县长、廊坊市人大常委会副秘书长、廊坊市人大常委会二级调研员，民盟廊坊市第四届委员会委员，第五、六、七届委员会副主委。政协廊坊市第四届委员会委员，第五、六、七届委员会常委。民盟河北省委十届、十一届省委委员。政协河北省十二届委员会委员。

她在民盟市委班子里，分管社会服务工作，在她的努力下，民盟廊坊市委社会服务工作多次受到民盟中央和省委的表彰。在食品药品监管岗位上，认真履行职责，确保了人民群众用药安全，多次被评为河北省药品监管管理先进工作者、公正文明执法标兵。在大城县政府工作期间，带领分管部门积极开展各项工作，取得了较好成绩，文化体育事业健康快速发展，完善了乡镇文化站设施设备，实施了农村书屋建设，开展了丰富多彩的文化体育活动，实现了文体资源惠民；积极推进银企对接，支持了县域经济发展；加快旅游项目建设，实现了旅游业稳步提升；依法管理宗教事务，维护了县域民族稳定。在市人大常委会工作期间，主要负责会务、来人来电接转、机要收发、档案管理等工作，带领分管科室主动服务，精细服务，严把公文处理关，强化档案管理工作，严守保密工作纪律，完成了各类会议的服务工作。在担任省、市政协委员期间，积极参加视察调研，撰写了多件提案被有关部门采纳，多次被评为优秀提案。

王景硕，男，汉族，1964 年 3 月出生，河北安次人，河北省委党校本科学历， 1992 年 3 月入党，2009 年 3 月入盟，历任民盟廊坊市委办公室主任、中共廊坊市委统战部副调研员，民盟廊坊市委专职副主委、民盟廊坊市委二级调研员，廊坊市第六、七届人大常委。他具有丰富的盟务工作经验，事业心和责任感较强，能够驾驭全局工作，民盟廊坊市委的工作多次受到民盟中央和省委的肯定和表彰；他具有很强的亲和力和合作共事能力，深受盟员们爱戴，在盟员心中有较高的威望；他具有较强的开拓创新意识，围绕重点工作的总体规划和领导安排制订工作计划并有序完成；他具有较强的参政议政能力，积极主动关注经济社会发展和百姓关切的热点难点问题，多次开展调查研究，撰写高质量提案、建议，当好党委政府联系群众的桥梁纽带，牢固树立“权为民所赋，权为民所用”的意识，很好地履行了人大代表法律监督的职责。

周旭光，男，汉族，1962 年 9 月出生，河北三河人。艺术学硕士，音乐教育家，男中音歌唱家，作曲家，指挥家。廊坊师范学院音乐学院原院长、教授，河北师范大学特聘硕士研究生导师，河北省“优秀教师”；中国音乐家协会会员，河北省新文艺群体协会副主席，河北省音乐家协会主席团委员，廊坊市音乐家协会主席；曾任第五、六、七届廊坊市政协委员，廊坊市政协第六、七届文史学习委员会

特聘副主任，民盟廊坊市第五届委员会委员，第六、七届委员会副主委。近年来，受到民盟中央、文化部、省人社厅、省教育厅、省委教育工委、中共廊坊市委、市政府、民盟河北省委、河北省文联表彰10余次。在担任廊坊市政协委员期间，向市政协和民盟市委提交了《应加强基础教育中的音乐教育》等提案20多件。他始终坚持用音乐讲好民盟故事，先后参与策划、组织省、市大型演出百余场。近年来，为民盟廊坊市委吸收和培养了一大批音乐、舞蹈等艺术类人才，成立了廊坊民盟艺术团，并担任团长。从事高校音乐理论、声乐、钢琴、合唱指挥教学近30年，学生遍布全国各地，许多人已成为各领域的音乐骨干。音乐作品、论文、演唱获国家级、省级一、二、三等奖30余项；指导学生表演获教育部二等奖3项，省级一、二、三等奖近30项；主持省、厅级课题5项；音乐专业学术论文10余篇在全国核心期刊发表；创作、发表音乐作品百余首；主编多部教材及专著；多次担任河北省音乐金钟奖等各种大赛评委。

张志庆，男，汉族，山东青岛人，1971年12月出生，本科学历，艺术硕士学位，副教授，现任民盟廊坊市委主委，廊坊市文联主席，中国书法家协会楷书委员会委员，中国艺术研究院书法院研究员，中华诗词学会会员，全国第十二届书法篆刻展评委，河北省文艺界行风监督员，河北省政协委员，廊坊市政协常委。他的书法作品40多次入展中国书法家协会主办的展览，曾获全国第十一届书法篆刻展优秀作品奖（总分第一名），全国首届行书大展一等奖，全国首届手卷书法大展优秀作品奖，第三、五、七届中国书法兰亭奖，河北省文艺创作贡献奖等。当选民盟廊坊市委主委后，他重视民盟的思想建设，反复叮嘱盟员们一定要加强学习，切实提高政治站位。他最关注的工作就是参政议政，推动民盟廊坊市委开展“一支一案，一人一议”活动，本人以身作则、率先垂范，提交的省政协委员提案被省政协表彰。他努力推进民盟廊坊市委的自身建设。深入各基层支部开展调研，制定完善了领导班

子民主生活会制度、基层组织考核细则、入盟宣誓制度等一系列制度，推动成立了内部监督委员会、青年委员会、法律援助中心等。组织了丰富多彩的的盟务活动，庆祝建党百年、民盟成立八十周年，举办“九城同心沐党恩”书画展和“同心颂”文艺演出。他注重民盟历史传承，积极筹备《廊坊民盟志》第二卷的编写任务。在社会服务工作中，他注重打造品牌，陆续擦亮廊坊民盟美术院、廊坊民盟艺术团、烛光行动、法律志愿服务等一系列惠民志愿服务品牌。任市文联主席，出席全国第十一届文代会，在人民大会堂亲聆习近平总书记的重要讲话，努力为繁荣社会主义文艺事业而贡献自己的力量。

李景玉，男，汉族，1975 年 11 月出生，河北廊坊人，中国政法大学国际法学院博士，国家一级律师。2009 年 7 月入盟，现任民盟廊坊市委副主委，河北李景玉律师事务所主任，廊坊市第六、七届政协委员，廊坊第八届政协常委，廊坊市新的社会阶层人士联合会副会长、廊坊市律师协会常务理事等社会职务。其先后获得“廊坊市十佳优秀律师”“法律服务工作先进个人”“河北省优秀律师”“廊坊市文明标兵”“河北好人”“普法形象大使”“民盟中央社会服务先进个人”等荣誉称号。同时，担任廊坊市中级人民法院和廊坊市人民检察院反腐倡廉社会监督员，廊坊市人民政府行政复议委员会副主任，河北省律师协会知识产权委员会委员，廊坊市律师协会知识产权委员会主任，廊坊仲裁委员会仲裁员等社会职务。

王荣芳，女，汉族，1972 年 3 月出生，河北廊坊人，南开大学马克思主义学院博士研究生，副教授。2009 年 7 月入盟，现任民盟廊坊市委副主委，廊坊师范学院社会发展学院院长。河北省第十四届人民代表大会代表，廊坊市第八届政治协商委员会委员，安次区第九届人民代表大会代表。致力于政治文化社

会化研究，创新性推动学科和专业建设，助力廊坊市打造政产学研用一体化的非遗文化传播和传承体系，多方位推进UGS合作，实现转型发展教育改革突破。长于统战理论研究，荣获2020年民盟中央理论研究成果二等奖。

马双杰，女，回族，1974年9月出生，河北廊坊人，在职研究生学历。现任民盟廊坊市委副主委，廊坊市人大常委会农村经济工作委员会主任，廊坊市八届人大常委会委员。曾任河北省十二届人大代表，广阳区三届、四届政协常委，大城县人民政府副县长、廊坊市人大副秘书长等职务。工作中她紧紧围绕中央和省市委关于“三农”工作重点和乡村振兴战略的实施，充分发挥职能作用，组织专委会委员和人大代表重点对全市种子市场、农村人居环境整治、地下水超采治理、农业结构调整、现代都市农业等工作开展专题调研、视察、检查，推动各项工作升级加力，为廊坊的农业农村工作贡献力量。作为民盟市委领导班子成员，带头组织和参加盟里的各项活动，同时按照职责分工协助主委抓好分管的参政议政和其他相关工作。

李海滨，男，汉族，1978年10月出生，河北固安人，本科学历，2007年1月入盟，现任民盟廊坊市第八届委员会专职副主委，民盟河北省第十二届委员会委员，廊坊市第八届人民代表大会常务委员会组成人员。历任民盟廊坊市委办公室科员、副主任、主任，政协廊坊市第七届委员会委员，民盟廊坊市第七届委员会委员，民盟河北省第十二次代表大会代表，民盟廊坊市第六、七、八届代表大会代表。

李海滨1997年入职民盟廊坊市委，工作勤勤恳恳、兢兢业业，凭借一丝不苟的敬业精神，干一行爱一行的态度，以民盟为家的责任，推动盟务工作走上一个又一个新台阶。民盟廊坊市委接连取得了民盟中央授予的民盟全国先进集体、民盟组织发展工作先进集体、民盟思想宣传工作先进集体、民盟思想政治建设和宣传工作先进集体、民盟“坚持和发展中国特色社会主义学习实践活动”先进集体、民盟《群言》杂志发行工作先进单位等荣誉称号。

李海滨多次荣获民盟中央、民盟河北省委表彰，2020 年荣获民盟中央社会服务工作先进个人，中共河北省委统战部“争创人民满意的公务员”十佳个人，2021 年荣获民盟中央组织工作先进个人。

第六章 盟员风采

传承弘扬传统文化 用心用情参政议政——张纬东

张纬东，男，汉族，1967年7月出生，河北永清人。1996年10月加入民盟。中国政法大学在职研究生学历。现在廊坊市政协工作（保留原副主席待遇），2021年荣获“纪念中国民主同盟成立八十周年先进盟员”称号。他曾经是一名政府官员，担任廊坊市政协副主席，十数年历任三河、霸州副市长，他又曾是一名参政党地方组织的主委，担任民盟河北省委副主委、民盟廊坊市委主委，他还一直是一名文化战线的标兵，担任河北省书法家协会副主席、廊坊市书法家协会名誉主席，他担任的每一项职务都取得了突出成绩。

凡居家烟火、干系不思量

纬东先生自2003年起担任三河市副市长，时年36岁，自那时，他便将辖区百姓冷暖挂在心头。他常说，做事，要么不做，要做就要做到最好。他在主管三河市教育期间，为三河市的城乡教育均衡发展奠定了坚实的基础，加大对学校基础设施的建设力度，不断突破农村学校发展瓶颈，教育资源得到进一步优化整合。他在霸州主管文化期间。促进公共文化服务体系建设水平不断提升，使霸州一举成为全国知名的戏曲、翰墨、辞赋之乡。“月月唱大戏”“周末小剧场”等精彩纷呈；他分管的各项工作均取得骄人业绩，教育工作荣获河北省乃至全国教育先进集体；文化体育工作获得“全国文化先进市”、“国家级全民健身先进单位”、河北省群众体育工作先进单位等称号；广播电视、新闻出版、档案工作分别荣获河北省县级广播电视局先进集体、河北省广播电视节目技术质量奖三等奖、全国“扫黄打非”办案有功集体等荣誉称号。

十五年甘洒青春为民盟

2006 年 11 月，纬东先生当选为民盟廊坊市委主委。2021 年 5 月光荣届满卸任，十五年，他连续三届被选举为民盟廊坊市委主委。这十五年，廊坊盟员由 221 人发展到 657 人，这十五年，民盟廊坊市委荣获了民盟中央全国先进集体光荣称号、全国组织发展工作先进集体、民盟思想宣传工作先进集体称号、坚持和发展中国特色社会主义学习实践活动先进集体、《群言》杂志发行工作先进集体等十余项次民盟中央荣誉，这十五年，就是廊坊民盟奋勇争先、砥砺前行、茁壮成长的黄金时代。

他常说，民盟作为参政党，第一要务就是参政议政。民盟廊坊市委每一个调研背后，都有他的身影。在市政协全会上，他的大会发言《突出城市书法元素 着力打造中国书法名城》受到市委、市政府主要领导批示，现在，题有中国书法城的巨石屹立在城市的入口。作为省政协常委，他的一篇提案曾被确定为省政府重点督办提案，另一篇曾被评为“河北省政协优秀提案”。他撰写的《关于加强不可移动文物保护的建议》被中央统战部《零讯》采用。他认为思想建设是关乎民盟事业永续发展的根本问题。民盟廊坊市委通过丰富多样、双向互动的教育活动，调动广大盟员学盟史、讲盟史，传承优良传统，增进政治共识。民盟廊坊市委运用《廊坊民盟》报、廊坊民盟网、廊坊民盟微信公众平台、《廊坊民盟志》等载体，内容更加丰富、形式更加多样，《廊坊民盟志》一书在 2009 年 9 月付梓出版，全书 45 万字，图文并茂，印制精良。全国人大常委会原副委员长、民盟中央原主席蒋树声为志书题词。2019 年，承办“庆祝中华人民共和国成立 70 周年——民盟华北五省市区书画联展”，举办“壮丽 70 年 奋进新时代”文艺演出，民盟中央程红副主席参加活动并给予高度评价。他带领民盟廊坊市委在开展义诊、公益讲座、爱心捐款、关爱弱势群体等方面开展活动，树立了良好的社会形象。

纬东先生还把他的青春热血奉献给了民盟省委。2012 年，他当选为民盟河北省委副主委、连任两届，2022 年 6 月光荣卸任，十年时间里，他曾分管民盟河北美术院和文化委员会。近年来，他带领各级美术院盟员艺术家通过书法、绘画等形式，弘扬时代精神、唱响主旋律。指导文化委助推河北省文化建设，取得了丰硕成果。

吟诗浅唱自安然

纬东先生自学生时代就迷上了书法艺术。多年来，他工作在不断变动，人生阅历在增长，生活的境遇也时时在改变，但有一点始终不变，那就是他对书法艺术的热爱。长期以来，他利用工余，广泛临摹法书名帖，从秦汉铭刻到晋唐诸贤、到唐宋元明清诸大家，心追手摹，广取博收，铁砚磨穿，废笔成冢，在笔墨上狠下了一番功夫。而后，便是在全国大展屡屡获奖。在他担任廊坊市书法家协会主席的七年里，廊坊市书法取得了巨大成就，在全国形成了独特的“廊坊书法”现象，被冠名为“中国书法城”。

纬东先生书法成就自不必说，平日还填词作赋，又喜好摄影，最近又成了票友，每每哼唱，自有韵味。纬东先生工作起来雷厉风行，写起书法潇洒灵动，填起诗词婉约柔情。每有空暇，为老母亲哼上一段《劝千岁》，博得老娘哈哈大笑；纬东先生玩儿起摄影，构图讲究，影调唯美，自成风格；学起京剧，一板一眼，有腔有调；品茶、品酒，都堪称大家。工作、艺术、生活，在他身上，完美地统一结合，也让人为之感慨，他的精力，好像无限……

文艺战线轻骑兵 盟务工作领航人——张志庆

张志庆，男，汉族，山东青岛即墨人，1971 年 12 月生，本科学历，艺术硕士学位，副教授，历任河北廊坊燕京职业技术学院机械工程系副主任、主任，现任民盟廊坊市委主委、河北省廊坊市文联主席，河北省政协委员，

河北省文艺界行风监督员，廊坊市政协常委，廊坊市市管优秀专家，廊坊市有突出贡献的中青年优秀人才。

笔墨丹青蕴风采

张志庆是中国书法家协会楷书委员会委员，中华诗词学会会员，全国第十二届书法篆刻展评委，书法作品40多次入展中国书法家协会主办的展览，曾获全国第十一届书法篆刻展全国奖（总分第一名），全国首届行书大展一等奖，全国首届手卷书法大展优秀作品奖，第三、五、七届中国书法兰亭奖，河北省文艺创作贡献奖，山东省书法创作突出贡献奖等。他作为优秀的中青年书法家，楷、行、草、隶、篆各种书体，都有所涉猎，楷书写得劲健而生动，隶书写得浑朴而庄重，篆书写得端雅而沉静，其最擅长的还是行草书，这更接近他的性情，“二王”的典雅高贵，颜真卿的正大沉实，米芾的生动俏丽，苏东坡的文雅闲适，八大山人的冲淡含蓄，都融汇于笔下，形成了其文雅典正、疏放沉雄，不失法度而自由豁达的个人书法风格，受到行内专家的认可、社会的好评。教学工作是其主业，因此占用了他大量的时间，但同时也促进了创作。教学相长、相融，不断在教学中思考、实践，成为他提升创作的特有途径。

参政履职重民生

2021年5月，张志庆当选民盟廊坊市委主委，他很快融入了工作，虽然入盟时间不长，但他利用一切时间学习民盟历史，党派历史，以及中国共产党领导的多党合作和政治协商制度等党的统一战线政策。他说，我们传承的既是民盟的岗位，也是多党合作的伟大事业。民盟的岗位不是官位，而是为盟员服务的，是履职奉献的岗位。张志庆重视民盟的思想建设，他反复叮嘱盟员们一定要加强学习，切实提高政治站位。2021年，民盟廊坊市委开展了党史学习教育，2022年，开展了“矢志不渝跟党走 携手奋进新时代”

政治交接主题教育，紧紧围绕迎接、宣传、贯彻中共二十大这条主线，组织各种学习、座谈、讲座等活动，切实推进民盟廊坊市委的思想政治建设。他重视民盟微信公众号的引领作用，亲自把关，公众号的思想性、政治性、可读性、指导性进一步增强，有的文章在民主党派一周微信热文展播中名列前茅。在他的带领下，民盟廊坊市委广大盟员更加深刻地理解了“两个确立”的决定性意义，政治站位得到进一步提高。他最关注的工作就是参政议政。他认为，参政议政围绕市委、市政府的工作中心，要更多着眼于民生。他常说参政议政不单是民盟的职能，更是盟员们一项权利和荣誉，一定要站在公共的立场上，着眼于民生焦点问题，提出高质量的意见和建议。他推动民盟廊坊市委开展“一支一案，一人一议”活动。本人以身作则、率先垂范，作为省政协委员提交《关于加强河北省社区居家养老的建议》。作为市政协委员提交《加强民间艺术知识产权保护的建议》等 3 篇提案。一年多来，他带领民盟廊坊市委积极开展社会调研，形成解决停车难、文明养犬、社区建设、美丽乡村建设等 10 余篇调研报告，并被廊坊市委、市政府领导批示或被有关部门吸收采纳。他注重加强民盟廊坊市委的自身建设。深入各基层支部开展调研，完善了领导班子民主生活会制度，制定了基层组织考核细则，成立了内部监督委员会和青年委员会，推进盟员之家建设，提高盟员准入门槛，建立入盟宣誓制度。组织了丰富多彩的盟务活动，举办“九城同心沐党恩”书画展和“同心颂”文艺演出、“喜迎二十大，奋进新时代”主题书画展。他注重民盟历史传承，积极筹备《廊坊民盟志》第二卷的编写任务。在社会服务工作中，他注重打造品牌。集中廊坊民盟市委同志们的智慧，陆续擦亮廊坊民盟美术院、廊坊民盟艺术团、烛光行动、法律志愿服务等一系列惠民志愿服务品牌。

繁荣文艺领风尚

2021 年 6 月，他调任廊坊市文联主席。2021 年 12 月，作为全国第十一届文代会代表，在人民大会堂亲聆习近平总书记的重要讲话，更坚定了他做好文联工作、为繁荣社会主义文艺事业而贡献自己力量的决心。他坚决贯彻党的文艺方针，自觉承担举旗帜、聚民心、育新人、兴文化、展形象的使命任务，“铸精品　出人才”，与市文联其他同志一起，以喜迎建党 100 周年和党的二十大召开为主题，结合党史学习教育，举办了音乐会、书法展、文艺晚会、大讲堂等文艺活动，完成了廊坊市曲艺家协会等所属八个协会的换届工作。2022 年，在河北省基层文联工作暨“文艺两新”工作培训会上，他代表廊坊市文联现场作典型经验介绍。党的二十大召开后，他组织文联系统干部，集中收看党的二十大开幕式，召开专题会议传达学习党的二十大精神。新目标赋予新使命，新时代开启新征程。他表示，将继续带领民盟廊坊市委切实加强自身建设，积极履行参政党各项职能，为谱写中国式现代化河北廊坊新篇章贡献力量。

治心唯礼乐 放歌新时代——周旭光

周旭光，民盟廊坊市第六、七届委员会副主委，廊坊民盟艺术团团长，音乐教育家，男中音歌唱家，作曲家，指挥家。现任廊坊师范学院音乐学院三级教授，音乐学院原院长，河北师范大学音乐学院特聘硕士研究生导师；中国音乐家协会会员、河北省新文艺群体协会副主席、河北省音乐家协会主席团委员、廊坊市音乐家协会主席；曾任第五、六、七届廊坊市政协委员。

播下音乐的种子

周旭光出生于三河市的一个充满艺术氛围的普通家庭。从小学到中学，他一直是学校文艺宣传队的骨干。1979 年，他考上了廊坊师范学校的首届中师班。那段时间，他读了一本名为《世界大音乐家及其名曲》的书，对他影响最大！从这本书里，他知道了巴赫、海顿、莫扎特、贝多芬、肖邦、李斯特……最让他震撼的是那些伟大音乐家的经历。用周旭光的话说，“激励了我学习音乐的决心与信心，所以不管后来环境多么艰苦，我都一直坚持着。

每当我遇到挫折，我就想起他们，我告诉自己，世上没有过不去的坎儿”。1981 年，周旭光毕业，被分配到了三河县胡南庄小学，教授音乐课程。他把每个月仅 30 多元的工资扣除 7 元生活费，几乎全部用于订音乐刊物、购买乐器。1987 年，25 岁的他，儿子已经 2 岁，却坐进了高中课堂，参加高考，经过刻苦努力，他如愿考上河北师范大学音乐系。大学毕业时，他拒绝了留校的机会，回到母校——廊坊师范学校工作，2000 年，廊坊师专与师范学校、教育学院合并成立廊坊师范学院，周旭光担任了廊坊师范学院音乐学院的首任院长。

用音乐讲好民盟故事

周旭光 2000 年 3 月加入民盟，2012 年 10 月—2021 年 5 月，担任民盟廊坊市委副主委，他始终坚持用音乐讲好民盟故事，策划、组织、导演多场大型文艺演出，包括庆祝民盟成立 70 周年文艺演出、廊坊市各民主党派庆祝中国共产党成立 90 周年“同心颂”文艺晚会、廊坊民盟艺术团成立演出、庆祝新中国成立 70 周年“壮丽 70 年 奋进新时代”文艺演出、庆祝中国共产党百年诞辰和民盟成立 80 周年文艺演出等等。他创作或演唱的《永远的西柏坡》《一起走》《都说你真好，都说你真棒》等红色主题歌曲，唱出了广大盟员“矢志不渝跟党走 携手奋进新时代”的坚定信念。

在他的带领下，民盟廊坊市委吸收和培养了一大批音乐、舞蹈等艺术类人才，成立了廊坊民盟艺术团，他担任团长至今。廊坊民盟艺术团独立承办了多场综合性文艺演出，得到了观看过演出的民盟中央、民盟河北省委、中共廊坊市委主要领导以及广大盟员和社会各界群众的充分肯定。

他还积极建言献策，反映社情民意，认真履行政治协商、民主监督的职责。近年来，在深入调研的基础上，他向市政协和民盟市委提交了《应加强基础教育中的音乐教育》等提案 20 多件，引起了相关部门的足够重视。

师者，传道授业解惑也

作为音乐教育家的周旭光，从 2001 年年初起，担任廊坊师范学院艺术系副主任以及后来音乐学院的院长，直至 2020 年 7 月卸任。在他的带领下，音乐学院由成立之初仅有一个音乐专科专业，十几名教师，200 多个学生，发展到今天，已经拥有音乐学、音乐表演、舞蹈学、舞蹈表演四个本科专业，近 60 名教师，在校学生近千名的规模，向社会输送了 2000 余名优秀毕业生。周旭光还非常注重实践教学向社会的延伸，把本专业办学融入廊坊的精神文明建设与文化事业的繁荣，注意通过艺术实践活动提高师生专业水平和扩大音乐学院对外影响。多年来，组织师生积极参加廊坊市举办各种大型系列演出活动百余场。这些活动，不仅使课堂上所学的理论知识得到了实践的检验，提高了学生的艺术实践能力和水平，而且也极大地丰富了廊坊市的文艺舞台，在廊坊市的文化与精神文明建设中占有举足轻重的地位。

璀璨的艺术生涯

近年来，他策划、组织、导演省、市大型演出百余场，2002 年 7 月，周旭光为时任中央军委副主席、国防部长迟浩田上将演出，并受到他的亲切接见。先后受到中央文明办、文化部、民盟中央、省市有关单位表彰、奖励 12 次。音乐作品、论文、演唱、指挥合唱获国家级、省级一、二、三等奖 30 余项；指导学生表演获教育部二、三等奖 3 项，省级一、二、三等奖近 30 项；主持省、厅级课题 5 项。音乐专业学术论文 10 余篇在全国核心期刊发表；近 20 篇学术论文在国家级、省级期刊发表；创作、发表音乐作品百余首；主编全国高等院校“十一五”规划系列音乐教材一套（10 余部），《简谱乐理与习题》一部。

作为作曲家，他立时代潮头、发时代先声，近年来，先后创作了廊坊市城市旅游主题歌曲《乐道廊坊》，中国（廊坊）第什里风筝节暨全国风筝锦标赛主题歌曲《风筝谣》，第 27 届中国图书交易博览会主题歌曲《书香中国》，廊坊市创建森林城市主题歌曲《让绿色相伴》，廊坊市创建文明城市主题歌曲《创城，我们一起》，廊坊市临空经济区主题歌曲《临空筑梦》，廊坊市四中校歌《青春盛典》，管道局中学校歌《致敬自己，相信未来》等。《妈妈，请您收下》在中央人民广播电台、河北电台、河北电视台播放，《欢乐歌》获得省教育厅一等奖，《西柏坡，我对你说》荣获第十三届河北省精神文明建设“五个一工程”奖。2020 年疫情期间，他一口气创作了 8 首抗疫作品！其中，由张纬东主委作词、周旭光作曲的歌曲《江城安好》获得中国音乐家协会战役作品优秀奖，并入选中宣部学习强国学习平台播放。

作为男中音歌唱家，30 多年来，他在省、市大型活动中演唱的原创曲目有：《预备役之歌》（曾获河北省省委宣传部一等奖、省军区二等奖），《请到廊坊来》、《好地方》（曾获河北省委宣传部一等奖），《与祖国一起辉煌》（获得河北省音乐金钟奖入围奖），《都说你真好，都说你真棒》（廊坊市建党 100 周年优秀作品）等。音乐会上保留曲目有《黄河颂》《夜半歌声》《延安颂》《杨白劳》《多情的土地》《嘉陵江上》《致音乐》《再不要去做情郎》《斗牛士之歌》等近百首。

作为指挥家，他一直从事合唱指挥教学，直接受教者达 1500 余人。指挥、训练廊坊师范学院音乐学院合唱团，曾获得教育部大学生艺术展演三等奖，河北省音乐金钟奖、大学生艺术展演合唱比赛一、二、三等奖多次，参加首届中国音乐金钟奖千人合唱演出。指导廊坊市许多合唱团的排练活动，促进了廊坊市整体合唱水平的提高。

作为廊坊市音乐家协会主席，自 2017 年 3 月上任以来，他带领音协一班人在会员发展、队伍建设、人才培养、音乐创作、理论研究、音乐活动、音乐教育、服务社会等方面开展了卓有成效的工作，开创了廊坊音乐事业的新局面。

尽心履职的民盟法律人——李景玉

李景玉，河北李景玉律师事务所主任，民盟廊坊市第七、八届委员会副主委，政协廊坊市第六、七届委员会委员，第八届委员会常委，河北省优秀律师，中共廊坊市委法律咨询专家团专家，市人民政府法制咨询委员会委员。

2015 年，一位憔悴的老人来寻求李景玉律师帮助。原来老人有个儿子，多年身患精神疾病，因事与其父亲发生争吵后，将其父亲殴打死亡，一审、二审法院判决孩子十五年有期徒刑，其母认为量刑过重，所以不服判决，多次申诉，均无果。李景玉接案之后，形成数万字的专业材料上告到最高人民法院，引起重视，指令河北省高级人民法院再审本案，最终省高院撤销原判决，改判有期徒刑九年，减刑六年。老人接到该判决书后，激动得泪流满面，称李景玉律师救了自己的孩子，并在第一时间为李景玉律师送来一面锦旗以示感谢。

广阳区万庄镇有位老人为了房产执行问题辗转省市十余年没有任何结果，多年来只能租房不能住自己的房子，寻求李景玉律师帮助，李景玉律师最终为老人讨回公道，将争议房产还给老人，老人为李景玉律师的敬业精神所感动，送上一面“沉冤二十载，一朝见青天”锦旗以示感谢。

牢记民盟职责、积极参政议政

李景玉作为民盟市委领导班子成员，先后分管思想宣传工作和社会服务工作，为民盟廊坊市委自身建设和履行参政党的各项职能做出了贡献，近年来，民盟廊坊市委2018年被民盟中央评为民盟思想宣传工作先进集体，2019年再次被民盟中央评为“民盟思想政治建设和宣传工作先进集体”。河北李景玉律师事务所的“盟员之家”，2019年被民盟中央评为“优秀盟员之家”。

李景玉多次组织学习教育活动，带领广大盟员学习民盟《章程》和民盟先贤的优良传统等，主讲法律知识讲座，传授《婚姻法》《民法典》，他还积极参加民盟市委组织法律咨询活动，组织盟员为困难群众捐款捐物。2022年7月，民盟廊坊市委法律援助中心成立，他被聘为主任，该中心服务宗旨是保障经济困难的公民获得必要的法律服务，打造了民盟社会服务工作新品牌。

作为律师行业精英代表，参政议政工作是他的优势和特长，近三届廊坊市《政府工作报告》征求意见会上都能看到李景玉的身影。他每次都认真地审阅报告内容，从专业角度提出合理化意见建议，得到市委、市政府的高度重视。在市政协常委会上，他撰写的《推进依法治市，建设法治廊坊》的提案作为口头发言，并被评为年度优秀政协提案。他针对廊坊市医患纠纷矛盾问题，提出了《关于成立市县两级医患纠纷调解委员会》的建议，作为重点提案得到市政府及有关部门的落实。近年来，他累计提交了52件提案。

服务中心大局、当好法律参谋

2008年9月至今，李景玉连续受聘担任廊坊市人民政府法制咨询委员会委员、市政府法律顾问工作。参加法律研讨论证会160余次，审查修改了《关于促进产业投资基金加快发展的实施意见》《廊坊市建设用地使用权转让、出租、抵押二级市场交易管理办法》《关于服务“六稳”“六保”进一步做好“放管服”改革有关工作的实施方案》《廊坊市排污权储备和出让管理暂行办法》《廊坊市排污权储备和出让管理暂行办法》等重大文件，提出的大量意见建议被市政府采纳。2020年，中共廊坊市委专门成立法律咨询专家团，李景玉荣幸地被连续聘为一届和二届专家团专家。2022年，被廊坊市人民检察院聘为首届检察监督员。

立足律师本职、争创一流业绩

李景玉时刻不忘习近平总书记“努力让人民群众在每一个司法案件中感受到公平正义”的嘱托，始终坚持立足本职工作，通过案件代理展示良好形象，努力做习近平法治思想的坚定信仰者、模范实践者、积极传播者。

他2000年4月担当律师，全身心地投入每一个司法案件中，不论案件大小，只要接受了委托人的委托，就必须做100%的努力来回报委托人，坚定不移地以事实为根据、以法律为准绳，还公民一个公平，给社会一派正义。2009年，李景玉律师事务所成立，从建所伊始，毅然采取团队化作业模式，向规模化、专业化、品牌化发展。李景玉带领全体律师经过不懈努力，由最初的80平方米办公面积发展到现在的500多平方米；由最初的3个人发展到现在的30余人。2015年1月，河北省司法厅、河北省律师协会在全省开展“省级示范律师事务所”评选验收，河北李景玉律师事务所凭借过硬的软硬件通过了验收，同时也是河北省唯一一家个人性质的律师事务所获此殊荣。获得“省级示范律师事务所”荣誉称号，标志着河北李景玉律师事务所迈上了一个新台阶，河北李景玉律师事务所再接再厉，先后获得市级文明单位荣誉称号、廊坊市司法系统先进集体荣誉称号、维护妇女儿童权益先进单位等荣誉称号。

热心公益事业、践行社会责任

多年来，李景玉亲自或委派律师法律援助留守妇女、困难家庭、孤寡老人、留守儿童等弱势群体，为他们解决生产生活中的实际困难案件数十起。李景玉就是这样以春风化雨的精神和对法律、对人民负责的态度，恪尽职守、一心为民，温暖着颗颗寒冷的心。2017 年 7 月，邹某驾驶货车在高速上与张某驾驶的货车相撞，造成邹某死亡、张某受伤，两车不同程度损坏的交通事故。鉴于邹某家属无力支付律师费，李景玉以法律援助方式为邹某家属免费代理，通过努力，依法维护了受困人的合法权益，事后当事人特意写信给市司法局对他以示感谢。

李景玉十分重视并积极践行社会责任，主动参与公益事业。为传播和践行社会主义核心价值观，弘扬志愿服务精神，进一步提升广大市民积极主动参与文明城市创建的意识，李景玉组织全所律师开展以“志愿精神齐传承、携手共创文明城”为主题的公益活动，多次走上街头或到社区、街道广泛宣传。响应市律师协会号召，为贫困弱势群体奉献爱心。李景玉带头服务基层、甘于奉献社会的先进事迹多次被新华社记者作为典型予以报道。

由于工作成绩突出，李景玉先后被授予“河北好人”“河北省优秀律师”“廊坊市十佳优秀律师”“法律服务工作先进个人”“广阳区‘七五’普法形象大使”等荣誉称号，并被聘为河北省政务监督员、市中级人民法院反腐倡廉社会监督员、市人民检察院人民监督员等社会职务。

爱盟如家 双岗建功——殷玉华

殷玉华，民盟廊坊市第七、八届市委委员，民盟廊坊市北区委员会主委兼三河支部主委，三河市市场监督管理局三级主任科员，政协廊坊市第五、八届委员，政协三河市第四届委员，第六、七届常委。

双岗建功，做盟员典范

她为人坦诚、爱盟如家。主动担当、服务社会、关注民生、参政议政。自 2004 年入盟以来，积极参加盟组织活动。初入盟时需要到廊坊参加活动，她不畏路途遥远每次都按时参加。对于盟务工作，更是按时高质量完成。尤其是近 5 年来，她的工作得到了领导和大家的认可，取得了优异成绩，她本

人分别于2008年、2013年、2020年、2021年荣获民盟河北省优秀盟员称号。

2018年，民盟三河支部“盟员之家”荣获民盟中央“优秀盟员之家”称号，2020年，民盟三河支部荣获了民盟中央先进基层组织称号，被评为民盟河北省2018—2019年度社会服务工作先进集体，2021年，民盟三河支部在民盟河北省省委活力基层组织建设活动中被评为先进基层组织，荣获中共三河市委三等功奖励。同年，民盟北区委员会荣获民盟河北省先进基层组织荣誉称号。

她还在本职岗位，勇挑重担、迎难而上。多年来，在食品安全、特种设备安全工作岗位，经常深入一线排查、消除安全隐患。她主管特种设备期间，三河市在用特种设备12000多台，数量大，监管任务重，她建立长效机制，确定了整治重点，制定专项整治方案，完善了《特种设备安全工作包联制度》，100%完成日常检查计划。投诉处理187起，满意率100%。专项检查共出动1500人次，检查特种设备9000余台，下发指令书40份，结案12起，共计罚款569677元，她所在的安全岗位多年零事故，曾连续三年荣获省局嘉奖。

思想引领，增强组织凝聚力

她以身作则，除了认真履行盟员义务外，作为基层组织带头人，更注重抓班子带队伍，推进组织建设。

近几年，她带领民盟三河支部和北区委员会盟员坚决拥护中国共产党的领导，开展了“不忘合作初心 继续携手前进”“矢志不渝跟党走，携手奋进新时代”等主题教育活动，学习中共十九大、二十大精神，中共党史和民盟盟史。赴西柏坡革命教育基地开展红色教育，赴民盟中央传统教育基地邯郸涉县一二九师司令部旧址学习培训，参加三河市举办的庆祝人民政协成立70周年活动，表演了诗歌合诵《新时代新使命》，召开了学习党的二十大精神履职尽责座谈会。

通过学习，坚定了盟员政治立场，引导盟员知盟爱盟兴盟，增强责任感和使命感。她还组织茶艺讲座、古琴体验课、“弘扬传统文化 塑造良好家风”教育讲座等活动，以中国优秀传统文化、中华文明史教育盟员，增强组织的凝聚力和活力。

关注民生，积极建言献策

身为盟员和政协委员，她具有高度的责任感、使命感。她主动深入一线关注民生，围绕市委、市政府中心工作关注热点、难点，积极建言献策，多年来共撰写提案 20 余件，均被立案。

她还积极参与调研课题，2021 年她独立承担盟省委重点调研课题《论新形势下强化食品安全监管 》，经过 5 个月的努力顺利完成，并获得盟省委颁发的结题证书。

2021 年 9 月、10 月，她带领三河支部全体盟员开展有 56 人次参加为期 40 天的“校地融合促发展”大型调研活动，形成《校地融合赋能高质量发展》调研报告被盟市委采用，并作为三河市第七届委员会第二次会议发言材料。她撰写的《关于对〈河北省“三小”条例〉中第二十条第二十六条第五十一条进行完善的建议》被民盟河北省委采用。

热心公益，主动服务社会

多年来，她坚持每年组织支部盟员走进社区、老人院等开展“书春送福”活动。在把美好祝愿送给千家万户的同时，活跃人民群众的精神文化生活，传播书法艺术这一中华民族艺术瑰宝。她还积极参与社会救助，通过水滴筹、轻松筹救助危重病人达 30 余人次，通过心理疏导挽救 2 名中学生，并组织、鼓励盟员积极开展惠民义诊、免费心理疏导、青少年心理公益健康辅导等活动 6 场，为有效预防和舒缓社会矛盾问题起到一定的积极推动作用；她带领盟员抗击新冠疫情，组织盟员积极为抗击新冠疫情捐款捐物，2020 年近 19 万元、2021 年近 3 万元、2022 年近 6 万元。

用才华服务民盟和社会——张晓东

张晓东，民盟廊坊市委第七、八届市委委员，民盟广阳区委员会主委，廊坊民盟美术院院长。政协廊坊市第八届委员会委员，政协廊坊市广阳区第四、五、六届委员会常委。廊坊市广阳区文化广电和旅游局副局长。河北省书法家协会、音乐家协会会员。

他多才多艺，自幼受父亲家传身教，学习美术、书法，早年拜中央美术学院教授焦可群先生为师，学习书法和绘画。后相继得到著名书法家高鸿源、刘福柱、刘以忠、尚林德等老师的热情指点，常年临池不辍。如今，在书法、美术、诗词以及写作等方面均有一定造诣。同时，他对声乐也有浓厚兴趣，歌声优美动听、引人入胜。他外表阳光俊朗，为人诚恳友善、开朗幽默，工作爱岗敬业，担当有为，深受广大盟员、同事朋友的称颂与喜爱。

履行盟员职责，积极参政议政

张晓东 2010 年 6 月入盟伊始，就用自己全部艺术才华服务广大盟员。2014 年，他发起并成立了民盟东方书画课堂，至今历时 10 年，盟内外 3000 余人次在课堂学习。课堂内容同时兼顾诗词、历史、为人处世等，不仅让大家学习了中国传统文化，理解中国书法文化的精髓，而且通过书法来修身养性，陶冶情操。2016 年 7 月 31 日，东方书画课堂举办了两周年大型演出活动，盟员们欢聚一堂，凝聚力进一步增强。

他还历时三年，在民盟微信群每日发布书法楷、行、草“三体千字文”，向广大盟员普及书法知识，提升了盟员的艺术修养。2019 年 1 月，他任廊坊民盟美术院院长。2019 年 9 月，参与并组织了中国民主同盟华北五省市区书画联展（河北站）和“墨韵同心”书画展。同天，作为廊坊民盟艺术团骨干参加了庆祝中华人民共和国成立 70 周年文艺演出。

2020 年 9 月，廊坊民盟美术院和艺术团在固安县荆垡营东村建立创作基地，并举办了“唱响新时代 美丽荆东行”联欢晚会，他出席揭牌仪式并致辞。2021 年 6 月，他参与组织了庆祝中国共产党成立 100 周年和庆祝民盟成立 80 周年“民盟九城书画联展”和“同心颂”文艺演出。

他用艺术服务社会。2014 年，云南鲁甸地震造成重大人员伤亡和财产损失，为援助地震灾区，他精心创作了 10 件书法作品，由民盟廊坊市委在廊坊民盟 QQ 群举行了一场别开生面的书法义卖，共募得善款 4000 元，汇至民盟云南省委专用救灾账户并转给灾区。他每年春节期间，都会组织和参加多场书春送福活动。2020 年廊坊市“两会”期间，组织美术院盟员为“两会”代表书写春联福字 1000 余幅。

2020 年 2 月，随着疫情的突然到来，作为廊坊民盟美术院院长，在第一时间策划并成功组织了书画作品义卖，将义卖所得款项 15 万余元，捐给湖北黄石第二医院、廊坊市第三医院和廊坊市为疫情防控做出贡献的盟员医务工作者们。同时，他还创作了多幅书画作品，歌颂白衣天使，为抗击新冠疫情加油鼓劲。

他 2017 年被选举为民盟广阳区支部主委，支部在全市率先建立了盟员之家。以“盟员之家”为阵地，先后组织了首届旗袍秀及礼仪讲座、美术院迎春送福、东方书画课堂“小荷初韵”系列书法网络展、游学第什里风筝小镇、民盟主题培训课堂首期声乐、形体课。2020 年 12 月 31 日，民盟中央对在思想政治建设和宣传工作中取得突出成绩的集体和个人进行表彰，他带领的广阳区支部荣获“民盟思想政治建设和宣传工作先进集体”荣誉称号。2021 年，广阳区支部“盟员之家”被民盟河北省委评为“优秀盟员之家”。

他还积极参政议政，先后撰写了《加强中小学生书法课堂教育》《加强人防工作的建议》《关于在无物业老旧小区增设和改进消防通道的建议》等提案。其中，《加强中小学生书法课堂教育的建议》《关于在无物业老旧小区增设和改进消防通道的建议》《关于完善和优化“楼门长制”提升广阳社会综合治理能力》作为优秀提案在广阳区政协大会做现场发言。

立足本职岗位，做好各项工作

多年来，他立足本职，真抓实干，勇于担当，履职尽责。在任广阳区人防办主任期间，分管区人民防空工作、区人民武装工作、区建设局机关建设工作，根据统一安排，做好疫情防控和创建文明城市工作。调任广阳区文化广电旅游局副局长后，在新的岗位，他更是精神抖擞，守正创新，结合民盟工作和自身行业优势，担当有为，双岗建功。2022 年至今，组织文化惠民公益展演、非物质文化遗产展示、濒危剧种保护专场及文艺演出 260 余场。开办书法、美术、音乐、舞蹈、古筝等公益艺术培训班，年度学员 6000 余人次。组建了 18 个基层群众文艺辅导基地。组织书法、戏曲、曲艺等优秀传统文化进社区、进校园等活动 50 余场次。2022 年 8 月，参与“京津冀京评梆戏曲大赛”组织和评审工作。圆满完成了各项工作目标，连续几年在干部考核及绩效考核中被评为优秀等次。2023 年 6 月，组织辖区参加全国民乐展演“遇见艺术”文化进景区艺术快闪活动。

张晓东表示，在今后的工作和生活中，他将一如既往践行一岗双责，立足本职，以奔跑的姿态、过硬的作风抓好各项工作。学习民盟先贤的优良传统，不断提高自己的文化艺术修养，用心用情、殚精竭虑，服务民盟，为民盟履行好参政党职能贡献自己的全部力量。

维护公平正义 热心公益奉献——陈玉芹

陈玉芹，2005 年加入民盟，一级律师，1988 年开始从事律师工作，2003 年 8 月 6 日创立廊坊市首家个人律师事务所（河北陈玉芹律师事务所），廊坊市工商联总商会副会长，廊坊市小微企业协会会长，廊坊市仲裁委委员，河北省第十三届人大代表，历任廊坊市安次区六、七届政协委员，安次区第八、九届人大代表。

不忘初心，争做党和人民满意的好律师

从事律师工作至今，她在这条道路上已经走过了 34 个年头，34 载风雨兼程，人生在奋斗中得以升华，事业在奉献中有所收获。

陈玉芹从事律师工作以来，共办理各类案件一千余件，担任几十家政府部门、机关团体、企事业单位常年法律顾问。在经济高速发展的今天，社会矛盾层出不穷，律师所面临的压力和挑战是前所未有的，她深感肩上的责任重大。对待每一个案子，她都竭尽全力，希望通过自己的努力让当事人对法律的公正、对司法的公平充满信心，最大限度地保护当事人的合法权益不受侵害，为维护社会的公平正义而不懈努力。很多当事人都不约而同地说道："陈律师可不仅是上法院打官司的律师。"是的，通过做调解工作避免当事人以诉讼方式解决纷争一直是她秉持的工作原则，她是新时代枫桥经验的践行者。当事人送来的印有"尽心尽力，为民解忧""法律卫士、社会良心"等内容的一面面锦旗，是对她"争做党和人民满意的好律师"工作的最好注脚。

在为社会各界热忱服务的同时，也获得了良好的反馈与肯定，2016 年被评为"全省优秀女律师"，2017 年被评为"全国维护妇女儿童权益先进个人"，2021 年被廊坊市检察院聘为"检察听证员"，被廊坊市中级人民法院聘为"特约监督员"，河北陈玉芹律师事务所也在 2017 年被廊坊市律师协会评为"优秀律师事务所"。

热心公益，让事业和人生在奉献中升华

河北陈玉芹律师事务所自成立以来，坚持普法宣传，多次为廊坊电视台《法在身边》节目提供案例，并先后十几次接受节目组邀请为其节目进行点评。2006 年起，《廊坊日报》开通了"律师法律援助热线"，她和所内律师义务几十次做客《廊坊日报》，解答广大群众的热线咨询。律师所连续 18 年参加由廊坊日报社组织的读者节活动，现场为群众答疑解惑，受到了群众的广泛欢迎。2021 年 6 月，在全市积极开展"律师行业党史学习暨突出问题专项治理”活动的背景下，她受安次区司法局邀请，在司法局大会议室，为全区青年律师做了一堂题为《如何做一名合格的律师》的主题培训，向全区青年律师分享了自己从业30多年来的所见、所感、所悟，引导全区青年律师牢记初心、不忘使命，不断学习、勇于进取，积极承担社会责任。粗略统计，她办理法律援助案件二百余件，各种形式的义务法律讲座百余场，各种公益活动几百次，先后为贫困失学儿童、贫困家庭、灾区捐款达10多万元。2021年1月和2022年3月，由于疫情，在廊坊封控期间，她号召全所律师及工作人员、小微企业协会及会员积极行动，冲锋在前，仅在2022年上半年疫情中捐款8万余元，累计捐助物资超过30万元，展现了“勠力同心、携手抗疫”的大爱奉献。

参政议政，积极承担民盟的社会责任

在做好本职工作的同时，她努力传承民盟的优良传统，关注民生、倾听民意、建言献策，在历任廊坊市安次区政协委员、安次区人大代表、河北省人大代表期间，先后提出了若干利民生福祉、促经济发展的提案、建议，积极为经济社会高质量发展出主意、想办法。2021年，在省人大十三届四次会议上，向大会提交了《关于改善中小微企业营商环境的建议》和《关于〈白洋淀生态环境治理和保护条例（草案）〉的意见和建议》两份建议文件，在3月闭会期间提交了《关于疫情期间企业复工复产的建议》，均得到了有关部门的回复和采纳。2022年，在省人大十三届五次会议上，向大会提交了《关于进一步优化营商环境促进经济高质量发展的建议》，被推荐为十三届省人大优秀代表建议。

她说：“民盟先贤留下的足迹，民盟薪火相传的精神，给予我无限力量和感召，就像一盏明灯照亮我前行的道路，无论现在还是将来，我都将尽职尽责，为维护当事人的合法权益、维护法律的正确实施和社会的公平正义竭尽所能，为建设富强、民主、文明、和谐、美丽的社会主义国家做出自己更大的贡献。”

芳心育桃李 热血化春风——赵丽霞

赵丽霞，女，汉族，字启明，号颢颖、丽象、无相。2018年7月加入中国民主同盟。三河一中语文教师，高级职称，廊坊民盟美术院理事，廊坊民盟艺术团成员。三河市硬笔书法协会主席。

赵丽霞入盟后，积极参加盟务工作，为盟争光，2019年荣获民盟河北省“榜样在身边”典型先进个人，2020年，被评为廊坊优秀盟员，2011年荣获河北省庆祝民盟成立80周年征文——诗歌、视频创作奖等荣誉，原创诗文及朗诵视频被民盟中央平台推送。她译注了《四库全书》记载篇目、三河市文化广场24号明代古碑《古灵岩寺碑记》，并选入《三河市文史资料汇编》，本人入选三河市管高级专业技术专家人才库，多次荣获三河市政府嘉奖，获“三河市最美书香家庭”等荣誉。

学养深厚，潜心钻研 教书育人，做四有好老师

赵丽霞从教28载，工作兢兢业业。是一位有理想信念、有道德情操、有扎实学识和仁爱之心的四有好老师。

她工作认真，潜心钻研教材教法。曾荣获市骨干教师、教科研先进个人、教学能手、学科带头人、优秀班主任等诸多荣誉，多次参加各级各类公开赛课并获奖，荣获廊坊市教师基本功大赛一等奖，三河市高中语文教师优质课公开赛一等奖，数篇论文、优秀教案设计、课件等在国家、省、市级刊物上发表及获奖。她勤苦钻研，主持、主研多项国家、省、市级教科研课题，主持的河北省“十二五”规划立项教科研课题《培养学生创造性思维品质的研究》荣获廊坊教科研成果奖一等奖，获河北省教育厅、省教科所“第二届教育科学研究优秀成果奖”二等奖。

赵丽霞老师不仅富有扎实学识，亦具仁爱之心。她学养深厚，教学理念前沿，教学方式灵活多样，课堂生动活泼有序；她教风亲和，知识广博，善旁征博引且富于感染力，能够与学生打成一片，深受爱戴。所以学生们非常喜欢上她的课，都昵称她为“霞姐”； 她教学成绩突出，所教许多学生考入了全国名牌大学，亦不乏 211、985 名校。已参加工作的学生们在各行各业为祖国建设做着各自应有的贡献，可谓桃李满天下。

她曾说：“无论多么疲惫，一旦登上讲台，我便不由自主兴奋起来，全情投入诗文讲解，陶醉其中、忘情忘我，加之与学生们的开心互动，非常享受。”

言谈之间，可见其对祖国语言文字的真挚热爱，对教育事业的深深情怀。

文化推动，辐射社会 写好中国字，读好中国文

赵丽霞富研究精神，她尤其对语言文字有着一种特殊的好奇与敏感。2017 年暑假，有人给她看一份字迹漫灭、残损不全的繁体无标点《古灵岩寺碑记》拓稿，系三河市文化广场 24 号明代古碑，多人均未能译解，求助赵老师。赵丽霞想这是一件惠及后世的好事，可以推动古文化遗迹保护与修复工作，并引起有关部门的高度重视，于是便欣然接受。她反复研读，却发现无任何资料可考，存版均是无标点繁体，《四库全书》有碑拓残篇，但误拓颇多，残缺不全，甚至缺少一段文字。译注工作涉及佛学、文史、地理、科考、文字、书法等诸多领域，其完成过程繁复、艰难。她多次去广场查验古碑文字，凭借厚积所学及专业古文字功底，逐字核准原碑，校对碑拓稿，并逐一加注标点，再逐字翻译古碑文，考证晦涩难懂的佛家等用语。文字漫灭甚或残缺处她便与先生反复切磋考证。一次遇到一处不确定文字，她与先生立即撑伞冒雨前去广场仔细查验古碑。历时 1 个多月，经反复修正，终于完工，整个暑假都没休息，实是功德一件！后三河市政协征集汇编文史资料，译稿被选入书，可谓功德圆满。

赵丽霞好学上进，兴趣广泛。学校毕业至今，从未间断各种学习，首师大徐建顺教授吟诵学习班，北师大国学师资班，北京市张其成基金会国学传播工程学习班，等等，且都是自费学习。她多才多艺，对书法、古诗词、朗诵等均有一定研究。

写好中国字，做好中国人，力推“书法进校园”

她是三河市硬笔书法协会主席，廊坊硬笔书法协会及职工书画协会主席团委员，廊坊书法家协会会员，中国专业人才库一级书法师，中国硬笔书法协会会员，全国规范字高级讲师。书法作品多次在省、市各类书法赛事及民盟活动中参展、获奖、入选书籍。曾获首届河北省硬笔书法大汇展佳作奖；作为民盟廊坊美术院理事，她每年积极参加民盟组织的书画展及书春送福活动；2019 年，书法作品参展“民盟华北五省市庆祝新中国成立 70 周年书画联展”并编入书籍；武汉疫情期间积极创作书法作品参加民盟组织的书画作品拍卖募捐活动；2021 年，书法作品参展“九城同心沐党恩 ——庆祝中国共产党百年诞辰和民盟成立 80 周年书画展”并编入书籍；等等。

作为一名语文教育工作者，赵丽霞深知在学校开展书法教育尤其是硬笔书法的重要性。她极力推行“写好中国字，做好中国人”书法进校园活动，并得到教体局领导和校长们的大力支持。

读好中国文，让朗朗书声传进千家万户

赵丽霞老师是中华诗词学会会员，诗文被多家平台推送并获奖；华夏文促会素质教育艺术顾问，中华炎黄文化研究会国学专业委员会会员。她热爱、擅长朗诵，且在探究吟诵教学课题。她是中国语文报刊协会吟诵专业委员会会员，河北省朗诵学会会员，“曹灿杯” 首届全国朗诵大赛河北省赛区特邀评委；2015 年，荣获中央人民广播电台第四届“夏青杯”全国朗诵大赛廊坊赛区三等奖； 多次组织、参加或参评各级各类演讲、朗诵比赛活动并获奖，连续多年代表三河参加京津冀诵读邀请赛，荣获诸多奖项；在“中国梦，劳动美 ——党在我心中”，全省职工读书演讲总决赛中获得优秀选手奖。作为民盟廊坊艺术团成员积极参加民盟廊坊的演出活动，多篇诵读作品在廊坊民盟及诸多平台推送，庆祝民盟成立 80 周年征文，她创作的诗歌及朗诵视频被民盟中央平台推送。

建言参政，关注社情民意 履盟员职责，做好党和政府的复眼与逆风耳

赵丽霞有道德情操，更有理想信念。作为民盟盟员、三河市政协委员、三河市督查信息员，她积极参加、组织民盟活动，建言参政，撰写提案，反映社情民意，认真履行政协委员民主监督、政治协商的职责。

她积极向民盟廊坊市委和民盟河北省委提交研究课题，2021 年，立项调研课题《关于推进中华优秀传统文化传承发展的建议》廊坊政协通讯报道了赵丽霞委员风采。她尽其所能为民盟发光发热，也时时以一名民盟盟员的身份要求自己，用实际行动及社会影响力不负民盟盟员的职责，荣获民盟廊坊“优秀盟员”称号。她积极建言献策，参政议政，多次参加三河市政协组织的听证会、履职座谈会等活动。她积极撰写多份关于经济与文化建设方面的提案，在深入调研的基础上，向三河市政协提交了《推进建设三河市文化发展体系，弘扬优秀传统文化的建议》等提案多件，均已立项回访，并在政协三河市七届三次大会上作为代表上台发言。同时，她也身体力行、践行实施着自己关于弘扬传统文化的提案建言措施，引起了市委市领导的高度重视。三河市是河北省研学实践教育基地示范市，赵丽霞也是研学实践课程设计的积极实践与推动者，如：三河市政协工作通讯 2023 年第 1 期报道了《赵丽霞委员倾心组织“拥抱春天 播种绿色 放飞希望” 3·12 研学实践植树活动》等。

芳心育桃李，热血化春风。赵丽霞老师更像一缕春风，每当吹过，花便盛开。其实她的带动和影响力不可估量，对于文化的繁荣和发展，社会意义深远。如果我们人人都像赵丽霞老师一样，尽自己所学所能行动起来，我们的城市乃至国家将会越来越美好。

仁心暖病人——王慧珍

王慧珍，中国民主同盟盟员、文安县医院消化内科主任、副主任医师，文安县政协委员、廊坊市医学会消化学会委员、廊坊市医学会消化内镜分会委员、廊坊市医学会肝病学会委员、廊坊市医学会肿瘤学会委员、廊坊市医学会感染疾病学会委员。作为一名医生，她坚持以为人民服务为使命，恪守医德、乐观奉献、刻苦钻研、精益求精，急病人所急，想病人所想，竭尽所能地为患者服务。

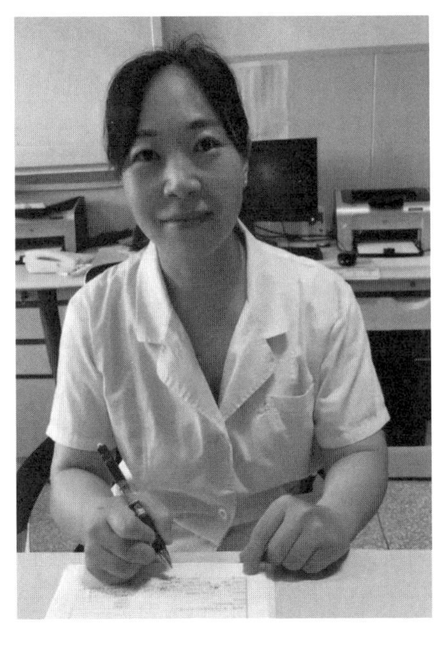

自 1999 年毕业后到文安县医院，王慧珍先后在内科、急诊、门诊、胃镜室工作。为了更好地熟悉业务，服务好患者，她经常 24 小时工作吃住在科室。随着胃镜室业务的增加，县医院成立了消化科，王慧珍主动承担起了消化科的任务，因为要在胃镜室和病房“两线作战”，她只能用早来晚走换取更多工作的时间，并且经常到科里值通宵，但每当看到患者解除病痛，病人和家属挂在脸上的笑容，她就非常地开心快乐。在 2020 年疫情突发的春节，她放弃休假，舍小家为大家，主动申请到最为忙碌的预检分诊工作，2022 年新冠疫情卷土重来，县医院抽调了大量人员支援一线，王慧珍所在科室只剩了 3 人，但为了更好地完成工作服务患者，她连续值班 30 天，不休息。多年来，她的辛勤付出被同事们看在眼里，被同事们称为“住在医院科室的人”。

在胃镜室工作的十几年中，她积累了大量工作经验，开创了无痛胃肠镜检查技术，镜下切除息肉、镜下止血及取异物等治疗方法，填补了县医院结肠镜检查治疗空白，通过胃肠镜累计检查患者达到 5 万多例。她把内镜下发现早期癌症作为工作的重要内容，每当发现胃肠道恶性病变时，她的心情和家属一样焦急、沉重。为了更好地服务患者，提高医疗技术水平，她先后到解放军总医院、北京世纪坛医院、北京朝阳医院、河北省第四人民医院等地学习，在提高诊疗技术的同时，认真研究早癌的规律，到目前已发现早癌 50 多例，为患者争取到了治疗早癌的主动权，得到了患者的感谢和好评。

她把“拯救一条生命，幸福一个家庭”当作自己的座右铭，2023 年 2 月 5 号一名患者吃饺子不慎将饺子里面包的硬币卡在咽喉部，当时正值春节放假期间，王慧珍立即从家赶来，给患者做急诊胃镜，从食管入口将 5 角硬币取出，患者感激不尽。2023 年 3 月 16 日下午 5 点半，一位患者因乏力、黑便 2 天、呕血 1 次到医院就诊，王慧珍根据丰富的经验立即想到患者可能存在消化道出血，立即对患者进行胃镜检查，通过检查发现患者贲门黏膜撕裂、出血量大且流速快，如不立即治疗，可能有生命危险，通过一系列的治疗，患者的病情由危重转到平稳，这时王慧珍才长舒了一口气。王慧珍说，虽然平时工作很紧张很辛苦，但一个个患者的康复，扫除了她的疲惫感，也给她带来了满满的成就感和幸福感，她在工作中感到快乐，并在快乐中工作。

作为一名民盟盟员和文安县政协委员，王慧珍深知这既是荣誉，更是责任。她始终把民盟和政协作为自己奉献社会、服务人民的广阔舞台，充分发挥自身优势和专业特长，积极履职尽职，建言献策。近年来，她从专业的视角撰写了《医院水平整体提高惠及百姓》《建立社区医疗服务站》《建立“家、校、医”联合学生心理健康促进与危机干预中心》《构建“大健康”为核心的制度体系，各行各业共同发力优化健康服务、提升健康保障能力》等多篇高质量信息和提案，都被民盟市委和县政协采用。

非遗文化保护与传承人——何玲

何玲自幼学习绘画，热爱艺术。2000 年考入天津美术学院版画专业，在大学本科、硕士中努力学习，积淀了深厚的文化艺术修养，提升了较高的审美力。力图在东西方不同语境下探索东方艺术语言的独特表达，在认知、思辨中探索艺术价值的真谛，追逐艺术理想。2008 年于廊坊师范学院美术学院入职任教，主要从事非遗文创设计、非遗的保护与传承等方面工作。2013—2014 年在中央美术学院产品设计专业进修，专研中国传统手工艺与现代生活的设计延展。

作为一名教育工作者，坚持不懈地以习近平新时代中国特色社会主义思想指导自身实践，不断加强理论学习，积极投身于社会主义核心价值体系的践行活动中，在国家的发展大局中找准位置。忠诚于党的教育事业，全面贯彻党的教育方针，严格要求自己，鞭策自己。不忘初心，牢记使命。

2018 年加入廊坊师范学院非遗研究中心和非遗文化传播中心的建设工作，实地走访廊坊地区众多的非遗项目，领略到了中国传统文化的博大精深。同时被非遗传承人“择一事，终一生”的人生信条震撼，被他们一丝不苟、兢兢业业的工作态度深深感动。正是源于这样的工匠精神，才使中国艺术尽享世界范围的美誉，是我们当今浮躁社会最需要的精神引领，也是教育事业中需要传递给学生们最宝贵的财富。

坚持科研为引领，推动“产学研”协同创新

深入挖掘中国传统文化，以廊坊本土非遗文化为原动力，培养适应社会发展需求创新人才为己任。坚定科研育人的政治方向，秉承“产教融合、匠心育人”的教育理念，搭建“产学研”科研平台，开展“科研创新 + 人才培养 + 社会服务”校企合作，在科技研究、产品研发、成果转化、人才培养等方面实现共同研究、协同育人、创意共享的创新思路。以校企合作融合创新和人才培养、课程改革为抓手，以项目为纽带，以行业企业为平台，构建产业需要为导向的跨界交叉培养、支撑引领行业发展的应用型创新人才体系，实现“产学研”协同发展，促进文化产业高质量发展，有效推动非遗的创造性转化与创新性发展。

搭建校企合作平台，深化人才培养模式改革

在工作实践中，将廊坊非遗资源引入实践教学课堂，以科研创新项目辅助教学，推动学生社会实践。搭建“科研创新 + 非遗传承 + 人才培养 + 社会服务”的校企合作融合创新模式，在科技研究、产品研发、成果转化、人才培养等方面实现共同研究、协同育人、创意共享。借助校企合作平台，与国家级非遗景泰蓝、省级非遗雕漆开展校企合作。与非遗传承人共建“非遗工作坊”系列实践教学项目，研发非遗文创课程、非遗文创产品设计，协同培育高质量非遗创新人才。培养非遗创新人才 200 余人，非遗文创产品作品数量 140 余件。指导学生作品在国家级比赛“‘金凤凰’创新产品设计大赛”“中国・大厂景泰蓝实用产品设计大赛”“陈设中国·晶麒麟奖”“米兰设计周”等国内外大型设计大赛共荣获奖项 84 项，其中一等奖 9 项，二等奖 37 项。作品代表学校多次参加省市级文化部分举办的文化节和展会，受到社会广泛关注。

“以赛促教、以赛促创”，推动大学生创新创业教育

依托学科专业优势资源，开创“跨学科、跨专业、跨年级”实践教学人才培育模式。依托学校的大学生创新创业实践训练平台，指导学生采取“项目驱动”方式开展创新训练等活动，持续推动项目发展。指导大学生创新创业项目在“互联网 +”“挑战杯”“三创赛”等大学生创新创业比赛中获得国家级铜奖 1 项，省市级金奖 7 项、银奖 2 项，优秀指导教师奖 4 项。学生通过参加各种专业竞赛，不断强化专业技能、增强和锻炼创新意识、创新创业能力，推动大学生创新创业教育发展。

王慧珍说：“作为一名盟员和教育工作者，倍感光荣、重任在肩。我定当‘立足本职、服务社会’，勇于担当、脚踏实地、努力奉献。坚持守正创新，薪火相传、与时俱进，以时代精神激活中华优秀传统文化的生命力，以实际行动弘扬民盟精神，为实现中华民族伟大复兴贡献力量。”

爱盟如家 尽责表率——金海明

金海明，男，1963 年出生，北京大学哲学系硕士研究生，三河市亚飞汽车连锁有限公司总经理，民盟北区委员会特聘顾问。连续五届任三河市政协委员，现任三河市七届政协常委，为廊坊市第五届人大代表、廊坊市政协第六、七届委员，廊坊市民营企业家协会三河分会常务理事。

诚信经营，开拓创新

改革开放以来，金海明积极创业，本着一流的设施、一流的环境、一流的服务的理念锐意进取，创出了一番业绩，他带领亚飞汽车公司与国内 11 家汽车生产厂家建立了合作关系，2002 年亚飞公司被廊坊市消费者协会评为“廊坊市第六届消费者信得过企业”。2014 年，金海明任中裕集团总经理，中裕集团占地 258 亩，总资产超过 4.2 亿元，业务涵盖汽车销售、二手车交易、

汽车维修、配件供应、汽车保险、汽车生活会馆、汽车俱乐部、司法鉴定、资产评估、经济树木种植、工业园区租赁11个领域，中裕集团多次获得“全国维修行业诚信企业单位”及“河北省优质文明企业”等荣誉称号，他以自己的聪明才智为三河市的经济建设做出了重要贡献。

爱盟如家，无私奉献

作为一名民盟盟员，金海明积极履职尽责，一直致力于推动辖区民盟发展。2007年4月，三河支部成立时，金海明当选支部主委，当时只有6名盟员，经过15年的发展，现已有民盟盟员52名。随着事业的发展，又成立了华科支部和民盟北区委员会，现在北区委员会共有盟员62名。在壮大队伍的同时，金海明时刻严把入盟关，注重新盟员政治和业务培训，始终保持支部健康有序发展。

他始终坚持为民服务的初心和宗旨，组织带领支部盟员到西柏坡、邯郸一二九师等教育基地开展“不忘合作初心 继续携手前进”主题学习教育活动，增强盟员知盟、爱盟、兴盟的责任感和使命感，为盟员履职尽责和积极参政议政奠定良好基础。

提升素质，弘扬文化

作为民盟三河支部领导，为做好民盟工作，金海明积极进修学习。金海明自幼受家庭传统熏陶，酷爱中华传统文化，研习国学数十载，对先秦文化自有心得，在此基础上他不断到北京的一些大学去学习，提高自己的能力和水平，取得了教育学硕士研究生、国家“心理咨询师三级”“公共营养师三级”资质，为北京大学哲学系高级研修生。同时，他热心公益，积极弘扬传统文化，充分发挥自己的人脉资源和博学才智为学校、社区、单位开展国学公益讲座，以“传承国学，启迪心智，成就人生，奉献社会”为宗旨，秉承儒释道为一体的国学文化，弘扬国学正能量，润物细无声地传播中华传统文化。

尽职尽责，甘当表率

作为一名老资历的民盟盟员，金海明一直率先垂范，积极发挥表率和带头作用，组织参加盟市委的各种学习以及参政议政活动，从不计较个人得失，带领支部盟员开展各种各样的参政议政和政治理论学习活动，增强支部整体素质水平和凝聚力。他带领支部盟员多次承办民盟廊坊市委、民盟河北省委以及民盟中央的有关重要会议、调研、考察等活动。金海明热爱盟组织更体现在实际行动上，在支部组织经费不足的情况下，自己出钱，打造了燕郊支部盟员之家，提升了基层组织生活质量。金海明还多次通过民盟渠道为灾区捐款奉献爱心，这些丰富多彩的社会活动，让群众对多党合作制度、对民盟有了深刻的了解，树立了民盟良好的社会形象。

以身作则，认真履职

在金海明的带领下，民盟北区委员会履职能力日渐增强、参政水平迅速提升。民盟北区委员会目前有 62 名盟员，政协委员 16 名（其中 7 名常委），廊坊市政协委员 1 名，人大代表 3 名，省级人大代表 1 名。金海明除了本人积极撰写 10 余件提案外，还带领支部盟员积极开展调研，2021 年 8—9 月，他和北区委员会支部班子共同研究，成功开展了有 50 余名盟员参加的《校地融合促发展》大型调研活动，形成《校地融合赋能高质量发展》调研报告被盟市委采用，并作为三河市第七届委员会第二次会议发言材料，受到领导和社会各界的高度评价，更调动起了大家参政议政的积极性。在参政议政反面取得了优异成绩，曾多次荣获市政协“十佳委员”、优秀委员等荣誉称号。

扎根人民的职业作家——张晓东

张晓东，女，笔名小满、小冬，民盟盟员、作协会员，北京毽绳协会理事、丽江民俗协会理事、云南摩梭民俗博物馆名誉馆长。

浙江省嘉兴市海宁市凡响文化传媒 CEO、“一洋拆书”联合创始人、《嘿，晚安》专栏撰稿人、“小满工作室”创建人。河北廊坊市香河交通局公路站政工师。出版散文集《烟尘细软》《滇行记》《黔行记》《安德路笔记》《嘿，

晚安专辑一》。

为发挥自身专业优势、凝聚群体智慧，围绕“一带一路”建设，“一洋拆书”在系统测试和运行两年时间后，推出助力每个读书伙伴走向自己成功之道的系列线下课。为此，“一洋拆书”团队开展“一带一路”万里行活动。从 2019 年 7 月初到 9 月底，张晓东作为“一洋拆书”团队的核心成员，参与并策划了“一洋拆书 ‘一带一路’万里行”活动。从浙江嘉兴启程，先后到深圳南山、辽宁沈阳、新疆乌鲁木齐、甘肃敦煌、陕西西安、行程超过万里。在一路游学一路普及全民阅读的活动中，张晓东一次次被中华大地广袤的土地和各具特色的地域文化感动，她也坚定自己的志向：做“一洋拆书”的事业，既是情怀，也是梦想。

在张晓东看来，履行公益使命、承担必要的社会责任，是每一个有责任心的企业在发展中必备的运营理念。早在 2013 年，她就曾远赴新疆，随新疆自治区野骆驼保护协会深入罗布泊无人区十几天参与中央电视台拍摄《中国新疆野骆驼千里寻踪》大型纪录片，建立我国第一个“野骆驼紧急救护中心”。同时，她还担任北京市毽绳协会理事，助力各地文娱体育活动，代表北京市毽绳协会，协助推进全民健身。担任云南泸沽湖摩梭文化博物馆副馆长以及在 2019 年 5 月成立的丽江市民俗文化协会上担任理事，先后组织并向贫困留守儿童捐款捐物。

“春蕾健康行动”是中国儿童少年基金会于 2018 年 7 月 31 日立项，在近几年的实施中，得到社会广泛关注、各企业团体积极参与的一项公益活动，旨在提高贫困地区女童生活、学习质量，改善其生存和发展环境，帮助女童养成良好的生活、卫生习惯，自信、乐观地面对未来。项目面向农村女童派发含有“健康成长包”及《健康成长手册》的春蕾健康礼包，传递良好的习惯规范。此外，项目还将开展春蕾女童成长培训，对适龄的春蕾女童进行生理、心理、礼仪的辅导，从个人卫生习惯到仪礼风范帮助女童提高整体素养，适应时代和社会的要求，发现更好的自己。

“文艺创作方法有一百条、一千条，但最根本的方法是扎根人民。”这是习近平总书记在中国文学艺术界联合会第十次全国代表大会、中国作家协会第九次全国代表大会开幕式上的重要讲话精神，也是张晓东作为职业作家、民盟成员的行动指南。

在实体经济浪潮中勇敢前行——高贺伟

高贺伟，男，汉族，1989 年 4 月出生，大学学历，河北大城人，现任民盟大城支部副主委，华美节能科技集团有限公司副总经理、华美节能科技集团玻璃棉制品有限公司总经理。

创新驱动 科技赋能

高贺伟秉承“以人为本 创新超越”的企业精神，认真贯彻创新驱动战略，每年投入的科研经费占企业年产值的 4% 以上。他组建完善的科研团队，以创新掌握核心科技，自主改进的玻璃棉生产线创造了自动化程度高、产品质量优、综合能耗低的国际先进水平。专心研究玻璃棉工艺与设备，随着企业发展先后在四川、江西、广西筹建生产线，实现单线产量突破年产 2 万吨，成功实现一窑三线的尝试，降低了能耗，增加了产量，又便于管理。他带领研发团队不断开发新产品，拓展产品的应用领域，满足新市场的新需求。研发出农业专用棉，满足现代农业和畜牧业设施建设需求，研发出轻钢别墅棉，满足现代轻型别墅建设需求，研发出食品级美乐斯逸家玻璃棉，满足日益增长的绿色建筑需求……如此种种，不胜枚举。创新产品不仅在建筑、工业、基建、农业等领域发挥着重要作用，还进入军工、航空、船舶、新能源等高端领域，市场保持持续增长。

节能减排 绿色发展

高贺伟始终坚守绿色发展理念，积极创建绿色工厂，构建绿色制造体系，持续践行绿色低碳之路。全力打造从技术设备，到环保装备，从生产过程，到出品应用实现绿色制造与绿色发展，为实现碳达峰、碳中和目标，以及人们对环境友好的需求的增长做出不懈的努力。传统的离心玻璃棉生产以60%—70% 的废玻璃为原料，辅以其他矿物材料和化工原料熔融制成。高贺伟组建研发团队，通过配方技术改造，使废旧玻璃添加量高达 90%，产品质量也有所提高。新配方替代了部分矿产原料，节约了矿产资源，又促进了循环经济的发展。在节能减排方面，他既注重节能产品的性能提升和应用，又注重节能减排设备的改造和工艺技术的创新。玻璃棉生产的能源消耗，由当初的煤炭升级到天然气，现如今又发展到纯氧燃烧，在广西生产基地建设的纯氧燃烧窑炉已经投入生产，降低了氮氧化物排放，且其他污染物排放量大大降低，更加适应国家环保及节能减排要求。为进一步提高保温材料生产中环保装备的节能减排效能，专门成立了环保设备研发团队，与国内知名环保设备厂商，第三方科研院通力合作，经过多年的攻坚克难，实现了环保设备自主研发和量身定制的环保装备体系。

科学管理 提高效益

在企业管理中，高贺伟不断引入先进管理理念和方法，从 2021 年开始实施了精益化管理项目，积极推进管理升级，按照 6S 管理手册的要求，建立健全各项规章制度，明确“目视化”制度规程，对所有岗位都制定了《岗位技术操作规程》，实现了向精细化管理的迈进。员工的工作方法、工作质量、工作效率都有大幅提升，现场管理水平不断提高。高贺伟不断加强信息化建设步伐，通过建设企业信息系统，对企业的业务流程和组织机构进行改革和优化，提高企业整体产、供、销的运作速度和响应速度，从而提高企业管理的效率和水平。企业还有效运行质量、环境、职业健康安全、能源管理、知识产权体系等，实现稳健运营。企业注重对每一位员工的关爱、关心、关怀，为职工提供良好的培训、住宿、生活条件，劳动关系和谐，职工的创造性得到大幅度提升，企业发展进入良性、优质、绿色发展的快车道。2022 年 6 月，公司成为河北省“重点行业龙头及关键配套企业”。

2022 年年底召开的中央经济工作会议，着重强调要发展实体经济，依靠创新培育壮大发展新动能。推动传统产业改造升级，支持战略性新兴产业和现代服务业发展，促进大众创业万众创新纵深发展，最大限度释放全社会的创新创造潜能。未来，高贺伟表示，将乘中央经济工作会议东风，以绿色节能科技为核心竞争力，在创新科技的道路上，踔厉奋发，勇毅前行，为全球用户提供更具生态化、高质量、定制化和智能化的产品服务解决方案，服务于人类美好生活，为绝热节能材料行业的高质量发展做出新的更大的贡献。

以初心致梦想 以使命行担当——刘海涛

一张方正红亮的脸膛彰显本色，一双明亮的眼睛洋溢睿智。从年轻时代就心怀梦想、不畏困难，凭着一股子不服输的韧劲，凭借着多年的汗水与努力，成就了今天不平凡的事业。无论是作为一名企业负责人，还是一名民盟盟员，他始终不忘初心，每一个脚印都踏踏实实，每一步都走得异常坚定，每一个角色都体现了责任担当。他就是民盟盟员、大城县政协常委、大城县摄影家协会副主席兼秘书长、大城县新的社会阶层人士联合会会长、博雅斋红木家具有限公司技术总监刘海涛。

刘海涛因为爱好古旧家具，在潘家园结识了几位倒卖古旧家具的老板，也是从那时候开始从事古典家具的修复与仿古做旧家具的制作(家庭作坊型)。

当时的古旧家具能收到的大部分都是残件，不修复好难以出售。修复残件所用的配套木料又十分难寻，几经辗转才买回了木料。但新买的木料要做成古家具的旧模样安装在残缺的古家具上面，因为只有这样才能达到浑然一体的修复效果。技术上出现了难题，刘海涛不畏困难，不眠不休经过无数次的试验最终突破了技术难题。2003 年，历经数年的坎坷、积累数年经验的刘海涛成立了海涛红木古典家具厂，为今后企业的发展壮大打下了坚实的基础。

在赚到“第一桶金”的同时，刘海涛没有满足现状，而是思考着如何做大做强企业。随着老旧家具越来越稀有，而市场缺口仍然很大，刘海涛在充分研究市场的前提下审时度势，大胆决策，做出了一个重要决定，自己买木头研究仿古做旧家具的制造。他研究的做旧家具，从镶嵌细节出发到整体效果的打造无一不透露出古家具的高贵典雅。从 2005 年到 2013 年，海涛红木古典家具在河南、江西、山东等地打开了市场，受到了当地客商的追捧和欢迎。

他开始创新经营方式，丰富家具产品的种类。改进工艺、精工细作，让家具既有古典家具的神韵，又有现代家具的简约，就这样一步一步刘海涛找到了古典家具与现代生活的结合点，走上了新式红木家具的制作之路。2018 年成立博雅斋红木家具有限公司。专业技术人员有 30 余人。

成功的路上布满了荆棘与坎坷，是什么力量让刘海涛在红木家具制造行业摸爬滚打 20 年？又是什么在支撑着他努力奋发？其实，这不过就是两个字 ——信念。刘海涛经常说，信念，是成功的起点，是托起人生大厦的坚强支柱！如果你有坚定的信念，你就能够创造奇迹。

自 2014 年加入中国民盟后，刘海涛深知自己肩负的责任和使命，做一名合格的民盟盟员，不辜负人民的期望。为了不断提升自己的能力，他利用业余时间主动学，习民盟相关知识，先后多次参加县委统战部召开的新的社会阶层人士座谈会，积极建言献策，应张家口市统战部邀请到怀来县、张北县、沽源县新联会开展了互相交流学习新联会的建设，发展经验活动。他在“寻美河北”征稿中投送 4 幅摄影作品，均在省委统战部的“统战冀语”栏目展出。

积极参加民盟开展的各类学习活动以及民盟支部组织的各项学习活动，曾去广西百色、西柏坡、涉县一二九师司令部、狼牙山、周恩来邓颖超纪念馆等红色教育基地接受爱国、爱党教育，学习老一辈革命家们的革命事迹，自身能力水平得到升华，为更好地履行政协委员职责打下了基础。刘海涛在自己事业发展的同时，于 2009 年加入大城县摄影家协会，2010 年加入廊坊市摄影家协会，2012 年成为河北省摄影家协会会员，2018 年加入中国摄影著作权协会，同年担任大城县摄协副秘书长，2019 年任大城县摄协副主席。摄影作品多次获得省市奖项。

刘海涛为人随和，内敛中闪烁着智慧与力量，说话间凸显着幽默与自信。不管处境如何，他从不放弃任何学习锻炼的机会，不断丰富自己的人生阅历，追求自己的人生彼岸。在刘海涛的带领下，经过不懈努力，企业不断发展壮大。“我从农村长大，了解创业的艰辛，更了解农民生活的困苦。现在企业发展好了，我会一直用自己的力量回报社会。”笔者在与他交谈中可以看出他坚毅的眼神中深藏着一种感情。

多年来，刘海涛始终把回报社会、感恩家乡作为应尽的职责来做。他先后向汶川、玉树地震灾区、贫困学生、白血病患者等需要帮助的人群捐款。每逢中秋、春节为里坦敬老院、村街困难户、孤寡老人捐款捐物奉献爱心。2020 年年初，新冠疫情暴发，刘海涛积极参加廊坊市民盟组织的网上募捐义卖活动，为抗击新冠疫情一线的医务工作者们献上爱心。同时，新冠疫情期间与民盟盟员一起组织志愿者队伍 8 人，为村街、社区等基层一线捐款捐物累计 6 万余元；联系组织大城县新的社会阶层人士联合会部分会员在 2022 年疫情期间为所在村街，社区捐款累计 8 万余元。

用心守护百姓“舌尖上的安全”——孟艳红

孟艳红，女，民盟廊坊医卫三支部主委，廊坊市书法家协会会员，国家市场监管总局综合执法人才库成员，河北省药品监督 GSP 检查库成员，河北省不合格（问题）食品核查处置专家库成员。现任廊坊市市场监督管理综合执法局执法一队负责人，三级主任科员。

雷厉风行、细致入微是孟艳红身上的标签，自 1995 年进入食品药品监管系统以来，孟艳红同志怀着对人民群众的深情厚谊，不惧艰辛，始终奋战

食品药品监管第一线，为守护百姓“舌尖上的安全”奔波忙碌，用实际行动诠释着责任与担当。特别是2019年担任市市场监管综合执法局执法一队负责人以来，面对机构刚组建、基础薄弱的现实，针对当时食品安全监管领域诸多难题，怀揣忠诚、责任与奉献，去闯去干，以对事业的无限忠诚和无比热爱，承受常人难以承受的打击，经受诸多超乎寻常的挑战和考验，战胜一个个困难，带出了一支业务精湛、作风过硬、处事冷静、反应灵敏、行动迅速、公正严明的食品安全执法队伍。其工作成效多次受到上级充分肯定，先后获得河北省食品药品监管系统先进工作者、河北省药品医疗器械打假先进个人等荣誉。

锐意创新，积极探索监管新举措

为了更好地适应食品药品监管的新形势、新要求，她与时俱进，努力学习执法程序和办案技巧，创新监管理念，不断提高监管水平。在一次专业培训结束后的一周内，她就利用所学知识成功破获了一起销售假药案，得到了群众和领导的好评。实践出真知，真知出经验。在10多年的食品药品安全监管工作中，孟艳红和她的同事一起，结合国家政策法规，结合基层监管实际，结合食品药品生产经营业态的变化，不断探索一些新的监管思路和举措，着力于提升食品药品安全科学监管、精准监管的水平。

爱岗敬业，奋战食品药品监管最前沿

有人说，食品药品安全工作不好干，责任太大。但孟艳红同志在食品药品安全监督执法的岗位上一干就是15年，从一个对食品药品安全监管工作的门外汉，逐步成为一名食品药品安全监管专家能手。食品药品稽查是一个得罪人的岗位，要维护人民群众的利益必然会损害少数不法分子的利益，面对各种恐吓与威胁，她始终坚持着原则，正气凛然，毫不退缩，坚守在食品药品稽查一线岗位上。特别是在查处重大假劣食品药品案件时，她从不畏难，胆大心细，先后多次配合有关部门严厉打击了制售假劣食品药品的违法犯罪行为。一分耕耘一分收获。多年来，她组织队伍围绕食品药品领域的重点环节、重点品种，扎实开展了制售假冒伪劣食品、无证生产经营、过期食品，非法渠道购销药品等一系列专项整治，严厉打击各种食品药品领域的违法行为，圆满完了各项工作目标任务。

参政议政，履职尽责献智慧

虽然平日工作繁忙，但在发挥民主监督和参政议政职能方面，孟艳红没有丝毫松懈。她认为，只有了解社情民意，建言献策才能建在需要时，参政议政才能说到点子上。为及时反映“民生、民意、民心”，她常常利用工作之余实地走访调研，了解有关经济发展和社会稳定的焦点、热点问题。作为医卫支部盟员，她经常赴基层乡村开展送医下乡活动，走进社区为居民开展健康知识讲座。在一次次服务群众、服务患者中，孟艳红获得了群众“第一手”所思所想所盼，写出切合实际、贴合群众真实需求的提案。一件件提案洋溢着民生关怀，一条条建议闪耀着真知灼见，这些无不是孟艳红用坚实的脚步丈量而成。

入盟以来，孟艳红同志始终坚持以一个优秀盟员的标准严格要求自己，努力向民盟先贤学习，积极参加民盟活动，传承民盟传统，弘扬民盟精神，把个人梦想融入实现中国梦的壮阔事业之中，在平凡的工作岗位上展示着不凡的才华和勇气，树立了民盟的良好形象。先后被评为廊坊市优秀盟员、河北省优秀盟员。

舞蹈教师的模范——田鹏

田鹏，中国民主同盟盟员，本科毕业于广西艺术学院，现任廊坊师范学院音乐学院舞蹈系教师。从教以来，一直是一名智慧型的教师，也是一名艺术型的教师，用真诚的爱心、科学的管理、创新的思路，走在了舞蹈教育事业的前列，为其他教师树立了榜样。

持之以恒获荣誉

田鹏老师为了提高自己的教学水平，坚持学习，经常翻阅专业书籍、参加各种学术交流活动，了解学科前沿动态，不断提高自己的专业素质，最终硕果累累。

在广西艺术学院舞蹈学院读本科期间，利用业余时间在北京舞蹈学院继续教育学院进修舞蹈表演专业。工作期间，仍然持之以恒地进修学习，于2016年参加中国舞蹈家协会青年人才培养计划，完成了上海舞蹈营的学习；2019年成为国家艺术基金艺术人才培养项目“少数民族民间舞蹈艺术人才培养”班学员，研究学习少数民族民间舞蹈。

开拓进取求真知

一根舞蹈把杆，一面练习镜，一间形体房，没有绚烂的舞台，没有如雷的掌声，只有几缕阳光扑进窗棱。

田鹏老师从进校担任这门《中国古典舞基本功》训练课开始，就希望通过自己不断探索古典舞专业知识，让学生取得巨大的进步，为学校争荣誉。经过刻苦钻研业务，认真研究教材教法，研究新课程标准，成功申报并结题了《中国古典舞基训课教学策略创新研究》这一项目，该项目经专家评审并由河北省文化艺术科学规划小组批准，是具有重大教学意义的课题。

作为人师，多少次回溯荏苒光阴，在这些年的课堂中，田鹏老师既享受着课堂与学生们之间的“教”与“学”，又享受着每每看到学生在课堂起舞的喜悦。立教师之职，担教师之责，田鹏老师也思考着中国古典舞基本功训练课未来的发展方向。它让田鹏老师在艺术的道路上感性与理性并有，热忱与激情并存，它延续着田鹏老师对艺术的不懈追求并让他在为人师表的里程上开拓奋进。

关注学生促成长

田鹏回忆道："我还清楚地记得2013年9月16日在廊坊师范学院报到的地方见到了我们班66个可爱的孩子们。"这是田鹏老师毕业进校工作以来带的第一个舞蹈学专业班，通过班主任工作经历，田鹏老师深深意识到关注学生心理问题，能够促进健康成长。四年的求学之路肯定不会是一片坦途的，大学四年作为每一位学生学习与发展的重要时期、黄金时期，关注学生各方面的问题，并及时与学生沟通，改善各方面问题就显得尤为重要。

第一，缺乏应有的积极理想和追求。抱着混世度日的心态打发人生，甘愿沉沦，听天由命。作为老师，田鹏老师经常鼓励学生，注重多方位培养学生的能力和学习习惯，对工作讲求实效，对学生因材施教。通过组织学生观看励志电影，假期推荐学生观看励志电视剧，对学生进行理想信念教育、引导学生树立正确的世界观、人生观、价值观。帮助学生理解人生的意义和价值，使他们真正成为一个有正义感、有坚定信念、有追求，懂得珍惜、懂得感恩，健康向上并努力奋斗的人。

第二，自卑自贱心理严重，容易出现自暴自弃、破罐破摔等消极表现。对于这部分学生，田鹏老师会给予特殊的照顾和更多的关注，发现他们的闪光点，对他们的点滴进步给予大力的表扬；课后多找他们谈心，鼓励他们认真学习，困难面前不气馁，树立起他们的信心和激发他们学习的兴趣，做到"春风化雨，润物无声"，使他们健康成长。

第三，师生间交往缺乏信任感。针对这一现象，田鹏老师在假期进行家访，大大拉近了他与学生、与家长的距离，让学生和家长更加信任他。同时，在2017年，他也很荣幸地被评为暑期辅导员"大家访"活动先进个人。在校园中，经常可以看到他跟学生谈心，有时是对学生一段时间学习状态的总结与指导，有时是指出学生的问题所在，有时是与学生探讨学习的方法……作为一名高校教师，和学生一次又一次敞开心扉交流，是那么自然，像一股泉水流入学生的心间，潜移默化地影响着学生、引导着学生、教育着学生，也温暖着学生的心，最终，他成了学生的良师益友，指引着他们前进。

雨果曾说过："花的事业是尊贵的，果实的事业是甜美的，做叶的事业吧，因为叶的事业是平凡而谦逊的。"教师就像默默奉献的绿叶，时时刻刻衬托着鲜花的娇艳。作为一名教师，正是用全部的智慧和爱心诠释着作为一名优秀教师的深刻含义，田鹏老师甘心做一片绿叶，在每一朵鲜花的背后，品尝着花朵盛开的喜悦……

京东大地上的中医传承人——王欣霞

王欣霞，三河市政协委员、中国民主同盟盟员、副主任中医师、副教授、国家二级心理咨询师，毕业于河北中医学院中医系，从事中医临床工作 30 年，曾从师于京城名医、全国著名肝病专家关幼波教授，继承了关老的治肝思路和治疗方法，成为京东地区中医治疗肝病的“第一人”。在 30 年的医学实践中，王欣霞教授积累了丰富的临床经验，对急、慢性肝炎，消化道疾病有独到的治疗思路及方法，效果显著，声名远播，北京市通州区、顺义区、平谷区，天津市蓟州区、宝坻区、武清区，乃至黑龙江、辽宁等地患者都慕名前来就诊。

王欣霞教授也擅长治疗不孕不育。近年来，随着饮食习惯改变和社会压力增大，来找王欣霞教授治疗不孕不育的年轻夫妇增多。到目前为止，100 多例不孕不育症患者经过王欣霞教授 1—2 个月的中医治疗，都如愿怀孕。“技高除顽疾，观音送子来”，这是患者对王欣霞教授的最好赞誉！

王欣霞教授始终坚持“富贵不能淫，贫贱不能移”的人生理念，对待患者一视同仁。近几年来，她为贫困患者减免医药费 10 万余元。

在疫情期间，禁足在家的人们在有限的空间里得不到充分的活动，很多人出现了焦虑、抑郁等心理问题。作为国家二级心理咨询师的王欣霞教授运用心理学知识，结合临床经验，通过线上咨询，治愈了38名轻度焦虑、抑郁患者。接受过心理治疗的患者都亲切地称王欣霞为“知心大姐”。

在医术上，王欣霞教授从来不敢放松对自己的要求，每天坚持阅读医学古籍2小时，同时做好笔记，领悟前人的用药精神和组方原则，从而提高了自己的临床水平。大医精诚，她解读为：真正的名医应具备精湛的医术和诚信的医德。相信，她会向这种境界继续努力！

在学术上，王欣霞教授一直不忘积累经验。在30年的临床工作中，她经过反复实践，总结出了属于自己的方剂，收到了非常满意的效果。在《河北中医杂志》上发表了《自拟消化Ⅰ号治疗消化性溃疡86例体会》一文，被评为第七届全国中医药中西医结合研讨会优秀论文。2006年，她和课题组的其他成员合作完成了《体外脉冲（段调波）穴位治疗的研究》课题项目，荣获2007年河北科技成果奖。

王欣霞教授作为中医人，立足在京东大地，坐诊于“燕郊中医”。她一手治病救人，一手把前辈传承下来的中医文化又传授给她的弟子们。王欣霞教授不忘做中医人的初心，牢记传承中医文化的使命，汲取能量，放射光芒。衷心祝愿这颗璀璨的中医之星在京东大地上长久地闪耀！

做一枚照亮他人的红烛——李京梅

“俗话说‘学贵得师，亦贵得友’，一个人在人生启蒙阶段遇到一位好老师实乃人生一大幸事。”她，民盟中教委员会主委、曾任北京四中网校廊坊分校校长、学习过程精细化管理创始人李京梅如是说。这位看上去朴实无华、普通得不能再普通的女人，每每谈及此事便会感触颇多，一向不善言辞的她开始口若悬河、滔滔不绝。

在数十年的追求与探索中，她以敏锐的洞察与前瞻性的思考准确把握教育发展趋势。她始终不忘教育初心，以足够的耐心和坚持在不断自我超越的蜕变里谱写华章，收获了身为人师的幸福与快乐，细数她的教育人生三部曲确实别有一番滋味。

红烛初燃 静待梦想微绽

年少立志从教的李京梅如愿以偿，1990年初为人师，满怀对教育的憧憬与向往登上三尺讲台，根植教育一线十年有余，曾先后辗转数所中小学。开始，她尽职尽责做好自己老师的本分，把教育教学工作当作一份崇高的事业融入自己的生活，孜孜以求，锲而不舍，但是，随着时间的推移，她渐渐发现专业技能的提升只能解决部分学生问题，存在很大的局限性。由于教育理念、教育资源、师资水平、成长环境的各种差异，导致部分孩子们学无所成，升学率远远不及城市的孩子，甚至辍学在家务农、务工。究竟是什么原因造成了城乡之间这种差距呢？她再次陷入了深深的思考。是农村的孩子不如城市孩子聪明吗？显然不是。这是城乡之间义务教育不均衡发展所致。只是城乡教育不均衡吗？那么，廊坊毗邻京津腹地，在京津冀协同发展过程中廊坊的社会发展水平综合评价指标名列前茅，唯有以教育为核心的公共服务指数严重落后于其他各项指标，成为产业对接的短板，而且优秀生生源严重流失、高考移民现象越来越普遍，究竟是什么造成了这种差距？廊坊与北京人缘相近地缘相亲，为什么北京的孩子比廊坊的孩子显得更博学、更优秀呢？

初为人师的喜悦与梦想初绽的成就渐渐被新的问题和思考取代。新的困惑与不安促使她在不断努力与进取中开始了新的实践与探索。

众里寻他 曾望断天涯路

带着一连串的问题和思考，李京梅开始了北上、南下的名校寻访之路。历时五年，她先后走访了北京、天津、河北、河南、洛阳、西安、兰州、烟台、青岛、深圳、广州、浙江、成都等地的数十所名校，在博取众家之长的同时，一所百年名校深深地吸引了她。

北京四中，百年老牌名校，是全国基础教育的典范。北京四中通过北京四中网校对外开展联合办学业务，北京四中网校是北京四中的远程教育机构，是一所没有围墙的北京四中。她把北京四中与全国各地的老师以及学生们连接起来，是尖端信息技术和优秀教育教学资源的完美结合。

谈及北京四中，她更是一改往日沉默寡言的常态，对北京四中的一草一木都如数家珍，如同身临其境。

李京梅作为一名草根教师，在深思熟虑后她决定寻找一个支点深入参与其中。她无数次奔走于各学校、教育局之间，终于在教育局、学校的共同参与下成立了第一个北京四中网络实验班，探索基于北京四中数字校园合作学校开展信息技术与教育教学深度融合的常态化应用模式，历时六年于 2014 年参加高考，并取得令人瞩目的成绩，这一细数从前期的筹备到小有所成又是一个十余载春秋。

蜡炬成灰　衣带渐宽终不悔

佛语有云:“他利共自安，自利共他，自他二俱利。此语其精微之理，深藏于心，返身内求，不难得之。”李京梅把她对教育真谛的追寻、对教育本质的探索， 比作一场旷日持久的修行。

为了实现自己对教育价值的追求，为了坚守心中的梦想李京梅无怨无悔，通过项目合作移植北京四中教育理念、引进北京四中优质教育资源。多年来，她热心支教助学，先后为廊坊一中、廊坊八中等 12 所学校捐赠北京四中优质教育教学资源 216 万元、北京四中数字校园合作学校教学平台 360 万元。为廊坊一中、廊坊八中捐赠诊学练测自主学习平台 300 套价值 28.8 万元。她积极组织教师培训及学生培训、家长培训。开展家庭教育公益巡讲的同时根据学校需求为学校免费培训教师 150 余场，参与教师 1500 余人次。邀请北京四中教育专家开展中高考远程教研培训 3000 余课次。开展免费学习方法讲座及学习方法指导 320 余场，受众 12 万余人次。出资邀请北京四中、北京四中网校 、北京四中网校家长学校教育专家组成的名师讲师团开展“民盟名师大讲堂百场公益巡讲”活动，先后开展家庭教育讲座 300 余场次、培训家长 10 万余人次。她启动“魅力名师工作室”项目，出资 35 万元开展魅力名师首期特训活动，作为培训及游学奖励经费。组织协调廊坊市教育局相关领导、多所学校校长、骨干教师到全国各地如四川成都、河南郑州、北京、天津、河北唐山等名校进行现场观摩学习、沟通交流，对各区域烛光行动的开展进行充分调研，积累经验。不仅如此，她还许下心愿，每年从收益中提取一定比例作为公益基金，她资助贫困生杨志宏从初二到高考，先后为其提供学杂费等 5 万余元，为其家长提供贫困救助款 1 万元。为中国青少年基金会希望小学项目捐资 5 万元。

光耀人生 遥看灯火阑珊处

蓦然回首，28 个春秋已悄然逝去，她不但桃李满天下，赢得了世人的尊重，而且市“两会”期间得到了市委书记的肯定和赞誉，并先后荣获民盟中央、民盟河北省委社会服务工作先进个人。

2017 年，李京梅被聘为廊坊市第七届政协委员，在市政协一次全会期间，市委书记冯韶慧深入民主党派组听取讨论，在既定发言结束书记正准备离开的时候，李京梅举手说：“冯书记，我再说两句。”书记打断主持人想阻拦的语句，饶有兴致地听取了李京梅的即兴发言，对她对教育提出的独到见解表现出浓厚的兴趣，但因时间关系没有详细展开。令人出乎意料的是，第二天上午，廊坊市教育局局长给李京梅打电话提出冯书记认为她提的建议非常有建设意义，亲自批示让他尽快安排时间了解详细情况。原来冯书记散会后当晚给局长打电话作出批示，进一步听取李京梅的意见。冯书记“两会”期间，听取她的建议后却连夜作出指示，可见市委、市政府对廊坊市教育工作的重视程度。这让她心里满满感动的同时，更坚定了深入推进“远程教育烛光行动”以及“不忘初心，砥砺前行”的信心和力量。

她的提案“基于北京四中大智移云，完善教师培训体系”受到教育局高度重视，对具体建议予以高度肯定并研究具体举措给出了书面答复。2017 年 5 月 18 日，在教育局的要求下她组织协调北京四中各领导时间和教师课程，教育局一行 40 多人十几所学校校长及骨干教师赴北京四中进行教育教学观摩活动，参与领导、教师一致表示受益匪浅。

不念过往，不畏将来！李京梅表示：“做一枚红烛是我毕生的追求，也是我义不容辞的责任！”她将继续以高度的社会责任感，深度参与烛光行动，勇于开拓创新，以“烛光行动”为核心，精准对接北京四中先进的教育理念，整合京津优质教育资源，为进一步促进区域教育均衡发展做出更大贡献。

展示公益风采 弘扬志愿精神——王静

王静，女，1987 年 9 月出生于廊坊市大城县，民盟廊坊三河支部盟员，三河市社会工作协会秘书长兼三河市瀚德文化传播有限公司经理。

王静同志积极参加各种学习实践活动，对民盟组织和民盟精神有了更具体、更深刻、更清晰的了解和体会，感受着前辈们学有专长、甘于奉献、修德守身、淡泊名利、自尊自强的崇高精神和优良传统。

作为一名社会工作者，王静同志始终坚持民盟精神为指导，以饱满的热情投入工作中，以强烈的主人翁意识主动担当各项责任目标，工作以身作则，以真情感动员工团结苦干。工作之余，更是积极参加各类志愿服务活动，还将志愿服务的奉献精神延伸到工作中。为了做好社会工作，她每天都是很早来到单位搜集、撰写、整理志愿者申报材料，常常加班到夜里，努力出色地完成了社会工作协会一项又一项艰巨任务，受到了领导和同事的一致好评。

展示公益风采、弘扬志愿精神

为积极培育全市未成年人践行社会主义核心价值观，培养孩子们的道德素养、创新精神和实践能力，2018 年以“弘扬中华文化，共筑民族梦想”为宗旨，王静同志和三河市妇女联合会组织开展“孝亲尊师、立志成才”青少年国学公益夏令营及青少年实践活动，开展了一系列寓教于乐、寓德于教、丰富多彩的公益暑期活动。通过经典熟读、心灵拓展、感恩教育等方面的训练，让孩子们在诵读中领悟、在领悟中分享、在分享中感动、在感动中体验、在体验中成长、在成长中获得了人生智慧！

王静同志工作中爱岗敬业、无私奉献。她秉着“学习雷锋、奉献他人、提升自己”的志愿服务理念，积极参加各类志愿服务活动，用实际行动践行“奉献、友爱、互助、进步”的志愿者精神，被三河市妇联评为最美巾帼志愿者。

2019 年，王静同志带领三河市瀚德文化传播有限公司员工开展社区文化宣传活动，先后深入阳光、富贵园等 79 个社区开展道德大讲堂活动、国学讲座、“不忘初心，牢记使命”文化自信进社区活动、“学习贯彻党的十九届四中全会精神”社区教育活动、“深入创建无毒社区，促进精神文明建设”社区禁毒教育活动。

不忘初心献爱心、抗疫捐赠暖人心

新冠无情，大爱无疆。2020 年年初，新冠疫情发生之后，牵动着全国人民的心，更牵动着王静同志的心，她第一时间向武汉市慈善总会分别捐赠 500 元、666 元人民币。1 月 28 日，在三河市红十字会发出疫情捐款通知后，她紧急号召三河市瀚德文化传播有限公司负责人向三河市红十字会捐款 10000 元人民币。

为积极响应三河市党委、政府关于同心协力打赢疫情防控阻击战的倡议，2 月 5 日，随着新型冠状病毒感染的肺炎疫情防控工作紧锣密鼓地开展，专业消毒液的需求量不断增大，王静同志分别带领三河市瀚德文化传播有限公司和三河市社会工作协会员工迅速开展行动，在三河市及周边范围紧急筹买消毒用品，带领三河市瀚德文化传播有限公司员工为三河市教育和体育局和三河市黄土庄镇人民政府无偿捐赠 3000 斤消毒液。“这是我的一点心意，希望能够为防疫工作尽绵薄之力。”

带领三河市社会工作协会员工分别前往三河市行宫东大街街道办事处、三河市迎宾北路街道办事处、三河市泃阳西大街街道办事处、三河市鼎盛东大街街道办事处捐赠消毒液，共计捐赠消毒原液 4000 斤，5 台疫情消毒喷雾设备。

疫情无情人有情，盟员行动传真情。王静同志用自己的行动传播着正能量，彰显了爱国情怀，践行着一个盟员的初心和使命，为打赢这场疫情防控阻击战贡献着自己的力量。

创新传承红木文化匠人——叶双陶

叶双陶，男，1959年4月生，廊坊陶然居家具有限公司董事长，高级工艺美术师，民盟盟员。

叶双陶在政治上拥护中国共产党的领导和中国特色社会主义，遵纪守法，热爱自己所从事的事业，积极参加民盟组织活动，重视提高自己的政治素质，践行民盟优良传统，努力学习中共“十八大”和“十九大”精神，学习习近平新时代中国特色社会主义思想。

陶然居是叶双陶于2002年创办的红木家具品牌企业。经过15年的打磨，陶然居设计制作的红木家具在明清家具的基础上结合现代人的需求，使其家具风格鲜明、质量上乘。经过层层的选拔和审核，陶然居被河北省质量技术监督局和河北省质量奖评审委员会办公室评定为河北省名牌产品。

潜心钻研 自主创新设计

叶双陶，家具行业从业30多年，从22岁便开始学习木工技艺，在大多数人还处于好动的年纪，喜静的叶双陶可以一坐就是半天，琢磨木头。通过钻研学习，他慢慢喜欢上木工活，有了这门手艺，加上头脑灵活，在20世纪80年代初，到全国各地收购瓷器、玉器、字画、黄花梨和紫檀家具等。

叶双陶成天在古玩堆里行走，见得多了，自然练就了一双火眼。有了木工功底和这一段生意的经历，叶双陶对文化、工艺品和中国传统文化都有了自己的认识。通过几年修复明清古旧家具和经营明清家具，他逐步进入了红木家具这个行业。

1993年，这一年他创办了陶然居仿古家具厂。20世纪90年代的中国，老百姓开始对红木家具情有独钟，而当时人们对红木家具的认识还仅停留在仿明清家具的概念上，对设计、器型、文化内涵没有过多的要求。这就催生了仿古家具热，基本上只要是仿古的家具，做出来就能卖掉，叶双陶也在这股仿古家具热潮中挖到了人生的第一桶金。

要想得到长足发展，企业一定要有核心竞争力。而对于红木家具来说，核心竞争力就是榫卯结构和家具设计。榫卯结构是传承，而能设计出符合现代人需求的家具，则让传承有了创新。在沉淀将近10年的时间后，2002年，陶然居家具有限公司正式成立。作为公司的总设计师，陶然居的每款家具都由叶双陶亲自设计。

谈到设计灵感，叶双陶坦言，通过30多年的红木家具从业生涯，边实践边学习，设计成了生活中的一部分，甚至已经成了一种本能。他对红木家具的精髓——榫卯结构进行了长期的研究和提炼，使家具能够达到严丝合缝的效果，同时对于雕刻的图案主张以“精”“简”为主，在继承和发扬中国传统红木家具文化的同时，形成了独具“陶然居制”的风格。

编制《中华榫卯——古典家具榫卯构造之八十一法》 传承红木文化

在多年与红木家具打交道的生涯中，叶双陶游遍大江南北，寻访明清家具精品，拆解家具无数，他对古典家具各种榫卯结构烂熟于心。叶双陶一直坚持一个信念，他认为，只有用榫卯结构做成的红木家具才能称之为红木家具，才是应该流传于后世的传统与瑰宝。在介绍陶然居的家具时，叶双陶非常自豪地说：“我们可以做‘明榫’，这非常需要功底，不是所有的厂家都敢在家具表面做明榫。”

明清之际，中国古典家具的榫卯式样已经发展得非常成熟、精妙。延续到今，榫卯结构和榫卯文化一直被红木家具行业从业者研究学习，但由于榫卯结构大多是存在于家具里面，不将家具拆散，很难见到其真容。同时，当下红木家具行业老一辈的工匠正在退休和老去，年青一代在不断进入，他们对榫卯结构了解有限，于是叶双陶萌生了要将老祖宗留下的榫卯结构展示出来供行业参考学习的想法，这也是他编写《中华榫卯》这本书的初衷。明清家具研究专家张德祥在该书序中说道：“叶双陶凭着对榫卯形态功用的深刻理解，还在生产实践中尝试对榫卯进行了一些科学合理的改良和优化，并将成果写入书中，无私展示给读者。”

经过两年多的筹备、整理、查看相关史籍，由叶双陶任主编，中国林业出版社·建筑分社出版的《中华榫卯——古典家具榫卯构造之八十一法》已于 2023 年 5 月正式面世。该书较为系统地展示了古典家具中常用的 81 种榫卯结构，并附有详细拆装图解，同时还展示了当代非常实用的 40 套家具，并通过图片将其拆解，让读者更为直观地学习其内部榫卯结构，有了对榫卯结构的实践经验。

深耕行业 需耐力取胜

叶双陶现阶段不断在国内外游历，看展遍及各地家具的设计和器型，寻找设计灵感。同时，面对家具行业优秀工匠人才紧缺的问题，叶双陶也在留住人才上大下功夫。他说，只有人稳定了，才能做好事情。陶然居的红木家具在北方地区已经取得良好口碑。陶然居通过地方政府的推荐，入选了央视网拍摄的系列纪录片《中华百工》栏目《京作古典家具榫卯技艺》的拍摄，该纪录片是中宣部委托央视网启动实施“利用海外社交平台传播中国文化”项目。《中华百工》选取了中国非物质文化遗产这一重要的国家文化形象符号以纪录片的形式进行传播，旨在“讲好中国故事，传播好中国声音”。此次拍摄深入陶然居生产一线，全方位地拍摄了其红木古典家具的制作过程，重点对京作古典家具的榫卯技艺进行了突出介绍，以影像记录的方式再现了这一传统技艺的结构之美、力学之美，很好地反映了大城县在京作古典家具制作过程中遵循古法、延续传统、继承历史的匠人精神。

我喜欢走在时代的潮头——王艳松

草根，代表着这样一群人：他们知道自己很优秀，眼界比别人宽，舞台比别人大。但是他们简单、低调，热爱身边的每个人，不自大、不自满，默默地打拼着，前进着。 王艳松先生就是这样一位“草根”，一位金融界明星。他为人低调，不善言谈，却在工作中激情四射；他不愠不火，不卑不亢，却在职场上气度不凡。凭借着过人的智慧和睿智的眼光，王艳松从普通的农民家庭中勇敢走出来，从国有银行的工作中毅然走出

来，在金融领域打拼出属于自己的精彩。

疾风知劲草，烈火炼真金

王艳松出生在一个普通的农民家庭，自幼头脑灵活，聪明好学，对金融、经济充满了浓厚的兴趣，通过自己的不懈努力，考入了中国农业大学金融系。毕业以后，进入中国农业银行工作。但是，家庭经济拮据，父亲身患重病，为了给父亲治病，家中花光了所有积蓄只能住在单位宿舍中。在种种家庭压力下，王艳松在工作之余做起了各种小买卖，从摆摊到开公司，整整用了十年的时间磨砺自己。这一段经历不仅锻炼了他的胆量和才识，同时也养成了他凡事看准，准必下手的行事风格。

在中国农业银行工作的第十个年头，凭借着勤奋的工作和不断增长的业务学识，王艳松做了一个艰难的决定，离开体制内，去闯出一番自己的天地。创业初期，王艳松的公司只有三个人，一个会计、一个司机加他自己。他从简单的金融业务做起，从事金融中介服务，淘到了自己的第一桶金。之后，他不断拓展业务，先后创办了吉银金融服务公司、廊坊市金政联商贸有限公司、乾祥基金管理公司，从事金融中介服务、票据业务及建材、商贸、股权投资等。

不积跬步，无以至千里；不积小流，无以成江海

2008 年，全球金融危机爆发，中国经济社会面临着严峻的形势，全球经济增长持续低迷，国内经济基础尚不稳固，经济增长速度逐步放缓。“十八大”明确提出要适应国内外经济形势新变化，加快形成新的经济发展方式，深化金融机制改革。在这个关键时期，2012 年，王艳松凭借已经累积了十余年的金融业务管理经验、中小企业股、债权投融资经验，以敏锐的金融洞察力，预见到新三板市场的发展潜力，把目光聚集到私募股权和资金管理上，实行公司集团化管理，一是从事资本运作，二是从事资金运作。此后又适应经济形势，抓住发展机遇，成立了廊坊市金灏中小企业信用担保有限公司，主要经营中小企业信用担保和小额资金借贷，解决了中小企业贷款难的问题。王艳松坚信，中国民营企业强大的活力，必会是未来中国经济的生力军，针对民企的金融服务必将前景广阔。他的身影积极穿梭于各个企业之间，为百余家民营企业提供了专业而具有针对性的金融服务。

北京乾祥基金管理公司成立后取得了基金业协会的私募基金管理人资格，发行了私募股权投资基金，公司发展到几十人，具有了积极向上的企业文化和精湛科学的运营机制。投资范围涉及医疗、高新制造业、化工、教育、健康、金融等诸多领域，成为廊坊私募股权的先行者。

2013 年，王艳松组织 103 名企业家，共同创立了文华资本 28 期会员京诚资本商会，任会长。

春风化雨，润物无声

在金融界摸爬滚打的过程，也是王艳松帮助中小企业成长的过程。十余年来，他实实在在地考察企业当前状况，挖掘企业的自身竞争力，提供了很多给企业带来切实收益的服务。在带领团队打拼的过程中，王艳松始终保持着对整个金融行业的趋势走向有一定深度的理解和把握，他说：“我们本就处于一个时时变换的行业当中，如何能够在万变的经济大潮中把握前行的方向，关键点就在于专业，我们必须用精准的目光拨开眼前的云雾，看到庐山真面目，才能帮助企业走上积极融资健康发展的阳光大道。”

近年来，王艳松累计为企业融资达百亿元。

在企业的成长中，王艳松不断实现自我价值，回馈服务社会。他积极探寻社会上需要救助的群体，力争为他们送去生活的温暖和精神食粮。2013 年年底，王艳松了解到北京顺义太阳村孤儿院主要代养服刑人员的未成年子女，他带领公司员工前去探望，捐款 2 万元，并为他们送去生活必需品和学习的书籍；2014 年 5 月，去安次区敬老院，慰问孤寡老人，并给带去价值 3 万元的米面油、衣物等生活用品；2015 年 11 月，组织企业和个人为西藏昌都旺波活佛收养的 200 多名孤儿建造住所，捐献食品衣物等物资；2015 年，王艳松夫妻捐助 5 名品学兼优家庭困难的学生并承诺直到大学毕业。2013 年，王艳松在广州组织企业家提供书画的义捐拍卖活动，所得 50 余万元善款悉数捐现给当地慈善组织。

赠人玫瑰，手留余香。十余年来，王艳松始终秉持着对社会的感恩回馈之心，默默地奉献着爱心，他的言语很朴实，他说：“就是想为家乡做点事情，想为家乡留点什么。”朴实无华的话语中体现了王艳松大爱无疆的情怀。

妙笔生花，情系民盟

在金融界打拼的岁月，王艳松始终坚守着自己的一份丹青情愫。他自幼酷爱书画艺术，没事的时候总要练上几笔。在事业步入正轨之后，王艳松“重操旧业”，以字会友，结交诸多书画界的朋友，经常与书画大师们切磋技艺，潜心学习。他多次在公司提供场地、资金，邀请书画家笔会及联谊。2016年7月，王艳松被批准为中国民主同盟盟员，2017年5月23日，廊坊市广阳区支部“盟员之家”揭牌仪式在吉银金融信息服务有限公司举行，市政协副主席、民盟廊坊市委主委张纬东，副主委郭淑凤、王景硕、李景玉为盟员之家揭牌。主委张纬东现场为盟员之家题字。其后，盟员之家多次组织了旗袍秀、联谊会、书法课堂及书画交流活动，发挥“家”凝聚人心、汇集力量的作用。2017年6月，王艳松被任命为民盟廊坊市委金融经济委员会副主任。2017年2月，王艳松被选举为广阳区人大代表。他积极参政议政，正确履行人大代表职责，发挥了一名盟员应有的作用，

走在金融潮头的弄潮儿，王艳松以领跑的速度走在时代前列，却不忘回馈社会，关爱弱势群体，反哺书画事业，传播积极的正能量，体现了一位民营企业家的有为和担当。

追求“经师”与“人师”合一——马英

马英，女，三河市第二中学正高级教师、廊坊市高中历史马英名师工作室主持人。民盟三河支部副主委，河北省第十三届人大代表、河北省第十四届人大代表和三河市第七届人大代表。现就读北京理工大学马克思主义学院马克思主义理论专业博士研究生。先后获得全国优秀教师、河北省特级教师、河北省

五一劳动奖章、河北省名师、河北省骨干教师、河北省德育先进个人（优秀班主任）等荣誉。

教书与育人相统一

教育的目的、价值在于唤醒每一个孩子的潜能，为此马英付出仁爱之心，保护学生的自尊心。多名学生由不爱学习到为解答一道题彻夜不眠，最终高考被录取到理想学校。而在此转变过程中，他们最大收获是坚定了人生奋斗的信心，不管做什么事、遇到何种困难都不会畏惧。考入西安音乐学院的一名同学给马英的短信中说："感谢您对我的从不放弃和无差别的对待，使我今天终于取得了成功，也感受到了奋斗的喜悦……"

为推进新课程改革向纵深发展，2017 年 8 月 8 日，高中历史马英名师工作室成立，这是廊坊市首批 14 个中小学名师工作室之一。工作室以"合作、分享、成长、引领"为宗旨，构建常态化研修机制，形成教师专业发展的共同体，实现优质教育资源共享，促进基础教育的均衡发展。工作室运行 6 年多来，组织集中线下培训交流 15 次，津京冀联合教研 12 次，送教送研下乡共 20 次。工作室成员参与或主持省市教研科研课题 12 个，论文发表共几十篇，辐射廊坊域内教师 300 多人专业发展，工作室受到社会广泛关注和赞扬，广播、电视等有关媒体进行了宣传报道。

近代教育家陶行知说："要想学生好学，必须先生好学，唯有学而不厌的先生才能教出学而不厌的学生。"马英知行合一，始终把终身学习作为教师的标识。她从 1992 年廊坊师范中师毕业到 2012 年 6 月获得北京师范大学教育硕士（历史方向）学位，克服了常人难以想象的困难。2021 年 8 月，她收到了北京理工大学马克思主义学院的全日制博士研究生录取通知书，开启了四年博士学习生涯。她的学生在作文中写道："我最敬佩的人是我们的班主任马英老师，我观察到她晨读时与我们一起背英语单词，做英语阅读理解正答率竟然全班最高。”在她的影响下所带班级不但学风正，而且每届学生本科之后继续深造学习的特别多。

忠诚履职、爱心服务社会

马英在入盟和光荣当选为河北省第十三届人大代表、第十四届人大代表和三河市第七届人大代表后，认真履职，为河北省、廊坊市、三河市基础教育的发展先后提交 13 个建议和若干意见。在列席河北省第十三届人大常委会第 12 次会议期间，提出“关于制止高中学段跨区域招生建议”，被省相关部门作为制定政策的重要参考。2019 年，马英参加三河人大组织的乡村文化振兴调研活动，通过反复调研、论证，她牵线对接，协助引进了中国教育科学研究院等科研院校的知名专家、教授来三河西柳河屯办乡村书院，丰富了乡村振兴的实践。2021 年，民盟廊坊北区委员会开展了“校地融合促发展”调研活动，分成了 8 个调研组，马英作为调研组组长之一，率先赴燕京理工学院调研，调研成果被有关部门重视和采用。

教育是阻断贫穷和提升文明的关键因素，这是她从事公益活动的动力。2018 年 8 月，马英开始作为三河市妇联聘请的志愿服务讲师，每月深入社区、乡村做家庭教育公益讲座，希望唤醒更多父母重视孩子教育、科学养育儿童。她还被三河市团委和三河市教体局聘为心理辅导教师，为若干因学习问题或人际沟通障碍导致心理困扰的孩子带去温暖和光明。新冠疫情之初，她带领名师工作室成员开设 “名师课堂”，为全市中小学生居家学习提供精湛专业的在线课程。共发布“名师课堂”51 个专题，内容涵盖初高中学段历史学习资源，有二十几万文字，历史图片史料几百幅，点击阅读量十几万人次。使学生在疫情之下对历史学习充满信心和兴趣，在中高考中取得优异成绩。

讲好党史故事，补足精神之“钙”

中国共产党百年奋斗历史，代代英雄故事是涵养青少年品德的资源。一方面，马英借助教材资源，讲以事件为基础的故事，如“开天辟地”“长征”等；讲以英雄人物为基础的故事，如“党的先驱李大钊”“东北抗日英雄马占山”等。学生在党史故事中汲取精神营养和学习动力。另一方面，马英充分挖掘乡土教材，开发校本课程，先后开发了“青少年必备的国学常识”“伟大建党精神”等校本课程，传承优秀中华文化和红色基因，涵养青少年家国情怀，引导青少年，热爱祖国、热爱党，知党情、跟党走。

2021年3—10月，马英带领名师工作室成员开展了以“走过一百年：历史视域下的中国共产党”为主题的系列党史课程活动，不但在各级各类学校、各级机关讲，也走到田间地头和社区讲，累计30多课时，听者几千人，每一次授课参与者都产生对祖国、对新时代的热爱之共情。2021年5月，在廊坊市各民主党派市委双月政治理论学习活动中，马英老师作了题为《共产党在全国抗战中的贡献》的党史学习报告。

善行人间有大爱——侯振国和他的爱心团队

2013年10月23日上午，秋风微凉。在河北省廊坊市，一场火热的千人志愿捐献造血干细胞活动正在进行。“侯振国爱心团队”发起人、盟员侯振国在活动启动仪式后率先进行了捐献造血干细胞现场采样。接下来，现场采样的还有170名爱心团队成员。同时，1600余名志愿者填写了捐献造血干细胞志愿书。这样大规模的捐献造血干细胞活动，在全国尚属首例。

侯振国说，每年都有许多白血病患者，因为不能及时找到合适的干细胞配型，过早地离开了人世。他（她）们就像凋谢在春天的花朵，令人惋惜和心痛，他们生命的火焰，在疾病的折磨中，在亲人无奈的眼神里，慢慢地暗淡下去，渐渐地熄灭在风中。有一位19岁的白血病患者名叫张晶晶，一直没有找到能与她成功配型的造血干细胞，还有两天就过中秋了，她却没能等到月圆的那一刻。提到晶晶，团队每个成员都扼腕叹息。

“我国有 400 万名白血病患者，其中 50% 是少年儿童。在非血缘关系人群中，骨髓移植配型成功率极低。我们要带动更多的人来捐献，库存越大，配型成功率就越高，才能挽救更多血液病患者的生命！”侯振国的话，铿锵有力。

侯振国是新利钢铁有限公司常务副总经理，霸州市人大代表，廊坊市政协委员。“侯振国爱心团队”的绝大部分成员都是河北霸州市新利钢铁有限公司的工人。就是这样一群每天与金属打交道的硬汉，却尽显善心与柔情。

事业成功：奉献爱心报党恩

“穷则独善其身，达则兼济天下。”侯振国一直坚持这一人生理念，用行动感染身边的人，用爱心温暖需要帮助的人。

侯振国 1964 年出生在唐山市丰南区唐坊镇一个普通工人家庭，幼年时就经历了无情的灾难夺去亲人生命的巨大悲痛。一幕幕与死神搏斗救人场景，已经永远定格在历史的记忆中，如今看来仍会让人禁不住潸然泪下。大灾面前全国人民献给唐山人无疆大爱，正是这样的经历让他树立了回报社会的决心——“人在哪里就把爱心带到哪里”。

2008 年 8 月，侯振国被聘任为河北霸州市新利钢铁公司常务副总经理，在他的带领下钢铁公司的年产钢量由 100 万吨增至 400 万吨，公司缴税额由 3000 万元增至 3 亿元，一举成为霸州市第二缴税大户。个人成功的同时，侯振国不忘身为一名企业家的社会责任——“创造财富，贡献社会”。他颇有感触地告诉记者：“作为一名企业家我要感谢党的好政策，尽我所能奉献社会。作为曾经的灾区人民，当年全国各族人民给予灾区人民的爱让我终身难忘，我要延续这份爱的力量，去温暖更多的人。”

爱的集结：众人拾柴火焰高

说起自己的第一笔捐款，爱心团队成员董会国记忆犹新：“2008 年的一天，接到侯总的一个电话，问我：‘假如 5000 元钱可以挽救一条生命，你会不会慷慨地拿出来？’我说：‘当然会。’只是心里在怀疑，有这样的患者吗？”

没想到侯振国使用的是各个击破的办法，20 多名中层干部都接到了他同样的电话，当晚就筹集到了 12 万元。一位家境贫寒的 4 岁先天性心脏病患儿获得了新生。

“通过这件事，我发现一个人的力量再大，也是有限的，只有大家团结起来，众人拾柴火焰高，才能干更大的事。”侯振国决定，要把更多的力量集结起来，成立爱心团队，并不断发展壮大。

8 年的时间，爱心团队由建立初期的 334 人发展到现在的 2059 人，每月募集的善款也由 1.2 万元增加到了 35 万余元。随着爱心团队的发展壮大，团队的救助范围逐渐从河北廊坊、唐山、承德、邯郸、邢台、衡水、保定、沧州、石家庄、张家口等发展到四川雅安和辽宁盘锦等城市。并成立了 7 个慈善办事处，设立了春蕾计划助学金、大病救助金、扶贫帮困金、失独及独生子女贫困家庭救助金、霸州市电视台爱心家园应急救助金、危房改造金等 6 项救助金，团队开展了一系列的“助老、助残、助孤、助学”等公益活动。累计向社会捐款 1470 万余元，救助贫困家庭 1780 个，救助贫困学生 1666 个，让 425 个辍学儿童重返校园，救助大病患者 97 名，其中 72 名大病患者得以康复。

爱的感染：星星之火耀廊坊

对信安镇家庭屡遭不幸的 15 岁女孩儿马雪来说，“侯振国爱心团队”像是上天派来的天使。马雪在写给侯振国的信中发自肺腑地说道：“谢谢您无私的帮助，改变了我这个乡村苦孩子一生的命运，您的帮助不仅仅是金钱和物质的援助，更多的是精神上的鼓励，我会把您的爱回馈社会，我会让您的爱心接力棒从我手中延续。”跟马雪一样受到爱心团队救助的，还有基金账户里记录着的很多人。

这些源自外地人的善行义举也感动、感染了当地居民，越来越多的本地人也加入了“侯振国爱心团队”，好人好事越来越多，社会氛围越来越和谐。

信安镇诚信公交公司的女经理吴敬超，把准备买私家车的 10 万元现金一次性捐了出来。她说，看到这么多质朴的农民和各界人士用累加的爱温暖着一个个素昧平生的弱者，触动很大，她也愿意成为他们的一分子。

在“侯振国爱心团队”诞生地信安镇，自 2012 年起，把每年的第一个工作日定为爱心捐款日。大家自发从十里八村会聚到镇政府设立的捐款箱前，捐出自己的一份爱心。2014 年 1 月 4 日，150 多名社会爱心人士与“侯振国爱心团队”共同为信安镇爱心基金捐款 136 万元。

爱的传递：善行之路走全国

侯振国爱心团队一路走来，如今发展为 6 个基金分会，即“霸州市信安镇慈善基金会”“新利钢铁有限公司内部基金会”“唐山市丰南区唐坊镇慈善基金会”“唐山市丰南区南孙庄乡慈善基金会”“爱心家园慈善基金会”“霸州市霸州镇慈善基金会”。爱心基金也由最初的“春蕾计划爱心基金”发展成为 9 项救助基金，即“春蕾助学基金”“成绩优异学生奖（助）学金”“困难家庭少年儿童重特大疾病集中救助金”“困难家庭少年儿童重特大疾病‘一帮一’救助金”“特困家庭救助金”“关注失独及独生子女贫困家庭特殊基金”“霸州市电视台《爱心家园》扶贫基金”“唐山市丰南区唐坊镇慈善基金”“唐山市丰南区南孙庄乡慈善基金”。爱心团队每个月定期将爱心基金送到各分会，用于救助当地的贫困学生、贫困家庭、大病患者。爱心团队的善举得到了霸州市委、市政府及廊坊市委、市政府的赞誉。其中“霸州市霸州镇慈善基金会”的“关注失独及独生子女贫困家庭的特殊基金”是侯振国爱心团队为了帮助霸州地区的失独家庭和独生子女贫困家庭专门成立的。目前由各村街上报的失独家庭为 6 户，独生子女贫困家庭为 40 户。侯振国爱心团队针对每户的不同情况分别定制了专属的救助方案，主要从三方面入手：1. 经济方面：对失独家庭每月给予 1000—1500 元救助基金，对独生子女贫困家庭每月给予 300—500 元救助基金； 2. 生活方面：由侯振国爱心团队志愿者每月定期去困难家庭中帮忙收拾庭院、照顾起居并带去粮油衣服等物资；3. 精神方面：侯振国爱心团队志愿者对失独家庭分四个阶段去援助他们，即稳定情绪、消除症状、角色认同、情感支撑。如今爱心团队的志愿者们和这些失独家庭的老人和孩子们已经建立起了良好的信任关系。侯振国希望将爱心基金的奉献精神发扬光大，把爱心基金作为一个长久的事业去做，让爱心基金走出信安，走出霸州，走出廊坊，乃至走出河北走向全国，发动更多的爱心人士参与到慈善事业当中。因为爱心的感召，让各地的爱心人士会聚在一起，侯振国爱心团队的脚印也去到了廊坊、唐山、邯郸、承德……

侯振国和爱心团队的慈善事迹，引起了社会上的广泛关注，得到了社会的认可。2013 年，侯振国被评为全国关注留守儿童十大人物，感动河北十大人物，河北儿童慈善 30 年十大人物，河北省优秀志愿服务品牌，2014 年 7 月，入选中央文明办举办的中国好人榜的助人为乐好人。“这些有限的投入是一粒火种，能给每个需要帮助的人带来社会的温暖，能够带动更多人来关心慈善事业，从而帮助更大范围的弱势群体。”侯振国抱有这样的希望。这个爱心团队的义举，不仅为贫困学生、大病儿童提供了经济上、精神上的支持，更在全社会树立了助人为乐、无私奉献的爱心典范。 爱是美德的种子，“侯振国爱心团队”犹如一颗火种，在廊坊大地尽情释放燃烧，点亮人们的心灯。

扎根乡村教育 坚守育人初心——刘志远

刘志远，男，汉族，1976 年 4 月出生，民盟盟员。1997 年 7 月，毕业于廊坊市师范专科学校体育教育专业，同年 8 月参加工作，先后在廊坊市安次区落垡镇中学、廊坊市第十二中学工作，历任班主任、特色教育处主任、高中部负责人，现担任廊坊市第十二中学副校长，全面主持高中部的各项工作。

扎根乡村，守护教育阵地，不改赤子之心

有一种伟大来自平凡，有一种崇敬来自始终如一。从花样年华到已过不惑，26 载乡村情，26 载育人路，至今他依然在南八乡教育战线上无私耕耘，很多时候，他都是亲力亲为，以身示范，将宝贵的青春无私奉献给了党的教育事业，“扎根乡村教育，坚守育人初心”，是他工作的真实写照。

凝心聚力，创新管理理念，提升办学质量

“为党育人，为国育才”是他作为教师的教育初心，“掌好舵、扬好帆”是他作为副校长的职责使命，“诚心对人、知人善任、群策群力”是他的做事原则。2003 年恢复高中办学以来，刘志远同志为高中的发展苦心筹划，为十二中的发展做出了重要贡献。“113 高效课堂”教学模式在此扎根，全面提升了教育发展水平；“精细化管理模式”，真正做到了责任具体化、任务明确化；“培养履责型教师队伍”，增强了教师知责于心的自觉性，锤炼了担责于身的本领； “树立典型、多元评价、小组互助、特色引领”， 践行了创新式学生管理模式，切实实现了“为学生的终身发展奠基，为学生的多元选择铺路”的理念。

历年高考勇创佳绩，本科上线率连年攀升。尤其是三年疫情期间，刘志远同志带领高中部的全体师生共克时艰，防住了疫情，稳住了心态，守住了升学率，并顺利通过了河北省示范性普通高中专家评估验收。

勤勉敬业，积极建言献策，扎实服务社会

2017 年加入民盟以来，刘志远同志通过政治学习和参政议政等活动，切实体会到了盟始终以“富国、强民”为己任，历经磨难，始终未改初衷，无愧于国家和人民的作风。同时，以此为标准严格要求自己，认真学习党的教育方针政策，并积极响应认真落实，并将看到的问题，以提案的形式上报组织。在国家“双减”政策的实施过程中，他积极提交了《关于“双减”之路任重道远》的提案，认真分析了“双减”政策落地过程中遇到的阻力、出现的问题，并提出了相应的解决措施。

在组织的领导下，刘志远同志用自己的美德、爱心与智慧，在十二中这一方乡村教育的园地中，带领着高中部的师生们不断追寻梦想，默默地为社会主义教育事业做贡献，兑现着自己对民盟和中国共产党的铮铮誓言，谱写着一曲曲平凡而卓越的人生篇章。

扎根基层 当好群众代言人—— 朱文瑶

朱文瑶，1987 年 11 月出生于山东省青岛市，2013 年加入中国民主同盟。安次区第八届政协常委、民盟安次区委员会一支部主委，廊坊市高新区副科级干部。

不忘初心，做好本职工作

从中华人民共和国成立之初，民主党派就与中国共产党同心同德，开创中华民族伟大事业的征程，作为一名党外干部，朱文瑶不忘初心，坚持中国共产党的领导，围绕党委政府的中心工作履职尽责。她工作伊始从仇庄乡到调河头乡再到廊坊高新区的 13 年里先后从事组织、文化宣传、民族宗教、政协统战、退役军人服务、招商引资项目推进等工作。一是扎根基层，做群众的服务员。她与群众同吃同住，完成了厕所改造、美丽乡村建设、煤改气、征地拆迁、风筝小镇建设、疫情防控等一系列重要工作。二是讲好中国故事，传承非遗文化。朱文瑶策划主持了第二届第什里风筝节，金秋风筝节，作为第什里风筝文化传承人，参与编纂风筝文化书籍《什里筝飞梦》，为 2000 余位领导、嘉宾讲解风筝文化，曾获河北省旅游文化系统先进个人、民盟河北省委参政议政先进个人等荣誉称号。三是转变角色服务园区发展。到廊坊高新区工作以后，她快速转变角色，从景区建设迅速转变到园区开发建设中，不断加强学习，以小学生的姿态向领导和同事们请教。针对经济转型时期出现的新情况、新问题，抓项目、搞服务、解难题，统筹招商引资、项目推进、数据统计等重点工作，写好安次“园的文章”。

参政议政，积极建言献策

她积极参加统战部、政协、民盟举办的履职能力培训活动，提高参政议政的能力和水平。作为党外知识分子、政协委员、民盟省青委会成员的她，多年来养成了从提案的角度看待身边人和事的习惯，从身边找主题，认真撰写社情民意、提案、调研报告等，申报承办社科课题。自她2013年加入民盟以来，共撰写提案76篇，社情民意6篇，调研报告3篇，社科课题1件。《关于打造第什里风筝小镇的建议》《关于加强永定河综合治理的建议》等5篇提案在历届区“两会”上做大会发言或书面报告，得到历届区委书记、区长的批示。《关于优化祭祀方式创建文明城市的建议》刊登在2020年《社情民意》第24期。撰写的《基层新媒体从业人员意识形态引领方法研究》获得全市理论政策研究创新成果二等奖。作为廊坊政协委员代表撰写的记述文章《我与政协二三事》刊登在《河北省政协七十年记述》一书中出版发行。

将本职工作与社会服务相结合

在基层，她将大政方针理论政策宣传用实际行动和朴实的语言讲给群众。例如，她所包的村街起初群众对厕所革命不理解，甚至有的群众已经习惯了原有的方式不想改变。但通过她多次下村沟通，跟老人聊聊孩子们因为生活不方便而不愿意回家的现状，让群众了解人居环境整治的深层意义，以一带十，顺利完成了村街厕所改造等人居环境整治任务。

她研究本职工作与参政议政、社会服务的结合点，在首届农民丰收节之际举办“月来越圆 同心筑梦——安次区新社会阶层联谊会暨民盟廊坊市委社会服务走进第什里”活动，不仅为辖区群众带来精彩的高质量的文艺演出，还举办了义诊、法律服务、金融讲座等活动。活动现场，提供服务的盟员和新社会阶层人士多达120人，前来参加活动的群众上千人。群众在家门口就能享受廊坊医疗专家的就医服务、金牌律师的法律服务以及专业理财规划师的理财服务，拉近了民盟盟员、新社会阶层内的高级知识分子与群众的关系，为民主人士参政议政、新社会阶层人士了解群众提供面对面交流机会，同时收到群众的好评。

她常说干好本职工作就是发挥党外人士作用最好的体现，作为党外干部，身上更多了一份责任，除了业务范围内工作，还要以身作则，团结带领党外人士参政议政，搞好社会服务，这一切都是本职。未来她将继续不忘初心、继续努力为廊坊经济社会发展做出自己的贡献。

大力弘扬爱心奉献美德　推动新时代决胜小康事业发展迈上新台阶——欧阳作让

欧阳作让，现任廊坊天睿职业培训学校校长，网络工程师，安次区政协委员。近年来，通过学习习近平总书记关于精准脱贫事业发展的重要论述和党中央决策部署，他决定身先士卒，用自身行动，激励大家、奋发作为，动员全社会力量奉献爱心、扶贫解困，扎实推动新时代决胜小康事业发展迈上新台阶。

他身是一名残疾人，在党和国家的帮助下，有了一点小成绩，时刻在思考如何为社会尽一丝微薄之力，当得知国家正在开展精准扶贫时，他感觉现在应该是可以回报社会的时候了，扶贫政策要找适合农村建档立卡户经营的项目，而他自身从事的行业正好适合农村建档立卡户脱贫，所以他积极主动联系有关部门，同时做了市场调查，尽可能做到方便建档立卡户，推动政府扶贫政策的发展。

他所从事的是养殖业，主要养殖兔子，投资小、回报高、操作简单，可以通过短时间培训学习，就能掌握基本要点。兔子属于哺乳动物，一个月能繁殖一窝，他负责回收，打开销售渠道和市场，扶贫户不需要担心销售问题，养兔过程中有任何问题随时可以与他联系并定期上门指导，有关部门做了相关调查后，他加入了精准扶贫队伍。

他们精准测算庭院养殖规模能力范围，以每户 20 只种兔，两套 24 位养殖笼子的标准发放。从 2017 年开始全市各县、市、区为建档立卡户和残疾人户累计发放 408 户，种兔 8160 只，养殖笼 816 套。遍布于大城县、文安县、永清县、固安县、安次区、广阳区……

在精准扶贫服务的那些日子，他每天清晨 5 点起床，很多时候他到养殖户家门口时，他们还没有起床，晚上回家基本很晚，起早贪黑，开车都犯困，别人正在午休，他们去敲门，不知遭受了多少白眼。

通过一段时间的努力，当他们第一次看到一家养殖户家里有了 25 只小兔的时候，他知道，没有白努力；后来，养殖户 1 个月的时间内，就能连续 5 次交来小兔，他感到惊喜，终于迎来了收获的季节；再后来，他去入户的时候，看到养殖户家里上百只小兔等待出栏，而且自己找到更好的销售渠道，不用他去回收，自己可以获得更高的利润，早已摸索出了适合自己的养殖方法和销售渠道。这时候，他感觉养殖户肯定会脱贫的，为养殖户感到高兴，也为自己之前做出这么多的付出感觉到值了。

通过这次精准扶贫，欧阳作让感觉到了自己的责任，以后会大力弘扬正能量，努力开创扶弱解贫发展新局面，紧跟党和政府确保全面建成小康社会一个都不能少，落到实处，打赢全民脱贫攻坚战。

弘扬传统文化 促进社会文明——金磊

金磊，中国民主同盟盟员、三河市政协委员、中华民族团结友好协会常务理事、京东华夏文化艺术研究会秘书长、三河市诚信商贸有限公司总经理。曾先后进修于清华大学经济管理学院“工商管理培训班”、北京大学经济学院“中国企业家特训班”。

作为一名民盟盟员、政协委员，金磊同志深感一份责任与担当，以努力工作、乐于奉献、回报社会作为前行的方向与目标。

开办“公益书法课堂”

在习近平新时代中国特色社会主义

思想指引下，实现中华民族伟大复兴的中国梦，文化自信是重要组成要素，金磊秘书长组织京东华夏文化艺术研究会书法家开办“公益书法课堂”，面向社会各界人士招生，基础班每年一期，已经连续开结课四期，提升班每四个月一期，已连续办理两期，受益的文化艺术爱好者一百余位，为弘扬传统文化，促进社会文明，提高市民文化品位贡献绵薄之力！

开展书春送福活动

新春佳节是中华民族一年当中最重要的传统节日，连续四年的新春佳节前夕，金磊秘书长组织多位书画艺术家走进革命老区蒋福山、泃阳西大街街道信合社区、鼎盛东大街街道丽景社区、泃阳镇东套村，为社区百姓送春联、写福字，增添节日的气氛、传承华夏文化。

抗“疫”献爱心

2020 年新春佳节到来前夕，新型冠状病毒疫情迅速蔓延全国，严重威胁着全国人民的健康和生命安全，在疫情暴发初期金磊同志通过网络向湖北省慈善总会及疫情防控专项基金积极捐款献爱心。在疫情防控形势持续紧张的情况下又到疫情防控一线的泃阳镇东套村和泃阳镇西关村送去疫情防控爱心捐款和对一线工作人员的诚挚慰问。金磊坚信：疫情终将过去，社会各界众志成城，共克时艰，我们必将打赢这场疫情防控人民战、总体战、阻击战！

助力创建文明城市

在全市掀起“创建文明城市，建设美好家园”的热潮中，金磊带领多位艺术家走进乡村 10 余次，为村民普及文化艺术知识，提高乡村文化艺术氛围，为打造美丽乡村献计出力。

金磊同志努力工作，积极履行民盟盟员和政协委员的责任与担当，展示了政协委员和民盟盟员的履职尽责、奉献社会的良好形象，被政协河北省三河市委员会授予“优秀委员”称号！

金磊表示：今后将更加团结民盟组织，发挥政协委员作用，努力学习，扎实工作，凝心聚力，开拓进取，积极参政议政、建言献策，争做一名优秀盟员和政协委员，为民盟、为政协、为社会做出更大贡献！

师德高尚 无私奉献——靳兰芳

靳兰芳，毕业于河北师范大学，硕士研究生学历。民盟廊坊二中支部副主委，中学高级语文教师，现任高二年级教务主任、高中语文教研组组长、高二年级班主任。靳兰芳老师始终以一个优秀教师的条件严格要求自己，多次获得市级年度嘉奖，多年连续获得优秀班主任，优秀教师称号。

爱岗敬业，立德树人

工作中，靳兰芳同志脚踏实地，勤奋敬业。作为一名教师，她深知要教育好学生，教师必须先以身作则，言传身教，靳老师在工作中积极、主动、勤恳、责任心强。在教学中她一直本着乐于奉献的精神，和同事友好相处，小事讲风格，大事讲原则。她积极向每一位老师学习，努力完善自己的教学风格，还利用自身的技术优势，制作多媒体课件。“决不打无准备的仗”是她在教学过程中对自己的要求。她担任过学校不同类型班级的语文教学工作，文、理、美术、音乐、表演等不同班型更需要老师的不断创新，因材施教。靳老师一方面虚心向有经验的教师学习吸纳，一方面不断尝试新方法，大胆突破，着重培养学生自主学习能力。20 年的教育探索，让靳老师获得了丰厚的回报。学生成绩大幅提升，所教班级语文成绩优异，所带班级多名学生考入名校。2012 年李某考入中央美术学院，2019 年王某考入中央美术学院，另外有多名学生考入天津美术学院、北京服装学院、北京工业大学、江苏大学、石河子大学等国家重点大学。尤其在 2018 届普通文科的高考中，所带班级成绩远远高于同类班。

勤于管理，勇担重任

作为高中语文教研组长，多年来积极投身教育教学创新，先后有多篇文章发表于《语文月刊》《教学月刊》等国家重点核心期刊和省级期刊，多次参加省市校级各项教育教学竞赛，荣获多个奖项。在教研活动中，以身作则、率先垂范，主动承担各级讲课任务，与组内老师们耐心沟通，使整个教研组成为团结互助、奋发向上的团体。在精研教材的基础上，树立学科核心意识，切实提升教科研水平。通过教学研讨、课题申报与研究，亲力亲为，率先探索，在主持的市级立项课题研究中吸收青年教师，带动青年教师提升自身教科研能力。

任高二年级教务主任以来，她总是把困难留给自己，把方便留给别人。排课和值班先照顾其他教师，自己主动承担难题；快速完成领导安排的工作，并主动进行先行准备；尤其 2020 年年初疫情突发，教学由线下改为线上，老师们面临前所未遇的挑战，在关键时刻靳老师敢于面对问题解决问题，排除一切阻碍保证高二教学的正常秩序。

激情满怀，无私奉献

靳老师热爱学生，注重德育教育，促使学生全面成长。在抓好教学工作的同时，她特别注重学生思想政治工作。她认为，良好的思想品德是学生健康成长的必要条件。在教学中，她努力结合教学内容对学生进行德育渗透，三尺讲台不仅教授着应试技巧，更成为展示不同人生的大舞台，在这个舞台上让孩子们感受真善美，树立坚定的信仰。

靳老师还用自己的爱心去教育帮助每一个学生。对待学生，不以成绩定优劣，对每一位学生都给予应得的关注。她的公正、公平、真诚、无私与爱心赢得学生的钦佩、喜爱、尊重与亲近。每一个学生都是一个希望，越是后进生越需要老师的帮助和鼓励。她对后进生首先深入调查摸底，对他们处处真诚相待，时时耐心相帮，真正做他们的知心朋友、最可信赖的朋友。她注意加强对后进生的心理疏导，帮助他们减轻或消除种种心理担忧，让他们认识到自己的价值。同时，她还创造条件和机会让后进生表现其优点和长处，使他们品尝到成功的欢乐和喜悦。她所带班级，多次被评为“优秀班级”。

作为班主任，爱生如爱子，既关心他们的生活，又关注他们的健康，要让他们懂得学习方法，更要让他们懂得怎样做人。爱心是具体的，看起来很平常的小事却是一位班主任最重要的工作。班主任工作虽然很烦琐很辛苦，但同时也获得了其他人体会不到的乐趣，当看到那些问题学生在她的教育下变得阳光、积极，当看到越来越多的孩子由小树成长为参天大树，她觉得这就是作为老师最大的幸福。

全面育人尽责任 以身作则献力量——方志军

方志军，廊坊市第二中学艺术教育科老师，承担美术专业课教学工作、专业班主任工作和学校宣传工作，并任廊坊市教育局高中美术兼职教研员。个人曾多次获中国民主同盟优秀盟员称号，曾获得全国美术教育论文评比三等奖、河北省第四届美术教师基本功比赛一等奖、河北省中学学科教学评比一等奖、市级新长征突击手称号、廊坊二中首批学科名师称号等奖项和荣誉。

“四有”要求记心间，全面育人尽责任

在多年的教学实践中，方老师以提高学生的美术素质为宗旨，以新颖的形式激发学生的学习热情，使学生真正成为学习的主体。在专业课教学上，将高中三年的教学作整体谋划，科学实施。高一年级时段注重基础及拓宽知识面；高二年级时段全力培养能力、深挖潜力，突出针对性教学；高三年级时段抓学生心理，指导学生未来规划，全力搞好专业冲刺。曾写作《美术校考报考策略》一文，为广大美术生高考报志愿起到了重要参考。在备课组长工作上，配合上级安排，团结组内同事，发挥个人能动性，能够做到高效率、扎实地开展工作。能够编排校本新课程，主编完成了教材《速写》一册。从教 20 年来，所带毕业生遍布全国各大艺术名校。

他作为专业班主任，既是学生学习成长的领航者，又是学生疫情防控的指导者、人生旅程的陪伴者。疫情发生以来的网课中，不论课上课下，在与学生的QQ电话连线里，除了专业指导答疑，每次都不忘做孩子们的思想疏导工作，教育学生学会自我管理。通话的时长，少则几分钟，多的超过半小时。他不限于学校课程表安排的时间与内容，利用网络空间的全天候，整理了多份针对性强的资料，上传到云课堂给学生阅读。方老师建立了多个和学生、家长的全方位沟通渠道。还建立了学生摄影兴趣群、书法兴趣群等，经常发送资料给学生阅读，拓宽学生视野，为将来选择专业打下基础。网课开始就前完成了《廊坊二中防疫期间美术线上教学手段分析》，之后又完成了《美术专业教学云平台应用体验报告》等文章，及时上报给学校，成为教学安排工作有力的参考资料。在网课教学阶段，他按照学校的教学计划，精准教学，全方位辅导。课程中，能够照顾到全班40多名学生，逐个视频连线检查作画进度，在上传来的作业照片上修改调整，再发回去，还要等待反馈，不厌其烦，精益求精。同时，方老师一面设计好课程，实施教学，一面积极指导青年教师，让他们尽快进入角色。

宣传阵地勇担当，以身作则献力量

作为廊坊二中疫情防控工作中宣传舆情小组成员，方老师按照要求积极行动，做好微信公众平台图文编辑推送和留言管理、菜单管理、官方微网站的维护等工作。每当单位要发表重要资讯、通告，他都是抢抓时间做好编辑工作，对文字排版，对图片处理，平均每月编辑原创微信图文近10篇。展现了学校抗击疫情工作各方面的有力形象。

方老师搜集了高质量的百余幅美术作品，以“图像的力量”为题连续转发在朋友圈，引导学生们关心国事，与祖国同呼吸共命运，鼓励所有人战胜疫情的信心。这种引导，在短短几天时间内，引导班里学生创作了几十幅作品，其中，张某的画作《义无反顾保护你》参加了中央美术学院美术教育研究中心和北京靳尚谊艺术基金会、社会美育联盟主办的“讴歌与疫情抗争中的闪光点的美术作品公益征集”活动，刊登在机构微信平台，并参加了上级部门组织的“在家学习的故事”主题绘画创作评选。

以身作则，方老师自己也拿起画笔，作画《不染》，表达战胜疫情的美好愿望。并且，在2020年2月初，这张画参与了廊坊民盟美术院组织的美术作品网上义卖，获得善款1000元，由民盟廊坊市委组织将款捐至湖北黄石医院。

爱专业 爱学生——许钰娟

“没有爱就没有教育，没有兴趣就没有学习，教书育人在细微处，学生成长在活动中。”这是北京师范大学教授顾明远说过的一句话，廊坊二中舞蹈教师许钰娟一直把这句话作为座右铭实践在她的工作中。

爱是执着并努力的。“我爱我的专业，也爱我的学生。”这是许老师常说的一句话 。从教 16 年，许老师不仅从严要求学生，对自己的学习也从未松懈过，没有时间进修就利用一切业余时间向同事、向同行学习。她积极参加学校的理论学习，课下经常和同事探讨学生出现的问题；课上也常和学生一起分析动作，编排舞蹈也会征求学生的意见。平时，她觉得哪里不足就买书自学，从舞蹈专业类到文学修养到心理学到管理学教学，时间越长看的书越多。她说：“我越来越明白跪着教学的意义，不是真的去跪学生家长，是对教育博大精深的敬畏，在教育的面前我们真是太渺小了。”正是这份对专业的热爱和执着，许老师和她的学生一起多次获得省市国家级舞蹈比赛的奖项，她创编的舞蹈作品《荷花赋》和《花之雨》分别获得华北五省市舞蹈大赛创作一、二等奖并在网络上被广泛转载翻排。她带的学生也都考入理想的大学。她和学生亦师亦友的关系也让学生爱戴并信任她，毕业工作的学生会和她一起分享工作成果和心得。

爱是具体的、琐碎的，也是包容的。学舞蹈女孩多，大多数舞蹈生文化课基础薄弱，再加上家境好父母溺爱，一些孩子还会打着艺术生的身份把自身问题当个性。每当迎接新生，许老师都会提前做功课，了解学生的文化水平、专业水平和原生家庭。课上课下通过观察学生和学生谈话找问题，尽可能做到因材施教。

许老师说："我就是一个普通的一线教师，教书育人是我的工作，这份工作也让我感到幸福，我爱我的工作也爱我的学生。我努力做好自己的本职工作，带好每一个学生，在自己的岗位上做好自己的事，这就是我对国家、对社会的贡献。"

第七章 盟员成就

马丽霞

先进文艺工作者，2009 年，大城县委宣传部、大城县文学艺术界联合会；

《清夏》获“首届全国新闻界美术作品展”二等奖；

《清夏》入选“首届河北省青年美术优秀作品展”，2009 年；

《清幽》入选“建国 60 周年暨廊坊建市 20 周年美术作品展”，入选“建国六十周年河北省美术作品展”“第十一届全国美展”河北省作品。

《清韵》入选“浓墨重彩颂党魂——廊坊市纪念建党九十周年、廊坊市首届职工文化艺术节”，2011 年；

《人物》入选“迎接党的十八大召开廊坊市首届工笔画大展”，2012 年；

《荷韵》在河北省党校系统迎接党的十八大书画展作品中获奖，2012 年。

马 英

荣誉称号与奖励

河北省五一劳动奖章，2023 年 5 月；

河北省三河市首批市管专家，2023 年 1 月；

全国优秀教师称号，2019 年 9 月；

河北省特级教师称号，2016 年 11 月；

河北省在线教育优秀教师教学案例，2020 年 11 月；

河北省疫情期间示范课程奖励，2020 年 8 月；

"国培计划"——河北省乡村幼儿园教师送培到县项目中优秀辅导教师，教育部，2020 年 1 月；

授予"疫情期间先进个人"称号，2020 年 3 月，中国民主同盟河北省委员会；

"典型就在身边"活动先进个人称号，2019 年 12 月，民主同盟河北省委员会；

人民教育出版社培训专家，2019 年 9 月；

全国高中优质课奖励，2016 年 11 月；

"河北省中小学学科名师"，2015 年 1 月；

获得河北省教育科研成果研究报告类奖，2014 年 7 月；

获得河北省教育科研成果论文类奖，2014 年 7 月；

中国教育学会全国高校课堂教学与能力提升优质示范课奖励，2013 年 10 月；

"河北省骨干教师"，2013 年 8 月；

教育部教师发展基金会"八瓣格桑花行动"教学视频奖励证，2013 年 6 月；

河北省先进德育工作者，2013 年 4 月；

"神权下的自我"获河北省优质课，2013 年 12 月；

论文《构建高中历史高效课堂方法探究》河北省教育学会奖励，2012 年 12 月；

全国高效课堂"开辟通往文明的新航线"十佳优质课，2012 年 11 月；

河北省第十一届优秀教育科研论文类二等奖，2008 年 6 月；

廊坊市在线教学案例一等奖，2020 年 12 月；

获得河北省教育科研成果论文类二等奖，2008 年 6 月；

廊坊市教学案例一等奖，2020 年 12 月；

廊坊市教育科学研究优秀成果一等奖，2020 年 11 月；

廊坊市中学政治历史学术论文评比一等奖，2020 年 9 月；

廊坊市名师观摩展示活动中示范课，2018 年 4 月；

京津冀三区教育合作与发展论坛征文评比一等奖，2016 年 12 月；

邯郸市复兴区教师培训"同课异构"示范课奖励，2016 年 8 月；

专著《新课程理念下的高中历史教学设计》获得廊坊市第九届社科成果奖，2014年8月；

课题获廊坊市教育局教研成果奖，2014年8月；

《浅谈高中历史教学中政治思想教育的实施》获廊坊市教育局奖励，2014年1月；

论文《用爱培养留守学生的日常行为习惯》获廊坊一等奖，2014年6月；

“列强入侵与民族危机”获廊坊市优质课一等奖，2013年12月；

廊坊市科研型教师奖励，2013年2月；

廊坊市中小学学科名师称号，2012年12月；

廊坊市教育局教学设计一等奖，2012年10月；

廊坊市先进德育工作者，2012年8月；

“构建高中历史高效课堂方法探究”获廊坊一等奖，2012年12月；

“浅谈历史教学设计的基本要素”获廊坊一等奖，2012年3月；

廊坊市骨干教师称号，2011年11月。

科研课题

参与教育部人文社会科学研究一般课题“从帝制到共和转型期传统政治精英的处境与抉择——以徐世昌为中心的考察研究”（项目编号:18YJA770006），正在结题，2018年1月；

主持河北省“十三五”规划课题“传统文化教育在高中历史课堂教学实践的研究”结题，推广，2018年7月—2021年4月。

参与中央其他部门社科项目课题“香港中国历史课程与教材（初中必修甲部）检视”，结题，2016年12月—2017年12月。

参与北京师范大学“国学推广与文化策划”项目，已结题，2016年3月—2019年2月。

主持廊坊市教育科学“十二五”规划课题“高中历史教学人文素养培养的研究”，已结题，2015年7月—2018年1月。

参与全国教育科学“十二五”教育部规划课题（FHB110083）之子课题“高考复习中的变式教学研究”，已结题，推广，2013年5月—2014年8月。

主持河北省“十一五”立项课题“高中新课改下政史地综合能力的研究”已结题，推广，2010 年 7 月—2013 年 7 月。

论文论著

独著《新课程理念下的高中历史教学设计》，西藏人民出版社，2013 年 1 月出版;

参编普通高等教育“十三五”规划教材《中国近代史纲要辅学读本》，吉林大学出版社，2016 年 8 月出版;

参编教育部审定义务教育教科书《中国历史八年级下册》，岳麓书社，2018 年 1 月出版;

《〈周易〉教育思想探析》，《古籍研究整理学刊》2018 年第 2 期;

《近代史中的科学发展脉络分析》,《中学物理教学参考》2018 年第 10 期;

《立足教科书，实现地理与历史核心素养的有机融合》，《中学地理教学参考》2018 年第 12 期;

《浅谈培养高中学生历史学科核心素养的策略》，《基础教育课程》 2016 年第 22 期;

《例谈学科核心素养培养的重点突破法 ——以必修二〈古代手工业的进步〉二轮复习为例》，《教学考试》 2020 年第 8 期;

《理论融合热点 精讲落实素养 ——以“20 世纪以来中国重大思想理论成果”为例》，《教学考试》2019 年第 26 期。

马建状

2021 年度安全工作先进个人， 2022 年 6 月;

《詹天佑》荣获廊坊市小学学段语文学科课件评选三等奖，2008 年 6 月;

在“高年级学生演讲比赛”活动中，荣获优秀指导教师称号, 2008 年 12 月;

教具“拼音转盘”荣获廊坊市第二十届优秀自制教具和科技作品展二等奖，2010 年 7 月;

《谈新时期如何做好幼儿教师的思想政治工作》荣获 2010 年度廊坊市教育系统优秀思想政治工作论文三等奖，2011 年 3 月;

教具“简易几何体模型”荣获廊坊市第32届优秀自制教具展评活动二等奖，2012年12月；

“四季星空演示模型”荣获廊坊市第25届优秀自制教具作品评比活动三等奖，2015年12月；

《阅读教学中自主学习的尝试法》发表于《理论新探索》2007年第8期，并在此次学术论文评比活动中荣获一等奖；

安全课程在河北省第八届“上好一节消防课”主题教育活动评选中获得省级三等奖，2022年6月；

参与的廊坊市教育科学规划办青年专项课题“探讨家校联系的有效途径”已经于2019年7月结题；

《运用微课培养小学生语文自主学习能力》荣获“基于自主学习的新教育模式时间与探索”示范区教学论文市级二等奖，2022年4月；

指导的“致敬英雄 祝福廊坊 我们一起静待花开”主题作品在征集活动荣获优秀指导教师，2022年；

《激发学生学习兴趣，优化小学语文课堂教学》，《真情》2022年第1期；

案例《聚焦分层特色作业，探索减量增效提质》荣获廊坊市2022年度义务教育阶段优秀作业管理案例二等奖，2022年12月。

马鹏昊

《线·印象：中国画造型方法及构成要素》，学苑出版社，2014年7月出版；

《线·印象：传统中国画人像画法》，学苑出版社，2020年5月出版；

此本书曾两度荣登中国图书销量排行榜，在大学生必备网获评“大学生美术教辅书籍”；

荣获三河市文艺突出贡献奖三等奖，2018年；

木版水印廊坊市级非物质文化遗产传统技艺传承人。

王永娟

思政教学名师，2021 年，河北省教育厅。

《英国近现代文学作品的现实主义继承赏析》，《芒种》2012 年第 7 期；

《希腊神话对英美文学的主要影响分析》，《中国科教创新导刊》2012 年第 20 期；

《网络环境下大学英语与英美文学的有效融合探析》，《才智》2012 年第 12 期；

《浅析中西爱情神话差异》，《剑南文学》2012 年第 8 期；

《关于提升大学英语教学质量的途径解析》，《海外英语》2018 年第 19 期；

《“互联网 +”时代下的院校英语教学改革探讨》，《科教文汇》2018 年第 25 期；

《大学英语计算机辅助合作学习模式的实践应用》，《校园英语》2019 年第 24 期；

《高校英语个性化分层教学模式的应用和创新》，《文化创新比较研究》2020 年第 2 期；

A Probe into Spoken English Recognition in English Education Based on Computer-Aided Comprehensive Analysis，（iJET-International Journal: Emerging Technologies in Learning，EI，2020 年）；

《高校英语教学思维创新研究》，主编，2020 年；

《大学英语四级写作》，副主编，2015 年。

王伟名

三等功，2019 年，廊坊市委组织部。

王芳

2009—2010 学年度优秀教师，2010 年 9 月，华北科技学院；

2019—2020 学年度优秀教师，2020 年 9 月，华北科技学院；

2007 年度校级优秀科研成果一等奖，2007 年 8 月，华北科技学院；

2010 年度校级优秀科研成果一等奖，2010 年 7 月，华北科技学院；

2021 年度优秀工会会员，2022 年 2 月，华北科技学院；

“党的十九届六中全会精神融入课堂教学”优秀教案三等奖，2022 年 12 月，华北科技学院。

王欣霞

被评为“第七届全国中医药中西医结合研讨会”优秀论文，1998 年 5 月，发表于《河北中医杂志》；

《自拟消化 I 号 ——治疗消化性溃疡 86 例体会》《清肝利胆凉血法治疗鼻渊 21 例》，1998 年，发表于《中华实用医学理论与实践》；

2004 年 7 月，《内服与灌肠治疗结肠炎 68 例》刊载于《中华中西医临床杂志》；

《自拟方治疗脂肪肝 56 例》，2004 年 8 月，发表于《中华中西医结合杂志》；

课题项目“体外脉冲（段调波）穴位治疗的研究”荣获 2007 年河北科技成果奖，2004—2006 年；

“三河市名中医”，2021 年；

三河市政协优秀委员。

王治虎

2000年，在北京市创办北京超飞信息科技有限公司，任董事长、总经理；

至今 17 年，在电子信息领域具有很强的专业知识，在软件技术开发方面有一定的建树，同时积累了丰富的管理经验，制定公司发展战略，带领公司团队屡创业绩；

2012 年，在廊坊市创办廊坊市高瓷新材料科技有限公司，任董事长、总经理。至今具有丰富的管理运营经验，部署公司发展战略。带领研发团队攻坚克难，在陶瓷新材料领域取得了很大的突破，首创有机陶瓷基板，从材料、工艺到生产设备均为自主研发，并申报 20 余项专利；

已经实施发布 2 项地方标准、1 项行业标准，在行业内取得了一定的地位。

王建平

嘉奖，2007 年、2008 年、2009 年、2012 年、2020 年，安次区委区政府；

优秀教师，2009 年，廊坊市教育局；

三等功，2010 年，安次区委区政府；

高中学段生物骨干教师，2010 年、2010 年至 2013 年，安次区教育局；

工作先进个人，2010 年、2012 年，安次区政府；

名师，2012 年，安次区教育局；

优秀教育工作者，2017 年，安次区政府；

抗击新冠疫情先进个人，2022 年，安次区抗击新冠肺炎工作组。

王建英

《浅谈中等职业学校教育创新》，《科技信息》2010 年第 1 期；

《中等职业学校应强化职业生涯规划教育》，《科技创新导报》2010 年第 4 期；

《强化班级管理中的德育功能》，《学园》2010 年第 2 期；

《中职院校职业生涯规划教育问题探索》，《中国科技教育》2010 年第 7 期。

王荣芳

《公众文化发展模式实证研究》，《商业时代》2009 年第 24 期；

《县志的政治社会化载体功能研究》，《人民论坛》2012 年第 8 期；

《高校专业名著工程建设研究》，《教育与职业》 2012 年第 8 期；

《案例教学与创新人才培养的立体化教学模式研究》，《中国人才》 2012年第8期;

《多元文化主义视野下的集体行动逻辑 ——以加拿大华人组织为例》,《中华文化论坛》2012年第3期;

高玉梅、王荣芳、王洪秀:《提高思想政治教育悦纳度的途径》，《河北大学学报（哲学社会科学版）》2013年第2期;

《毛泽东延安时期民主思想的特点研究》，《毛泽东思想研究》2013年第5期;

《圣人孔子与专家孔子 ——从孔子称谓看儒家思想地位的变化》，《社会科学家》2016年第5期;

陈弘、王荣芳:《“争取第五国际同盟”的缘起、特征及当代价值》,《学术交流》2019年第8期;

《廊坊市公众文化基本情况调查》，《职业时空》2009年8月;

《新时期教师与家长传统联系方式的变化》，《新课程》2009年4月;

《新时期教师与家长的新联系方式探究》,《廊坊师范学院学报（社会科学版）》2009年第3期;

《新时期教师与家长联系方式的研究》，《天津教育》2009年第9期;

王荣芳、贾国政:《学习型党组织建设途径的思考》，《廊坊师范学院学报 （社会科学版）》2011年第1期;

王荣芳、马建梅:《效能建设在优化发展环境中的作用及对策 ——以廊坊为例》，《改革与开放》2012年第8期;

高玉梅、王荣芳、王洪秀:《思想政治教育悦纳刍议》，《廊坊师范学院学报 (社会科学版)》2013年第1期 ;

高玉梅、王荣芳:《高校思政人的思政精神》，《廊坊师范学院学报（社会科学版）》2017年第4期 。

外 文

1.Study on the Analysis of the Public Opinion on Education

Rongfang Wang

Lecture Notes in Information Technology Volume 17，pp.555—558.

Education Technology and Management Engineering, June 1, 2012, Nanjing, China;Information Engineering Research Institute 100 Continental Dr, Newark, DELAWARE19713, Unite State, USA

2.Study on Ability of Undergraduate Scientific Research

W.Du(ed.), Informatics and Management Science I, Lecture Notes in Electrical©Springer—Verlag London 2013.

pp585—591

课题主持

廊坊市科技局“廊坊市公众文化发展模式研究”，2009 年 9 月 21 日结项，项目编号：2007050319；

中国教育学会“构建符合中国国情的家长教育体系的研究”，2009 年 8 月 25 日结项，项目编号：1007082A；

廊坊市社科联“建设学习型党组织研究完成”，2011 年 4 月结项，项目编号：2010166；

LSSY201101 WY06“试析多元文化主义的集体行动逻辑”廊坊师范学院课题序号 106；

项目编号：2011023128 廊坊市科技局“效能建设在优化廊坊发展环境中的作用及对策研究”立项时间：2011 年 11 月 4 日；

河北省哲学社会科学规划办公室，2012 年度河北省社会科学基本委托项目，“‘闹大’与‘维稳’的互动原因及对策研究”，批号 HB2012WT145，立项时间 2012 年 7 月 10 日；

项目名称：“‘闹大’与‘维稳’的互动原因及对策研究”；

项目批号：HB2012WT145 项目类别：委托项目；

项目负责人：王荣芳，成果形式：研究报告，鉴定等级：良好

课题组成员：高玉梅 王洪秀

发证机构：河北省哲学社会科学规划办公室，发证时间：2012 年 12 月 30 日；

项目批准号：HB17ZZ010，河北省哲学社会科学规划办公室，河北省社会科学基金 2017 年度项目“城镇化进程中传统礼俗文化的变迁与传承”，

项目类别：一般项目，学科分类：政治学，启动经费 3000 元，立项时间：2017 年 5 月。

“产学研合作人才培养模式的实践与探索 ——以非遗文化的校园传播为切入点”，吕书额、金久红、赵雪、何玲、陈新海，2019 年校级教育教学改革项目立项，重点项目。

奖 励

《高校思想政治教育实践教学研究》获第六届“素质教育改革与发展”征文二等奖，2009 年 6 月，河北省社会科学联合会；

2011 年教学优质课评比一等奖，2011 年 12 月，廊坊师范学院；

王荣芳、杨开红、马建梅《学习型党组织建设途径的思考》获第八届社会科学优秀成果评奖（2010—2011）论文类三等奖，廊坊市社会科学成果奖励评审委员会；

《加强民主党派在高校建设中的作用研究》获 2011 年度全市统战理论研究优秀成果一等奖，2012 年 3 月，中共廊坊市委统战部；

《建设学习型民盟组织研究》获廊坊市人民政协理论研究会征文三等奖，2011 年 12 月，政协廊坊市委员会；

《加强民主党派在高校建设中的作用》获廊坊市人民政协理论研究会征文优秀奖，2011 年 12 月，政协廊坊市委员会；

省优秀盟员，2010 年 12 月，中国民主同盟河北省委员会；

2011 年度考核优秀，2012 年 3 月，廊坊师范学院；

《以主题团日助推高职生健康成长》荣获 2011 年度河北省思想政治工作案例创新奖三等奖；

高玉梅、王荣芳、王洪秀：《提高思想政治教育悦纳度的途径》荣获 2013 年度廊坊市思想政治教育工作优秀研究成果一等奖。2014 年 2 月，中共廊坊市委宣传部；

高玉梅、王荣芳、王洪秀：《提高思想政治教育悦纳度的途径》，被评为 2013 年度河北省思想政治教育工作优秀研究成果二等奖，2014 年 1 月，中共河北省委宣传部；

王荣芳、高玉梅、王红秀：《“闹大”与“维稳”的互动原因分析及对策建议》，获廊坊市第九届社科成果评奖（2012—2013）论文类二等奖，2014 年 8 月，廊坊市社会科学成果奖励评审委员会；

高玉梅、王荣芳、王红秀：《提高思想政治教育悦纳度的途径》获廊坊市第九届社科成果评奖（2012—2013）论文类二等奖，2014 年 8 月，廊坊市社会科学成果奖励评审委员会；

王荣芳："巾帼建功明星"荣誉称号，2016 年 3 月，廊坊市妇女联合会；

高玉梅、王荣芳：《高校思政人的思政精神》荣获 2017 年度廊坊市思想政治工作优秀科研成果一等奖，2018 年 6 月，中共廊坊市委宣传部；

《圣人孔子与专家孔子 ——从孔子称谓看儒家思想地位的变化》 荣获廊坊市第十一届社会科学成果评奖（2016—2017）论文类二等奖，2018 年 8 月，廊坊市社会科学成果奖励评审委员会；

民盟中央理论研究成果二等奖，2020 年。

王晓峰

反映社情民意信息工作先进个人，2013 年，民盟河北省委；

撰写文章获"喜迎党的十九大胜利召开"主题征文活动优秀奖，2017 年，中共河北省委统战部；

"纪念'五一口号'发布七十周年征文活动"三等奖，2017 年，民盟河北省委；

廊坊市统战理论政策研究创新成果二等奖，2019 年，中共市委统战部；

疫情防控期间反映社情民意信息工作先进个人，2020 年，民盟河北省委；

思想政治和宣传工作先进个人，2021 年，民盟河北省委。

王淑艳

《中等职业学校学生的素质教育》，《科技信息》2010 年第 11 期。

牛贺峰

嘉奖奖励，2007 年，廊坊市教育局；

嘉奖奖励，2008 年，廊坊市教育局；

嘉奖奖励，2010 年，廊坊市教育局；

全国中等职业学校网站建设先进工作者，2011 年，教育部教育管理信息中心；

嘉奖奖励，2016 年，廊坊市教育局；

嘉奖奖励，2017 年，廊坊市教育局；

河北省教学成果三等奖，2018 年，河北省优秀教学成果奖励委员会；

嘉奖奖励，2019 年，廊坊市人力资源和社会保障局。

方志军

河北省中小学美术教师书画评比二等奖，2009 年，河北省教育科学研究所；

“新长征突击手”称号，2010 年，共青团廊坊市委；

廊坊市中小学教育教学优秀论文评选一等奖，2010 年，廊坊市教育局、市教育学会；

“三等功”嘉奖，2011 年，廊坊市教育局；

河北省中学学科教学评比一等奖，2012 年，河北省教育科学研究所；

河北省首届燕赵书画作品展优秀奖，2012 年，河北省群众艺术馆；

河北省首届中小学校本课程评选活动一等奖，2013 年，河北省教育学会、省教科所；

河北省第七届艺术联展青年组三等奖，2014 年，共青团河北省委、河北省教育厅、省文化厅；

廊坊市明珠杯首届中小学生书画大赛优秀辅导教师奖，2015 年，廊坊市教育局、市社科联、市硬笔书协；

廊坊市中小学硬笔书法大赛优秀辅导教师奖、组织工作优秀个人，2017 年，廊坊市教育局；

摄影作品获廊坊市级机关书画摄影展一等奖、书法作品获三等奖，2019 年，中共廊坊市直工委；

教育部“国培计划（2020）”河北省乡村中小学骨干教师提升培训项目

初中书法培训优秀学员，2020 年，河北师范大学教师教育学院；

廊坊市教研评比一等奖指导奖，2021 年，廊坊市教育局；

廊坊市第七届漫画美术书法作文大赛优秀辅导奖，2021 年，廊坊市教育局、市体育局；

2021 年上半年中小学教师资格面试优秀考官，2021 年，河北省教师发展中心、省教资认定中心；

参与《艺术高中艺术教育校本教材建设研究》课题研究并结题，2010 年，廊坊市教育科学规划领导小组。

尹立红

科研型教师，2010 年 1 月，廊坊市教育局；

廊坊市有突出贡献的中青年优秀人才，2016 年 10 月，廊坊市优秀人才选拔管理领导小组；

廊坊市优秀专家，2016 年 1 月，廊坊市优秀人才选拔管理领导小组；

河北省科技特派员，2021 年，河北省科技厅；

主持项目“高职园林植物保护绿色教学研究”，2010 年，河北省教育学会；

主持项目“蔬菜生产中农药合理应用技术研究”，2011 年结项，河北省科学技术厅；

参与项目“沼肥在无公害蔬菜生产中的应用技术研究”获廊坊市科技进步三等奖，2012 年 7 月；

主持项目“园林植物保护教材建设研究与实践”，2013 年结项，河北省教育科学“十二五”规划专项课题；

主持项目“蔬菜生产中农药合理应用技术推广”获廊坊市科技进步三等奖，2014 年 8 月；

主持项目“高职院校绿色教师建构与推广”科研成果三等奖，廊坊市教育局，2014 年 8 月；

主持课题“基于物联网设施栽培大球盖菇绿色高产技术研究与应用”，2021 年立项，河北省科学技术厅；

国家林业有害生物普查任务中，作为负责人承担了廊坊市部分区域40万亩林地的林业有害生物普查任务。采集林业有害生物76种，制作了67种林业有害生物的标本，拍摄图片103张，制作了“安次区林业有害生物分布图”，填补了廊坊市无“林业有害生物分布图”的空白。2016年。

参研省市级各类课题10余项。

《低毒、低残留农药防治番茄病害的药效试验》，《安徽农业科学》2007年第24期；

《降压菜及其栽培技术》，《北方园艺》2009年第10期；

《四种杀虫剂对菜青虫的防治效果》，《北方园艺》2010年第16期；

《食用菌母种引种及其应用》，《北方园艺》2010年第17期；

《六种杀菌剂防治黄瓜白粉病药效试验》，《北方园艺》2010年第23期；

《美国白蛾的调查与防效试验》，《北方园艺》2011年第1期；

《廊坊市秋冬茬蔬菜不同栽培模式与用药量调查》，《中国蔬菜》2011年第7期。

孔永生

《导游细微服务》，主编，中国旅游出版社，2007年1月出版；

《餐饮细微服务》，主编，中国旅游出版社，2007年1月出版；

《前厅与客房细微服务》，主编，中国旅游出版社，2007年1月出版；

《旅游饭店细微管理》，主编，中国旅游出版社，2007年8月出版；

《乡村旅游系列讲座之市场营销》（光盘），中国旅游出版社，2010年4月出版；

《以系统的角度构建高校毕业生售后服务体系》，《廊坊师范学院学报（社会科学版）》2008年第3期，获廊坊市第七届社科成果（论文类）一等奖；

《基于3C结构体系的高校毕业生“售后服务”体系组织架构及运作模式》，《廊坊师范学院学报（社会科学版）》2009年第2期；

《“凹槽型+发散性链式思维”教学法在“消费者行为学”的尝试》，《廊坊师范学院学报（社会科学版）》2019年第1期；

《省域会展旅游发展模式的三维框架 ——以河北省会展旅游为例》华中师范学院学报（社会科学版）》2009 年第 2 期；

第二期华中师范大学学报 ——获廊坊市第七届社科成果（论文类）三等奖，《休闲廊坊建设的五大文化支柱》，2010 年第 5 期《廊坊发展》——获廊坊市八届社科成果（论文类）一等奖；

《说说“宴嫂现象”》（上），《中国旅游报》，2010 年 12 月；

《说说“宴嫂现象”》（中），《中国旅游报》， 2011 年 1 月；

《说说“宴嫂现象”》（下），《中国旅游报》， 2011 年 1 月；

《比“去哪儿”更重要的是“跟谁去”》，《中国旅游报》，2011 年；

《节庆 ——“休闲廊坊”营销的主线》，《廊坊政协》，2011 年 2 月；

《中小旅行社品牌化战略中后期的发展思路》，《中国旅游报》，2011 年 9 月；

《景区“踩线”促销方略》，《中国旅游报》，2012 年 5 月；

《廊坊市发展总部经济的“三步曲”构想》，《职业时空》2012 年第 4 期；

《导致中小旅行社客源危机的四种原因》，《中国旅游报》，2012 年；

《廊坊市“发展总部经济，建设总部新城”的调研报告》，《廊坊师范学院学报（社会科学版）》2012 年第 4 期，获廊坊市第九届社科成果（论文类）二等奖；

《廊坊市商务休闲业发展策略研究 》，《廊坊日报》，2013 年 1 月；

《国民旅游教育：为美丽中国加分》，《中国旅游报》，2013 年 3 月；

《近郊型乡村旅游的留客之道》，《中国旅游报》，2013 年 3 月；

《旅游标识牌建设浅析》，《中国旅游报》，2013 年 5 月；

《发挥旅游解说系统的“国民教化功能”》，《中国旅游报》，2013 年 7 月；

《自然景观中的文化元素注入》，《中国旅游报》，2013 年 9 月；

《有证放行 各方皆赢》，《中国旅游报》，2013 年 9 月；

《加大执法力度，倒逼景区控制客流》，《中国旅游报》，2013 年 11 月。

叶双陶

河北省突出贡献技师，2020 年，河北省人民政府；

优秀盟员，2019 年，中国民主同盟廊坊市委员会；

河北省最美农民工，2019 年，河北省农民工工作领导小组办公室；

河北省工艺美术大师，2017 年，河北省轻工行业协会；

燕赵文化之星，2016 年，中共河北省委宣传部；

河北省民间工艺美术大师，2013 年，河北省文学艺术界联合会；

《中华榫卯——古典家具榫卯构造之八十一法》，中国林业出版社·建筑分社，2023 年 5 月出版；

并取得国家职业技能竞赛“木雕工、手工木工职业裁判员”证书，2017 年；

《环保、安全：红木行业转型之路》，2018 年发表于《中国文化报》。

田玉环

全国优秀科技辅导教师， 2009 年，中国地理学会；

第五届河北省少年儿童发明奖获省优秀辅导教师，2020 年，河北省发明协会；

“第六届河北省少年儿童发明奖获省优秀辅导教师，2021 年，河北省发明协会；

嘉奖奖励，2019 年，廊坊市广阳区人民政府；

河北省优质课二等奖，2017 年；

廊坊市优质课第一名，2017 年；

广阳区岗位大练兵第一名，2019 年；

廊坊市优质课一等奖，2019 年；

廊坊市优质课一等奖，2021 年；

广阳区教体局优质课，2021 年；

《实验教学在中学生物教学中的重要性》，《东西南北：教育》2017 年第 24 期。

田学芳

《谈会计信息可性》，《职业时空》2007 年;

《加强会计监督的四个环节》，《职业时空》2007 年第 8 期;

《试论知识经济时代财务管理创新》，《科学时代》2007 年;

《施工企业财务风险分析与防范》，《财政监督》2007 年;

《集群化条件下中小企业内部控制协调的特征》，《财务与会计》2007 年第 18 期。

邢少华

河北省优秀律师，2016 年，河北省律师协会。

朱文瑶

“我为组织工作奉献 负责 争光”主题演讲比赛优秀奖，2010 年 10 月，中共安次区委组织部;

优秀共青团员，2010 年 4 月，共青团安次区委;

2011 年创先争优活动简报工作先进个人，2012 年 1 月，中共廊坊市委创先争优活动领导小组;

《创先争优助推重点工程》荣获 2011 年度创先争优活动简报工作优秀稿件一等奖，2012 年 1 月，中共廊坊市委创先争优活动领导小组;

《建村官之家 立基层之业》荣获 2011 年度创先争优活动简报工作优秀稿件三等奖，2012 年 1 月，中共廊坊市委创先争优活动领导小组;

2010—2012 年全市创先争优活动宣传工作先进个人，2012 年 12 月，中共廊坊市委创先争优活动领导小组;

全市开展加强基层建设年活动先进工作者，2013 年 2 月，中共安次区委、安次区人民政府;

2012 年度全市组织系统优秀网评文章《亮牌示岗亮的是身份示的是真情》，2013 年 8 月，中共廊坊市委组织部;

2012 年度全市组织系统优秀网评文章《有一种力量让网民不再沉默》；

2013 年 8 月，中共廊坊市委组织部；

党的群众路线理论研讨征文活动优等奖，2014 年 5 月，中共廊坊市委党的群众路线教育实践活动领导小组办公室；

党的群众路线理论研讨征文活动一等奖，2014 年 5 月，中共廊坊市安次区委党的群众路线教育实践活动领导小组办公室；

“向‘革命母亲’献爱心”个人，2014 年 9 月，廊坊市老区建设促进会；

2014 年度信息上报工作先进个人，2015 年 1 月，中共安次区委办公室；

2014 年度考核优秀工作嘉奖，2015 年 2 月，中共安次区委、安次区人民政府；

2014 年度工作先进个人，2015 年 3 月，中共安次区委安次区人民政府；

2015 年度优秀盟员，2015 年 12 月，中国民主同盟廊坊市委员会；

2015 年度工作先进个人，2016 年 2 月，中共安次区委、安次区人民政府；

2015 年度考核优秀工作嘉奖，2016 年 2 月，中共安次区委、安次区人民政府；

安次区“三八红旗手”荣誉称号，2016 年 3 月，安次区妇女联合会；

第二届中国廊坊第什里风筝节承办工作先进个人，2016 年 6 月，中共安次区委、安次区人民政府；

安次区“三八红旗手”荣誉称号，2017 年 3 月，安次区妇女联合会；

第三届中国廊坊第什里风筝节暨全国风筝锦标赛（北方赛区）最佳工艺奖，2017 年 5 月，中国风筝协会；

安次区政协 2017 年度优秀政协委员，2018 年 1 月，安次区政协；

2017 年度新闻宣传工作先进个人，2018 年 4 月，中共安次区委宣传部；

宣传工作先进个人，2018 年 7 月，民盟河北省委；

2018 年度全市统战理论政策研究创新成果二等奖，2019 年 1 月，中共廊坊市委统战部；

“三八红旗手”称号，2019 年 2 月，中共调河头乡委员会、调河头乡人民政府；

2019 年度优秀政协委员，2020 年 1 月，安次区政协；

全省文化文物旅游系统先进工作者，2021 年 1 月，河北省人力资源和社会保障厅、河北省文化和旅游厅；

安次区政协 2020 年度优秀政协委员，2021 年 3 月，安次区政协；

聘 任

聘为中国人民政治协商会议廊坊市第八届委员会委员，2021 年 8 月；

聘为中央统战部 2017 年度《零讯》特约撰稿人，2017 年 6 月；

任命为安次区人民法院陪审员，2017 年 7 月；

（聘书）聘为“廊坊青年讲师团”成员，2019 年 6 月，共青团廊坊市委；

聘任为优化营商环境社会监督员，2021 年 12 月，“廊坊市政府推进政府职能转变和放管服改革协调小组办公室 廊坊市优化营商环境领导小组办公室”。

刘宇擘

荣获广阳区三等功，2010 年；

2021 年度获评广阳区巾帼建功标兵，2023 年；

广阳区年度考核优秀，2008 年、2009 年、2010 年、2012 年、2013 年、2014 年、2015 年、2016 年；

广阳区年度考核嘉奖，2018 年、2019 年、2020 年、2021 年、2022 年。

刘志远

2006 年度廊坊市优秀业余训练教练员，2007 年 1 月，廊坊市体育局；

嘉奖奖励，2008 年、2010 年、2013 年、2014 年，廊坊市安次区政府；

安次区优秀教师，2009 年、2011 年、2012 年，中共安次区委、区政府；

工作先进个人，2010 年、2013 年、2014 年、2015 年，中共安次区委、区政府；

廊坊市教书育人标兵，2010 年 9 月，廊坊市教育局；

阳光体育先进个人，2011 年 1 月，廊坊市教育局、体育局；

优秀教练员，2014 年 12 月，全国啦啦操比赛组织委员会；

优秀教练员，2015 年 12 月，国家体育总局体操运动管理中心、中国中学生体育协会；

优秀教练员，2016 年 12 月，中国中学生体育协会；

三等功奖励，2015 年 2 月，中共安次区委、区政府；

2019 年度工作中做出重大贡献、记功，2020 年 12 月，廊坊市人力资源和社会保障局；

优秀盟员，2021 年 12 月，民盟廊坊市委。

刘 佳

青年岗位能手，2008 年，安次区人事局；

优秀团务工作者，2012 年，共青团安次区委；

新长征突击手，2013 年，共青团安次区委；

河北省优课评审专家，2015 年度，河北省教育厅；

安次区青年标兵，2015 年，共青团安次区委；

安次区骨干教师，2016 年，安次区教育局；

廊坊市文明教师，2017 年，廊坊市精神文明建设委员会。

刘春静

论 文

《高校图书馆网络信息服务的现状及问题分析》，《情报探索》2007 年第 5 期；

《高校大学生信息素养教育存在的问题及解决办法》，《情报探索》2008 年第 2 期；

《浅谈高校大学生的信息素养教育》，《中国成人教育》2008 年第 4 期；

《高校信息素养教育价值失衡及矫治》，《情报探索》2008 年第 4 期；

《如何提高图书馆电子信息服务质量》，《职业时空》2009 年第 7 期；

《浅析网络文化下大学生的信息道德教育》,《职业时空》2009 年第 11 期;

《廊坊城市化模式选择的影响因素分析》，《职业时空》2010 年第 2 期;

《数字环境下高校图书馆服务方式的转换》,《现代情报》2010 年第 3 期;

《对数字化时代高校图书馆创新服务的思考》，《科技情报开发与经济》2010 年第 11 期;

《新时期农村图书馆建设研究》,《科技情报开发与经济》2010 年第 17 期;

《新农村背景下农村图书馆发展探讨》,《中国经贸导刊》2010 年第 13 期;

《新农村图书馆建设的现状和策略》，《农业考古》2010 年第 6 期;

《河北农业科技信息资源共享的现状及举措》,《学理论》2012 年第 30 期;

《农业科技信息资源共享的基本问题探讨》,《职业时空》2012 年第 10 期;

《论网络交流平台对思想政治教育的双重作用》，《中学政治教学参考》2012 年第 33 期;

《以信息化建设促进农业科技创新和推广的探讨》，《农业经济》2012 年第 12 期。

刘桂英

廊坊市市管优秀专家（2006—2020 年连任 4 届）；

河北省优秀教师，2007 年;

河北省优秀科技特派员，2012 年;

《高职院校实训基地的建设模式研究与实践》获河北省教学成果一等奖，2013 年;

主持课题“新农村建设中农村实用型人才培养现状及对策研究”，2013 年结项;

《高职院校园艺专业实训基地建设模式研究与实践》获河北省优秀教育科研、教学实验成果一等奖，2014 年;

《蔬菜生产中农药合理应用技术推广》获科技进步三等奖，2014 年;

观赏草 ——纤序“芒”和横果苔草两个新品种取得北京和国家良种认证，2014 年;

教育部规划课题“新农村建设过程中农业职业教育发展研究”，2014 年结项；

《集约型无公害黄瓜优质高效生产配套技术研究与示范》获市科技进步二等奖，2015 年；

《新农村建设过程中农业职业教育发展研究》获河北省教学成果二等奖，2017 年；

“高职园林专业课程体系优化研究”教育厅，2008 年；

“农村职业教育面临困难及发展对策研究”社科联，2010 年；

“高职园林植物保护绿色教学研究”省教育学会，2010 年；

“高职花卉学教学模式的研究”省职教学会，2011 年；

“蝗虫产业化养殖关键技术研究”学院基金课题，2012 年；

“集约型无公害黄瓜优质高效生产配套技术研究与示范”河北省科技厅，2012 年；

“职业院校开放模式建设实训基地的研究与实践”，全国教育科学研究“十一五”规划课题，2011 年；

“永定河大青杨生物学基础与利用研究”，廊坊市科技局，2010 年；

“再生水灌溉对牧草的关键技术研究”，国家“863 计划”子课题，2010 年 10 月；

“蔬菜生产中农药合理应用技术研究”，河北省科学技术厅，2011 年；

“集约型无公害黄瓜优质高效生产配套技术研究与示范”，河北省科学技术厅，2011 年；

“新农村建设中农村实用型人才培养现状及对策研究”，河北省社会科学研究课题， 2013 年结项；

“园林植物保护教材建设研究与实践”，河北省教育科学“十二五”规划专项课题，2013 年结项；

“新农村建设过程中农业职业教育发展研究”，国家教育部教育科学规划课题，2014 年结项；

“国外特异观赏草引种改良”，国家“937 计划”课题，与北京农科院草业研究所合作课题，2014 年获北京、国家两个新品种认证。2014 年 12 月观赏草——纤序“芒”和横果苔草两个新品种取得北京和国家良种认证。

《廊坊城市园林绿地规划总量初探》，《河北林果研究》2006 年第 3 期；

《草坪褐斑病的防治方法》，《科学种养》2006 年第 12 期；

《草坪建植与养护》副主编，中国农业大学出版社，2007 年 8 月出版；

《廊坊城市绿地景观格局研究》，《廊坊职业技术学院学报》2008 年第 3 期；

《保水剂在草坪上的应用研究》，《北方园艺》2008 年第 6 期；

《草坪品种混播搭配研究》，《廊坊职业技术学院学报》2009 年第 3 期；

Research and Practice of the Construction Mode of the Practical Training Base for Agriculture and Forestry, *AsianAgriculturalResearch*（中文译：亚洲农业），2013 年；

《新农村建设中农村实用型人才培养现状及对策研究》，《河北农业大学学报（农林教育版）》2013 年第 1 期；

《培养实用型人才 建设新农村》，《廊坊日报理论版》，2013 年 8 月；

《高职院校园艺专业实训基地建设模式研究与实践》，《安徽农业科学》2012 年第 27 期；

《冷季型草坪混播品种组合研究》，《安徽农业科学》2012 年第 29 期；

《现代农业类型研究》，《廊坊职业技术学院学报》2016 年；

《现代农业发展转变方式研究》，《廊坊职业技术学院学报》，2016 年；

参与编写国家“十一五”规划教材《草坪建植与养护》应用此教材。

刘 敬

嘉奖奖励，2008 年，廊坊市教育局；

嘉奖奖励，2009 年，廊坊市教育局；

嘉奖奖励，2013 年，廊坊市教育局；

嘉奖奖励，2014 年，廊坊市教育局；

记功奖励，2015 年，廊坊市教育局；

嘉奖奖励，2016 年，廊坊市教育局；

嘉奖奖励，2017 年，廊坊市教育局；

“河北省职业院校信息化教学大赛”中荣获一等奖，2017年河北省教育厅；

“全国职业院校信息化教学大赛中职组信息化课堂教学比赛”，《幼儿园教育活动导入环节设计与训练》荣获三等奖，2017年，全国职业院校信息化教学大赛组委会；

《网络成瘾对职教学生的影响与对策》，《廊坊社会科学》；

《抓住职业教育本质 创新理念——促进职业教育大发展》，《科技创新导报》2008年第34期；

《中职美术设计专业素描教学》，《现代阅读（教育版）》2010年第21期。

刘媛媛

全国校园普法竞赛活动专家评委，2017年；

省级安全先进个人，2017年；

市级安全工作先进个人，2017年；

市级法治工作先进个人，2017年；

市级法治工作先进个人，2018年；

省级安全工作先进个人，2019年；

省迎检工作先进个人，2020年；

市级安全工作先进个人，2021年；

市级安全工作先进个人，2022年。

刘冀阳

2016年度先进个人，2017年，中国石油昆仑能源有限公司四川分公司；

2017年度先进个人，2018年，中国石油昆仑燃气有限公司四川分公司；

2018年度先进个人，2019年，中国石油昆仑燃气有限公司河北分公司；

廊坊市2019年抗洪抢险应急救援演练先进个人，2019年，廊坊市防汛抗旱指挥部；

2019年度先进个人，2020年，中国石油昆仑燃气有限公司河北分公司；

《调整冷剂配比，降低压缩机电流》获创新一等奖，2020 年，中国石油昆仑能源有限公司；

《备用变压器租用》获创新三等奖，2020 年，中国石油昆仑能源有限公司；

中国石油天然气销售分公司 2020 年度先进个人，2021 年，中国石油天然气销售分公司；

2021 年度廊坊市劳动模范，2021 年，中共廊坊市委、廊坊市人民政府；

2022 年度“抗疫勇士”，2022 年，中共霸州市委、霸州市人民政府；

《小型天然气液化工厂的安全生产运行管理》，《工程技术》2019 年 2 月；

《LNG 低温储罐罐壁保冷施工技术研究》，《魅力中国》2021 年 6 月；

《LNG 储罐 BOG 回收装置》实用新型专利证书，2022 年 4 月；

《一种用于 LNG 液化的安装结构》实用新型专利证书，2022 年 3 月。

齐金平

优秀园丁称号，2009 年 7 月，中国教师教育研究学会；

优秀盟员， 2015 年 12 月，中国民主同盟廊坊市委员会；

广阳区师德标兵， 2021 年 9 月，廊坊市广阳区人民政府；

《漫谈初中数学自主探究性学习》，《教育现代化》2016 年第 7 期；

《初中生学习兴趣激发之我见》，《魅力中国》2016 年第 5 期。

闫 安

嘉奖，2022 年，廊坊卫生职业学院；

优秀盟员，2022 年，民盟廊坊市委 。

许钰娟

河北省第三届中小学生艺术展演指导二等奖，2009 年，河北省教育厅；

第五届华北五省市舞蹈大赛指导二等奖，2010 年，北京、天津、河北、

山西、内蒙古舞蹈家协会;

第六届华北五省市舞蹈大赛创编一等奖，2012 年，北京、天津、河北、山西、内蒙古文联及舞蹈家协会 ;

嘉奖，2012 廊坊市教育局;

河北省中小学教师课堂实录比赛二等奖，2012 年，河北省教育学会;

河北省中小学教师课件比赛二等奖，2012 年 , 河北省教育学会;

廊坊市第八届“文艺繁荣奖”优秀奖，2013 年，廊坊市文联;

廊坊市第一届舞蹈大赛特等奖，2013 年，廊坊市舞蹈家协会;

廊坊市第二届舞蹈大赛一等奖，2015 年，廊坊市舞蹈家协会;

河北省第五届中小学生艺术展演一等奖，2017 年，河北省教育厅;

在“投身三重四创五优化 青春奉献壮美河北”新时代“冀青之星”青春榜样主题选树活动中事迹突出，入选新时代“冀青之星”，2021 年，共青团河北省委;

河北省第七届中小学生艺术展演一等奖，2021 年，河北省教育厅;

优秀盟员，2021 年，中国民主同盟廊坊市委;

廊坊市基础教育精品课二等奖，2022 年，廊坊市教育局;

廊坊市美育展评活动一等奖，2022 年，廊坊市教育局;

参与立项课题“高中音乐生专业课与舞台实践结合的探究”结题，2023 年，廊坊市教育科学规划领导小组办公室。

李文各

优秀政协委员，2017 年，大城县政协;

优秀政协委员，2019 年，大城县政协;

县级优秀，2020 年，大城县人民政府;

市级优秀盟员，2020 年，中国民主同盟廊坊委员会;

优秀政协委员，2022 年，大城县政协;

市级个人先进，2022 年，廊坊市人力资源和社会保障局。

李作翔

“河北省青年中医临床技术骨干”称号，2014 年；

“河北省优秀盟员”称号，2019 年，中国民主同盟会河北省委员会；

优秀盟员，2022 年，民盟廊坊市委。

李彦杰

参加央视军事频道合作声；

连续七年登上廊坊春晚；

荣获河北省朗诵大赛一等奖；

“夏青杯”朗诵大赛廊坊赛区一等奖；

廊坊市首届朗诵大赛一等奖；

2021 年度优秀盟员。

李洪帅

旋入式自锁髓内钉治疗下肢长骨骨折，2010 年；

改良肱三头肌劈开入路在肱骨远端关节内骨折中的应用，2010 年；

旋入式自锁髓内钉治疗胫骨骨折，2007 年；

肱三头肌劈开入路治疗肱骨髁间骨折，2008 年；

切开复位内固定治疗跟骨关节内骨折，2007 年；

液体骨结合微创内固定治疗跟骨骨折的临床研究，2016 年；

跟骨骨折的微创治疗与切开复位内固定术的对比研究，2016 年；

液体骨结合微创内固定治疗跟骨骨折的效果，2016 年。

李雅梅

优秀少先队辅导员， 2009 年，开发区；

优秀少先队辅导员， 2010 年，开发区；

廊坊市三育人先进个人， 2010 年，廊坊市；

优秀教师， 2011 年，开发区；

“三八红旗手”，2018 年，开发区；

巾帼建功标兵，2019 年，开发区；

优秀幼儿教师，2019 年，开发区；

《以趣导学 以趣启智》荣获第九届“世纪之星全国青少年儿童艺术教育成果展”教师组一等奖，2007 年；

荣获“世纪之星全国青少年儿童艺术教育成果展”辅导二等奖，2007 年；

《户户纳福》荣获第九届“世纪之星全国青少年儿童艺术教育成果展”教师组美术类二等奖，2007 年；

全市小学学段英语学科课件评选活动中荣获三等奖，2008 年 6 月；

全市小学学段英语学科论文评选活动中荣获二等奖，2008 年 11 月；

廊坊市中小学英语教师教学技能大赛中，荣获三等奖，2008 年 12 月；

《咏春》荣获河北省第二届中小学美术教师书画创作三等奖，2009 年 10 月；

全市小学学段美术学科课件评比活动中荣获二等奖，2010 年 9 月；

“口算题板”在开发区小学优秀自制教具和科技作品展评活动中荣获一等奖，2010 年 11 月；

《夸妈妈》在廊坊市 2012 年中小学多媒体课件中荣获多媒体课件类三等奖，2012 年 8 月；

《正人，从正己正心开始》在 2013 年度全市教育系统优秀思想政治工作论文评选中荣获一等奖，2013 年；

在廊坊市第三届师德论坛征文评比活动中荣获三等奖，2014 年 5 月；

主讲的“学科核心内容解析与教学策略”系列课程之“活动激发兴趣，兴趣激活思维——三年级上册英语趣味词汇教学问题及解决策略”专题课程，被河北省 2015 全员培训项目培训课程录用，2015 年 5 月；

教学设计 Winter Fun 荣获廊坊市 2015 年度小学英语教学设计评选一等奖，2015 年 12 月；

教学设计 Winter Fun 荣获河北省中小学学科教学评比活动小学英语学

科教学设计二等奖，2016 年 3 月；

课堂实录 My friend 已被教育部全国中小学教师继续教育网收录，被 2016 年全国小学英语教师国培项目录用，2016 年 5 月；

2016 年全国英语教师国培项目的专题课程“习惯决定成败，策略紧系未来——小学英语‘学习策略’教学问题解决与课例观摩”中担任互动教师，2016 年 5 月；

执教课例 My friend 荣获廊坊市 2015—2016 年度“一师一优课 一课一名师”优质课评选一等奖，2016 年 8 月；

教学设计 My friend 荣获河北省教育学会第六届中小学教师教学设计大赛二等奖，2016 年 6 月；

指导的《角的度量》荣获 2017 年度廊坊市小学数学优质课评一等奖，2017 年 12 月；

课题“探讨家校联系的有效途径”，2019 年 7 月结题；

《轻负高效智慧课堂——小学英语课堂的有效性策略分析》荣获廊坊市“基于教学改革、融合信息技术的新型教育学模式”实验区教学论文评选一等奖，2020 年 7 月；

《观察身边任务、提炼人物特点》荣获廊坊市组织的义务教育阶段作业设计优秀案例一等奖；

课题“小学低年级高效课堂导学案的设计与应用研究”已经批准立项，2022 年；

参与课题“戏剧教学法在小学英语故事课中的应用研究”正在进行中，2022 年。

李景玉

“河北省优秀律师”荣誉称号，2016 年，河北省司法厅、河北省律师协会；

廊坊市安次区人民政府法制咨询委员会主任委员，2017 年，廊坊市安次区人民政府；

“河北好人”荣誉称号，2017 年，河北省宣传部、河北省文明办；

河北省政务社会监督员，2019 年，河北省政务服务管理办公室；

廊坊市人民政府法制咨询委员，2020 年，廊坊市人民政府；

《成长型企业法商融通智慧系统》，中国经济出版社，2015 年 12 月出版；

河北李景玉律师事务所被评为“2014 年度司法行政系统先进集体”荣誉称号，2014 年，廊坊市司法局、廊坊市律师协会；

河北李景玉律师事务所被评为“省级示范律师事务所”荣誉称号，2015 年，河北省司法厅、河北省律师协会；

河北李景玉律师事务所被评为“2014—2015 年度市级文明单位”荣誉称号，2016 年，中共廊坊市委和廊坊市人民政府；

河北李景玉律师事务所被评为“廊坊市维护妇女儿童权益先进集体”荣誉称号，2019 年，廊坊市妇女联合会。

杨国栋

指导学生在廊坊市初中地理优质课评选中获得一等奖，2019 年；

河北省培训团队信息技术应用指导力培训项目中担任辅导教师，2020 年；

获得教学先进个人，2020—2021 年；

《撒哈拉以南非洲》获市级优质课二等奖，2021 年 11 月；

河北省中学生运动会道德风尚奖，2016 年 7 月。

吴宏双

《基于企业需求的大学生就业创业能力培养策略探析》，《创新创业理论研究与实践》2019 年第 3 期。

廊坊市科技局，题目：“协同论视角下廊坊高校贫困大学生精准扶贫新模式研究”，项目编号：2018029051。

吴国民

廊坊市地方志系统先进工作者，2006 年，廊坊市政府办公室；

区政府嘉奖，2007 年，广阳区人民政府；

广阳区奥运安保先进个人，2008 年，广阳区人民政府；

工业和民营经济工作先进个人，2016 年，廊坊市民营经济领导小组办公室；

优秀基层干部，2020 年，广阳区委、区政府；

年度考核优秀，2022 年，广阳区委、区政府；

抗疫“最美驰援者”，2022 年，广阳区委、区政府；

省级优秀盟员，2013、2015 年，民盟河北省委；

《以信息技术助力广阳区工业企业转型升级》获廊坊市委宣传部征文二等奖，2023 年。

吴树华

廊坊市 2021 年度文明城市创建工作先进个人，2022 年，廊坊市精神文明建设委员会；

廊坊市争创全国文明城市突出贡献个人，2021 年，廊坊市委、廊坊市人民政府；

争创全国文明城市嘉奖，2021 年，廊坊市委、廊坊市人民政府；

廊坊市 2018 年度创建全国、省级文明城市工作先进个人，2018 年，廊坊市委廊坊市人民政府；

河北工业大学本科课堂教学质量优秀老师，2015 年，河北工业大学；

河北工业大学本科课堂教学质量优秀老师，2016 年，河北工业大学；

优秀党务工作者，2016 年，河北工业大学廊坊分校委员会；

优秀共产党员，2015 年，河北工业大学廊坊分校委员会；

优秀工会积极分子 2014 年度，2014 年， 中国教育工会河北工业大学委员会；

廊坊市优秀社科理论研究员和形势政策教育宣讲员，2013 年，廊坊市委宣传部；

“科研之星”称号，2013 年，河北工业大学廊坊分校委员会；

河北工业大学本科课堂教学优秀奖，2013 年，河北工业大学；

河北工业大学本科课堂教学优秀奖，2012 年，河北工业大学；

2011 年度优秀工会积极分子，2012 年，中国教育工会河北工业大学委员会；

十佳民主党派成员 2009—2011 年度，2012 年，中共廊坊市委统战部；

河北工业大学本科课堂教学优秀奖，2011 年，河北工业大学；

河北省优秀盟员，2010 年，民盟河北省委；

河北省优秀盟员，2008 年，民盟河北省委；

河北省先进群众体育工作者，1999 年，河北省体委；

第一期支教先进个人，1998 年，廊坊市委、市政府；

“如何做一名合格的共产党员”演讲比赛一等奖，2008 年，河北工业大学廊坊分校委员会；

廊坊市优秀公关英才，2006 年，廊坊市国际国内公关协会。

何 玲

廊坊师范学院年度考核优秀，2015 年，廊坊师范学院；

“三育人”先进个人称号，2017 年，廊坊师范学院；

“优秀本科生导师”称号，2018 年，廊坊师范学院；

2017—2018 年度教学质量评优优秀奖，2018 年，廊坊师范学院；

优秀指导教师奖，2019 年，廊坊市工美协会；

2020—2021 年度考核优秀奖，2021 年，廊坊师范学院；

“三育人”先进个人称号，2022 年，廊坊师范学院；

2021 年度十佳创新创业导师，2022 年，廊坊师范学院；

2022 年度十佳创新创业导师，2023 年，廊坊师范学院。

主要论文著作或文化艺术成果、工作成绩

“廊坊市城市夜景规划设计研究”，第三，2013 年 5 月 17 日立项，廊坊市科技局，已结题；

“基于京津冀协同发展下的廊坊市文化创新创意发展路径研究”，第一，

2016 年 11 月 16 日立项，廊坊市科技局，已结题；

“河北永清‘秸秆扎刻’艺术的创新与产业化开发研究”，第三，2021 年 8 月 20 日立项，河北省文化和旅游厅，项目在研；

“廊坊小学美育教育实践研究——以非遗人文创意美学课堂为例”，第一，2022 年 4 月 19 日立项，廊坊市教育局，项目在研；

《韵律·铜版画》，《中国美术教育》总第 176 期发表，2009 年 4 月，国家级美术教育类核心期刊，第一；

《啤酒包装设计》，《美术观察》总第 172 期，2009 年 12 月，国家级艺术类核心期刊，第一；

《谈从自然到画面语言艺术的转变》，《大众文艺》总第 247 期理论研究版发表，2010 年 7 月，中国核心学术期刊论文，第一；

《引·遇》获得“米兰设计周中国高等院校设计学科师生优秀作品展”优秀奖，2017 年，中国教育国际交流协会、CUMULUS 国际艺术、设计与媒体院校联盟、同济大学；

《水韵·茶道六君子》获得“中国·大厂景泰蓝设计创新大赛”优秀奖，2019 年，中国工艺美术协会、中央美术学院、大厂回族自治县政府；

《GLISTENING 景泰蓝花器》获得“中国· 大厂景泰蓝实用产品设计大赛”金奖，2020 年 9 月，中国工艺美术协会、中央美术学院、大厂回族自治县政府；

《方圆景泰蓝文房四宝设计》获得“中国·大厂景泰蓝实用产品设计大赛”铜奖，2020 年 9 月，中国工艺美术协会、中央美术学院、大厂回族自治县政府；

“陈设中国·晶麒麟奖”陈设艺术品组优秀奖，2021 年 12 月，中国室内装饰协会陈设艺术专业委员会；

《望月》《方圆景泰蓝文房四宝设计》等作品参加中国与科威特友好建交 50 周年“物以载道——中国与科威特非遗数字展”，中华人民共和国文化和旅游部、中华人民共和国科威特大使馆；

《GLISTENING 景泰蓝花器》作品参加 “熔古·铸今——中国国际当代金属艺术展”，中国工艺美术协会、清华大学美术学院。

指导学生作品获得“陈设中国·晶麒麟奖”未来奖4项，优秀奖11项，中国室内装饰协会陈设艺术专业委员会；

指导学生作品获得2019年“金凤凰”创新产品设计大奖赛金奖，中国工艺美术协会；

指导学生作品获得2021“河北省首届大学生文化创意设计大赛”银奖7项，铜奖2项，河北省教育厅学生就业创业指导中心；

指导学生作品获得“第七届中国国际‘互联网+’大学生创新创业大赛”铜奖，2021年，教育部、中央统战部、中央网络安全和信息化委员会办公室、国家发展和改革委员会、工业和信息化部；

指导学生作品获得“第七届河北省‘互联网+’大学生创新创业大赛”高教主赛道金奖、最佳带动就业奖、优秀指导教师奖，2021年，河北省教育厅；

指导学生作品获得“第九届河北省创新创业大赛”（廊坊赛区）二等奖，2021年，廊坊市科技局；

指导学生作品获得2022“第十二届全国大学生电子商务‘创新、创意及创业’挑战赛”河北赛区一等奖、优秀指导教师奖，2022年，全国大学生电子商务“创新、创意及创业” 挑战赛组织委员会；

指导学生作品获得“2022年‘挑战杯’河北省大学生创业计划”竞赛一等奖，共青团河北省委、河北省教育厅、河北省人力资源和社会保障厅、河北省科学技术协会、河北省学生联合会；

指导学生作品获得“第八届河北省‘互联网+’大学生创新创业大赛”高教主赛道 银奖，2022年，河北省教育厅。

宋世成

河北省第五届艺术联展二等奖，2010年，河北省文化厅；

廊坊市美展优秀奖，2014年，廊坊美协；

《红色回想》河北高校师生美展优秀奖，2016年，河北省教育厅；

三育人先进个人，2017年，廊坊师范学院；

廊坊11届社会科学成果佳作奖，2006年、2010年、2011年、2012年、

2014 年，共获得教学质量优秀奖 5 次，2018 年，廊坊社科联；

被评为年度考核优秀，2009 年、2015 年、2017 年、2018 年；

在核心期刊《文艺研究》发表作品，2013 年、2014 年、2015 年、2016 年。

宋成才

河北省科学技术进步二等奖，2020 年，河北省人民政府；

作为主要标准编制人完成河北省地方标准《市政污泥超临界水氧化处理技术规程》（DB13/T 2301—2015)，2016 年 2 月 1 日开始实施；

作为主要标准编制人完成河北省地方标准《集成撬装超临界水氧化处理装置通用技术条件》(DB13/T 2726—2018)，2018 年 5 月 9 日开始实施；

作为主要标准编制人完成河北省地方标准《危险废物超临界水氧化处理技术规程》，目前该标准文件已通过专家评审；

作为主要标准编制人完成河北省地方标准《危险废物预处理技术规程》，目前该标准文件已通过专家评审。

张会龙

中小企业服务优秀工作者，2018 年，河北工业和信息化厅。

张红玉

河北省优秀志愿者，2016 年，河北省志愿服务联合会；

2016 年度优秀个人，2016 年，廊坊市广阳区税务局；

廊坊市优秀盟员，2018 年，中国民主同盟廊坊市委员会；

廊坊市学雷锋志愿服务优秀志愿者，2019 年，中共廊坊市委宣传部广阳区税务局第三季度绩效之星，2022 年，廊坊市广阳区税务局；

廊坊市优秀盟员，2022 年，中国民主同盟廊坊市委员会。

张志庆

“二王帖系”书法研究展入展，2007 年，中国书法院；

在北京成功举办个人书法展，2008 年；

“新中国成立六十周年中国书法学术邀请展”，2009 年；

《中国优秀中青年书法家——张志庆》，中国美术学院出版社，2008 年 9 月出版；

“张志庆书法展”2009 年 7 月，北京德泰画廊；

“全国首届手卷展”最高奖，2010 年，中国书法家协会；

“全国第十一届书法篆刻展”优秀奖，2015 年，中国书法家协会；

“全国首届行书大展”一等奖，2006 年，中国书法家协会；

“全国首届手卷书法大展”优秀奖，2010 年，中国书法家协会；

第二届“北兰亭”电视书法大奖赛二等奖，北兰亭；

山东省书法创作突出贡献奖，山东书法家协会；

山东省书法篆刻展一等奖，山东书法家协会；

第十四届“群星奖”一等奖，2016 年；

书法作品二十多次入选中国书法家协会主办的展览。

张纬东

“河北省十大青年书法家”， 2009 年，《中国书画》杂志；

“中国书法进万家活动”先进个人，2009 年，中国书法家协会 ；

“2012 中国书画十大年度人物” ，2012 年，《中国书画报》；

“纪念中国民主同盟成立八十周年优秀盟员”，2021 年， 民盟中央。

张明曦

荣誉奖励

河北省青少年排球锦标赛体育道德风尚奖，2009 年；

河北省普通高等学校体育课评优一等奖， 2011 年；

河北省第十七届大学生运动会优秀教练员称号，2012 年；

河北省第十八届大学生运动会体育道德风尚奖，2013 年；

河北省第十九届大学生运动会优秀教练员称号，2017 年；

河北省大学生运动会第十七届甲组女排第四名，同时获得学校甲组女排历年来最好成绩，作为教练执教廊坊师范学院甲组女排队，2011 年；

河北省大学生运动会第十七届丙组女排金牌，同时获得学校丙组女排历年来最好成绩，作为教练执教廊坊师范学院丙组女排队，2012 年；

河北省大学生运动会第十九届丙组女排银牌，作为教练执教廊坊师范学院女排队，2017 年；

廊坊市统战系统重点调研课题并获 2017 年度全市统战理论政策研究创新成果三等奖，2017 年；

廊坊师范学院本科教学审核评估工作先进个人，2018 年；

河北省优秀体育教师称号，2019 年；

全国高校康复专业学生技能比赛第二名，组织并带队指导学生首次代表学校参加，2021 年；

全国高校康复专业学生技能大赛优秀指导教师奖，2021 年；

入职以来共获得廊坊师范学院年度考核优秀 7 次；

入职以来共获得廊坊师范学院教学质量考核优秀 9 次。

主要科研成果、论文、著作等

科研成果

河北省社科联项目：“河北省城镇化居民体育设施规划与设置研究”，主持人，结题。

河北省社科联项目：“河北省农村体育公共服务有效供给研究”，主持人，结题。

河北省教育学会“十一五”规划重点课题：“‘体教结合’培养竞技体育后备人才的可行性研究”，第二，结题。

河北省社科基金项目：“河北省省直机关公务员体育锻炼心理健康的现状调查及干预对策”，参研，2012 年 7 月，已结项。

河北省自然科学基金项目：“基于多运动轴的人体本体感觉规律研究”，

课题编号：2019408009，参研，结题。

中国残联研究课题："国家集训队田径投掷项目生物力学技术服务与科研攻关、东京残奥会国家集训队综合科研攻关课题"，第四，课题编号：2019－TOKYO2020&004，结题。

河北省教育厅项目："应用型下河北省地方高校社会体育指导与管理专业实践教学体系改革与实践"，第二，待结题。

校级教改重点项目："以学习产出为导向构建地方本科院校应用型社会体育人才培养模式的探索与实践"，第二，2018年12月立项，结题。

廊坊师范学院教改课题："复合型人才视阈下河北省高校体育教育专业健美操专修课程改革研究"，参研，结题，2020年。

廊坊市教育科学规划重点课题："健康体适能视角下篮球运动对高职学生发展与就业影响的实验研究"，课题编号：201902003，参研，结题。

主要论文

《双创引领下的社会体育应用型人才培养研究》，《当代体育科技》2020年第36期；

《河北省城镇化居民体育设施规划与设置研究》，《课程教育研究》2017年第9期；

《基层学校对"体教结合"培养竞技体育后备人才的认知和诉求》，《河北体育学院学报》2010年第4期；

《民族传统体育纳入学校体育教学的必要性分析》，《教育理论与实践》2008年第24期；

《我国优秀女子链球选手最后用力技术运动学特征的研究》，《体育与科学》2010年第2期；

《河北省高校开设沙滩排球课程的可行性研究》，《职业时空》2010年第7期；

对影响河北省大学生健康运动开展因素的调查与研究，《河北体育学院学报》；

《优秀跳高运动员郑幸娟起跳技术分析》，《体育学刊》2010年第11期；

EFFECTS OF FUNCTIONAL TRAINING ON PROPRIOCEPTION

IN SPORT ATHLETES，Rev Bras Med Esporte – Vol. 28， No.6 – Nov/Dec，2022；

《沈阳师范大学体育教育专业课程设置现状分析》，《职业时空》2012 年第 9 期；

《复合型人才视阈下河北省高校体育教育专业健美操专修课程改革研究》，《廊坊师范学院学报 (自然科学版)》 2021 年第 2 期；

《跆拳道对女大学生身心健康的影响》，《职业时空》 2010 年第 4 期；

《对廊坊市健身俱乐部教练员现状的调查与分析》，《廊坊师范学院学报》 2006 年第 4 期；

《西北地区部分中小城市全民健身现状及对策思考》，《廊坊师范学院学报》 2005 年第 4 期。

著作、教材

《体育课堂教学技能实训教程》，北京体育大学出版社，2021 年出版。

专 利

一种三维空间本体位置觉测试装置及方法，发明专利，CN201810106623.5；

一种体育教学用的篮球收纳车，实用新型，CN201620411007.7。

张 莉

档案先进工作者，2016 年，廊坊市档案局；

档案先进工作者，2016 年，广阳区档案局；

档案先进工作者，2017 年，廊坊市档案局；

档案先进工作者，2017 年，广阳区档案局。

张 瑞

作品“中华耕织文化园”获得“2017 中国设计节”一等奖，2017 年 9 月。

张德君

入选书法宝（APP）提名·国展百强榜；

全国第十一届书法篆刻展（中国书法家协会）；

全国第十二届书法篆刻展（中国书法家协会）；

2022“中国书法·年展”全国行书、草书作品展（中国书法家协会）；

第三届“四堂杯”全国书法展（中国书法家协会）；

首届“欧阳询杯”全国书法展（中国书法家协会）；

全国第八届楹联书法展（中国书法家协会）；

全国第五届青年书法篆刻作品展（中国书法家协会）；

首届“爱莲杯”全国书法展三等奖（北兰亭）；

“闽龙杯”第五届北京电视书法大赛一等奖（北京书协）；

陈 旺

廊坊市“最美科技工作者”荣誉称号，2021 年;

廊坊市社会成果奖 2018—2019 二等奖，市人民政府奖;

指导文创作品获第三届廊坊市文创和旅游商品创意设计大赛最佳创意设计奖;

河北省文化艺术科学科研项目结项《提升“河北文化”品牌核心竞争力研究》，2014 年;

课题名称《面向绿色城市的廊坊市生态环境治理模式研究》，2021 年，廊坊市社科联课题结题;

教研项目作品获国家级表彰获全国健康科普奖，2020 年，由国家卫健委、中宣部、科技部、中国科协联合颁发和表彰（国卫办宣传函〔2020〕1014 号）；

教育部高等教育司产学合作协同育人项目《基于产数融合的数字媒体设计艺术理论“微课”师资培养教学改革与实践》结题;

课题名称《乡村振兴战略与西码头古村落的乡土文化人工数字设计智基传承》结题，2022 年，廊坊市社科联课题结题;

课题名称《广播电视内容生产传承弘扬燕赵优秀传统文化创新研究》，项目结题，2021 年，河北省广播电视局研究项目结题；

课题名称“以冬奥会为契机促进张家口文化与旅游融合发展营销对策研究”，2020 年，河北省社会科学发展研究课题立项；

中共河北省委机构编制委员会办公室 2019 年度立项课题“强化京津冀生态环境联建联防联治体制机制研究”；

《大学审美教育路径研究》获河北省第十五届优秀高等教育科研成果奖“一等奖”，2016 年；

《冬奥文化旅游营销对策研究》获河北省社科优秀论文，2020 年；

获新加坡金沙国际设计大赛优秀指导教师证书，2020 年，新加坡国家艺术理事会授予，河北省虚拟仿真实验教学一流本科课程；

河北省“助力冬奥志愿行动”志愿服务调研活动优秀奖，2022 年；

国家教育部和科技部主办的，第十七届“春晖杯”中国留学人员创新创业大赛部级 A 类赛事最高奖，优胜奖（本赛事的最高奖）；

获教育部、中国科协、共青团中央五部门 2022 年“共和国的脊梁——科学大师名校宣传工程”学风涵养工作室支持计划立项资助（河北省五项之一），2022 年；

“未来设计师・全国艺术设计教师教学创新大赛”（河北赛区）中《品牌与传播设计基础》课程，荣获大赛“一等奖”(冀教高函〔2023〕15 号文件)，教育部认可的 56 项全国高校，顶级国赛教学类赛事项目之一，2022 年。

陈 晨

管道局 2018—2019 年度合同法务工作先进个人，2019 年，管道局；

青藏输油管道工程 2020 年度先进工作者，2020 年，青藏管道公司；

管道局 2020—2021 年度合同法务工作先进个人，2021 年，管道局；

管道局 2022 年度分包管理先进个人，2022 年，管道局；

管道局 2021—2022 年度合同管理先进个人，2022 年，管道局；

青藏输油管道工程 2022 年度质量先进个人，2022 年，青藏管道公司。

邵永楼

河北省疫情防控先进盟员，2020 年，民盟河北省委；

廊坊市最受关注科技工作者，2021 年，廊坊市科协；

廊坊市职业健康达人，2022 年，廊坊市卫健委廊坊市总工会；

《中医内科辩证精要》副主编，2014 年；

《精编临床中医内科诊疗学》主编，2015 年；

《胰岛素联合玉泉胶囊治疗Ⅱ型糖尿病的临床疗效研究》获河北省中医药学会科技二等奖。

武金玲

《音乐随感在高中音乐教学中的尝试》 荣获第三届全国素质教育教研成果一等奖， 2015 年 5 月，中国教育管理学会、中国素质教育探索编委会；

全国素质教育先进工作者，中国教育管理学会；

中国素质教育探索编委会，2015 年 5 月；

廊坊市音美教师骨干教师， 2015 年，廊坊市教育局；

参加“河北省教师全员远程培训”，被评为省优秀参训教师， 2014 年 12 月，全国中小学教师继续教育网；

河北省优秀盟员， 2020 年 12 月，中国民主同盟河北省委员会；

《音乐随感在高中音乐教学中的尝试》，《关爱明天》2014 年第 7 期，被评为教学成果一等奖 (关爱明天杂志社学术部）；

《关于我国中小学音乐教育的几点思考》,《时代风采》2007 年第 6 期；

《论中学音乐课堂教学应重点注意的几个方面》,《时代风采》2007 年第 4 期；

《“培养音乐的耳朵”为中心上好高中音乐鉴赏课》，《课程教育研究》2019 年第 22 期；

参与完成《从固安屈家营音乐会看中国传统音乐的保护与开发利用》，2011 年 5 月，编号：冀艺规结字〔2011〕12 号；

参与完成“促进廊坊市公益性文化事业发展的探索与思考”，2010 年 9 月，课题编号：2010123；

参与完成廊坊市哲学社会科学研究课题“打造廊坊市特色文化品牌的建议”，2011 年 8 月，课题编号：2011088；

参与完成“廊坊市群众文化建设有效途径的探索与研究”，2010 年 7 月，项目编号：2009026071；

校本研修主持完成“传承民族音乐文化，培养学生人文精神的实施策略于研究”，2021 年 7 月；

校本研修：主持完成“中学音乐课的声乐教学研究”，2020 年 7 月；

“从古典走向浪漫”荣获市优质课二等奖，2015 年 6 月；

“非洲民间音乐”荣获开发区文教卫生局优质课奖，2018 年。

苗立奎

《光固化复合树脂对磨损所治牙齿敏感症的治疗探究以及分析》，《健康女性》2021 年第 22 期；

《针对牙列缺失患者时分别应用全口义齿修复、口腔种植覆盖义齿修复后的临床效果比较》，《康颐》2022 年第 24 期。

岳 秀

优质课“树立正确的消费观”荣获市级优质课二等奖，2017 年；

优质课“运动是有规律的”荣获市级优质课二等奖，2019 年，

优质课“中国共产党领导的多党合作与政治协商制度”荣获市级优质课二等奖；

主持了青年专项课题“基于核心素养下的农村中学生政治学科深度学习的研究”和“在综合实践活动指导下，对码头镇区域环境污染与治理的研究”，2021 年。

周旭光

荣誉奖励

2007 年 4 月，“十佳民主党派成员”，中共廊坊市委统战部；

2009 年 1 月，“河北省第二届大学生艺术展演优秀组织工作者”，河北省委教育工委、河北省教育厅；

2009 年 8 月，“河北省优秀教师”，河北省人社厅、河北省教育厅、河北省教育工会；

2011 年 5 月，“中国民主同盟成立 70 周年先进个人”，中国民主同盟中央委员会；

2012 年 3 月，“百名优秀党外知识分子”，中共廊坊市委统战部。

专业艺术奖励

2009 年 1 月，“河北省第二届大学生艺术展演二等奖”，指导作品《阳光照耀塔什库尔干》，河北省教育厅；

2012 年 2 月，“全国第三届大学生艺术展演甲组三等奖 ”，指导器乐节目《世界上唯一的花》，教育部；

2012 年 3 月，“河北省第三届大学生艺术展演一等奖”，指导男声小合唱节目《欢乐歌》，河北省教育厅；

2012 年 3 月，“河北省第三届大学生艺术展演二等奖”，指挥合唱《乘着歌声的翅膀》，河北省教育厅；

2012 年 3 月，“河北省第三届大学生艺术展演三等奖”，指挥合唱《回娘家》，河北省教育厅；

2012 年 3 月，“河北省第四届高等学校艺术教育科研论文评选二等奖”，论文《高师音乐教育专业教学改革刍议》，河北省教育厅；

2015 年 3 月，“全国第四届大学生艺术展演甲组三等奖”，指导器乐节目《喜庆》，教育部；

2015 年 6 月，“河北省第四届大学生艺术展演二等奖”，指挥合唱《送别》《致音乐》，河北省教育厅；

2016 年 11 月，“第二届河北省民歌演唱大赛三等奖”，歌曲《乐道廊坊》（作曲），河北省文化厅；

2018 年 1 月，“第十二届河北省燕赵群星奖”，歌曲《风筝谣》（作曲），河北省文化厅；

2018 年 6 月，“河北省第五届大学生艺术展演二等奖”，指挥合唱《回声》《鳟鱼》，河北省教育厅；

2019 年 5 月，第九届河北省音乐“金钟奖”铜奖，歌曲《书香中国》（作曲）；

2019 年 10 月，“第十三届河北省精神文明建设‘五个一工程’奖”，歌曲《西柏坡，我对你说》（作曲），中共河北省委宣传部；

2020 年 5 月，“全国战疫歌曲优秀作品奖”，歌曲《江城安好》（作曲），中国音乐家协会；

第十届河北省音乐“金钟奖”优秀奖，演唱歌曲《与祖国一起辉煌》，2021 年 5 月。

论 文

《论中国传统音乐在教育发展方面的开发利用》，《职业时空》2010 年第 8 期；

《论传统音乐在经济发展中的开发利用》，《廊坊师范学院学报（社会科学版）》2010 年第 5 期；

《论中国传统音乐保护中的传承人问题》，《职业时空》2010 年第 11 期；

《论传统音乐保护中外来文化的影响与本土公民的漠视》，《大家》2010 年第 24 期；

《普及性钢琴教育中应加强系统性教学》，《职业时空》2011 年第 7 期；

《对高师声乐教学的几点思考》，2015 年 11 月，入选“河北省高校艺术学科建设研讨会”特邀论文并在河北大学出版社出版；

作 品

廊坊市城市旅游主题歌曲，2015 年 5 月，歌曲《乐道廊坊》（作曲）在多家全国、省级媒体播放推介；

歌曲《风筝谣》（作曲），2016 年 5 月，被定为中国廊坊第什里风筝节主题歌曲，并在河北人民广播电台、河北电视台播放；

歌曲《书香中国》（作曲），2017 年 5 月，被定为第 27 届中国图书交易博览会主题歌曲并在河北电视台播放；在长城网、凤凰网、共产党员网、

《廊坊日报》等媒体刊登播放;

歌曲《让绿色相伴》(作曲),2019 年 9 月,被定为廊坊市创建国家级森林城市主题歌曲,环首都京津网、凤凰网、共产党员网等多家媒体播放;

歌曲《江城安好》(作曲),2020 年 3 月,在中宣部学习强国平台、河北音乐、民盟河北省委等多家媒体刊登播放;

歌曲《我们在一起》(作曲),2020 年 3 月,在今日头条、中宣部学习强国平台、中国民主同盟、民盟河北省委等多家媒体刊登播放;

歌曲《向疫而行》(作曲),2020 年 3 月,中国民主同盟、央视频、今日头条、民盟河北省委、廊坊发布等多家媒体刊登播放;

歌曲《多想看看你的脸》(作曲),2020 年 4 月,在中宣部学习强国平台、中国民主同盟、民盟河北省委、河北新闻网等多家媒体刊登播放;

歌曲《祝福大中华》(作曲),2020 年 4 月,在《人民日报》、今日头条、环京津新闻网、冀云廊坊新闻频道、民盟河北省委、廊坊发布、廊坊文联、廊坊电视台等多家媒体刊登播放;

歌曲《锦绣山河》(作曲),2020 年 5 月,在中宣部学习强国平台、央视频、民盟河北省委、廊坊发布等多家媒体刊登播放;

歌曲《临空筑梦》(作曲),2020 年 8 月,被定为廊坊临空经济区主题歌曲,并在中宣部学习强国平台、冀云、廊坊发布、廊坊电视台、廊坊文联、廊坊音乐等多家媒体刊登播放;

歌曲《都说你真好,都说你真棒》(作曲、演唱),2021 年 6 月,参加廊坊民盟庆祝建党 100 周年、民盟成立 80 周年演出,并在中宣部学习强国平台、今日头条、民盟河北省委、《廊坊民盟》、廊坊音乐等多家媒体刊登播放;

歌曲《一起走》(作曲),2021 年 6 月,参加廊坊民盟庆祝建党 100 周年、民盟成立 80 周年演出,并在中宣部学习强国平台、今日头条、民盟河北省委、《廊坊民盟》、廊坊师范学院、廊坊音乐等多家媒体刊登播放;

歌曲《创城 我们一起》(作曲),2021 年 6 月,被定为廊坊市创建全国文明城市主题歌曲,参加廊坊市庆祝建党 100 周年“红色华章欢歌颂党”演出,并在中宣部学习强国平台播放,廊坊电视台滚动播出八个月;

作曲的《创城 我们一起》《风筝谣》《临空筑梦》《乐道廊坊》《让

绿色相伴》《书香中国》《最美的名片》7 首歌曲，2021 年 10 月，在中宣部学习强国学习平台播放；

作曲的《欢乐歌》《节日的夜空》《妈妈，请您收下》《未来在远方》《一次遇见，一生重逢》《永远的西柏坡》《西柏坡，我对你说》7 首歌曲，2021 年 11 月，在中宣部学习强国学习平台播放。

著作、教材（12 部）

全国高校“十一五”规划教材丛书，共 11 部，包括：《音乐鉴赏》任主编，《中外声乐曲集》（上、下）任主编，《钢琴》（上、下）任主编，《中国音乐史》（十六讲）、《视唱练耳与乐理》、《和声基础教程》、《西方音乐史》、《钢琴即兴伴奏》、《曲式与作品分析》任编委会主任，在中国水利水电出版社出版；

歌曲作品集《中国梦·民族魂：廊坊师范学院音乐学院师生音乐作品集》任主编，2016 年 3 月，在中国水利水电出版社出版；

歌曲作品集《歌从这方来：廊坊市音乐家协会主题创作歌曲选》任主编，2021 年 4 月，在河北大学出版社出版。

科研课题立项、获奖

河北省文化艺术科学规划办课题“从固安屈家营音乐会看中国传统音乐的保护与开发利用”主研人，2009 年；

廊坊市社科联课题“对廊坊市公益性文化事业发展的探索与思考”主研人，2010 年；

廊坊市社科联课题“关于打造廊坊市特色文化品牌的建议”主研人，2011 年；

中共河北省委统战部、河北省统一战线学会课题“构建高效网络统战平台”课题负责人，2015 年 12 月；

歌曲《书香中国》担任作曲，2017 年 6 月，入选中华人民共和国文旅部、河北省人民政府主办的第 27 届中国图书交易博览会主题歌曲；

廊坊市社科联三等奖，音乐教材《钢琴》（上册）担任主编，2010 年 8 月；

廊坊师范学院 2011 年优秀教学成果奖一等奖，高等院校音乐教材丛书（11 部）担任编委会主任，2012 年 3 月；

廊坊市社科联三等奖，音乐教材《音乐鉴赏》担任主编，2012 年 8 月。

郑岩峰

第四届中国游戏设计大赛荣获金辰奖，2016 年；

第六届中国创新创业大赛，荣获河北省一等奖，2017 年；

第七届中国创新创业大赛，荣获河北省二等奖，2018 年；

中国西安第六届国际原创动漫大赛，荣获新光奖，2019 年；

担任《吕端大讲堂》50 集科普动画片监制，动画片荣获河北省委宣传部 2021 年度文艺精品项目，2021 年；

《吕端大讲堂》共取得知识产权 100 余项，廊坊市委宣传部的“廊坊版权”公众号正在进行分集发布展示版权成果，2022 年。

单 耀

全国煤炭行业教学成果奖，2020 年，中国煤炭教育协会；

2021—2022 学年度优秀教师，2022 年，华北科技学院；

Yao Shan，Yong Qin，Wenfeng Wang，“Selenium Migration Mode in Coal Seams: Insights from Multivariate Analysis，Leaching Investigation, and Modelling”，*International Journal of Chemical Engineering*，Vol. 2022，Article ID 6189492，14 pages，2022. 12 Apr 2022.

Yao Shan， Yilan Wang， Bo Yang， Hongtao Li， Jian Li， Geochemical classification for bottled natural waters in China: using unsupervised and supervised machine leaching algorithm, Desalination and Water Treatment， 268，2022，pp.242—253.

《区块链与人工智能的应用与发展路径研究》， 中国原子能出版社，第二作者，2021 年出版；

《矿山复杂采空区稳定性分析、治理及生态修复研究》， 西北工业大学出版社，第二作者，2022 年出版；

发明专利：一种基于特征选择与支持向量机模型的矿井突水水源判别方法 . 中国，202011092748.0；

发明专利：一种用于煤矿下的警报装置 . 中国，202011447220.0；

发明专利：一种煤矿井下突水预警监测装置及方法．中国，202110351971.0；

发明专利：一种用于自来水厂的饮用水消毒副产物净化装置．中国，202110979053.2；

国际发明专利：A METHOD FOR DISTINGUISHING MINE WATER INRUSH SOURCE BASED ON FEATURE SELECTION AND SUPPORT VECTOR MACHINE MODEL. Republic of South Africa， Register of Patents， 2022/07576。

屈海燕

在河北省首届声乐器乐大赛中获声乐类中青年美声组银奖，2012 年 12 月；

获“蒲公英”第十二届青少年优秀艺术新人选拔活动优秀教师奖，2012 年；

获“蒲公英”第十四届青少年优秀艺术新人选拔活动声乐专业优秀辅导教师奖，2013 年；

获“星星火炬”中国青少年艺术英才推选活动河北赛区才艺类项目优秀辅导教师奖，2013 年；

获“蒲公英”第十四届青少年优秀艺术新人选拔活动声乐专业优秀辅导教师奖，2014 年；

获“华韵之星”中韩国际青少年艺术节优秀辅导教师奖，2014 年；

在河北省首届民族声乐大赛中演唱《我的爱将与你相伴终生》获金奖，2014 年 12 月；

在“北仓杯”京津冀暨第四届环渤海地区青年歌手大赛中获民族组银奖，2015 年 9 月；

参加“第三届京津冀非物质文化遗产联展暨第十届河北省民俗文化节”，2016 年；

参与“牵手京津冀 欢乐进万家”第二届京津冀音乐艺术节，2017 年 2 月；

参与“北辰杯”京津冀暨环渤海地区青年歌手大赛获优秀辅导奖，2017 年 9 月；

自2012年以来参与文艺志愿演出近百场，2017年被中共廊坊市委宣传部和廊坊市文化广电新闻出版局评定为五星级优秀文化志愿者；

演唱原创作品《风筝谣》获河北省第十二届“燕赵群星奖”，2018年1月；

参加由廊坊市文化广电新闻出版局主办、中共廊坊市安次区委宣传部承办的“月来月有戏”精品演出年——“新时代、新安次、新征程”安次区专场演出，2018年4月；

丝路国际文化艺术节非遗展示活动中演唱歌曲《好一朵美丽的茉莉花》，2019年5月；

歌词作品《看家乡 美如画》获廊坊市文联、廊坊市音乐家协会“美丽廊坊”主题歌曲创作原创歌词评选优秀奖，2018年；

参加廊坊春晚演唱歌曲《山笑水笑人欢笑》，2020年2月；

参加廊坊网络春晚演唱歌曲《花开中国》，2020年2月；

参与录制战疫情原创歌曲《我只想让你好好的》，2020年2月；

参加“决胜全面小康 决战脱贫攻坚”河北省全面建成小康社会群众文艺云上展演，2020年7月；

参加“中国农民丰收节安次区庆祝活动暨廊坊第什里金秋风筝节开幕式”演出，2020年9月；

受邀参加河北省第23届全国推广普通话宣传周开幕式演出，2020年9月；

原创歌曲《什里绣娘》获“爱我廊坊、创建文明城市”主题歌曲征集评选活动优秀作品奖，2020年10月；

参与创作原创歌曲《什里绣娘》，2020年5月；

参加“2020通武廊文化交流季”活动开幕式演唱歌曲《什里绣娘》，2020年11月；

辅导学生参加河北省全面建成小康社会云上展演，2020年7月；

参加由廊坊市文化广电新闻局主办的“我们的中国梦文化进万家‘群众大舞台·有你更精彩’2021年声乐季展演”活动，2021年3月；

参加奋斗百年路 启航新征程——“永远跟党走”庆祝中国共产党成立100周年河北省群众文艺展演廊坊专场，2021年6月；

参与创作原创歌曲《烟雨皇苑》，2021年6月；

演唱原创歌曲《担当》获“百年风华 赞歌献给党”原创歌曲评选中获优秀作品奖，2021 年 7 月；

参与录制由中共廊坊市委宣传部制作的《岁月征程》MV，2021 年 7 月；

参与创作原创歌曲《天心》，2021 年 8 月；

参加“第八届廊坊市道德模范颁奖仪式暨现场交流活动”演唱《公民道德歌》，2021 年 12 月；

获安次区“巾帼建功标兵”称号，2018 年 3 月；

在 2018 年中国图书馆年会工作中被评为“先进个人”，2018 年 6 月；

嘉奖，2019 年，安次区人力资源和社会保障局；

在全市开展的评选先进基层民盟组织和优秀盟员活动中被评为“优秀盟员”，2019 年 12 月；

参与课题“初中音乐教学中学生学习兴趣的激发和培养”，2020 年 9 月；

被聘为廊坊师范学院师范生“双导师”制校外导师，2020 年 9 月；

摄影作品《非遗进校园》获“美丽安次”摄影大赛三等奖，2020 年 12 月；

参加由廊坊市文化广电新闻局主办的“我们的中国梦文化进万家‘群众大舞台・有你更精彩’2021 年声乐季展演”活动，2021 年 3 月；

科研成果：课题“音乐文化产业的发展与城市文化建设”“中小学音乐课堂导入环节有效性策略研究”“初中音乐教学中学生学习兴趣的激发和培养”“传统戏曲文化进入初中音乐课堂的现状调查与研究”等；

撰写论文《如何提高学生学习音乐的兴趣》获国家级一等奖，2004 年；

《电脑音乐在校外音乐教学中的应用》，《教书育人》2011 年；

《探讨民族音乐文化在初中音乐教学中的渗透》，《时代教育》2021 年。

孟庆胜

获得第二届“三河文艺繁荣奖”，2020 年；

“2021 河北省中小学教师省级培训项目——高中美术骨干教师培训”中获优质课大赛一等奖，美术作品展一等奖；

参与改造设计三河市第三中学美术馆，2020 年；

美术获奖作品

入选“第十三届全国美展河北省美术作品展”，2019 年，河北省美术家协会；

“第十二届河北艺术联展”获青年组一等奖，河北省教育厅；

入围“北京意象 ——魅力朝阳美术作品展”获入会资格，北京市美术家协会；

入选“逐梦 · 威海卫 ——全国风景 / 静物油画作品展”，2019 年，中国美术家协会；

“精神 · 图式 ——第二届中国写意油画双年展”获入会资格，2021 年，中国美术家协会；

“百年辉煌 · 武汉记忆 —— 庆祝中国共产党成立 100 周年全国美术作品展”获优秀奖入会资格，2021 年，中国美术家协会；

入选“青春心向党　起航新征程 ——河北青年优秀美术作品展”，2022 年，河北省群众艺术馆；

《丝路商都系列二》入围“全国少数民族美术作品展”，2022 年，中国美术家协会；

《葵 · 语》入围“第四届全国（宁波）综合材料绘画双年展”，中国美术家协会；

《葵 · 语》入围“诗意江南 ——2022 中国油画作品展”中国美术家协会。

孟艳红

廊坊市食品药品稽查先进工作者，2008 年；

河北省药品医疗器械打假先进个人，2009 年；

河北省食品药品监管系统先进工作者，2012 年；

河北省药品医疗器械打假先进个人，2015 年；

廊坊市食品药品稽查先进工作者，2016 年；

廊坊市优秀盟员，2016 年；

廊坊市优秀公务员嘉奖，2017 年；

河北省优秀盟员，2017 年；

廊坊市优秀盟员，2018 年；

廊坊市优秀公务员嘉奖，2019 年；

廊坊市抗疫一线表现突出优秀个人，2021 年；

廊坊市优秀公务员嘉奖，2021 年。

赵全民

先进工作个人，2020 年，廊坊市书法家协会；

先进工作个人，2021 年，廊坊市书法家协会。

赵丽霞

《浅谈如何丰富学生的感知》，2007 年发表于《中部教育》；

《献给母亲的歌》获廊坊中学语文优秀课件评比三等奖，廊坊教育局教研室，2007 年；

《提高话题作文质量的策略与方法》获“十一五”重点科研课题研究成果二等奖，中国教育学会中学语文教育专业委员会，2008 年；

“第四届全国中学生语文能力竞赛”优秀指导奖，中国教育学会中学语文教育专业委员会、全国中学生语文能力竞赛组委会，2010 年；

“林黛玉进贾府”荣获全市高中新课程教学设计竞赛三等奖，廊坊市教育局，2010 年；

《尽展个性风采，走独特创新之路 ——创新在作文教学中的运用》，《现代教育科学 · 中学教室》2011 年第 4 期；

“林黛玉进贾府”荣获中学语文教学优秀课件年度评选一等奖，荣获廊坊市中小学多媒体教育软件大赛二等奖，廊坊市教育局，2011 年；

《状元榜：2012—2013 高考原卷满分作文评析》，中南出版社、湖南人民出版社，2012 年出版；

《尽展个性风采，走独特创新之路》获河北省第十三届优秀教科研、教学实验成果评选三等奖，河北省教育学会，2012 年；

荣获三河市政府 2011 年度嘉奖，三河市政府，2012 年；

“十二五”规划教科研课题《培养学生创造性思维品质的研究》，荣获教育科学研究优秀成果奖一等奖，廊坊市教育局、廊坊教育科学规划领导小组，2013 年；

“新课程背景下语文阅读教学微格策略研究”结题，廊坊教育科学规划领导小组，2013 年；

“十二五”规划教科研课题《培养学生创造性思维品质的研究》，荣获“河北省第二届教育科学研究优秀成果奖”二等奖，河北省教育厅、河北省省教科所，2014 年；

荣获三河市政府 2013 年度嘉奖，三河市政府，2014 年；

“典型就在身边”先进个人，中国民主同盟河北省委员会，2019 年；

廊坊优秀盟员，中国民主同盟廊坊委员会，2020 年；

“在阅读教学中培养学生核心素养的实践研究”结题，廊坊市教育科学规划领导小组，2021 年；

“关于推进中华优秀传统文化传承发展的建议”结题，中国民主同盟河北省委员会，2021 年。

文化艺术荣誉

“首届河北省硬笔书法大汇展”，佳作奖，2008 年，河北省硬笔书法协会；

“第七届中国国际青少年书画大赛”优秀指导教师奖，2011 年，新加坡艺术协会、格鲁吉亚驻华大使馆、韩国世界文化发展中心、日本日中科学艺术文化交流中心；

“首届河北省硬笔书法大汇展”佳作奖，2011 年；

“中央人民广播电台第四届‘夏青杯’全国朗诵大赛”廊坊赛区三等奖，2015 年，中央人民广播电台第四届夏青杯全国朗诵大赛廊坊赛区组委会；

“中国梦 劳动美——党在我心中”，全省职工读书演讲总决赛获得优秀奖，2016 年，河北省总工会；

廊坊市硬笔书法协会先进个人，2018—2023 年，廊坊硬笔书法协会；

“京津冀诵读邀请赛”分别获二、三等奖，2018—2023 年，京津冀赛区组委会；

“民盟华北五省市区庆祝新中国成立70周年书画联展”入展，2019年，中国民主同盟河北省委员会；

“传承有道　砥砺前行‘榜样人物’”，2020年，廊坊市硬笔书法协会；

“2019年度河北省先进个人”，2020年，河北省硬笔书法协会；

“廊坊第五届朗诵大赛”优秀辅导教师奖，2020年，廊坊市朗诵协会；

“优秀通讯员”，2020年，河北电广传媒；

“河北省校园艺术名家”，2020年，河北电广传媒艺术创作中心；

“九城同心沐党恩——庆祝中国共产党百年诞辰和民盟成立80周年书画展”入展，2021年，中国民主同盟河北省委员会；

“庆祝中国民主同盟成立80周年征文”诗歌视频创作奖，2021年，中国民主同盟河北省委员会。

赵岩峰

课题“沧州市中药专业人才培养模式的方略研究”。项目编号：2022231，2022年6月—2023年4月，沧州市社会科学发展研究课题管理办公室；

“服务‘健康廊坊’改进中药专业人才培养模式的方略研究”，项目编号：2022114，2022年4—7月，廊坊市社会科学界联合会；

《沧州市中药专业人才培养模式的方略研究》，《教育科学》2022年8月；

《基于翻转课堂的实用方剂与中成药学课程教学方法改革》，《智慧健康》2022年6月；

《服务“健康廊坊”改进中药专业人才培养模式的方略研究》，《电脑校园》2019年11月；

《2018国家执业药师资格考试辅导讲义——中药学综合知识与技能》，编委，人民卫生出版社，2018年2月出版。

修 静

授予“五一巾帼标兵岗”称号，河北省交通厅工会；

“第十届河北省青年歌手电视大赛”获得民族唱法银屏奖，2010 年，河北省电视台、河北省音乐家协会；

原创歌曲《记得》，入选“庆祝中国共产党成立 100 周年‘百年百首’”全国优秀新创歌曲，2021 年，中国音乐家协会。

侯丽君

河北省优秀班主任，2007 年，河北省教育厅；

廊坊市中小学幼儿园骨干教师，2009 年，廊坊市教育局；

市先进德育工作者，2021 年，廊坊市教育局；

开发区学科名师，2021 年，廊坊开发区文教卫生局；

学校思想政治工作先进个人，2022 年，中共廊坊市委教育工委；

河北省中小学幼儿园骨干教师，2022 年，河北省教育厅；

授课获省二等奖，2019 年，河北省教育厅；

授课获省一等奖，2020 年，河北省教育厅；

主持的市级课题“高中思想政治课、历史课情感态度价值观的培养”顺利结题；

主持的校本研修“小故事 大智慧”顺利结题；

《浅谈高中政治生活化教学策略》发表于《大众科学》；

《中学政治课中情感态度价值观的培养》发表于《中华少年》；

《有效落实三维目标，打造中学政治高效课堂》发表于《教育学》。

莽 彤

《以情感人 用心育人》，廊坊市第四届职成教优秀论文二等奖，2008 年，廊坊市教育局；

《美术设计教学与创新能力培养》，廊坊市第五届职成教优秀论文二等奖，2009 年，廊坊市教育局；

嘉奖奖励，2011 年，廊坊市教育局；

河北省中等职业学校美育课“创新杯”教学比赛二等奖，2012 年，河北省教育厅职业教育与成人教育处；

《反传统的标志设计给我们的启示》，《课外阅读》2012 年第 12 期；

《关于中专美术欣赏课教学浅探》，《教学与研究》；

《论线条之美》，《考试周刊》2012 年第 17 期；

《中国元素与现代设计》，《课外阅读》。

贾体敏

《中职学校学生心理健康状况的调查分析》，2010 年，发表于《中国科技教育》；

“神州数码杯——河北省中等职业学校信息化教学大赛”荣获一等奖，2011 年，河北省教育厅；

“神州数码杯——河北省中等职业学校信息化教学大赛”荣获三等奖，2011 年，河北省教育厅；

《中职院校学生思想品德发展中的问题》，《华章》2011 年第 9 期；

《构建中职和谐师生关系》，《中国校外教育》2011 年第 12 期；

《〈三国演义〉影视作品主题的嬗变》，《现代阅读（教育版）》2012 年第 9 期；

“廊坊市中等职业学校技能大赛教学能力比赛”荣获一等奖，2021 年，廊坊市教育局；

“河北省职业院校技能大赛教学能力比赛”荣获二等奖，2021 年，河北省教育厅。

贾骁骁

指导学生参加中国国际“互联网 +”大赛获河北省铜奖一项，获校级一等奖一项、校级二等奖一项；

“挑战杯”大学生创业计划竞赛获河北省三等奖两项，校级二等奖一项；

指导学生参加“科云杯”会计技能大赛连续两年获河北省本科组二等奖；

指导学生获河北省大学生创新创业训练计划项目省级立项两项。

顾继午

奖励，2020 年，廊坊市人力资源和社会保障局；

奖励，2021 年，廊坊市人力资源和社会保障局 。

殷玉华

廊坊质监系统食品安全监管工作先进个人，2006 年；

廊坊质监系统食品安全监管工作先进个人，2007 年；

廊坊市打假工作先进个人，2007 年；

廊坊市质量技术监督局食品安全监督检验工作先进个人，2008 年；

2007 年、2008 年、2009 年连续三年荣获河北省质量技术监督局嘉奖；

廊坊市人民政府 2011 年度全市信用信息归集使用工作先进个人，2011 年；

中国民主同盟河北省委员会优秀盟员，2008 年；

中国民主同盟河北省委员会优秀盟员，2013 年；

2017 年度中国人民政治协商会议三河市第六届委员会“优秀委员”称号、“十优提案”奖，2018 年；

中国人民政治协商会议三河市第六届委员会“十佳委员”称号，2020 年；

民盟河北省疫情防控宣传工作先进个人，2020 年；

民盟河北省疫情防控反映社情民意工作先进个人，2020 年；

2020 年度中国民主同盟河北省委员会优秀盟员，2021 年；

2021 年度中国民主同盟河北省委员会优秀盟员，2022 年；

中国人民政治协商会议第六届委员会“优秀委员”，2021 年；

2021年度荣获中共三河市委三等功，2022年；

《关于对河北省“三小”条例中第二十条、第二十八条、第五十一条进行完善的建议》被民盟河北省委采纳，2021年；

盟省委重点调研课题“论新形势下强化食品安全监管”，已结题，2021年。

高贺伟

2011年度廊坊十大杰出青年企业家，2011年12月，廊坊市人民政府新闻办公室共青团廊坊市委；

廊坊市星星火炬奖章获得者，2012年6月，共青团廊坊市委、廊坊市教育局、廊坊市少工委；

大城县第十五届十大杰出青年，2015年4月，中共大城县委、大城县人民政府；

科技进步奖一等奖，2016年3月，大城县科学技术局；

科技进步奖二等奖，2016年6月，廊坊市科学技术局；

中国民盟廊坊市优秀盟员，2021年12月，中国民主同盟廊坊市委员会。

高善芳

审计通联宣传工作先进个人，2016年，中国时代经济出版社《中国审计》编辑部；

参与编纂《大城县文化志》，2020年。

郭桂杰

安次区教体局授予教学先进个人，2018年9月，2019年3月、8月，2020年3月，2021年3月；

安次区委、区政府授予优秀教师荣誉称号，2017年5月，2018年9月，2019年8月；

廊坊市安次区英语名师工作室主持人，2018 年 6 月；

所任班主任的班级被授予安次区先进班集体，2018 年 12 月，2020 年 4 月，2021 年 3 月；

安次区教体局授予先进德育工作者称号，2018 年 12 月；

江苏第二师范学院授予省外培训优秀学员，2018 年 12 月；

安次区委、区政府嘉奖奖励，2019 年 3 月；

安次区教体局授予优秀德育工作者，2020 年 4 月；

安次区人力资源和社会保障局授予记功奖励，2020 年 7 月；

教学技能二等奖，2020 年 7 月，河北省教育厅；

安次区委教育工作委员会授予优秀教师荣誉称号，2020 年 9 月；

安次区教体局授予先进德育工作者，2021 年 3 月；

廊坊市教育局授予先进德育工作者，2021 年 4 月；

廊坊市人力资源和社会保障局授予记功奖励，2021 年 6 月。

郭 辉

《用教师的人格魅力感染学生》，《现代教学与研究》2007 年第 6 期；

全市优秀课（文化课类）获二等奖，2008 年；

市优秀论文（文化课类）获三等奖，2008 年；

嘉奖奖励，2008 年，廊坊市教委；

廊坊市职成教优秀论文（文化课类）获三等奖，2008 年；

《赏识、激励是沐浴学生心田的雨露》，《当代教学参考》2008 年第 6 期。

郭 谦

《建筑装饰材料与施工》主编；

《建筑材料装饰》主编；

《家具设计与室内陈设》主编；

《厨具与橱柜》主编。

黄靖凯

“党的十八大安保工作”先进个人，2012 年，中共安次区委、区政府；

“年度工作”先进个人，2013 年，中共安次区委、区政府；

“年度工作”先进个人，2014 年，中共安次区委、区政府；

优秀个人，2019 年，中共安次区委、区政府；

优秀个人，2020 年，中共安次区委、区政府；

“争创省级文明城区模范居民”，2021 年，安次区精神文明委。

龚玉山

廊坊市优秀医生，2007 年，廊坊市卫生局；

廊坊市医德医风标兵，2007 年，廊坊市总工会；

廊坊市百佳医务工作者，2006 年，廊坊市卫生局。

董亚青

《B 超在乳腺疾病诊断中的临床应用分析》，《大医生》2017 年第 5 期；

《B 超诊断胎儿畸形的临床价值分析》，《母婴世界》，2017 年第 16 期；

课题“全自动胎儿肺部超声与晚期早产儿呼吸系统疾病的相关研究”第二主研人，2020 年；

河北中石油中心医院优秀员工，2021 年；

《全自动胎儿肺部超声分析与晚期早产儿呼吸系统疾病相关性研究》，《中国超声医学杂志》2022 年第 1 期；

《新生儿肺部超声在早产儿肺部感染评价中的价值》，《河北医科大学学报》2022 年第 9 期；

《全自动胎儿肺部超声分析预测妊娠晚期胎儿肺成熟度的研究》，《河北医科大学学报》2022 年第 10 期。

韩国淑

《漫谈乒乓球练习》，《中国学校体育》2008 年第 5 期；

《浅谈中小学体育教学与素质教育》获现代教育管理与教学优秀论文奖，2008 年。

韩晶华

廊坊市十佳优秀律师，2016 年。

鲁建辉

“第五届全国妇女书法展”入展，2013 年，中国书法家协会；

《书法产业发展中制导作用的研究》入选“首届中国书法产业高峰论坛”，2014 年，中国书法家协会；

作品入选中国书法家协会培训中心，教学成果展，2018 年；

“向时代致敬——庆祝改革开放 40 周年民盟盟员美术作品展”入展，2018 年，中国民主同盟；

“纪念中共中央‘五一口号’发表 65 周年书画展”一等奖民盟中央美术院河北分院；

北兰亭十周年会员优秀作品展入展（北兰亭）；

庆祝改革开放 40 周年河北省书法大赛银奖（河北书协）；

河北省“挥写廉政”书法大展入展（河北书协）；

“高远杯”河北省书法作品展（河北书协）；

河北省第九届妇女书法展入展（河北书协）；

河北省第十届妇女书法展入展（河北书协）；

河北省第十一届妇女展优秀奖（河北书协）；

廊坊市首届、第二届教师书法大赛一等奖；

廊坊市电视书法大赛三等奖（廊坊书协）；

廊坊书法晋省展（廊坊书协）；

廊坊书法院研究员第二届滕州院展（廊坊书法院）；

廊坊市第三届书法大赛三等奖（廊坊书协）；

“新时代 艺起来”书法展一等奖（廊坊书协）；

廊坊市第四届书法大赛获奖提名（廊坊书协）。

温 栋

参与“舟山国家石油储备基地工程”被授予石油工程优秀设计一等奖，2009年7月，石油天然气工程建设质量奖审定委员会、中国石油工程建设协会;

参与“阿拉山口—独山子原油管道工程”被授予石油工程优秀设计三等奖，2009年7月，石油天然气工程建设质量奖审定委员会、中国石油工程建设协会;

参与“舟山国家石油储备基地工程”被授予国家工程建设质量二等奖，2012年11月，国家工程建设质量奖审定委员会;

参与“廊坊市丽都鑫潮家居生活广场工程”被授予优等工程勘察设计文件二等奖，2012年12月，中国石油天然气管道工程有限公司科学技术委员会;

参与“兰州—成都原油管道工程”被授予优等工程勘察设计文件三等奖，2014年12月，中国石油天然气管道工程有限公司科学技术委员会;

“电力专业高级技术专家”荣誉称号，2015年5月，中国石油天然气管道工程有限公司。

谢刚龙

“廊坊市新长征突击手”，2015年;

“廊坊市有突出贡献中青年人才”，2017年;

廊坊市科技成果三等奖，2016年。

路 博

廊坊市科技进步三等奖，第三完成人，2013 年；

国家实用新型专利，第二发明人，2014 年；

廊坊市科技进步三等奖，第五完成人，2016 年；

廊坊市科技进步三等奖，第三完成人，2017 年；

河北省科技成果，第五完成人，2021 年；

《数字化钢板在尺桡骨骨干骨折中的临床应用》，《中国骨与关节损伤杂志》2014 年第 5 期；

《股骨干骨折锁定板内固定治疗的有限元分析》，《实用骨科杂志》2014 年第 9 期；

《桡骨远端骨折患者术后发生切口感染的临床研究》，《实用临床医药杂志》2016 年第 15 期；

《中国部分地区汉族儿童和青少年脊柱矢状位参数变化》，《脊柱外科杂志》2021 年第 5 期；

《Vancouver B2 型股骨假体周围骨折锁定板或皮质骨板不同内固定方式的生物力学分析》，《中国组织工程研究》2021 年第 30 期；

A bibliometrics analysis and visualization of osteoimmunology on osteoarthritis studies—— American Journal of Translational Research IF3.94，2022 年；

《脊柱畸形诊疗与康复》特邀编委，上海科学技术出版社，2022 年；

《高龄退变性脊柱侧凸患者合并症对术后并发症发生率的影响研究》，《中国骨与关节杂志》2023 年第 1 期；

河北省优秀盟员，2020 年，民盟河北省委；

河北中石油中心医院门诊患者最满意专家，2022 年。

阚国娟

2005 年度全市督查工作先进个人，2006 年 3 月，安次区政府办；

5·18 国际商务节参会组织工作先进个人，2006 年 6 月，中共安次区委、区政府；

2006 年度全市督查工作先进个人，2007 年 3 月，安次区政府办；

2006 年度项目服务先进个人，2007 年 4 月，中共安次区委、区政府；

2006 年度文明生态村创建和沼气建设工作先进个人，2007 年 4 月，中共安次区委、区政府；

2007 年度文明生态村创建和沼气建设工作先进个人，2008 年 3 月，中共安次区委、区政府；

2010 年度工作先进个人，2011 年 1 月，中共安次区委、区政府；

2019 年度工作先进个人，2020 年 4 月，中共安次区委、区政府；

曾当选六届廊坊市人大代表、七届安次区政协委员。

魏 东

抗“疫”青春志愿同行，2021 年，共青团廊坊市委；

协会特殊贡献奖，2020 年，廊坊市建筑装饰协会；

诚信单位，2021 年，廊坊市建筑装饰协会；

十佳装饰企业，2022 年，廊坊市建筑装饰协会。

魏亚萍

《高职院校电子商务概论精品课程建设与改革》获河北省教育学会第十三届高等教育科学研究成果三等奖，2012 年；

《职业教育中电子商务专业实践教学体系与实践教学基地建设的研究》获河北省第十三届优秀教育科研、教学实验成果二等奖，2012 年；

《教师教学能力测评工作方案》获河北省教学成果三等奖，2018 年；

主持课题“基于教师教学能力测评工作的高职院校师资队伍建设实施与研究”，2019 年结题；

第 1 版获“机械工业出版社精品教材”，2008 年；

《电子商务基础 第2版》获廊坊市第七届社会科学优秀成果三等奖，2010 年；

高教社平台建设《网络营销》精品在线开放课程，2018 年；

《电子商务基础 第 3 版》入选教育部“十三五”职业教育国家规划教材，2020 年；

《电子商务基础 第 3 版》被遴选为 2019—2022 年度“机械工业出版社职业教育畅销教材”，2021 年获“河北省第十届高等职业教育教学成果”三等奖，被聘为机械工业出版社职业教育专家委员会专业指导分会委员。

2010 年入选河北省职称评审专家库。

魏 震

荣获三等功，2014 年，三河市政府；

《经济可持续发展与贸易管理研究》，哈尔滨出版社，2021 年出版；

“十三五”职业教育国家规划教材，《企业行政管理》副主编，大连理工大学出版社；

EI 收录论文：*Application of intelligent voice technology in VR intelligent teaching system of tourism management*

发明专利：一种教学使用的展示架，2021 年，ZL202110013963.5；

课题项目《基于京津冀协同发展背景下河北省产业梯度转移调控研究》，获第十四届河北省统计科研优秀成果奖二等奖；

三河市政协优秀委员，2017 年；

三河市政协十优提案奖，2020 年。

附 13 历任市级行政职务盟员名单

姓名	出生年月	行政职务	盟内职务
袁绍祥	1944 年 8 月	廊坊市政协第三、四届政协副主席	民盟廊坊市第三、四届委员会主委
张纬东	1967 年 7 月	廊坊市政协第五、六、七届政协副主席	民盟河北省第十、十一届委员会副主委；民盟廊坊市第五、六、七届委员会主委

附 14 历任处级行政职务盟员名单

（按入盟时间排序）

姓名	出生日期	工作单位及职务	盟内职务类别
马春玲	1952 年 2 月	廊坊市政协办公室调研员	民盟廊坊市第三、四届委员会副主委
郭淑凤	1963 年 4 月	廊坊市人大二级调研员	民盟廊坊市第五、六、七届委员会副主委
郭金生	1961 年 2 月	廊坊师院化学学院副院长	无
孙大军	1960 年 7 月	廊坊师院科研处处长	民盟廊坊市第五、六届委员会副主委
周旭光	1962 年 9 月	廊坊师院音乐学院院长	民盟廊坊市第六、七届委员会副主委
程济源	1968 年 11 月	廊坊市园林局高级工程师	民盟廊坊市第五、六届市委委员
张庆田	1963 年 4 月	廊坊市水务局副调研员	民盟廊坊市第六、七届市委委员
尹江亭	1971 年 12 月	河北银行廊坊分行副行长	民盟廊坊市第七、八届委员会委员
何成华	1963 年 10 月	廊坊师院音乐学院副院长	无
曹传熠	1968 年 11 月	廊坊师范学院美术学院副院长	民盟廊坊师范学院委员会主委
李海滨	1978 年 10 月	民盟廊坊市委专职副主委	民盟廊坊市第八届委员会专职副主委
张晓莉	1978 年 1 月	廊坊市安次区政协副主席	民盟联合二支部副主委
杨晓东	1967 年 10 月	廊坊市政协副调研员	民盟廊坊市第七、八届委员会委员
王景硕	1964 年 3 月	民盟廊坊市委二级调研员	民盟廊坊市第五、六、七届委员会副主委
王荣芳	1972 年 3 月	廊坊师范学院社会发展学院院长	民盟廊坊市第七届委员会委员，第八届委员会副主委
李 丹	1981 年 5 月	河北省大城县政协副主席	民盟大城支部主委
高善芳	1974 年 4 月	大城县人大副主任	无
马双杰	1974 年 9 月	市人大农村工委主任	民盟廊坊市第八届委员会副主委
张志庆	1971 年 12 月	廊坊市文联主席	民盟廊坊市第八届委员会主委

附 15　盟员基本情况统计表

盟员基本情况统计表

项目	女成员		离退休		文化程度								职称						中上层		年龄结构					中共党员	民主党派交叉党
人数					大专		大学		研究生				中级		副高		正高										
									硕士		博士																
地区	人数	比例(%)	人数	比例(%)	人数	比例(%)	人数	比例(%)	人数	比例(%)	人数	比例	人数	比例(%)	人数	比例(%)	人数	比例(%)	人数	比例(%)	平均年龄	40岁以下	41至50岁	51至60岁	61岁以上		
联合委员会	60	40.54	10	6.76	23	15.54	103	69.59	17	11.49	1	0.68	37	25	23	15.54	5	3.38	104	70.27	44.81	58	51	29	10	11	
南区委员会	23	40.35	5	8.77	11	19.3	40	70.18	4	7.02			6	10.53	5	8.77	2	3.51	34	59.65	45.04	23	19	11	4	5	
北区委员会	28	48.28	5	8.62	3	5.17	39	67.24	12	20.69	1	1.72	11	18.97	10	17.24	7	12.07	41	70.69	45.66	17	27	12	2	1	
医卫委员会	25	45.45	12	21.82	9	16.36	37	67.27	6	10.91	2	3.64	24	43.64	15	27.27	9	16.36	52	94.55	51.51	10	20	14	11		
中教委员会	23	46.94	13	26.53	4	8.16	44	89.8					13	26.53	33	67.35			48	97.96	56.35	1	15	22	11	4	
高教委员会	14	50	10	35.71	1	3.57	17	60.71	9	32.14			10	35.71	10	35.71	4	14.3	24	85.71	56.21	5	4	11	8	3	
管道局委员会	34	47.89	34	47.89	9	12.68	45	63.38	14	19.72			26	36.62	33	46.48	1	1.41	61	85.92	58.75	22	9	9	31	2	
廊坊师院委员会	53	53.54	38	38.38	8	8.08	53	53.54	31	31.31	3	3.03	36	36.36	44	44.44	11	11.1	95	95.96	57.25	17	19	29	34	6	
安次区委员会	18	58.06	4	12.9	3	9.68	25	80.65	3	9.68			12	38.71	4	12.9			25	80.65	45.77	13	13	1	4		
广阳区委员会	24	58.54	5	12.2	4	9.76	34	82.93	2	4.88			14	34.15	9	21.95			36	87.8	48.2	11	18	8	4	2	
开发区委员会	15	36.59			4	9.76	31	75.61	5	12.2			18	43.9	3	7.32			30	73.17	41.44	19	19	3			
合计	317	46.76	136	20.06	79	11.65	468	69.03	103	15.19	7	1.03	207	30.53	189	27.88	39	5.75	550	81.12	50.07	196	214	149	119	34	

附 16 盟员界别分布情况统计表

盟员界别分布情况统计表

项目 人数 地区	高等教育		基础教育		科学技术				医药卫生				文化艺术		出版传媒		经济				新的社会阶层				人大政协机关		政府机关				司法机关		社会团体				党派机关		其他		本党派界别特色	
					重点分工		非重点分工		重点分工		非重点分工						重点分工		非重点分工		重点分工		非重点分工				重点分工		非重点分工				重点分工		非重点分工							
	人数	比例(%)	人数	比例(%)	人数	比例(%)	人数	比例(%)	人数	比例(%)	人数	比例(%)	人数	比例(%)	人数	比例(%)	人数	比例(%)	人数	比例(%)	人数	比例(%)	人数	比例(%)	人数	比例(%)	人数	比例(%)	人数	比例(%)	人数	比例(%)	人数	比例(%)	人数	比例(%)	人数	比例(%)	人数	比例(%)	人数	比例(%)
联合委员会	5	3.38	6	4.05	1	0.68	5	3.38					13	8.78	4	2.7	1	0.68	38	25.68	2	1.35	21	14.19	5	3.38	6	4.05	36	24.32			1	0.68	1	0.68	3	2.03			39	26.35
南区委员会			5	8.77							13	22.81	2	3.51	1	1.75			15	26.32	2	3.51	4	7.02	1	1.75	4	7.02	9	15.79	1	1.75									14	24.56
北区委员会	14	24.14	4	6.9			1	1.72			5	8.62	5	8.62					7	12.07	4	6.9	3	5.17			5	8.62	9	15.52	1	1.72									32	55.17
医卫委员会	10	18.18	1	1.82			1	1.82			35	63.64					1	1.82	1	1.82			1	1.82	1	1.82			4	7.27											12	21.82
中教委员会	2	4.08	46	93.88			1	2.04																																	48	97.96
高教委员会	23	82.14	1	3.57											1	3.57			2	7.14			1	3.57																	25	89.29
管道局委员会	23	32.39	8	11.27			20	28.17			9	12.68	2	2.82	1	1.41			6	8.45			2	2.82																	34	47.89
廊坊师院委员会	98	98.99																	1	1.01																					98	98.99
安次区委员会			13	41.94			1	3.23					2	6.45	1	3.23			3	9.68	3	9.68					2	6.45	6	19.35											21	67.74
广阳区委员会			18	43.9			1	2.44			1	2.44	1	2.44					5	12.2	2	4.88	2	4.88	1	2.44	1	2.44	9	21.95											22	53.66
开发区委员会	2	4.88	5	12.2	1	2.44					11	26.83	3	7.32					3	7.32	3	7.32	7	17.07			1	2.44	4	9.76									1	2.44	15	36.59
合计	177	26.11	107	15.78	2	0.29	30	4.42			74	10.91	28	4.13	8	1.18	2	0.29	81	11.95	16	2.36	41	6.05	8	1.18	19	2.8	77	11.36	2	0.29	1	0.15	1	0.15	3	0.44	1	0.15	360	53.1

附 17　历年先进基层组织和优秀盟员名单

2007 年

先进支部优秀奖（7 个）

民盟廊坊职业技术学院支部

民盟河北工业大学廊坊分院支部

民盟廊坊电子信息工程学校支部

民盟廊坊一中支部

民盟廊坊二中支部

民盟廊坊三中支部

民盟廊坊三河燕郊支部

优秀盟员（27 人）

刘丽梅、王利生、陈玉芹、张月华、陈泽寅、徐世华、詹泗勋、晁春卉、吴珉、魏亚萍、胡金明、韩国淑、乔英莉、商霄燕、王春玲、殷玉华、程济源、邢宝奎、赵振声 、李秀苓、周奇霞、孙欣、刘永、弋宝成、王东风、刘燕明、李海滨

2008 年

河北省先进支部（1 个）

民盟廊坊联合支部

先进支部一等奖（1 个）

民盟廊坊师院离退休支部

先进支部二等奖（3 个）

民盟廊坊医卫支部　民盟廊坊师院一支部 民盟廊坊管道局支部

先进支部三等奖（2 个）

民盟廊坊师院二支部　民盟廊坊电子信息工程学校支部

先进支部优秀奖（6 个）

民盟廊坊职业技术学院支部

民盟河北工业大学廊坊分院支部

民盟廊坊一中支部　民盟廊坊二中支部

民盟廊坊三中支部　民盟廊坊三河燕郊支部

河北省优秀盟员（16 人）

殷玉华、刘桂英、张启杰、刘丽梅、陈玉芹、徐世华、刘艺田、靳兰芳、吕红艳、何成华、张玲娟、王东风、吴树华、徐景礼、程济源、纪子厚

廊坊市优秀盟员（13 人）

范成力、张素蓉、袁爱民、杜希谦、俞士铎、谭玉玺、方志军、王利明、张学敏、董力、邹家立、赵振声、谷登平

2009 年

先进支部一等奖（1 个）

民盟廊坊师范学院一支部

先进支部二等奖（2 个）

民盟廊坊电子信息工程学校支部　民盟廊坊二中支部

先进支部三等奖（3 个）

民盟廊坊师范学院老年支部　民盟廊坊医卫支部

民盟廊坊职业技术学院支部

先进支部优秀奖（7 个）

民盟廊坊师范学院二支部　民盟廊坊联合支部

民盟廊坊管道局支部　民盟河北工业大学廊坊分院支部

民盟廊坊一中支部　民盟廊坊三中支部

民盟廊坊三河燕郊支部

优秀盟员（31 人）

杜希谦、平进珍、张文荣、秦士伦、王利生、马莹、崔洪岭、杨淑荣、刘东梅、刘兵、王东贞、刘士杰、吴国民、高大光、刘燕明、董力、吴凤霞、常笑尘、李术慧、江一忱、古利红、刘艳庭、张立敏、陈玉芹、李广成、任宏、杨晓东、程济源、郑万明、纪子厚、赵振声

2010 年

民盟河北省先进基层盟组织（2 个）

民盟廊坊联合支部

廊坊师范学院老年支部

河北省优秀盟员（16 人）

于彦春、吴树华、田学芳、郑万明、晁春卉、任四新、刘俊英、郭金生、金海明、刘丽梅、高大光、王荣芳、杨晓东、王建国、杨莉莉、刘忠见

民盟廊坊市先进支部和优秀盟员名单

先进支部一等奖（1 个）

民盟廊坊医卫支部

先进支部二等奖（2 个）

民盟廊坊管道局支部　民盟廊坊二中支部

先进支部三等奖（3 个）

民盟廊坊师范学院一支部

民盟电子信息工程学校支部

民盟廊坊三河燕郊支部

先进支部优秀奖（6 个）

民盟廊坊师范学院二支部

民盟河北工业大学廊坊分校支部

民盟廊坊职业技术学院支部

民盟廊坊一中支部

民盟廊坊三中支部

民盟廊坊霸州支部

廊坊市优秀盟员（18 人）

姜子敬、耿懋吉、李少民、吴全华、张增禄、张林强、田永全、张晓莉、庞剑平、朱欣华、马莹、王利生、杨淑荣、魏洁、李俊梅、刘燕明、樊淑侠、刘秀琴

2013 年

河北省先进基层盟组织（2 个）

民盟廊坊联合一支部

民盟廊坊霸州支部

廊坊市先进基层盟组织（2 个）

民盟廊坊医卫支部

民盟廊坊师范学院二支部

河北省优秀盟员（23 人）

殷玉华、柏婧、刘艳、王利生、李媛媛、王荣芳、田永全、杜希谦、刘秀芹、王春玲、李景玉、邢璐、郝海辉、吴国民、李晓荣、晁怀宇、张增禄、张旭东、杨晓、宁祝萱、张素蓉、杨九利、程济源

廊坊市优秀盟员（26 人）

李雷、张先、李虹、李俊梅、张予晋、幺红梅、郭谦、张学敏、冯蕾、邢永超、徐世华、詹泗勋、晁春卉、鲍军、梁娅琴、张晓东、徐洁、朱欣华、王利明、胡金明、贾体敏、李丽娟、尹江亭、吴永吉、侯炳刚、王建国

2015 年

河北省先进基层盟组织（1 个）

民盟廊坊师范学院总支

河北省优秀盟员（26 人）

王利明、刘永、曹传熠、张士辰、张晓东、李景玉、张增禄、李媛媛、靳兰芳、王春玲、尹江婷、刘丽梅、刘在今、王利生、魏震、张先、王建国、田学芳、吴国民、郝海辉、李晓荣、 吕红艳、明月梅、王娜、张晓莉、 冯蕾

廊坊市先进基层盟组织（4 个）

民盟廊坊医卫支部 民盟廊坊管道局老年支部 民盟廊坊电子信息工程学校支部 民盟廊坊霸州支部

廊坊市优秀盟员 (25 人)

郭金生、耿兆起、沈红霞、詹泗勋、杜希谦、祁胜杰、徐杰、周双旺、李广成、幺红梅、高丽莉、齐金平、李洪帅、李欲来、李俊梅、路博、冯宝坤、王洪波、马朝霞、刘艳、郭辉、艾楠、朱文瑶、阚国娟、李京梅

2018 年

河北省先进基层组织（1 个）

民盟廊坊联合一支部

优秀盟员（6 人）

李京梅、杨建忠、孟艳红、张宏杰、马青林、王艳松

2019 年

河北省先进基层盟组织（1 个）

民盟廊坊开发区支部

河北省优秀盟员（6 人）

邢璐、张晓东、周慧、赵立平、鲁建辉、魏国栋

廊坊市先进基层盟组织（21 个）

一等奖： 民盟廊坊三河支部 民盟廊坊联合二支部

二等奖：民盟廊坊联合一支部 民盟廊坊安次支部

民盟廊坊医卫委员会 民盟廊坊师范学院一支部

三等奖：民盟河工大廊坊分校支部

民盟廊坊职业技术学院支部

民盟廊坊大城支部 民盟廊坊广阳支部 民盟廊坊霸州支部

民盟廊坊师范学院二支部

优秀奖：民盟廊坊一中支部 民盟廊坊二中支部

民盟廊坊三中支部 民盟廊坊金融支部

民盟廊坊农业支部 民盟华北科技学院支部

民盟电子信息工程学校支部 民盟廊坊管道委员会

民盟廊坊师范学院老年支部

廊坊市优秀盟员（27 人）

王伟、王洪波、王津、王鹏飞、尹立红、叶双陶、冯蕾、刘敬、孙鹏、李旭光、杨雁骏、何玲、闫安、张伯华、张爱萍、张瑞、庞宝艳、单耀、屈芳芳、屈海燕、孟艳红、赵云、徐宏伟、崔钰晨、董浩、窦景涛、戴晶晶

2020 年

廊坊市先进基层盟组织（21 个）

一等奖：民盟廊坊医卫委员会

二等奖：民盟廊坊三河支部 民盟廊坊联合二支部

民盟廊坊开发区支部

三等奖：民盟廊坊联合一支部 民盟廊坊广阳区支部

民盟廊坊安次区支部 民盟廊坊霸州支部

民盟廊坊金融支部

优秀奖：民盟河工大廊坊分校支部 民盟廊坊职业技术学院支部

民盟廊坊一中支部 民盟廊坊二中支部

民盟廊坊三中支部 民盟廊坊电子信息工程学校支部

民盟廊坊师院一支部 民盟廊坊师院二支部

民盟廊坊师院老年支部 民盟廊坊管道委员会

民盟廊坊农业支部 民盟华北科技学院支部

廊坊市优秀盟员（30人）

王彦智、王鹏飞、厉倩、牛力华、方志军、户振涛、田鹏、朱文瑶、刘艺田、刘敬、米盼盼、苏亚娟、李文各、李京梅、李雪梅、吴群、单耀、张明曦、张春红、张莉、张瑞、郑全乐、孟艳红、赵立平、赵丽霞、荣贵飞、信欢、侯炳刚、晁怀宇、郭美丽

2021年

河北省先进基层盟组织（1个）

民盟廊坊北区委员会

河北省优秀盟员（7人）

殷玉华、张旭东、王际强、张德君、朱文瑶、信欢、田鹏

廊坊市先进基层盟组织（3个）

民盟廊坊开发区委员会　民盟安次区委员会　民盟医卫委员

廊坊市优秀盟员（21人）

王伟、王大军、冯蕾、刘敬、刘志远、刘艳敏、许钰娟、苏亚娟、李彦杰、杨哲、宋成才、张伯华、张建渝、明月梅、郑佳辉、单耀、屈芳芳、孟庆胜、侯炳刚、高贺伟、魏亚萍

附 18　盟员名录

姓名	工作单位及职务	职称	基层组织
魏巧丽	廊坊管道局中学	中学高级教师	管道局在职支部
袁爱民	管道局离退休处	中学高级教师	管道局在职支部
王利生	廊坊市卫生监督局	工程师	管道局在职支部
陈建兰	河北石油职业技术学院	讲师	管道局在职支部
刘丽梅	河北石油职业技术学院	教授	管道局在职支部
张立华	河北石油职业技术学院	讲师	管道局在职支部
付瑞珍	河北石油职业技术学院	副教授	管道局在职支部
刘东梅	河北石油职业技术学院	副教授	管道局在职支部
魏　洁	河北石油职业技术学院基础部	副教授	管道局在职支部
谢　兵	河北石油职业技术学院	副教授	管道局在职支部
崔洪岭	管道局通讯公司	工程师	管道局在职支部
蔡丽华	河北石油职业技术学院	讲师	管道局在职支部
徐国仁	中国联合网络通信有限公司廊坊分公司	高级工程师	管道局在职支部
秦文佳	河北石油职业技术学院	讲师	管道局在职支部
马建琴	中国石油管道学院	工程师	管道局在职支部
路　博	河北中石油中心医院骨科副主任医师	副主任医师	管道局在职支部
陈宏宇	河北石油职业技术学院管道工程系	高级实验师	管道局在职支部
庞洪雷	中国石油管道公司财务资产处资金科科长	高级会计师	管道局在职支部
闫　芳	中国移动廊坊分公司	其他中级职称	管道局在职支部
张咏梅	廊坊市管道局通信电力工程总公司 设备资产部	其他中级职称	管道局在职支部

续表

姓名	工作单位及职务	职称	基层组织
李正昌	管道局第四分公司预投产分公司	工程师	管道局在职支部
李金平	管道局通信电力工程有限公司	副教授	管道局在职支部
袁添甜	廊坊八音琴行总经理		管道局在职支部
米盼盼	河北中石油中心医院骨科副主任医师	主治医师	管道局在职支部
张　辰	中油管道投产运行公司		管道局在职支部
关继磊	中国石油管道局工程有限公司国际事业部	工程师	管道局在职支部
赵　云	《廊坊都市报》党办副主任	编辑	管道局在职支部
朱郑横	廊坊市利德五金机电有限公司总经理	工程师	管道局在职支部
刘亚楠	廊坊市关君堂商贸有限公司总经理		管道局在职支部
徐洪伟	廊坊东方华明集团服务总监		管道局在职支部
杜　超	奥瑞拓能源科技股份有限公司副总经理	工程师	管道局在职支部
郑全乐	廊坊爱德堡医院神经外科副主任	主治医师	管道局在职支部
冯佳良	河北中石油中心医院神经外科	主治医师	管道局在职支部
陈　晨	西藏青藏石油管道有限公司招标法务管理	工程师	管道局在职支部
刘雨萌	市司法局社区矫正工作处		管道局在职支部
张轩银	管道局国际事业部		管道局在职支部
杨　哲	管道局中学教师	中学一级教师	管道局在职支部
张建伟	河北中石油中心医院	副主任医师	管道局在职支部
安河鹏	河北中石油中心医院	主治医师	管道局在职支部
冯　凯	河北中石油中心医院	主治医师	管道局在职支部
张英杰	河北中石油中心医院	医师	管道局在职支部
董亚青	河北中石油中心医院	主治医师	管道局在职支部
郝永欣	河北中石油中心医院	主治医师	管道局在职支部
王子斌	河北中石油中心医院	主治医师	管道局在职支部
吕建男	河北中石油中心医院主治医师	主治医师	管道局在职支部
马云龙	永定河流域投资有限公司廊坊分公司计划经营部副部长		管道局在职支部
赵晓敏	河北中石油中心医院耳鼻喉科医师	医师	管道局在职支部
孙寿康	河北工业大学廊坊分校	副教授	河北工业大学廊坊分院支部

续表

姓名	工作单位及职务	职称	基层组织
刘艺田	廊坊市第七中学	中学高级教师	河北工业大学廊坊分院支部
胡金明	河北工业大学廊坊分校硬件教研室主任	副教授	河北工业大学廊坊分院支部
吴树华	河北工业大学廊坊分校	副教授	河北工业大学廊坊分院支部
郝海辉	河北工业大学廊坊分院	讲师	河北工业大学廊坊分院支部
姜子敬	河北工业大学廊坊分院软件教研室主任	副教授	河北工业大学廊坊分院支部
艾　楠	河北工业大学廊坊分校体育教师	讲师	河北工业大学廊坊分院支部
张伯华	北京金盾华通科技有限公司总经理	工程师	河北工业大学廊坊分院支部
祁云鹏	上海澄港置业有限公司财务经理		河北工业大学廊坊分院支部
武云梦	廊坊市生态环境局广阳区分局监测中心副主任		河北工业大学廊坊分院支部
张　阳	廊坊市慈善总会秘书长		河北工业大学廊坊分院支部
卞　惟	廊坊市第二中学	中学高级教师	廊坊二中支部
金　淑	廊坊逸夫小学	小学高级教师	廊坊二中支部
金　煜	廊坊市第二中学	中学高级教师	廊坊二中支部
梁景安	廊坊市第二中学	中学高级教师	廊坊二中支部
刘天礼	廊坊市第二中学副校长	中学高级教师	廊坊二中支部
商霄燕	廊坊市第二中学	中学高级教师	廊坊二中支部
古利红	廊坊市第二中学	中学高级教师	廊坊二中支部
江一忱	廊坊市第二中学	中学一级教师	廊坊二中支部
孙　鹏	廊坊市第二中学	中学高级教师	廊坊二中支部
方志军	廊坊市第二中学	中学一级教师	廊坊二中支部
苏晓亚	广阳区万庄镇教师	中学二级教师	廊坊二中支部
靳兰芳	廊坊市第二中学教师	中学高级教师	廊坊二中支部
刘俊英	廊坊市第二中学	中学高级教师	廊坊二中支部
刘秀芹	廊坊市第二中学	中学高级教师	廊坊二中支部

续表

姓名	工作单位及职务	职称	基层组织
张淑琴	廊坊市第二中学	中学高级教师	廊坊二中支部
高丽莉	廊坊市第二中学	中学一级教师	廊坊二中支部
鲍　军	廊坊市第二中学	中学一级教师	廊坊二中支部
董晓红	廊坊市第二中学	中学高级教师	廊坊二中支部
许钰娟	廊坊市第二中学	中学一级教师	廊坊二中支部
孙　欣	廊坊师范学院	高级工程师	廊坊师院一支部
白世国	廊坊师范学院教育学院	教授	廊坊师院一支部
张立敏	廊坊师范学院人事处	高级农艺师	廊坊师院一支部
耿兆起	廊坊师范学院体育学院	副教授	廊坊师院一支部
朱欣华	廊坊师范学院图书馆馆员	讲师	廊坊师院一支部
周旭光	廊坊师范学院音乐学院	教授	廊坊师院一支部
王　彦	廊坊师范学院外国语学院	高级政工师	廊坊师院一支部
杨雁骏	廊坊师范学院数信学院	政工师	廊坊师院一支部
王利明	廊坊师范学院体育学院	副教授	廊坊师院一支部
贾奎林	廊坊师范学院传媒系	教授	廊坊师院一支部
何成华	廊坊师范学院音乐学院	副教授	廊坊师院一支部
刘艳庭	廊坊师范学院教授	教授	廊坊师院一支部
苏彦萍	廊坊师范学院生命科学学院讲师	讲师	廊坊师院一支部
解海岩	北京骄雪种苗科技开发有限公司	助理研究员	廊坊师院一支部
邢　璐	廊坊师范学院音乐学院	讲师	廊坊师院一支部
王荣芳	廊坊师范学院社会发展学院院长	副教授	廊坊师院一支部
张爱萍	廊坊师范学院	讲师	廊坊师院一支部
张洁敏	廊坊师范学院音乐学院讲师	副教授	廊坊师院一支部
李　媛	廊坊师范学院音乐学院讲师	讲师	廊坊师院一支部
史振霞	廊坊师范学院生命科学学院	副教授	廊坊师院一支部
明月梅	廊坊师范学院经管学院教学办（空港校区）	助理研究员	廊坊师院一支部
张明曦	廊坊师范学院体育学院	副教授	廊坊师院一支部
张　虹	廊坊师范学院音乐学院	讲师	廊坊师院一支部
侯　洁	廊坊师范学院音乐学院	讲师	廊坊师院一支部
田　鹏	廊坊师范学院音乐学院	讲师	廊坊师院一支部

续表

姓名	工作单位及职务	职称	基层组织
刘志恒	廊坊师范学院	讲师	廊坊师院一支部
刘进慧	廊坊师范学院	讲师	廊坊师院一支部
王永敢	廊坊师范学院	讲师	廊坊师院一支部
张宝荣	廊坊师范学院体育学院副教授	副教授	廊坊师院一支部
王琳娜	廊坊师范学院助教	助教	廊坊师院一支部
贾骁骁	廊坊师范学院	讲师	廊坊师院一支部
刘春静	廊坊师范学院图书馆教师	其他副高级	廊坊师院一支部
高　利	廊坊师范学院音乐学院教师	讲师	廊坊师院一支部
侯艺璇	廊坊师范学院音乐教师		廊坊师院一支部
孔　红	廊坊师范学院	教授	廊坊师院一支部
刘　永	廊坊师范学院教务处科长	讲师	廊坊师院二支部
阿迎萍	廊坊师范学院经管学院	教授	廊坊师院二支部
楼亚静	廊坊师范学院管理学院	高级政工师	廊坊师院二支部
戈宝成	廊坊师范学院社会发展学院	讲师	廊坊师院二支部
孔永生	廊坊师范学院管理学院	教授	廊坊师院二支部
赵书香	廊坊师范学院财务处	高级会计师	廊坊师院二支部
樊淑侠	廊坊师范学院物理学院	教授	廊坊师院二支部
郭　谦	廊坊师范学院美术学院	副教授	廊坊师院二支部
张学敏	廊坊师范学院财务处	会计师	廊坊师院二支部
张玲娟	廊坊师范学院物电学院	副教授	廊坊师院二支部
张　瑞	廊坊师范学院美术学院	讲师	廊坊师院二支部
常笑尘	廊坊师范学院美术学院	讲师	廊坊师院二支部
曹传熠	廊坊师范学院 美术学院 副院长	副教授	廊坊师院二支部
梁建红	廊坊师范学院美术学院	副教授	廊坊师院二支部
王丽娟	廊坊师范学院财务处	会计师	廊坊师院二支部
吴宏双	廊坊师范学院管理学院辅导员	讲师	廊坊师院二支部
黄秀微	廊坊师范学院经管学院教师	副教授	廊坊师院二支部
宋世成	廊坊师范美术学院讲师	副教授	廊坊师院二支部
何　玲	廊坊师范学院美术学院教师	讲师	廊坊师院二支部
沈红霞	廊坊师范学院经济学院	讲师	廊坊师院二支部

续表

姓名	工作单位及职务	职称	基层组织
潘　乐	廊坊师范学院美术学院	讲师	廊坊师院二支部
郝三平	廊坊师范学院美术学院	副教授	廊坊师院二支部
李海健	廊坊师范学院教师	讲师	廊坊师院二支部
葛　涛	廊坊渔阳汽车服务有限公司总经理		廊坊师院二支部
张振奎	廊坊师范学院理学院副教授	副教授	廊坊师院二支部
韩琼漫	廊坊师范学院社会工作系主任		廊坊师院二支部
王东风	廊坊市人民医院急救中心主任	主任医师	廊坊医卫一支部
单东风	廊坊市人民医院核医学科主任	副主任医师	廊坊医卫一支部
刘树声	廊坊市人民医院泌尿外科主任	主任医师	廊坊医卫一支部
刘燕明	廊坊市人民医院医保办副主任	主管检验师	廊坊医卫一支部
王德景	廊坊市人民医院检验科	主管技师	廊坊医卫一支部
赵晓军	廊坊市人民医院普外科主任	主任医师	廊坊医卫一支部
王成宝	廊坊市城市建设工程集团公司 法务综合部部长	经济师	廊坊医卫一支部
周　慧	廊坊健康管理医院市场部主任	主管护师	廊坊医卫一支部
吴永吉	廊坊市人民医院泌尿外科	主任医师	廊坊医卫一支部
晁怀宇	廊坊市人民医院重症医学科主任 胸心外科主任	主任医师	廊坊医卫一支部
杜　建	廊坊市人民医院物价管理科副科长	主管护师	廊坊医卫一支部
李洪帅	廊坊市人民医院骨科	副主任医师	廊坊医卫一支部
曹新河	廊坊市人民医院超声科副主任	主治医师	廊坊医卫一支部
杨建中	廊坊市人民医院骨科副主任	主任医师	廊坊医卫一支部
修贺利	河北结庐文化传媒有限公司董事长		廊坊医卫一支部
杨　明	廊坊市人民医院急诊科副主任	副主任医师	廊坊医卫一支部
代金玉	廊坊市人民医院消化内科	主任医师	廊坊医卫一支部
关福强	香河县中医医院骨伤一科主任	副主任医师	廊坊医卫一支部
王　嵌	廊坊市人民医院医保科	会计师	廊坊医卫一支部
杨瑞民	廊坊市人民医院耳鼻喉科主任	副主任医师	廊坊医卫一支部
闫　红	廊坊市人民医院耳鼻喉科护士长	副主任护师	廊坊医卫一支部
王贵臣	廊坊市人民医院老年病科	主任医师	廊坊医卫一支部
王永锟	廊坊市人民医院职员	其他中级职称	廊坊医卫一支部

续表

姓名	工作单位及职务	职称	基层组织
刘　茗	廊坊市人民医院	副主任医师	廊坊医卫一支部
陈宝凯	荣盛工程建设有限公司市场总监	其他中级职称	廊坊医卫一支部
刘宗源	廊坊开发区艺雅幼儿园有限公司		廊坊医卫一支部
吴克钢	安次区师范学校	高级讲师	广阳二支部
宋占青	安次区师范学校	高级讲师	广阳二支部
张铭慧	廊坊市第三中学	中学高级教师	广阳二支部
石俊生	廊坊市第三中学	中学高级教师	广阳二支部
候焕凤	廊坊市第三中学	中学高级教师	广阳二支部
吕红艳	广阳区第四幼儿园副园长	中学一级教师	广阳二支部
王春玲	廊坊市第三中学	中学一级教师	广阳二支部
李术慧	廊坊市第十六中学教务副主任	中学一级教师	广阳二支部
杨莉莉	廊坊市第三中学　教师	中学一级教师	广阳二支部
郭美丽	廊坊市第六中学　教师	中学一级教师	广阳二支部
李秀丰	广阳区教育局	小学高级教师	广阳二支部
王秀文	廊坊市第三中学	中学高级教师	广阳二支部
齐金平	廊坊市第三中学	中学高级教师	广阳二支部
梁娅琴	廊坊市第三中学	中学高级教师	广阳二支部
刘永芳	廊坊市第六中学 教师	中学一级教师	广阳二支部
张　彬	廊坊市第六中学教师	中学一级教师	广阳二支部
王大军	廊坊市第二十一中学副校长	中学高级教师	广阳二支部
张　莉	广阳区政协经济委主任	助理工程师	广阳二支部
庞宝艳	廊坊市第九中学教务副主任	中学高级教师	广阳二支部
王艳松	北京乾祥投资基金管理有限公司公司总裁		广阳二支部
田玉环	廊坊市第九中学教师	中学一级教师	广阳二支部
兰　黛	廊坊师范学院	副教授	廊坊师院老年支部
丁　旭	廊坊师范学院	副教授	廊坊师院老年支部
晁春卉	廊坊师范学院	副教授	廊坊师院老年支部
杨九利	廊坊师范学院	副教授	廊坊师院老年支部
魏　玲	廊坊电视大学	馆员	廊坊师院老年支部
袁绍祥	廊坊师范学院、原民盟廊坊市委主委	副教授	廊坊师院老年支部

续表

姓名	工作单位及职务	职称	基层组织
吴全华	廊坊师范学院	教授	廊坊师院老年支部
秦士伦	廊坊师范学院	副教授	廊坊师院老年支部
徐恩承	廊坊教育学院	副教授	廊坊师院老年支部
郑雅芝	廊坊师范学院	副研究员	廊坊师院老年支部
平进珍	廊坊师范学院	副教授	廊坊师院老年支部
杜希谦	廊坊师范学院	副教授	廊坊师院老年支部
刘克夫	廊坊市第七中学	中学一级教师	廊坊师院老年支部
罗玉华	廊坊师范学院	副教授	廊坊师院老年支部
金国芳	廊坊师范学院	讲师	廊坊师院老年支部
冯作盐	廊坊师范学院	副教授	廊坊师院老年支部
宋凯珍	廊坊师范学院	副教授	廊坊师院老年支部
邢翠兰	廊坊师范学院化学学院	讲师	廊坊师院老年支部
郭金生	廊坊师范学院化学学院	教授	廊坊师院老年支部
费英琼	廊坊师范学院物电学院副教授	副教授	廊坊师院老年支部
王洪霞	廊坊师范学院	副教授	廊坊师院老年支部
孙大军	廊坊师范学院科研处处长	教授	廊坊师院老年支部
费安华	廊坊师范学院	讲师	廊坊师院老年支部
余学影	廊坊师范学院	小学高级教师	廊坊师院老年支部
张世辰	廊坊师范学院	讲师	廊坊师院老年支部
张保义	廊坊师范学院美术学院	副教授	廊坊师院老年支部
褚亚梅	廊坊师范学院	医师	廊坊师院老年支部
张学艳	廊坊师范学校文学院	副教授	廊坊师院老年支部
周奇霞	廊坊师范学院音乐学院	讲师	廊坊师院老年支部
张文荣	廊坊师范学院	讲师	廊坊师院老年支部
陈金凤	廊坊师范学院化学系	副教授	廊坊师院老年支部
于秋菊	廊坊师范学院	小学高级教师	廊坊师院老年支部
张苏里	廊坊师范学院经管学院	副研究馆员	廊坊师院老年支部
牛贺峰	廊坊电子信息工程学校信息技术与培训中心主任	高级讲师	廊坊电子信息工程学校支部
张桂芝	廊坊市电子信息工程学校	高级讲师	廊坊电子信息工程学校支部

续表

姓名	工作单位及职务	职称	基层组织
王兴惠	廊坊市电子信息工程学校	高级讲师	廊坊电子信息工程学校支部
王锦玉	廊坊市电子信息工程学校	高级讲师	廊坊电子信息工程学校支部
任四新	廊坊市电子信息工程学校	高级讲师	廊坊电子信息工程学校支部
王淑艳	廊坊市电子信息工程学校	高级讲师	廊坊电子信息工程学校支部
郭　辉	廊坊市电子信息工程学校	高级讲师	廊坊电子信息工程学校支部
贾体敏	廊坊市电子信息工程学校	高级讲师	廊坊电子信息工程学校支部
韩国淑	廊坊市电子信息工程学校	高级讲师	廊坊电子信息工程学校支部
王建英	廊坊市电子信息工程学校	高级讲师	廊坊电子信息工程学校支部
李志安	廊坊市第七中学	中学高级教师	廊坊电子信息工程学校支部
莽　彤	廊坊市电子信息工程学校	高级讲师	廊坊电子信息工程学校支部
刘　敬	廊坊市电子信息工程学校	讲师	廊坊电子信息工程学校支部
于红颖	廊坊市电子信息工程学校	高级讲师	廊坊电子信息工程学校支部
王　娟	廊坊市电子信息工程学校	讲师	廊坊电子信息工程学校支部
田林玉	廊坊市电子信息工程学校	助理讲师	廊坊电子信息工程学校支部
刘士杰	廊坊市第一中学	中学高级教师	廊坊一中支部
汪广敬	廊坊第八中学副校长	中学高级教师	廊坊一中支部
于彦春	廊坊市第一中学语文教师办公室副主任	中学高级教师	廊坊一中支部
许宝利	廊坊市第一中学	中学高级教师	廊坊一中支部
张启杰	廊坊市第一中学	中学高级教师	廊坊一中支部
乔英莉	廊坊市第一中学	中学高级教师	廊坊一中支部
刘铁成	廊坊市第一中学	中学高级教师	廊坊一中支部
李媛媛	廊坊市第一中学	中学一级教师	廊坊一中支部

续表

姓名	工作单位及职务	职称	基层组织
陈学松	廊坊市第一中学	中学一级教师	廊坊一中支部
幺红梅	廊坊市第一中学	中学一级教师	廊坊一中支部
李怀生	中石油天然气总公司液化气分公司	工程师	廊坊一中支部
于亚男	廊坊市第八中学	中学一级教师	廊坊一中支部
高晓红	廊坊市第八中学	中学高级教师	廊坊一中支部
李京梅	北京四中网校廊坊分校	小学一级教师	廊坊一中支部
焦国良	廊坊市第一中学物理教师	中学高级教师	廊坊一中支部
殷玉华	三河市市场监督管理局二级主任科员		廊坊三河支部
金海明	三河亚飞汽车连锁有限公司总经理		廊坊三河支部
刘　兵	三河市李旗庄镇中心校 主任	中学高级教师	廊坊三河支部
李　雷	三河市燕郊镇人民政府应急管理办公室 退役军人事务办副主任		廊坊三河支部
孙慧毅	三河市财政局会计学会主任		廊坊三河支部
刘　倩	北京市体检中心外科医生		廊坊三河支部
马青林	三河市红嘉业建筑装饰工程有限公司总经理	其他中级职称	廊坊三河支部
王洪波	河北王洪波律师事务所主任	三级律师	廊坊三河支部
马　英	三河市第二中学历史老师	教授	廊坊三河支部
李云凝	燕郊开发区管委会社会发展局		廊坊三河支部
厉　倩	燕郊人力资源和社会保障局 人才科主任	中级经济师 二级心理咨询师	廊坊三河支部
魏　震	廊坊燕京职业技术学院财经系教研室主任	讲师	廊坊三河支部
张　杨	廊坊三河市卫生防疫站 办公室副主任		廊坊三河支部
王欣霞	三河市王欣霞中医诊所 副主任	副主任医师	廊坊三河支部
吴铁政	三河市市场监督管理局所长		廊坊三河支部
李旭光	三河市杨庄小学副校长	小学高级教师	廊坊三河支部
郭　亮	三河市人力资源与社会保障局科员	助理工程师	廊坊三河支部
马鹏昊	河北省三河市燕郊高新区管委会经济发展局统计科科员		廊坊三河支部
芮艳霞	河北香河县科技局科员		廊坊三河支部
孟庆胜	三河市第三中学美术处主任	讲师	廊坊三河支部
刘云杰	三河市文化馆馆员		廊坊三河支部

续表

姓名	工作单位及职务	职称	基层组织
史金顺	三河市教育和体育局数学教研员	中学高级教师	廊坊三河支部
金　磊	三河市东华华夏艺术研究会法人秘书长		廊坊三河支部
佟金玉	廊坊燕京职业技术学院学生工作处科员	其他初级职称	廊坊三河支部
肖红艳	三河市教育和体育局	小学一级教师	廊坊三河支部
王晓颖	三河市人力资源和社会保障局		廊坊三河支部
杜志海	三河市王欣霞中医诊所主任	国家二级心理咨询师 主管药师	廊坊三河支部
尹玉娟	香河县文广新局市场科科长		廊坊三河支部
陈　君	大厂县法院妇联主席		廊坊三河支部
张晓东	廊坊市香河县交通运输局公路管理站	政工师	廊坊三河支部
赵丽霞	河北省三河市第一中学	中学高级教师	廊坊三河支部
谢刚龙	大厂县人民医院	主任医师	廊坊三河支部
韩晶华	河北京拓律师事务所主任	执业律师	廊坊三河支部
王　静	三河市瀚德文化传播有限公司副经理		廊坊三河支部
王金艳	北京顺益兔牙邦空腔有限公司 项目总监		廊坊三河支部
刘泓达	香河县蒋辛屯镇政府城建办主任		廊坊三河支部
赵连强	三河市联强装修监理公司总经理	一级注册消防工程师	廊坊三河支部
朱大方	北京新梦想环球国际教育集团董事长		廊坊三河支部
王文峰	三河市长城橡胶有限公司总经理	其他正高级	廊坊三河支部
张达轩	香河微时代网络科技有限公司总经理		廊坊三河支部
吴　限	三河市日盛机械制造有限公司总经理		廊坊三河支部
周予凯	三河市金日装饰装修工程有限公司	国际商业美术设计师	廊坊三河支部
王永娟	燕京理工学院	副教授	廊坊三河支部
张志庆	廊坊市文联主席	副教授	廊坊三河支部
吕松涛	北京翔宇通用航空集团董事长		廊坊三河支部
陈　旺	燕京理工学院 艺术与科技专业负责人	教授	廊坊三河支部
王亚楠	三河市汇福实验学校 教研中心兼年级主任	中学一级教师	廊坊三河支部
张铭洋	河北京辅律师事务所	执业律师	廊坊三河支部
罗　瀚	国务院新闻办四局五洲新闻中心副主任	主任编辑	廊坊三河支部

续表

姓名	工作单位及职务	职称	基层组织
刘开玲	大厂高级实验中学	中学一级教师	廊坊三河支部
林翠静	上海绿地集团香河投资开发有限公司 办公室主任	工民建初级职称、人力资源管理师三级	廊坊三河支部
周宝庸	廊坊职业技术学院	高级讲师	廊坊职业技术学院支部
杨立明	廊坊职业技术学院	讲师	廊坊职业技术学院支部
于国龙	廊坊职业技术学院	会计师	廊坊职业技术学院支部
杨建英	廊坊职业技术学院	高级讲师	廊坊职业技术学院支部
郭新明	廊坊职业技术学院	高级讲师	廊坊职业技术学院支部
郭　芳	廊坊市广播电视台	助理编辑	廊坊职业技术学院支部
王东贞	廊坊职业技术学院	教授	廊坊职业技术学院支部
田学芳	廊坊市职业技术学院	高级会计师	廊坊职业技术学院支部
魏亚萍	廊坊市职业技术学院教务处督导科科长	教授	廊坊职业技术学院支部
刘桂英	廊坊市职业技术学院科研科科长	教授	廊坊职业技术学院支部
郭　洁	廊坊市东方职业技术学院	助教	廊坊职业技术学院支部
李雪梅	廊坊市职业技术学院	讲师	廊坊职业技术学院支部
尹立红	廊坊市职业技术学院	教授	廊坊职业技术学院支部
刘朝辉	河北霸州职成教育总校	中学一级教师	廊坊霸州支部
孔令壮	霸州市思凯家具有限公司		廊坊霸州支部
张路军	霸州市卫生防疫站宣教科科长		廊坊霸州支部
张真山	霸州市文联副主席		廊坊霸州支部
刘德刚	廊坊昆仑优特润滑油有限公司总经理		廊坊霸州支部
韩国胜	侨洋商业设备有限公司总经理		廊坊霸州支部

续表

姓名	工作单位及职务	职称	基层组织
马淑梅	霸州市第八中学校长	中学高级教师	廊坊霸州支部
李亚彬	霸州市益津兴隆糖酒采供站		廊坊霸州支部
张　鲜	廊坊市第四人民医院财务科		廊坊霸州支部
鲁建辉	中共霸州市委宣传部	中学二级教师	廊坊霸州支部
柏　婧	霸州市文化广电和旅游局局长		廊坊霸州支部
侯振国	河北霸州新利钢铁公司常务副总经理		廊坊霸州支部
王书和	书和养殖专业合作社		廊坊霸州支部
王录金	霸州市康明骨科医院院长	主治医师	廊坊霸州支部
刘　忆	霸州市纪委		廊坊霸州支部
付丽丽	霸州市供电有限公司营销部	助理工程师	廊坊霸州支部
王爱刚	霸州市第三医院	主治医师	廊坊霸州支部
马朝霞	霸州市教育和体育局师教育股	高级讲师	廊坊霸州支部
王慧珍	河北文安县消化内镜室主任	主任医师	廊坊霸州支部
宋克森	霸州市卓成五金制品有限公司		廊坊霸州支部
杨东军	廊坊市霸州第二医院脑外科主任	主治医师	廊坊霸州支部
徐孟彤	廊坊市第四人民医院护士		廊坊霸州支部
蔡忠喜	河北凯达新型包装材料有限公司		廊坊霸州支部
闫书淼	河北省霸州市人民法院书记员		廊坊霸州支部
邢春台	霸州市中鑫旧机动车交易市场有限公司董事长		廊坊霸州支部
郭　廓	霸州市财政局科员		廊坊霸州支部
勾永和	霸州市华硕汽车零部件有限公司总经理		廊坊霸州支部
张　楠	霸州市民政局科员	经济师	廊坊霸州支部
户振涛	霸州广播电视台	编辑	廊坊霸州支部
刘　英	霸州第五小学教师		廊坊霸州支部
崔　洪	霸州嘉和物业服务有限公司总经理	工程师	廊坊霸州支部
王鹏飞	霸州市人民政府办公室秘书科		廊坊霸州支部
冯　凯	江苏中铭泽瑞能源有限公司		廊坊霸州支部
王敬荣	河北省霸州市中医院护士长	技师	廊坊霸州支部
郑佳辉	霸州市卫生健康局副主任		廊坊霸州支部

续表

姓名	工作单位及职务	职称	基层组织
吕　晶	中共霸州市委统战部党外台侨科科长		廊坊霸州支部
刘建山	霸州市第六小学教师	小学一级教师	廊坊霸州支部
刘　晶	廊坊市第三医院医生	主治医师	廊坊霸州支部
张梦云	河北辅腾律师事务所		廊坊霸州支部
刘国爱	霸州市人大常委会副主任科员		廊坊霸州支部
魏鹤新	廊坊市第四医院骨一科主任	主任医师	廊坊霸州支部
刘　璐	博思特能源装备股份有限公司机械工程师		廊坊霸州支部
杜志成	霸州市德信建筑工程有限公司注册安全工程师		廊坊霸州支部
汤平平	华北科技学院外国语学院教授	教授	华北科技学院
李丽娟	华北科技学院外国语学院教师	教授	华北科技学院
李晓荣	华北科技学院外国语学院实验室主任	高级工程师	华北科技学院
冀桂娥	华北科技学院外国语学院教授	教授	华北科技学院
王　芳	华北科技学院外国语学院	教授	华北科技学院
刘海波	华北科技学院建工学院	副教授	华北科技学院
单　耀	华北科技学院教师	副教授	华北科技学院
刘忠见	华北科技学院国际合作处处长	教授	华北科技学院
安钟伟	廊坊市体委	讲师	联合一支部
徐景礼	廊坊市食品工程学校	高级讲师	联合一支部
纪子厚	廊坊广阳区职教中心	中学高级教师	联合一支部
胡嘉梁	河北廊坊画院院长	教授	联合一支部
马春玲	廊坊市政协办公室调研员		联合一支部
王世斌	廊坊科森电气有限公司	工程师	联合一支部
张纬东	廊坊市政协原副主席、民盟廊坊市委原主委		联合一支部
程济源	廊坊市园林局	高级工程师	联合一支部
石秀兰	廊坊市广播电视局专题部副主任	主任编辑	联合一支部
谷登平	河北正澄律师事务所	二级律师	联合一支部
邹家立	荣盛控股份分有限公司副总裁	高级经济师	联合一支部
李海滨	民盟廊坊市委专职副主委		联合一支部
周双旺	廊坊市高科创新创业投资有限公司总经理	馆员	联合一支部

续表

姓名	工作单位及职务	职称	基层组织
冯　蕾	廊坊市交通运输局京台高速公路管理处计划科副科长	中学二级教师	联合一支部
杨晓东	廊坊市政协财经委副主任、三级调研员	工程师	联合一支部
高国荣	廊坊广播电视报编辑	技师	联合一支部
王景硕	民盟廊坊市委二级调研员		联合一支部
李春苓	廊坊市城区烟草专卖局物流中心		联合一支部
李旭东	北京博策堂房地产咨询公司总经理		联合一支部
王伟名	廊坊市财政局预算科	经济师	联合一支部
刘　艳	宏英鼎誉科技有限公司		联合一支部
王学敏	廊坊市发改委		联合一支部
李　茜	廊坊市气象局业务科副科长	高级工程师	联合一支部
刘佳峰	廊坊市凯创房地产开发有限公司营销管理部副部长		联合一支部
郭　鑫	廊坊市生产力促进中心	高级工程师	联合一支部
胡泽兴	廊坊市园林绿化管理局科员	副高级职称	联合一支部
姜子龙	廊坊市群众艺术馆		联合一支部
芦东颖	廊坊市国有资产经营有限公司	会计师	联合一支部
孙金伟	廊坊市交通局		联合一支部
马晓明	廊坊市城市管理综合执法局		联合一支部
谢岩斌	廊坊市万力投资有限公司总经理		联合一支部
赵立平	廊坊市体育局群体科科长		联合一支部
孙　榕	廊坊市世纪金源数码电脑技术有限公司		联合一支部
荣贵飞	廊坊市图书馆	馆员	联合一支部
王　帅	廊坊市政协人口环境科科长		联合一支部
诸葛乃君	廊坊市生产力促进中心主任助理	工程师	联合一支部
邓建峰	廊坊市热力总公司科员	高级工程师	联合一支部
张德君	霸州市胜芳镇第四小学	小学一级教师	联合一支部
张建武	廊坊市拓迪检测技术服务有限公司总经理	高级工程师	联合一支部
王　翔	北京京评价格评估有限公司艺术品鉴定评估师	其他中级职称	联合一支部
高　岩	廊坊市文广新局		联合一支部
李培蓓	廊坊市阳光建设工程质量检测有限公司	工程师	联合一支部

续表

姓名	工作单位及职务	职称	基层组织
张　震	廊坊市达伦多餐饮有限公司		联合一支部
陈文华	廊坊市民政局社会组织管理科科员		联合一支部
颜　砥	廊坊广播电视台编辑	其他中级职称	联合一支部
李奚裴	北京四中网校廊坊分校校长		联合一支部
刘丛丽	明德教育总经理	助理工程师	联合一支部
刘琳琳	廊坊市高级技工学校会计		联合一支部
邓韶轩	廊坊市住房公积金管理中心科长		联合一支部
王颖杰	廊坊广播电视台新闻频道主持人		联合一支部
樊　星	河北宇阔律师事务所		联合一支部
李程瑾	廊坊市国有资本创新投资集团有限公司副部长	工程师	联合一支部
修　静	廊坊市交通运输局职工教育培训中心	政工师	联合一支部
张小宝	河北省廊坊市广阳区银河北路街道办事处		联合一支部
李天一	廊坊市书法家协会篆刻教师		联合一支部
张智涵	河北红杉律师事务所律师		联合一支部
张　雪	廊坊市文广旅局三级主任科员		联合一支部
孟　萌	廊坊市第十中学音乐教师		联合一支部
陈燕国	廊坊交通运输综合行政执法支队	助理经济师	联合一支部
高　宇	华夏幸福基业廊坊事业部	其他中级职称	联合一支部
王哨伟	廊坊市开放办		联合二支部
崔万春	廊坊市地税稽查局	其他中级职称	联合二支部
刘宏伟	中国邮政集团有限公司廊坊市分公司副总经理	工程师	联合二支部
张庆田	廊坊市水务局副调研员	高级工程师	联合二支部
韩　玮	廊坊市体育运动学校语文教师	中学高级教师	联合二支部
陈玉芹	廊坊陈玉芹律师事务所主任	二级律师	联合二支部
庞建平	国网冀北公司固安县供电有限公司副主任	编辑	联合二支部
宁祝萱	廊坊市自然资源和规划局	高级工程师	联合二支部
任　宏	廊坊市北方联合科贸公司总经理	助理经济师	联合二支部
张林强	廊坊市东方华星仓储有限公司总经理		联合二支部
张晓莉	廊坊市安次区政协副主席、三级调研员		联合二支部
朱建军	廊坊市档案馆接收征集科科长	馆员	联合二支部

续表

姓名	工作单位及职务	职称	基层组织
陈　澜	廊坊市安次区地税局		联合二支部
田永全	廊坊食品工程学校	讲师	联合二支部
张春红	河北律仁律师事务所 合伙人		联合二支部
李景玉	河北李景玉律师事务所主任	一级律师	联合二支部
姚玲玲	河北律清律师事务所合伙人	三级律师	联合二支部
王晓峰	民盟廊坊市委办公室主任		联合二支部
樊　凡	廊坊市广播电视台副制片人	编辑	联合二支部
张东升	河北康东健康咨询公司		联合二支部
王　津	廊坊市科学技术协会科员		联合二支部
李广豫	廊坊市永固建筑工程有限公司		联合二支部
王东波	河北李沐源律师事务所 律师		联合二支部
王东海	廊坊食品工程学校讲师	高级讲师	联合二支部
孙伟征	廊坊市人民防空办公室		联合二支部
滑保军	廊坊市科博科贸有限公司		联合二支部
孙　杰	廊坊市恒运物业服务有限公司		联合二支部
王美玲	廊坊市拓昌建筑工程有限公司 市场部经理		联合二支部
李　刚	医技而行（北京）科技有限公司 总经理		联合二支部
孙　磊	廊坊市城市建设工程集团公司	工程师	联合二支部
张　芸	星锐电脑服务部经理	高级心理咨询师	联合二支部
李洪志	廊坊市金工机械设备有限公司法人代表		联合二支部
黄　竞	河北廊坊市燕赵交通勘察设计有限公司测设二队	高级工程师	联合二支部
刘俊新	廊坊市体校水上中心主任	高级教练	联合二支部
范　琼	河北李景玉律师事务所律师	三级律师	联合二支部
张　伟	河北中石油中心医院人事劳资科		联合二支部
武修南	永清县政府办公室秘书组副组长		联合二支部
张肖建	紫铜浮雕，金属錾刻，篆刻，雕刻		联合二支部
王彦智	霸州市奥德隆金属制品有限公司董事长		联合二支部
白　斌	廊坊市水利局水利工程建设科科长		联合二支部
张建渝	廊坊市广播电视大学	讲师	联合二支部
聂　杨	北京爱瑞鑫翠文化有限公司总经理	高级宝玉石检验员	联合二支部

续表

姓名	工作单位及职务	职称	基层组织
陈顺华	正大集团京津冀区法务总监	其他中级职称	联合二支部
丛叶龙	九控住房租赁公司董事长		联合二支部
马双杰	市人大农村工委主任		联合二支部
王　鹏	安次区司法局科员		联合二支部
张　燕	廊坊市国防动员办公室	工程师	联合二支部
李金铎	廊坊市生态环境局科员		联合二支部
梁　潇	廊坊市文化市场综合行政执法局科员		联合二支部
韩宇婷	廊坊市文联创研室	中级统计师	联合二支部
王翔宇	河北泰科律师事务所合伙人律师		联合二支部
苗立奎	廊坊万济和门诊部法人负责人	主治医师	联合二支部
关　宇	光大银行廊坊分行员工		联合二支部
李　任	河北李景玉律师事务所	工程师	联合二支部
李　虹	中共市委党校	教授	联合二支部
许作民	廊坊市神韵泰达快递有限公司运营经理	高级物流管理师	联合二支部
王建国	廊坊开发区第十小学校长	其他副高级	云鹏支部
胡继贤	廊坊经济技术开发区热力供应中心		云鹏支部
徐步胜	廊坊开发区管委会投资促进和招商合作局		云鹏支部
潘信捷	新奥集团新绎控股有限公司		云鹏支部
窦景涛	廊坊开发区人民医院骨科主任	主治医师	云鹏支部
庞嗣裔	廊坊市中医院急诊科	主治医师	云鹏支部
马建状	廊坊市开发区十二小学校长	中学一级教师	云鹏支部
苏亚娟	廊坊市开发区医院检验科主任	副主任技师	云鹏支部
李雅梅	廊坊市开发区十二小学教导主任	小学高级教师	云鹏支部
魏　东	廊坊市陆顺建筑工程有限公司总经理		云鹏支部
吴　群	廊坊开发区医院消毒供应室护士长	主管护师	云鹏支部
郝　晟	开发区医院药剂师	其他中级职称	云鹏支部
龚玉山	开发区医院手术室主任	主治医师	云鹏支部
缴克佳	廊坊市中医院	副主任中医师	云鹏支部
宋继岩	河北省廊坊市中医医院心脑电科医生	主治医师	云鹏支部
李　政	河北中石油中心医院	主治医师	云鹏支部

续表

姓名	工作单位及职务	职称	基层组织
梁泽旭	廊坊市中医院主治医师	主治医师	云鹏支部
陈　闽	廊坊市中医 CT 室科员	主治医师	云鹏支部
王金芳	廊坊市开发区人民医院	主管护师	云鹏支部
高　榕	河北泰科律师事务所高级权益合伙人		云鹏支部
朱　鲲	廊坊开发区中原房地产开发有限公司	中级职称	云鹏支部
张　鑫	廊坊市中医院	主治医师	云鹏支部
王哨欣	农业局办公室		农业局支部
邢宝奎	廊坊市农业局畜牧站副站长	农业推广研究员	农业局支部
郭军艾	廊坊市农业局	高级畜牧师	农业局支部
张增禄	廊坊市农业农村局农产品质量安全监管科科长	畜牧师	农业局支部
李广成	廊坊市绿康饲料有限公司总经理		农业局支部
刘艳敏	廊坊市农业局动物疫病预防控制中心	农业推广研究员	农业局支部
侯炳刚	廊坊市农业局	高级畜牧师	农业局支部
孙旭虹	河北省廊坊市农业局 奶协秘书长	高级兽医师	农业局支部
张凤兰	廊坊市农业农村局	高级会计师	农业局支部
郭敏莉	廊坊市农业局	农业推广研究员	农业局支部
尹　丽	廊坊市农业局		农业局支部
马　明	廊坊市农业局	高级农艺师	农业局支部
戴晶晶	廊坊市农业局会计	助理会计师	农业局支部
左灵杰	廊坊市兽药饲料畜产品检测中心		农业局支部
解力燕	安次区农业局科员		农业局支部
李鸿志	永清县畜牧兽医局畜牧站站长	农业推广研究员	农业局支部
魏　浦	廊坊市德隆奶牛养殖有限公司执行董事	经济师	农业局支部
李　涛	瑞业恒丰农业开发有限公司法人代表		农业局支部
吕　娜	廊坊市农业农村局农业综合行政执法支队科员	兽医师	农业局支部
李秀苓	廊坊市广阳区发展改革局主任科员		广阳一支部
张金娥	廊坊市国土资源局广阳分局		广阳一支部
吴国民	廊坊市广阳区工信局副局长		广阳一支部
张晓东	廊坊市广阳区文化和广电旅游局副局长	助理馆员	广阳一支部
徐　洁	广阳区科技局		广阳一支部

续表

姓名	工作单位及职务	职称	基层组织
孔月仙	廊坊市广阳区眼科医院会计	会计师	广阳一支部
刘宇擘	廊坊市广阳区发展改革局投资股负责人		广阳一支部
孙淑珍	广阳区群众艺术馆	工艺美术师	广阳一支部
王　伟	廊坊华联商厦楼层经理	会计师	广阳一支部
王彦光	廊坊市文联儒学学会副秘书长		广阳一支部
王杰峰	广阳区交通局路政执法大队路政员	管理员	广阳一支部
赵超越	中国移动通信集团公司廊坊分公司传输网运行维护		广阳一支部
张红玉	广阳区地税局四级主办		广阳一支部
刘冀阳	河北华气天然气有限公司总经理	中级工程师	广阳一支部
韩庆飞	廊坊市海天之恋企业管理有限公司总经理		广阳一支部
张会龙	河北志晟信息技术股份有限公司高级总监		广阳一支部
宋瑞坡	恒通法律服务所主任		广阳一支部
孙　勇	廊坊市广阳区行政审批局科员		广阳一支部
陶　阳	中国建筑科学研究院建筑机械化研究分院	高级工程师	广阳一支部
尹淑珍	安次区师范学校	主治医师	安次区一支部
国俊民	安次区二轻工业局	工程师	安次区一支部
魏国栋	廊坊市高科创新创业投资有限公司总经理	工程师	安次区一支部
刘媛媛	廊坊市安次区教育局	中学二级教师	安次区一支部
姚秋华	廊坊市安次区人民政府办公室科员		安次区一支部
王治虎	廊坊市高瓷电子技术有限公司		安次区一支部
朱文瑶	廊坊市廊坊高新区经济发展局副局长		安次区一支部
杨永成	廊坊市第十中学	中学一级教师	安次区一支部
屈海燕	廊坊市第十中学音乐教师	中学一级教师	安次区一支部
冯登柱	亚天顿复合材料科技有限公司		安次区一支部
刘　佳	廊坊市第四中学音乐教师	中学一级教师	安次区一支部
李东昀	廊坊市第十中学英语教师	中学一级教师	安次区一支部
杨国栋	廊坊市第十中学数学教师	中学一级教师	安次区一支部
郭桂杰	廊坊市第十中学教师	中学一级教师	安次区一支部
郑岩峰	河北乐聪网络科技股份有限公司创新研发总监		安次区一支部

续表

姓名	工作单位及职务	职称	基层组织
李彦杰	安次区广播电视台播音员	一级播音员	安次区一支部
黄　轩	安次区融媒体中心主持人		安次区一支部
张艳青	廊坊市延中职业培训学校校长	工程师	安次区一支部
杨佳川	安次区融媒体中心科员		安次区一支部
尹江亭	河北银行廊坊分行副行长	经济师	金融支部
梁　杰	河北李景玉律师事务所律师	经济师	金融支部
郭建桥	廊坊银监分局文安办事处		金融支部
邓卫兵	中国银河证券股份有限公司廊坊银河北路证券营业部	证券分析师	金融支部
郭建伟	农业银行金光道支行个人金融部	经济师	金融支部
李　伟	廊坊市拓大建筑安装工程有限公司	工程师	金融支部
陆春冬	兴业银行股份有限公司业务拓展二部		金融支部
信　欢	廊坊银行大客户事业部办公室主任		金融支部
冯　凯	兴业银行三河支行行长		金融支部
苏万豹	河北银行永华支行副行长	经济师	金融支部
郭玉琦	财达证券股份有限公司廊坊分公司业务总监	会计师	金融支部
赵相宇	河北银行廊坊分行个人部副总经理	理财规划师	金融支部
马海燕	交通银行廊坊分行营业部	助理会计师	金融支部
宋　洁	河北银行廊坊分行公司部		金融支部
缑立强	河北银行廊坊分行政务部	经济师	金融支部
龚庆丰	河北银行大厂支行副行长	经济师	金融支部
娄明宇	河北银行廊坊分行个人银行部	其他初级职称	金融支部
王贺安	廊坊银行股份有限公司部门经理、公司律师		金融支部
康辰宇	河北岳石律师事务所任专职律师		金融支部
孟文祥	廊坊银行品牌中心		金融支部
朱一达	廊坊市卫生职业学院	高级讲师	医卫二支部
何宗英	廊坊市卫生职业学院	高级讲师	医卫二支部
刘惠霞	廊坊市卫生职业学院	高级讲师	医卫二支部
董　力	廊坊市卫生职业学院后勤服务中心主任	高级实验师	医卫二支部
刘克明	廊坊卫生职业学院实验室主任	技师	医卫二支部

续表

姓名	工作单位及职务	职称	基层组织
王雅兰	廊坊市卫生职业学院	讲师	医卫二支部
屈芳芳	廊坊经济技术开发区人民医院办公室主任	主治医师	医卫二支部
牛力华	廊坊市卫生职业学院	副教授	医卫二支部
赵岩峰	北京中医药大学东方学院中药学院教研室主任	副教授	医卫二支部
沙冰杰	廊坊市卫生职业学院	讲师	医卫二支部
闫　安	廊坊卫生职业学院中级会计师	会计师	医卫二支部
陈昱洁	廊坊市卫生职业学院	实验师	医卫二支部
高大光	廊坊中心血站	主管技师	医卫三支部
王新培	香河县医院	副主任医师	医卫三支部
袁湘云	燕郊镇 23 建医院　主任医师	主任医师	医卫三支部
郭淑凤	廊坊市人大调研员	主管药师	医卫三支部
陈秋香	廊坊市卫生局		医卫三支部
李俊梅	廊坊市健康教育所宣传科长	三级美术师	医卫三支部
李欲来	廊坊市中医院	副主任医师	医卫三支部
邵宗伟	廊坊市广阳区妇幼保健院	主治医师	医卫三支部
吴宏扬	廊坊市药品检验所	主管药师	医卫三支部
孟艳红	廊坊市场监督管理综合执法局执法一队负责人	药师	医卫三支部
王际强	廊坊济民中医医院院长	副主任医师	医卫三支部
李新新	廊坊市市场监督管理综合执法局	助理工程师	医卫三支部
侯广安	廊坊血站	主任检验师	医卫三支部
李春艳	廊坊市中医院护士长	主管护师	医卫三支部
吴建辉	廊坊市第三人民医院门诊医师	主治医师	医卫三支部
李俊华	廊坊市妇幼保健中心孕产保健科	副主任医师	医卫三支部
梁　勇	廊坊市中医院血液科主治医师	副主任医师	医卫三支部
孙玉芝	华北航天工业学院	副教授	华航支部
毕玉辉	廊坊泰谷信息产业控股有限公司财务部长	讲师	华航支部
张宏杰	北华航天学院	讲师	华航支部
曾　玮	北华航天工业学院体育部教师	讲师	华航支部
曹会琼	北华航天工业学院教学秘书	其他初级职称	华航支部
李　丹	河北省大城县政协副主席		大城支部

续表

姓名	工作单位及职务	职称	基层组织
程学姿	大城县市场监督管理局职员		大城支部
李文各	大城人事劳动和社会保障局培训中心主任		大城支部
马丽霞	大城县县委党校教研室	助理讲师	大城支部
李作翔	河北大城中医医院康复门诊主任	副主任医师	大城支部
杜　精	大城县中医院内科副护士长	护师	大城支部
高善芳	大城县人大副主任		大城支部
刘海涛	大城县海涛红木家具公司总经理		大城支部
叶双桃	廊坊陶然居家具有限公司董事长	高级工艺美术师	大城支部
王锡波	大城县县医院 CT 室医师	主治医师	大城支部
高贺伟	华美节能科技集团玻璃棉制品有限公司总经理		大城支部
顾继午	大城县卫生计划生育局	技师	大城支部
邵永楼	大城县中医院门诊主任	副主任中医师	大城支部
庄甲文	石油管道设计院	高级工程师	管道局老年支部
葛玉清	石油管道设计院	高级工程师	管道局老年支部
刘在金	管道局职教中心	高级工程师	管道局老年支部
董智丰	管道局职业技术学院	中学高级教师	管道局老年支部
石素娜	管道局职业技术学院	讲师	管道局老年支部
赵平民	管道职工学院	副教授	管道局老年支部
邬圣荣	管道职工学院	副教授	管道局老年支部
陈玉江	管道职工学院	副教授	管道局老年支部
傅立杰	管道职工学院	讲师	管道局老年支部
刘怀义	管道局通讯公司	高级工程师	管道局老年支部
冯宝坤	管道局设计院	高级工程师	管道局老年支部
魏惠玲	管道局设计院	工程师	管道局老年支部
杨淑荣	管道局文化中心	会计师	管道局老年支部
陈泽寅	管道局勘察设计院	高级工程师	管道局老年支部
鄂剑辉	石油总公司中心医院	副主任医师	管道局老年支部
孟庆文	管道局机械厂	高级工程师	管道局老年支部
张素琴	管道设计院	工程师	管道局老年支部
李学谦	管道局文联		管道局老年支部

续表

姓名	工作单位及职务	职称	基层组织
李志慧	管道局工人俱乐部		管道局老年支部
张月华	石油总公司中心医院	副主任医师	管道局老年支部
靳佩青	管道局中学	中学高级教师	管道局老年支部
孔淑珍	管道局中学	中学高级教师	管道局老年支部
刘培英	管道局中学	中学高级教师	管道局老年支部
黄光华	管道局中学	中学高级教师	管道局老年支部
徐　敏	管道局中学	中学高级教师	管道局老年支部
马莉霞	管道局中学	中学高级教师	管道局老年支部
董学颜	石油总公司中心医院	副主任医师	管道局老年支部
洪有山	管道局电信公司	高级工程师	管道局老年支部
张　田	石油管道局退休管理处	政工师	管道局老年支部
王安硕	安次区教育局研究室	中学高级教师	安次区二支部
孙玉洁	安次区群艺馆	副研究员	安次区二支部
阚国娟	廊坊市安次区市场监督管理局副局长		安次区二支部
岳　秀	廊坊市第十二中学	中学一级教师	安次区二支部
崔钰晨	安次区第七小学		安次区二支部
郭书珍	廊坊市第十七中学	中学一级教师	安次区二支部
黄靖凯	廊坊市安次区住建局支油支铁办公室主任		安次区二支部
陈　亮	安次区市场监督管理局		安次区二支部
刘志远	廊坊市第十二中学副校长	中学高级教师	安次区二支部
常文静	廊坊市控股集团有限公司	工程师	安次区二支部
李　菁	廊坊市广阳区市场监督管理局科员		安次区二支部
欧阳作让	廊坊市天睿职业培训学校校长		安次区二支部
刘亚利	图森装饰设计（廊坊）有限公司总经理		安次区二支部
王建平	廊坊市十二中高中政教处副主任	中学高级教师	安次区二支部
马　莹	廊坊开发区管委会行政审批局科长		耀华支部
侯丽君	廊坊市开发区新世纪中学	中学一级教师	耀华支部
张旭东	廊坊经济技术开发区管理委员会综合执法局规划执法大队大队长		耀华支部
武金玲	廊坊开发区新世纪中学教师	中学高级教师	耀华支部

续表

姓名	工作单位及职务	职称	基层组织
邢少华	河北商宇律师事务所		耀华支部
王忠威	廊坊市青享商贸有限公司(竹叶青酒代理商)	注册会计师	耀华支部
王俊杰	廊坊中科远迪化工防腐技术有限公司总经理		耀华支部
刘　淼	铭宇辉腾管道设备公司		耀华支部
李贤亮	北京杜星球数字科技有限公司人力总监		耀华支部
刘卫国	廊坊市经济技术开发区文教卫生局小学部		耀华支部
王　娜	河北博安至德科技发展有限公司总经理		耀华支部
于　洋	新奥股份智能建造群华北分公司总经理助理	高级工程师	耀华支部
赵全民	廊坊市书协副秘书长		耀华支部
程学恒	河北商宇律师事务所主任		耀华支部
薛启鹏	京津冀幸福空间孵化器（天津）有限公司产业合作总监		耀华支部
王永建	廊坊科森电器有限公司营业部部长	经济师	耀华支部
宋成才	廊坊新奥龙河环保科技有限公司总经理	高级工程师	耀华支部
李路曦	天津医科大学总医院空港医院		耀华支部
温　栋	新奥能源控股有限公司	高级工程师	耀华支部
王嘉禾	久智光电子材料科技有限公司研发工程师	工程师	耀华支部
王伟瞳	廊坊市书法家协会汉服制作		耀华支部
李　伟	北京逸真画院副秘书长		耀华支部
靳依然	廊坊经济技术开发区社会保险事业管理所科员		耀华支部
王　志	润泽科技发展有限公司主任		耀华支部
薛育芳	开发区新世纪中学教师		耀华支部

附录一　调研文章

以文化为先导，引领全市经济社会全面发展的战略思考

2009 年 2 月

纵观廊坊历史，文化悠久，内容丰富；环顾当今文化，领域广阔，前景乐观。中共廊坊市委四届三次全会工作报告中提出：推进文化大繁荣是实现“两个率先”的精神动力。报告还就推进文化事业发展、加快发展文化产业提出了具体意见。因此，要着力发挥文化建设是经济建设“助推剂”的重要作用，进一步深入挖掘廊坊文化内涵，更好地利用和优化配置文化资源，从而引领整个廊坊经济社会全面、健康发展。

一、廊坊文化之现状和存在的问题

一是历史名人众多，为廊坊发展增强了深厚底蕴。廊坊自古人杰地灵，有着深厚的历史文化积淀，涌现出了众多的历史名人。如，西晋大文学家、政治家张华；被毛泽东主席称为“诸葛一生唯谨慎，吕端大事不糊涂”的宋朝宰相吕端；元朝开国功臣史天泽等。同时，一批享有较高声誉的历史文化名人，如，著名的京韵大鼓“白派”创始人白云鹏；西河大鼓“朱派”创始人朱大官；闻名中外的八卦掌创始人董海川等。众多的历史名人为廊坊的经济社会发展增强了浓厚底蕴。

二是自然景观秀美，为廊坊发展展示了优美环境。廊坊自然景观秀美，

景色宜人。现有香河天下第一城，三河蒋福山自然风景区，固安、永清地热水资源，曾有“南有苏杭，北有胜芳”美誉的水乡名镇胜芳镇等一批名镇名景资源等。同时，廊坊区域内历史文化遗产众多，著名的文化遗产有三河孟各庄新石器时期遗址、文安大城战国时期燕国南长城遗址、霸州龙泉寺、安次隆福寺、文安古八景、永清古战道、香河周腾蛟碑等。景色秀美的人文自然景观和古文化遗产，为廊坊的经济社会发展展示了优美环境。

三是名人足迹遍布，为廊坊发展提供了文化名片。廊坊所辖地域有着悠久的历史，还有许多外省籍历史名人也曾在廊坊地域供职或羁留。如，唐代大诗人王之涣曾任文安县县尉；宋代大文学家苏洵曾任文安县主簿；两晋之际与胡族抗争的大将、诗人刘琨，曾屯兵安次、固安一带，后葬于安次县楼桑村。域内外历史名人的活动足迹遍布廊坊各地，不仅为当时社会发展起到极大的推动作用，也为当今廊坊的经济社会发展提供了历史文化名片。

四是优美传说动听，为廊坊发展增添了无穷魅力。廊坊人民勤劳质朴，向往和平幸福的美好生活，至今流传着许多优美动听的传说，如，东汉开国皇帝刘秀同安次女金凤的“龙凤呈祥”传说；唐王李世民将马鞭插在地上，后长成白果树，即三河大掠马白果树的传说；永清金沙滩、六郎台传为杨家将大战辽军的传说等。这些优美的传说成为廊坊文化的另一道亮丽风景，为廊坊的经济社会发展增添了无穷魅力。

在廊坊社会发展中，我们对这些文化资源的开发利用还很不够，尤其是在挖掘历史文化资源方面不深不透，导致很多资源流失、萎缩。因此，要加大对廊坊各县（市、区）知名历史文化资源的开发力度，推出人文自然之传统精华，打造知名的文化品牌和文化产品，推动廊坊经济社会全面发展。

二、几点建议

第一，全力发展优势文化项目，树立廊坊品牌之崭新形象。

一是积极打造廊坊新文化，以文艺品牌宣传廊坊。目前，廊坊市个别文艺门类在全国已处于领先地位。如，被中宣部、文化部树为全国文艺战线上的一面旗帜的大厂评剧团；在全国书法界形成了有名的“廊坊现象”，影响力与日俱增的廊坊书法艺术；深受广大群众喜爱的廊坊作家群体；实力不俗的廊坊美术家队伍。除此之外，还有享有“中国音乐活化石”美誉的固安屈家营古乐；被收录在《中国民族民间舞蹈集成·河北卷》中的民间花会永清县的“大头和尚戏柳翠”，香河县的“舞中幡”“对花钹”，霸州的“挎鼓”；以及在京津地区非常流行的北三县京东大鼓、三河燕山大板、文安西河大鼓等民间曲艺。如果把这些已具备一定声誉、有着广阔发展前景的文艺门类进一步推陈出新，拓展提升，形成知名品牌，必将有力地宣传廊坊，展现廊坊文化魅力。谋划在京举行河北廊坊艺术周，有计划地组织一些优势艺术门类进京展示，如廊坊书法进京展、美术进京展、大厂评剧团进京演出等，树立廊坊文化品牌。

二是全力扶持领军性人物，以名人效应烘托廊坊。文化名人不仅是名牌文化产品的创造者，也是吸引文化消费者的精神偶像，更是我们了解其所在城市和地区文化、文明的重要载体。目前，活跃在当今舞台上的廊坊文化艺术名人有著名评剧表演艺术家谷文月、男高音歌唱家戴玉强、大学者张中行、著名画家史国良、知名作家张孟良等，这些名人在宣传廊坊、赞美廊坊方面发挥了积极的促进作用。我们还要在本市大批的文化人才中造就全国知名的重量级的教育家、文学家、艺术家、出版家等，在全社会树立尊重知识、尊重人才、尊重创新的良好风尚，创造人才脱颖而出的有利环境，让更多的文化名人成长起来，充分借助文化名人的影响力推广廊坊、烘托廊坊，进一步提升廊坊知名度。市委、市政府可以每年组织廊坊籍的各界名人回乡活动，或市委、市政府领导年底进行拜访，加强联系，增强他们对家乡的拳拳之情。

三是全员促进文化大繁荣，以良好环境发展廊坊。党委和政府今后要进一步增强文化发展意识，成立专门机构，由市委、市政府牵头，文化、教育、旅游、商务、广播电视等部门共同参与，研究文化带动发展战略，制定中短期规划，全力推进文化大发展。同时要理顺政府与文化企、事业单位的关系，创建适应廊坊市场经济发展的文化产业经营体制和经营组织。具体工作中，政府要把主要精力放在扶持和引导上来，为促进文化发展制定各种鼓励和优惠政策，不断健全文化市场体系，完善文化市场管理机制。在此基础上，组建行业协会，增强行业自我管理能力，形成有序竞争机制，逐步建立起包容、自由、自信，推崇本人文化等良好的外部环境，从而充分调动文化工作者的积极性，推动文化创新，多出精品，多出人才，以文化的大繁荣推动廊坊经济社会的健康快速发展。

第二，不断加大产业支持力度，做大做强廊坊之朝阳产业。

政府要把文化产业发展纳入全市经济、社会发展的总体规划，加强对事关文化产业发展的战略性、前瞻性和全局性问题的研究，把握文化产业发展总体趋势，完善政策扶持体系，将最具发展潜力的朝阳产业——文化产业打造成廊坊发展的又一经济增长点。

一是着重发展已形成规模且具有竞争优势的文化项目。廊坊个别文化项目已形成一定规模，具有较强的竞争优势和本地特色。如，目前正在规划建设的中国北方乐器城；起步于 1986 年的焦氏艺术京剧脸谱。中国北方乐器城要加快投融资步伐，以现有 6 家大型乐器生产企业为基础进行扩建，积极吸纳优秀入园企业，努力建设成为北方最大的乐器生产中心和展销中心。随着市场的不断扩大，焦氏艺术京剧脸谱在扩充产能、技术升级等方面还存有一定差距，需进一步增加投入，购进现代化设备，扩大生产规模，开发高端产品。在着重发展这些优势文化项目的同时，还要进一步开拓视野，创新思路，加强对文化产品的挖掘创造和产业价值链的延伸，积极开发最有影响、最有市场潜力的新的文化品牌并形成品牌链，扩大廊坊市文化产品的市场占有率，提升知名度。

二是进一步重视传统文化产业资源的挖掘与发展。民间乡村的传统文化产业相对弱小，部分文化产业尚处于“野生”状态，其技术化、组织化水平不高，大量独特的文化资源有待进一步开发。因此，要以城市作为文化产业大发展的重要支撑点，充分发挥城市文化产业“增长极”的集聚和辐射作用，实施以城市带动乡村的发展战略，依托城乡文化资源统筹有序开发。比如霸州的胜芳花灯、固安的柳编、永清的秸秆扎刻、大厂的花丝镶嵌等，具有鲜明的地方特色和良好的市场前景，要扶持这样的“一乡一业”“一村一品”的特色文化产业开发，发展星星点点的乡镇文化产业集群，并与本地或附近的生态旅游资源、文物资源相呼应，形成民间艺术、旅游、博览、艺术表演等综合优势。通过科学规划、整合资源、挖掘潜力、开拓市场，使传统小产业优势转化成产业规模优势和市场竞争优势，逐渐形成民俗工艺、旅游观光、博览业融合的大文化产业。

三是大力培养和引进发展各类文化产业所需人才。要积极开辟引进各类文化产业所需人才的绿色通道，以优惠的政策招聘省内外高素质的文化产业经营管理人才，并对有突出贡献的人才实行重奖。同时，通过中、长、短期培训相结合的方式，有步骤地实施文化产业人才培养工程，重点应培养有较强市场应变能力的文化品牌策划、产品设计、生产经营、中介服务、市场营销等方面的人才，为做大做强廊坊市的文化产业提供强有力的人才保障和智力支持。

四是进一步完善文化经济政策。尽早出台能够广泛调动企业、社会团体和个人经营、赞助文化的积极性、具有实际可操作性的优惠政策。例如，在财政扶持政策方面，对文化企业实行与高新科技企业同等对待的政策。政府每年从财政预算中安排一部分资金专门用于支持文化产业发展，增强调控能力，保证重点需求，扶持有利于提高文化综合实力的支柱产业，促进文化产业发展。在用地扶持政策方面，把文化产业重大项目用地和相应的公共设施建设纳入城市建设的中长期规划之中。鼓励相关部门利用区位优势，对原部门享有的土地、房屋、建筑物进行改扩建或转换，用作文化产业生产和经营。兼有公益性和经营性的文化产业建设项目用地，按有偿使用方式提供，政府可酌情返还部分土地收益，适当减免建设规费。这方面，北京通州宋庄画家村、朝阳区008 艺术区、大山子 798 艺术区的经验做法值得我们学习借鉴。在投融资扶持政策方面，要给予制度扶持。目前，文化单位经费渠道比较单一，即使有很好的项目，也很难融资实施，社会资本难以向文化产业有效聚集和转移。因此要在投融资方面制定政策，逐步建立政府投入与社会投入相结合、内资与外资相结合、多渠道多元化的投融资机制。可设立文化发展基金，结合全市文化发展现状，采取市、县财政投入与社会捐助相结合的方式，专门用于优质文化资源的开发利用、优势文化项目的扶持发展、优秀文化名人的发掘培养。

第三，全面提高文化建设档次，打造文化发展之软硬平台。

一方面，全面提高文化基础设施建设水平，为廊坊文化大发展奠定坚实基础。从整体上看，廊坊各县（市、区）的“两馆一站”（文化馆、图书馆、文化站）等文化基础设施建设参差不齐。全市十个县（市、区）中，有县级文化馆 9 个，其中达到二级馆的只有香河县和广阳区的 2 个文化馆；有县级图书馆 9 个，其中达到二级馆的只有三河市的 1 个图书馆；全市 90 个乡镇中，共有69个文化站，其中只有9个乡镇的文化站有专门办公场地，而面积达到300平方米标准的只有5个。同时，各县（市、区）“两馆”多数无独立馆舍，受行政办公或物业管理制约，自主使用和自由活动受限，开放程度不够，其功能不能完全发挥。特别是文化站建设，更是基层文化基础设施中最薄弱的环节，没有站址或与其他机构综合用办公场地，人员专职不专用，没有活动经费，更谈不上活动开展，在农村文化建设中不能起到应有的作用，严重制约了全市文化事业的大发展。要抓住大拆迁促大建设的有利机遇，增加必要的经费投入，对全市文化基础设施进行集中建设，力争用二三年时间根本解决各县（市、区）文化基础设施欠账问题，打造一批标志性的文化景观。

另一方面，着力发展会展经济，在推动文化事业发展的同时提升廊坊知名度。要把握国际会展业从综合展向专业展转化的趋势，要由过去的“大而全”转为“小而专”，以量体裁衣式的服务取得最佳的展会效果。并且，从目前廊坊引进的各种各样的展览看，有经贸展、科技展、农产品展等，唯文化类的大型展览十分匮乏。实际上，国家级的大型美术书法、艺术博览会等文化展览，往往成为各大城市互相争办的焦点。因为展览期间，文化名人齐聚，知名作者云集，在带动当地文化事业发展和带来可观经济收入的同时，最重要的是以文化人的宣传优势最大限度地提升了主办地的知名度。谋划一些大型文化展览在廊坊举办，如全国书法展、美术展、民间艺术展、服装展、音乐演出、电影节颁奖等。同时，在策划举办各种大型会议和展览期间，可筹备具有一定规模水平和浓厚乡土气息的娱乐演出活动，两者互相呼应，推动廊坊会展业、旅游业与演艺业的互动发展，提高廊坊文化发展水平、提升城市知名度。

积极组织筹备廊坊市文化艺术节，编排一批内容新颖、品味高雅、具有浓厚地方特色的文化艺术节目，将彰显廊坊特色、饱含廊坊魅力的优秀文化艺术作品展现出来，丰富廊坊文化内涵。各县（市、区）也要组织具有本地特色的文化活动，在丰富城乡群众文化生活的同时，为市级文化艺术节积累素材，提供精品。

总之，通过一系列文化系统工程的组织实施，廊坊的城市魅力必将光耀夺目。

关于建立健全廊坊市失地农民征地补偿和社会保障机制的建议

2010 年 2 月

一、廊坊市失地农民征地补偿和社会保障现状

随着“京津冀电子信息走廊、环渤海休闲商务中心”发展定位的确立和推进，廊坊市省级以上园区和产业聚集区已发展到 17 个，廊坊开发区升级为国家级开发区。廊坊市 5 个园区获批扩区，数量和面积均居全省第一。把园区作为项目建设和核心抓手，项目建设成果丰硕。随着项目的不断增多，必然会有越来越多的土地被征用，失地农民的群体亦不断扩大。失地农民的安置保障成为当前乃至今后必须认真解决的一个具有战略性意义的新问题新矛盾。从制度创新层面思考，建立健全失地农民征地补偿和社会保障长效机制势在必行。

2007 年 9 月，廊坊市出台《被征地农民养老保险实施办法（试行）》。廊坊市还规定，被征地农民社会养老保险基金实行县（市、区）级统筹，由当地农村社会养老保险经办机构在国有商业银行设立“被征地农民社会养老保险基金专户”，专款专用，独立核算，统一管理，以确保被征地农民老有所养。廊坊市及各县（市、区）政府高度重视失地农民征地补偿和社会保障，做了大量卓有成效的工作，但也存在着一些问题和矛盾。

二、廊坊市失地农民征地补偿和社会保障存在的问题

（一）失地农民社会保障体系有待完善。从总体上看，失地农民的社会保障覆盖面窄，保障水平低。廊坊市参保率最高的县仍有近 20% 失地农民未参加养老保险。已参保的在男满 60 周岁、女满 55 周岁后，每月可领取 200 元养老保险金，最近有的县提高到了 280 元，在没有其他收入的情况下，仅勉强够糊口，这就使得失地农民心理安全感下降。

（二）失地农民就业难。失地农民就业成为廊坊市城镇化进程中一个凸显的问题，失地农民普遍学历较低、年龄较大、非农就业技能差、对土地依赖心理严重。大学毕业生尚且找工作难，对失地农民来讲更是难上加难。据国家统计局统计，近50%失地农民在失地后人均纯收入较征地前有所下降，还有许多家庭完全没有其他收入来源，最初是靠征地款来维持生活，但是几年之后，征地款用完了，生活依然没有着落，导致部分失地农民转化为贫民。

（三）征地补偿标准偏低。按照《土地法》规定，征收耕地及其他农用地的，土地补偿费和安置补助费之和不低于被征土地所在乡镇耕地前三年平均年产值的10—16倍，同时支付地上附着物和青苗的补偿费，从土地出让金中列支。现有补偿标准是按土地的农业产值来计算，但没有考虑到土地的农业产值本来就严重偏低，也没有考虑到土地的长期收益。而且这一补偿标准是多年前制定的，近年来生活消费品和农用生产资料价格持续上涨，通货膨胀压力增大，农民维持基本生活的费用也大幅度增加。

三、三点建议

（一）建立合理的征地补偿和利益分享机制。

1. 逐步提高现行征地补偿标准。征地补偿是农民最直接获取的经济利益，是保障征地农民利益的基本权益，是确保社会稳定的关键。土地征用补偿要充分考虑农村经济发展和农民收入增长的实际，土地补偿标准和地上附着物与青苗的补偿标准都应该调整提高。建议农村征地补偿标准应明确一个基本原则，那就是要着眼于提高被征地农民原有的生活水平，而不能仅仅满足于“使农民保持原有生活水平”，直至最后完全按照市场价格对失地农民进行补偿。

2. 建立合理的得益分享机制。寻找政府、征用土地的主体和失地农民之间最佳的利益连接点，是解决失地农民问题的关键。研究实施分类征占补偿办法，兼顾国家、市场征占主体和农民三者之间的利益。①对纯公益性项目用地（如无经济收益的城市道路、绿地、水库等）仍由政府统征后拨付，但应提高征地标准。②对准公益性项目用地（如有收益权的高速公路、标准厂房、自来水厂等），除提高征地补偿标准外，还应建立合理的利益分离机制，允许集体经济组织代表农民同征地主体谈判，让农民在所征土地的增值收益中分得利益（如股权分红）。③对于开发性项目用地（如房地产开发等）要允许集体土地逐步进入一级市场，让集体经济组织代表农民直接参与市场交易，允许和鼓励农民以租赁、参股等办法参与土地收益的二次分配，获得长期稳定的收益。

（二）完善失地农民就业、养老保险及医疗保险机制。

失地农民的社会保障制度应该是一个包括养老保险、医疗保险、失业保险、最低生活保障、住房保障、就业保障等在内的一个完整的保障体系，否则就不能实现与城镇社会保障体系的接轨。但以目前的实际情况来看，一下子建立起非常完善的社会保障体系是不现实的，只能采取循序渐进的方式。从农民就业、养老保险和医疗保险入手，这是最基本的保障。

1. 加大失地农民就业扶持力度，广开渠道促进失地农民就业。为保障失地农民的利益，使其“失地而不失业”，要充分利用廊坊市职业技术院校，对失去土地的青壮年农民组织开展长、短期技能培训，积极引导转移就业。要让他们掌握具有较高科技含量的技能，取得技能等级证书、操作证书等上岗就业需要的“通行证”。对于有一定投资与经营能力的失地农民，要帮助他们选好投资项目，提供优惠便利的经营场所，给予必要的政策扶持，为失地农民自主创业提供优惠政策，例如小额贷款、减免税费等。

2. 完善失地农民养老保险制度。保障制度应具有以下特点：一是制度的强制性。将“自愿选择安置方式”调整为“无条件参保，有条件退保”。二是制度的独立性。失地农民社会保障制度是建立在征地补偿基础上，保障资金主要源于土地补偿费、安置补助费和土地出让金，与以就业为基础的城镇职工社会保障制度有着不同的制度基础和资金来源，因此不能简单地纳入城镇职工社会保障体系。三是制度的可衔接性。对失地农民而言，以“土地换保障”的方式为其建立社会保障制度，并不妨碍其就业后参加其他社会保险制度，对已经或可能就业并参加城镇社会保险制度的农民，可以实现制度衔接，进一步提高保障水平。四是制度具有一定的弹性。采取筹资标准、缴费方式、保障水平都具有一定弹性的个人账户制度模式，既有利于维护失地农民的社会保障制度权益，又有利于城乡社会保障制度的衔接。逐步解决失地农民的养老问题，待条件成熟后，再向城镇养老保障体系过渡。

3. 妥善解决失地农民的医疗保障问题。重点是为失地农民大病医疗费用提供基本保障。在具体实施中，可灵活操作，已经就业的失地农民，通过用人单位依法参加当地城镇职工基本医疗保险，享受基本医疗保险待遇；尚未就业的失地农民，引导他们参加新型农村合作医疗；有条件的地方，引导失地农民以灵活就业人员的身份参加城镇职工基本医疗保险。

（三）构建廊坊市失地农民社会保障的监管机制。

良好的监督机制是失地农民社会保障体系的重要组成部分。责成相关部门或聘请社会人士监督各项社会保障法规、政策、规章、制度的贯彻和执行情况。同时，可成立民间的社会保障监督机构，由参加社会保障的各方投资者组成，如失地农民代表大会等，对社会保障各项基金的收支、投资与管理过程进行全过程、全方位监督；依法定期对社会保障基金的财务收支状况进行审查，并在法定期限向社会公布详细的审计结果，以增加透明度；确保监管落实到农村社会保障的每个环节，尤其是对于资金的管理。在征地的过程中，要保证农民的知情权和选择权，实行“阳光工程”，避免各级政府的层层克扣和截留，损害农民利益。

此外，还要健全地方党政干部政绩考核机制。在发展地方经济的同时，要把保护失地农民的基本生活、就业和社会保障权益、合理利用土地、保护耕地作为考核内容和指标，从内在机制上避免政府和部门片面追求经济增长率，搞形象工程，防止乱占滥用耕地，侵害失地农民的社会保障权益。

只有这样，才能保障失地农民也分享到改革开放和发展的成果，而不让失地农民变成“种地无田、上班无岗、低保无份”的三无游民。

推进教育均衡发展 全力打造教育廊坊

2012 年 2 月

近年来，全市教育工作深入贯彻落实科学发展观，以实施素质教育为主线，大力推进义务教育均衡发展，加快普及学前教育和高中阶段教育，不断提升中高等职业教育办学活力，重视发展继续教育，各项工作都取得了不小的成绩。义务教育均衡发展也取得明显成效，三河、大厂、安次等区市县在均衡教育工作方面做了许多有益的尝试。廊坊市 2011 年的最后一天还召开了全市教育工作会议，印发了《廊坊市中长期教育改革和发展规划纲要（2011—2020 年）》，会议上，市政府与各县（市、区）签订了《推进县域义务教育均衡发展责任书》。在 2011 年年底廊坊市还相继印发了《廊坊市人民政府关于全面推进标准化学校建设的实施意见》《廊坊市推进义务教育均衡发展实施意见》。

但是，由于历史遗留问题，城乡间教育不均衡、区域间教育不均衡、校际间教育不均衡、学生群体间教育不均衡等现象仍较为突出，分析造成不均衡的原因主要有教育经费总量不足，投入失衡，导致办学条件失衡。由于区域间经济发展水平以及重城市轻农村，农村基础教育优质资源相对短缺，许多农村学校没有像样的运动场，缺少必备的音、体、美器材，没有足够的教具，甚至仍存在一定数量的危房；城乡学校环境的失衡、教师待遇的失衡，造成城乡教师队伍的单向流动，即人才由农村到城区的单一流向，导致师资队伍失衡，农村学校音体美和英语、计算机教师普遍不足，继而影响教学水平失衡，也加剧了农村学生向城市转移，导致市县城区大班额问题日渐突出。

推进教育均衡发展应着重解决以下几方面问题。

一、推进教育均衡发展，首先要正确理解教育均衡发展的内涵。教育均衡发展，就是遵循教育公平、教育平等原则，不同地区之间、城乡之间、学校之间、群体之间的基础教育资源均衡配置，即实现入学权利和入学机会平等；区域间、城乡间、校际间、学生间均衡发展；不同类别、不同级别教育间均衡发展；教育质量和教育结果均衡发展。但是，我们要清醒地认识到，均衡发展不是“削峰填谷”，不是平均主义，而是“造峰扬谷”式发展。发展是教育事业永恒的主题，没有发展，就谈不上均衡。落后地区、薄弱学校需要发展，发达地区、基础好的学校同样需要发展。要根据不同区域的实际情况，分区规划、分步实施、分类发展。均衡发展不是划一发展，而是特色发展。不是一种模式，而是多种模式并存，要鼓励不同区域、不同学校、不同类型的教育，根据各自的实际情况，创造性地探索有自己特色的发展道路，最终实现优势互补、特色发展、整体提升。

二、推进教育均衡发展，党委、政府是第一责任人。党委、政府以及政府各部门要强化正确的责任观。党政一把手要肩负起带头抓教育的重大责任，建立健全由党政主要领导牵头的教育工作联席会议制度。强化教育督导，建立督导评估体系，把中小学建设列入项目拉练的督查内容。把推进教育工作列为各级党委、政府政绩考核的重要内容，作为干部提拔选用的重要依据。各部门要形成教育合力。发展教育不只是教育部门一家的事，需要政府各部门密切配合，协调联动，在规划、编制、资金保障、用地保障、人事保障、提高预防灾害、应急避险和防范能力等方面，各负其责，各尽其职。要做到教育规划优先制定，教育政策优先落实，教育资金优先安排，教育工程优先实施。2011 年的全市教育工作会是廊坊建市以来市委、市政府召开的第二次全市教育工作会议，算来十年一次，希望我们下次开会不用十年。

三、推进教育均衡发展，教师是根本。必须坚定“教育大计，教师为本”的理念，要以提高教师素质为主，教师水平提高了，教学质量自然会提升。师资力量加强了，学校的竞争力就会加强。对于一所学校而言，最重要的就是老师。要大力提升教师的业务素质，坚持引进与培养相结合，从校长配备、师资培养入手，不断优化教师队伍结构，培养一批教学名师和知名校长，切实打造一支精良的师资队伍。一是实施“人才引进”工程。可以通过公开招聘、公开考试、公开录用的办法，把真正热爱教育、基础扎实的优秀人才吸纳到教师队伍中。还可以引进在职教师，要坚持高学历、高职称、高素质，使引进的人才成为教育战线上的生力军。二是开展教师培训工程。构建开放灵活的教师终身培训体系，不断提高广大教师的综合素质，加强师德建设。三是开展教师交流工程。建立骨干教师柔性流动机制，推动优质师资向相对薄弱学校流动，逐步实现区域师资的有机融合和均衡配置。逐步建立城区间学校教师流动制度，城市中小学教师到乡村任教服务期制度，农村教师到城市学校学习进修制度。四是实施“名师带徒”工程。组建以优秀教师为主的名师讲师团，实现先进理念共享共融、优秀资源共用、有效成果同享。五是实施“奖励激励”工程。比如三河市改善农村教师居住条件，农村教师享受边远津贴补助，对教师取得高一层次学历进行奖励，绩效工资向一线教师倾斜等。

四、推进教育均衡发展，投入是关键。要完善投入机制，拓宽投入渠道。由于现阶段政府的财力有限等，仅靠政府投入，难以满足快速发展的教育需求。在坚持政府教育投入占主导地位的基础上，鼓励社会力量参与。确保每年教育财政拨款高于财政经常性收入，实行法定增长并实现更高，确保在校生人均教育经费逐步增长，确保教师工资和学生人均公用经费逐步增长。尽可能加大财政向教育投入的倾斜力度，将新增财力优先投在教育上。进一步解放思想，拓宽经费来源渠道，在公益性原则的指导下，引导社会力量支持教育事业。全面开征地方教育附加，统一内外资企业和个人教育费附加制度，及时足额征收城市维护建设税，确保按要求用于改善中小学办学条件，不得改变用途。按标准足额征收新建、改造住宅小区教育建设费并专款用于中小学校建设。积极争取国家和省义务教育专项建设资金，动员社会力量和各部门各单位捐资助教。

五、推进教育均衡发展，实施标准化学校建设是重要内容。积极稳妥推进标准化学校建设，实现“一无、两保、八达标”目标，实现义务教育规范化发展，使每所中小学校的教育在发展中有章可循，使每所中小学校都能拥有大体均等的物质条件和师资队伍条件，从而在义务教育领域形成一个公平竞争的环境。在标准化学校建设过程中，要切实加强领导，保障教育用地，落实建校资金，开通“绿色通道”，确保工程质量，加强督导监管，制定优惠政策，减免在标准化学校建设过程中的各种费用。同时要处理好标准化建设与打造精品名校的关系，要在标准化的基础上把精品名校做得更好。在办学条件、师资水平相对均衡的情况下，要鼓励学校办出特色，为每一个孩子的发展留有个性发展的空间。在大力扶助薄弱学校的同时，鼓励优质学校争创精品名校，以名校的示范作用带动廊坊整体教育水平不断提升。精品名校是高水平教育的标志，既是一个地区最宝贵的教育资源，也是引以为傲的城市名片。

此外，我们还要通过制度创新，激发教师和校长的职业活力、专业创造力和教育教学热情；通过引入竞争机制，不断增强学校的发展动力、活力，激励学校之间、区域之间向更高水平的教育均衡目标发展；通过统筹城乡优质教育资源，推进义务教育适度规模办学，通过新建、撤销、重组等办法，使学校布局更加合理、教育资源配置更加优化。

教育发展不均衡有着长期、深刻的历史原因，促进教育均衡将是一个长期的、动态的、辩证的历史过程，需要持之以恒，常抓不懈。总之，教育均衡发展是一种境界、一种理想，更是符合廊坊市当前基础教育现实需要的发展策略，是教育改革与发展的基本价值取向。因此，我们要引导社会大众树立科学的教育均衡发展观，防止把教育均衡等同于绝对的教育机会均等和教育资源平均分配，防止脱离生产力发展水平、教育发展水平等具体历史条件去追求教育均衡，以科学发展观指导推进基础教育均衡发展。我们在建设“实力廊坊、生态廊坊、智能廊坊、休闲廊坊、商务廊坊、人文廊坊、和谐廊坊、幸福廊坊”的同时，还要建设第九大廊坊——“教育廊坊”，叫响富有廊坊特色的教育品牌。我们相信，明天的廊坊，最好的建筑一定是学校，最受尊敬的职业一定是老师，最大的政绩就是办好了教育。

关于河北省职业教育发展的调查报告

2017 年 1 月

加快发展现代职业教育是党中央、国务院作出的重大战略部署，对于深入实施创新驱动战略，创造更大人才红利，加快转方式、调结构、促升级具有十分重要的意义，而京津冀协同发展作为国家“十三五”规划中一项重大发展战略，正是河北省职业教育谋求发展的千载难逢的契机。

一、河北省职业教育情况

近年来，通过教育系统的不懈努力，河北省职业教育体系进一步完善，基础能力逐年提升，教师素质明显提高，服务经济社会建设的能力进一步增强。仅以廊坊市为例，全市现有各类职业学校 24 所，其中，高等职业院校 4 所（含 1 所成人高校），在校生 1 万余人；中等职业学校 20 所（另有 3 所高职中专部），包括国家级示范校 1 所，国家级重点职业学校 5 所（其中国家示范校创建单位 1 所），省部级重点职业学校 7 所，其他 7 所，在校生 28403 人。中等职业学校包括市属中专 4 所、部属技校 1 所、职业高中 3 所、职教中心 9 所，另有民办 3 所。全市共开设 16 大类 69 个专业，其中，省级骨干专业 10 个。

全市各中等职业学校共有教职员工 3260 人。其中，专任教师 2553 人，专业教师 945 人，占教职员工总数的 29%（另有兼职教师 688 人），学历达标率 85%；农村职业学校教师 1739 人，其中专任教师 900 名，专业教师 348 人，占教职员工总数的 20%，（另有兼职教师 358 人），学历达标率 80%。

河北省职业教育中高职毕业生不仅在各个领域贡献着自己的聪明才智，为河北省的经济社会发展提供了智力支撑，而且到京津等地大型高科技企业就职。虽然河北省职业教育近年来得到长足进步，但由于历史、经济、环境等方面的原因，特别是在京津冀协调发展的新形势下，随着经济结构优化，

经济发展方式转变，科技进步和劳动力市场的变化，河北省职业教育发展仍存在一些困难和问题。主要是:

（一）与京、津相比，重视程度不足，投入不多，经费保障机制不完善，各地职业教育投入不平衡。《职业教育法》和省出台的《关于大力发展职业教育的决定》规定的经费投入和教育培训经费的提取落实不完全到位，因资金不足，职业技术学校的实训基地建设、设备购置受到制约，难以保证学生的实训需要。

（二）创新不足，专业设置滞后，新课程开发能力不强，缺乏对新兴战略产业所需的专业技工的超前培养，职业教育人才培养目标不适应先进技术企业的需求，产销不对路，学生实际操作能力不强，能力不足，缺乏具有就业优势的品牌专业和具有鲜明特色、吸引力强的品牌学校。

（三）校企合作共建、共同发展机制不完善，特别是在电子信息产业，现代制造业、新能源、新材料产业和现代服务业等方面，缺乏校企间的深度融合，致使学生掌握的技能不适应未来发展的需求。

（四）师资力量不强，教师队伍结构不合理，缺少专业课和实习指导的双师型教师，缺乏骨干教师和主业学科带头人。职业学校用人机制不活，学校的教师由于没有相应的适应市场专业的专长而闲置，而另一些有适应市场专长的教师又进不来。

二、加快职业教育发展意义重大

在京津冀协调发展的新形势下，河北省正进一步优化经济结构，转变经济发展方式，而加快职业教育发展是促进转方式、调结构和民生改善的重要战略举措，对提升劳动大军就业、创业能力，产业品质和城市竞争力意义重大。

（一）加快职业教育发展是提高廊坊市城市竞争力的要求。城市竞争归根到底是人才的竞争。京津冀协同发展给廊坊市经济发展带来了新机遇，提出了新要求。高端产业不仅需要高级的管理人才，更需要高素质的掌握先进技术的操作工人，高素质的人才队伍是吸引高端技术产业落户廊坊市的基础，如果我们能够培养一大批适应京津冀协同发展新形势的高素质的人才大军，就会大幅提升高端产业落户廊坊市的吸引力和竞争力。

（二）加快职业教育发展是河北省全面完成“十三五”规划的内在要求。河北省“十三五”规划明确提出了今后一段时间河北省经济社会发展的目标任务。而完成这些目标任务，亟须大力发展职业教育，培养大批具有专业技能的劳动大军。为适应河北省经济社会发展的新形势对人才要求，就必须大力提高技能型人才培养的规模性、针对性和适应性，才能支撑未来廊坊发展。

（三）加快职业教育发展是适应京津冀协同发展接受产业转移的要求。京津冀协同发展，必然加速市场一体化进程，使资本、技术、产权、人才、劳动力等生产要素按照市场规律自由流动和优化配置。北京疏解非首都核心功能，涉及交通一体化、生态环境保护、产业升级转移等三大重点领域，而专业技能人才的缺乏，仍是河北省的短板之一，要想适应京津冀协同发展，承接北京、天津有可能向河北转移的产业，我们就必须瞄准这些高技术产业，通过创新办学模式、人才培养模式、教育教学模式，提高技能型人才培养的质量与水平，才能满足京津优质产业落户的需要。

（四）加快职业教育发展是提高河北省就业率水平全面建成小康社会的重要举措。由于高中教育资源限制，适龄青年能够上高中的占 55%，还有 45% 不能上高中，而上高中又没有考上大学的还有一部分，这些青年都将面临就业。要想提高河北省的就业水平，必须首先提高就业者的整体素质，让他们接受良好的职业教育。“十三五”期间，河北省将全面建成小康社会。大力发展职业教育，不但能有效促进人的全面发展，而且能够有效提高就业水平和收入水平，特别是在广大农村，这一任务尤为紧迫。

三、对策建议

河北省的职业教育发展应当把握京津冀协同发展和中央加快发展现代职业教育两大机遇，依托河北省现有的基础和产业需求，充分利用非首都核心功能疏解带来的各种要素，加强与京津高职院校、行业、企业的合作交流，实现优势互补、资源共享，提高河北省职业教育办学质量和服务经济社会发展能力。

（一）提高认识，超前谋划

1. 我们必须充分认识京津冀协同发展给我们带来的新机遇、新挑战、新要求，坚持“服务需求、就业导向、特色鲜明”的现代职业教育，强化顶层设计、超前谋划。

2. 在专业设置上，要根据河北省在京津冀协同发展战略中承担的产业转型升级、商贸物流、环保和生态涵养、科技成果转化等方面任务，设置科技创新和成果交易的技术中介、数据分析、市场交易、国际商事服务及招商、营销及电子商务等相关专业。

3. 政府应当加强统筹协调推动，完善管理体制和配套政策，把职业教育发展作为各级政府主要负责同志业绩考核指标，纳入区域经济社会发展和产业发展规划，加快政府职能转变，各级教育、人力资源社会保障、发展改革、财政及各行业部门根据各自职责，发挥职能作用，共同推进廊坊市现代职业教育体系建设。

（二）加大投入，整合资源

国际国内经验表明，对教育的投资是最有价值的投资，而职业教育则更为直接有效。世界银行统计资料显示，职业教育是同级普通教育成本的 2.53 倍，要大力发展职业教育，必须加大投入，教育附加费用于职业教育的比例要不低于 30%。

1. 加大政府投入力度。将职业教育专项经费和相关资金列入年度财政预算，按学生人数拨款给职业学校，职业学校建设的实训基地列入计划，更新实习设备，改善教学设施。

2. 增加企业投入。企业单位要严格按《职业教育法》规定的职工工资总额的 1.5%—2.5% 的比例标准提取职工教育经费，对自身没有能力或不开展职业教育和培训的企业，由政府统筹该项经费，职业中专统一组织培训。

3. 争取项目和资金。抢抓目前京津冀协同发展和国家重视支持发展职业教育的有利时机，积极向国家和省争取职业教育基础设施建设、设备投入、实训场地等方面的项目和资金。

4. 建立完善多元的经费投入机制。引导和鼓励民间资本进入职业教育培训领域，建立和完善职业教育经费由政府、学习者、企事业用人单位和社会共同分担的机制，保障职业教育预算内经费、财政性经费和公用经费逐年增长。

对全省现有的职业学校、技术培训、阳光工程等资源进行整合，统一规划、统一建设，实行一校多牌，集中办学，最大程度地发挥资源规模优势，实现师资、实训基地等职教资源的共享。进行专业整合，确定优势专业，集中人力、物力、财力把优势专业做大、做精、做强，打造精品专业，精品学校。

（三）创新体制机制

1. 创新办学机制，引进社会资本。打破政府独家办职业教育的格局，推进多元主体职业教育。推进现代职业教育集团建设，指导建设一批行业影响力大、校企合作紧密的区域型、行业型和复合型的职业教育集团，发挥职业教育集团在促进京津冀区域教育链和产业链有机融合中的重要作用。鼓励社会力量兴办职业教育制度，通过专项拨款、购买服务等方式，积极支持各类办学主体通过独资、合资、合作等形式兴办职业教育。

2. 创新教学模式，校企深度融合。实行工学结合，加强校企合作，推进多样化的校企一体合作办学模式。开展校企联合招生、联合培养的现代学徒制试点。推行引企入校、前校后厂等办学模式。加大实习实训在教学中的比重，创新顶岗实习形式，把课堂放到企业车间去。开展学生顶岗实习、工学交替和订单培养，学校和企业合作开发专业，协商设置课程，共同培养适应职业岗位需要的技能型人才。

3. 创新管理机制，加强师资建设。创新师资管理机制，加强教师队伍素质建设，实行全员聘任，调整现有教师结构，专业课教师在教师总量中的比例达到 70% 以上，对多余的非专业教师进行解聘；合理增加编制，积极引进急需的专业教师；建立职业院校教师与企业工程技术人员的双向聘用机制，引进兼职教师，补足缺乏专业教师短板；加强教师全员培训，全面提升教师入岗、适岗、胜岗的专业能力和教学能力；推行职业院校教师定期到企业实践制度和中等职业学校教师到高等职业院校挂职培养制度，提高教师整体素质。

（四）加快推进京津冀职业教育协同发展

1. 京津冀三地职业院校可以根据各自学校专业特色，结合市场供求需要，通过三地教育部门统一协调，自行发布招生计划，三地学生可以自由报考相应院校，在招生录取时享受“同城”待遇，实现招生制度一体化。

2. 建立和完善区域内校间和专业间的学分互认机制，建立区域内学分制信息系统，增强职业教育的灵活性、针对性和开放性，推进京津冀职业院校全面推行学分制改革，实现京津冀学分互认。

3. 实行京津冀职业教育质量联席评价机制，建立科学规范、标准统一的的质量评价体系，指导区域人才培养与评价，实现京津冀职业教育质量平衡发展。

4. 京津冀职业院校各自都已经建有大量数字资源，通过建立京津冀区域性职业教育数字资源中心，为区域内教师和学生提供优质的教学与学习资源，实现数据资源共享，支持职业院校跨区域合作培养人才、合作开发课程、共享数字化教学资源、共享实习实训基地、共享教学科研成果。

5. 通过搭建实训基地信息共享平台实现京津冀三地职业院校实训基地一体化。国家人社部和发改委正在规划高技能人才实训基地建设项目，计划投资 500 亿元，重点扶持 400 个公共实训基地建设，河北省可积极争取，增强河北省职业教育总体实力。

推进与京津协同发展
助力廊坊“四区一城”建设

2019 年 1 月

中共廊坊市六届六次全会明确了廊坊“四区一城”的功能定位，即与京津协同发展示范区、发展临空经济对外开放引领区、科技创新成果转化先行区、高端高新产业聚集区、京津走廊生态宜居城市。无不与京津冀协同发展息息相关。面对京津冀一体化加速发展的形势，廊坊产业的定位应审慎地考虑到在京津冀协同发展中区位角色及自身产业承载力，同时也考虑到在国内各省市呈现出新的竞争合作的态势中赢得发展的主动权。

一、廊坊产业定位面临的挑战

（一）是在京津冀区域合作中的地位有被边缘化的危险。一直以来，京津两地的竞争、合作、发展、互动较多，而京冀、津冀互动较少。廊坊在接受京津的扩散化辐射的同时，也受到京津在相关领域的抑制性覆盖。廊坊、天津两地对外迁优势资源的争夺从未停止。较易造成廊坊的经济、文化及三次产业明显地从属于京津而被边缘化，廊坊产业发展所需要的强大区域支撑也难以获得。

（二）是在承接北京产业转移中有被低端化和同构化的危险。廊坊在承接北京产业转移过程中虽然有一定优势，但是也出现产业内部行业发展方向趋同性，区域产业合作浅层次化，产业集群发展滞后，缺失产业融合突破点等弊端，在承接北京产业转移中有被低端化和同构化的危险，不利于廊坊产业升级换代和产业新格局的构建。

（三）是政策推动力有可能被减弱。伴随京津冀协同发展政策出台，围绕北京功能定位的扶持政策也相继出台，这也必然引致京津廊地区的区域经济关系发生改变。在北京中心地位得到巩固甚至进一步提升的同时，廊坊刚有提升的区域地位很有可能出现下滑，建设经济强市的政策推动力将被减弱，对此，必须要有理性的认识和充分的准备。

二、几点建议

（一）积极推动京津冀协同发展，把握区域合作主动权。城市区域间的问题不仅是政府层面的，区域一体化归根结底是一个市场化过程。所以，一方面，廊坊要加强与北京的合作，以产业布局合理分工为依托，扩大和深化京廊合作，主动承接北京的部分产业扩散和功能转移；另一方面，廊坊要加强与天津的合作，改变津廊竞争大于合作的局面，在产业承接、产业分工等多方面协调沟通，通过津廊联合实现与北京的协调和融合。

（二）实施区域经济的包容式发展，促进京津廊的融合发展。区域的竞争合作应是更高层次的竞争与合作，追求的是互利共赢，这就需要树立一种超越传统区域竞争理念的区域发展新理念。廊坊应该倡导实施京津廊区域经济的包容式发展。一方面，推动错位发展向互补发展的转变，在产业选择上不是被动“躲避”而是主动“补充”；另一方面，推动首都圈、京津冀地区和环渤海经济圈的协调发展。廊坊可以通过与北京城市副中心、北京新机场、雄安新区建设为京津廊“黄金走廊”的区域一体化增加外部动力。

（三）促进传统优势产业与高新技术融合。建设重点产业基地、与京津合作建设工业产业园区，加强重点企业品牌建设，拓展传统产业的发展路径，延伸产业链条，形成“互联网+”模式下的信息产业集群，充分利用云计算、大数据、物联网等先进科技手段推进产业信息化建设，淘汰陈旧的生产工艺，提升技术装备水平，实现节能减排降耗，优化产业结构，使本土传统优势产业得到长足发展。

（四）应调整现有资源配置和规模，为战略新兴产业发展铺路子。政策引导支持具有自主研发能力和创新精神的重点企业，抢占产业发展战略高地，加速形成战略新兴产业规模化。廊坊市应立足错位发展定位，借力京津两大研发中心，在现有产业基础上，从上、中、下游三个维度与京津实现产业链对接，有助于进一步推进战略新兴产业的发展，促进“产业集聚”，打造核心竞争力。

总之，京津廊合作应建立在互利共赢的基础之上，廊坊市在与北京、天津合作的框架下，把握自身优势促进区域经济协同发展，才能使区域合作具有旺盛的生命力。

附录二　廊坊市情

廊坊市情简介

廊坊是河北建市较晚、面积最小的设区市。全市幅员面积 6429 平方公里，2021 年年末，常住人口 553.8 万人，户籍人口 493.8 万人。现辖 2 个县级市（三河、霸州）、6 个县（大厂回族自治县、香河、永清、固安、文安、大城）、2 个市辖区（广阳、安次）和国家级廊坊经济技术开发区。近年来，廊坊先后被命名为中国最佳金融生态市、中国优秀旅游城市、国家环保模范城市、国家园林城市、全国绿化模范城市、全国科技进步先进城市、国家森林城市，荣获中国人居环境奖，列入国家全面创新改革试验区。2020 年 11 月，廊坊荣膺全国文明城市。2021 年获评"平安中国建设示范市"。

历史沿革。廊坊历史源远流长，据史书记载，早在 4000 多年前，"黄帝制天下以立万国始经安墟"，"安墟"即为今天的廊坊市安次区。廊坊现境内在春秋战国时为燕国封疆，秦时分属渔阳郡、广阳郡，汉、唐时属幽州、蓟州，宋时属河北东路，辽时属辽南京道（析津府），元时属中书省，明时属顺天府，清时属直隶。"廊坊"地名由来已久，安次人吕琦（宋朝宰相吕端之父）做后晋兵部侍郎时，在家乡建一庄园，被当地人称之为侍郎房，并以此为村名。19 世纪末京山铁路经过此地并设站，将站牌名称写成"廊房"，新中国成立后逐渐把"廊房"写成"廊坊"。解放初，廊坊属河北省通州地区，1955 年通州市改通县，划归北京市管辖，廊坊改属河北省天津专区；1973 年天津专区将武清等 5 县划归天津市管辖，天津专区行政公署迁安次县廊坊镇；1981 年河北省天津专区改名为廊坊地区；1989 年 4 月撤地建市。

地理区位。廊坊位于华北平原中东部，河北省中部，地处北京、天津和雄安新区黄金三角之内，东临渤海，西望太行，南连冀中沃野，北倚京都燕山。主城区距北京天安门 40 公里，距天津城区 60 公里，距雄安新区 80 公里。所辖 10 个县（市、区）中有 6 个与北京接壤、7 个与天津接壤、3 个与雄安新区接壤。廊坊在京津冀协同发展中，北京城市副中心建设、北京大兴国际机场及临空经济区建设、雄安新区规划建设三大历史机遇从北向南覆盖全域，北三县与北京城市副中心一河两岸、隔河相望；主城区、中部永清和固安两县与北京新机场及临空经济区你中有我、我中有你；南部三县和雄安新区地水相连、人文一脉。随着北京大兴国际机场建成投运和北京城市副中心、雄安新区加快建设，廊坊全域处在国家重大历史性工程的支撑带动之下，成为河北推进京津冀协同发展的“桥头堡”。

交通路网。廊坊全市境内 7 条铁路干线、8 条高速公路和 25 条国省干道纵横交错，路网密度达到 178 公里 / 百平方公里，是全国平均水平的 3.5 倍。廊坊距北京大兴国际机场 26 公里，距首都机场和天津机场各 70 公里，距天津港 100 公里，是国内唯一的一小时车距内坐拥三个国际机场、一个特大港口资源的城市。随着京雄铁路等 9 条轨道交通项目以及津石高速等 4 条高速公路项目加快实施，铁路、高速、公路构成便捷的立体化交通体系，京津廊半小时交通圈已经形成，交通一体化正在迅速成为现实。目前，廊坊 8 个县（市、区）通达北京公交车，开通公交线路 29 条，日均发约 3381 班车，运送旅客 11 万人次。

地形地貌。整体上北高南低，地貌类型较多，三河市东北隅有小面积低山丘陵，面积 76 平方公里，海拔 200—300 米，大岭后山海拔高度 501 米，为全市最高山峰。香河县中部和南部为冲积平原区，平均海拔 11 米，总面积 5179 平方公里，占全市总面积的 80% 以上。高程在海拔 2.5—25 米。

气候环境。廊坊属暖温带大陆性季风气候，四季分明、雨热同季。常年降水量 519.0 毫米，降水季节分布不均，多集中在夏季，6—8 月降水量一般可达全年总降水量的 70%—80%。常年平均日照时数 2483.8 小时，每年 5—6 月日照时数最多。年平均无霜期为 215 天左右。

人文风貌。廊坊文化底蕴深厚，龙凤文化、京畿文化、宋辽文化、运河文化、洼淀文化在这里汇集，廊坊大捷闻名中外。还有固安屈家营古音乐、大厂评剧等非物质文化遗产，特色鲜明的刺绣风筝、胜芳花灯等民间手工艺。廊坊历史名人辈出，涌现出西晋文学家张华、唐代大诗人王之涣、北宋名相吕端、宋代大文学家苏洵、元代名相史天泽等；近现代有民国北洋政府总理张绍曾、爱国将领张学良、革命烈士陈然、开国中将孙毅、北京市原常务副市长张百发、体育界老领导荣高棠、世界乒乓球冠军郗恩庭等。

城区情况。廊坊市主城区包括广阳区、安次区、廊坊经济技术开发区，面积 962.26 平方公里，中心城区建成区面积 119.21 平方公里，建制镇 29.69 平方公里，区域开发强度 15.47%。中心城区常住人口 106.6 万人，规划范围内的人口 97.9 万人，其中城镇人口 86.7 万人，包括 558 个小区人口 82.7 万人，113 个宿舍人口 3.9 万人，70 个村庄人口 11.2 万人。

后 记

在《廊坊民盟志》（第二卷）付梓之际，掩卷回首，民盟廊坊市委与中共廊坊市委同携手、共奋进的精神久久萦怀，挥之不去。廊坊市全体盟员身怀赤诚之心，参与地方经济社会发展，身先士卒、鞠躬尽瘁的身影久久难忘，不绝如缕。我们为一代又一代民盟人为信仰、为理想奋斗的坚定精神所感动。

这本书是历史的记录，也是精神的传承。历史是在每一个时段都需要进行总结的。而这每一次的总结，都是在向这一个时代，向未来作出真实的交代，作出诚挚的致敬！一个人或一个组织，从萌芽到发展壮大，肯定会经历太多的人和事情，如果不能及时地、真实地记录下来进行认真的反思和得失总结，那么，实在是一件憾事。

民盟廊坊市第八届委员会将《廊坊民盟志》（第二卷）的出版作为工作中的重中之重。大量的文献收集，海量资料的反复遴选，不同阶段材料的不断增补，编委会成员、各基层组织、全体盟员也为之付出了心血。我们要特别感谢民盟河北省委、廊坊市政协、中共廊坊市委统战部、廊坊市财政局给予我们的鼎力支持和重视，没有他们的指导和帮助，我们不可能完成如此厚重的出版工作任务。

由于编辑时间较短，编辑水平有限，错误不当之处难免，敬请读者批评指正！

《廊坊民盟志》编辑部
2023 年 8 月